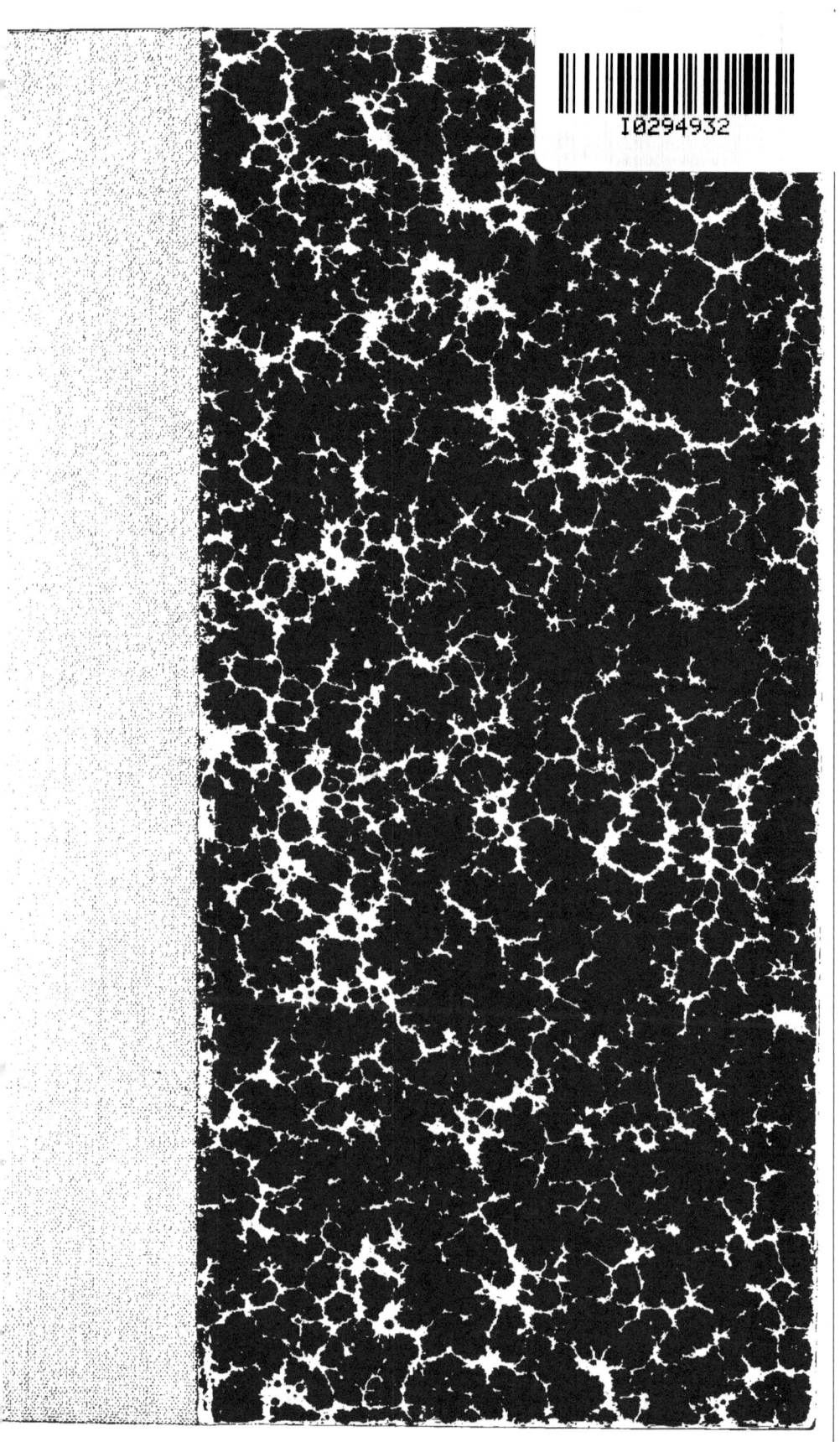

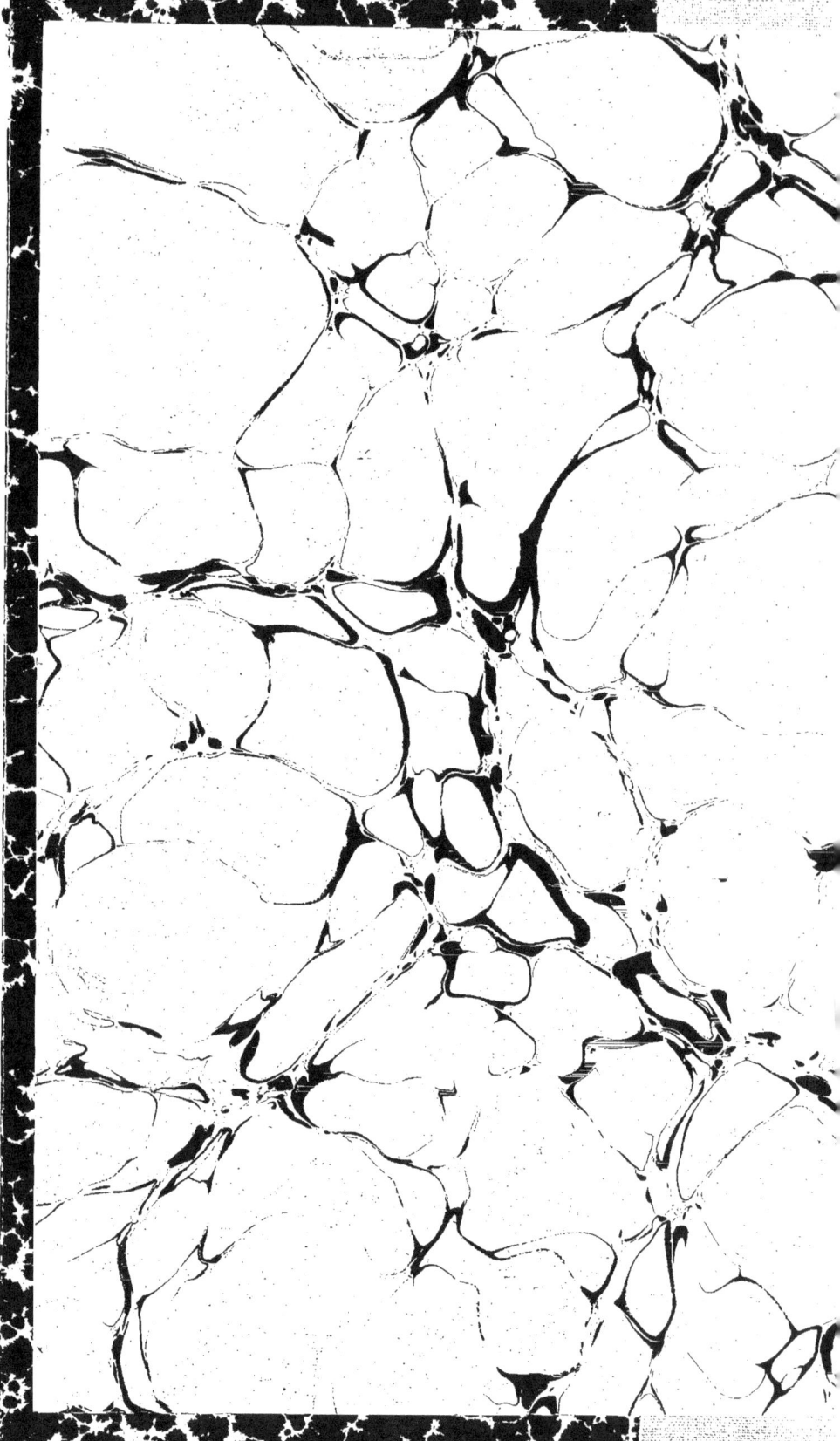

BOULANGER

VIE

DU

PÈRE CHÉRUBIN

DE MAURIENNE

DE

L'ORDRE DES FRÈRES MINEURS CAPUCINS

Par l'Abbé TRUCHET,

Chanoine honoraire,

Membre de la Société d'histoire et d'archéologie de Maurienne
et de l'Académie de Savoie.

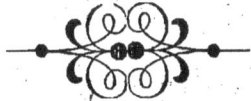

CHAMBÉRY
IMPRIMERIE CHATELAIN, SUCCESSEUR DE F. PUTHOD
4, AVENUE DU CHAMP-DE-MARS, 4.

1880

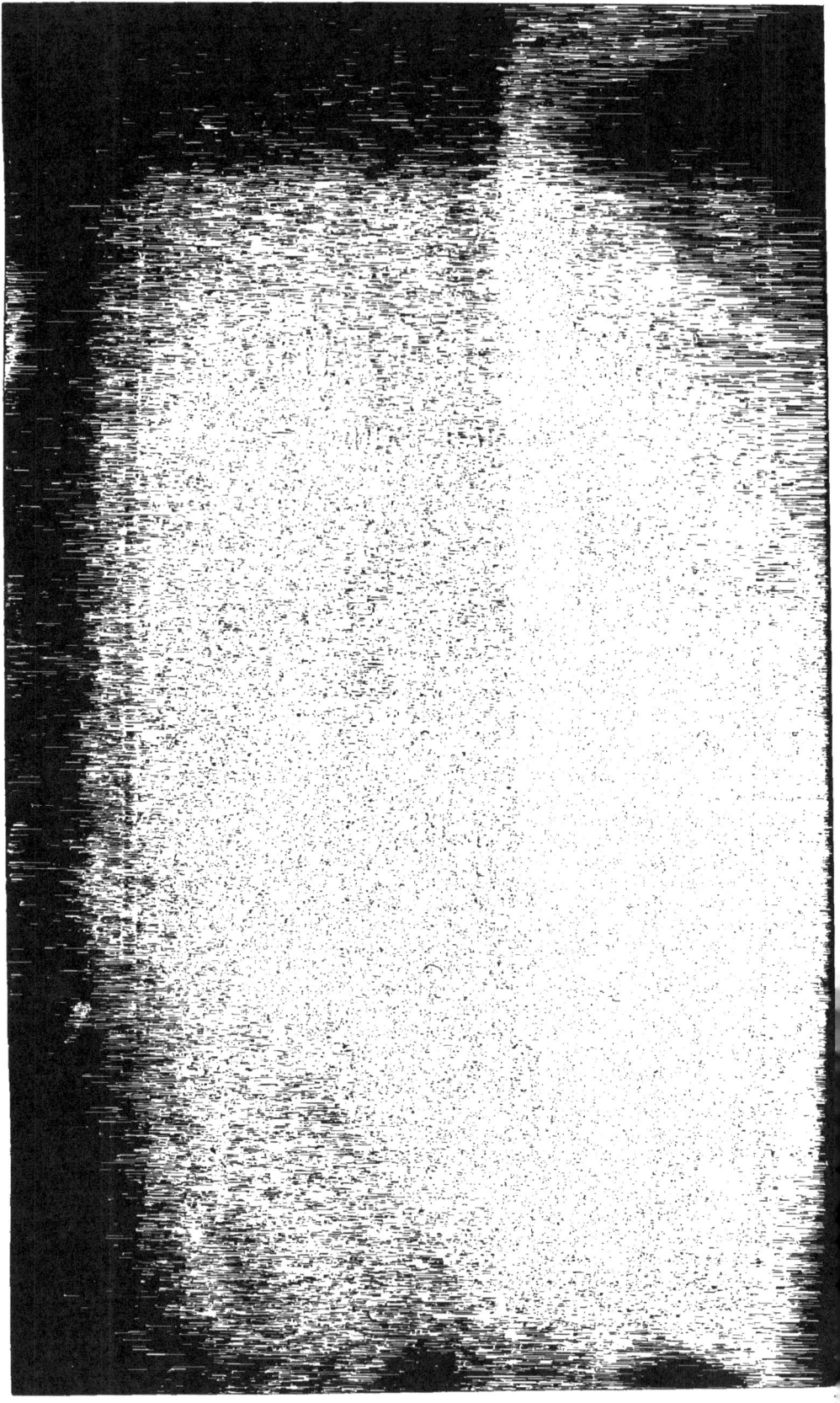

VIE
DU
PÈRE CHÉRUBIN
DE MAURIENNE

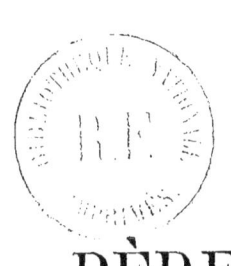

VIE

DU

PÈRE CHÉRUBIN

DE MAURIENNE

DE

L'ORDRE DES FRÈRES MINEURS CAPUCINS

Par l'Abbé **TRUCHET**,

Chanoine honoraire,

Membre de la Société d'histoire et d'archéologie de Maurienne
et de l'Académie de Savoie.

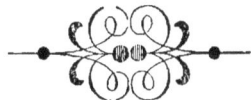

CHAMBÉRY

IMPRIMERIE CHATELAIN, SUCCESSEUR DE F. PUTHOD
4, AVENUE DU CHAMP-DE-MARS, 4.

1880

Aux Révérends Pères Capucins de la province de Savoie.

Permettez-moi, mes très chers et vénérés Pères, de vous dédier ce livre. Je souhaite qu'il vous soit agréable, et si, après avoir lu avec indulgence ces pages trop imparfaites, vous voulez bien vous souvenir de l'auteur aux pieds de Celle que le P. Chérubin aima d'un si constant et si confiant amour, il sera largement payé de ses peines et vous devra toute sa reconnaissance.

Saint-Jean de Maurienne, le 11 juin 1880.

L'Abbé TRUCHET.

Lettre de Mgr Rosset, évêque de Maurienne, à l'auteur.

Évêché de Saint-Jean de Maurienne, le 6 juin 1880.

Monsieur le Chanoine,

J'ai lu avec un vif intérêt la *Vie du P. Chérubin de Maurienne*, que vous avez l'intention de faire imprimer ; je ne puis que vous encourager à réaliser ce projet. Savant théologien et puissant controversiste, le P. Chérubin était la terreur des ministres protestants. Associé à l'apostolat de saint François de Sales pour la conversion du Chablais, il y a travaillé avec l'intrépidité et la charité de saint Paul. Envoyé dans le Vallais, il y arrêta les progrès de l'hérésie qui avait déjà envahi cette contrée. Vous racontez et vous démontrez la part considérable qui lui revient dans le succès de ces deux importantes missions. En vous lisant, on voit que le P. Chérubin puisait la force de son éloquence dans sa grande foi et son ardente dévotion à la Sainte Vierge. Il aurait pu en toute vérité prendre pour devise ces paroles du psalmiste : *Credidi, propter quod locutus sum.* Profondément convaincu que la Vierge glorieuse a seule écrasé toutes les hérésies dans l'univers entier, c'est sous la protection et le regard de cette divine Mère qu'il soutenait le bon combat.

Le P. Chérubin est une des gloires de la Maurienne ; il est la joie du peuple de Dieu sauvé de l'hérésie, et il est l'honneur de la grande famille franciscaine, si féconde en saints. Et cependant, je ne sais par quelles circonstances les traits de cette belle figure d'apôtre avaient été altérés, et même quelque peu noircis : encore quelques années, et elle aurait peut-être fini par rester ensevelie dans l'oubli. Vos nombreuses et pénibles recherches nous ont évité ce malheur. Si certains documents vous ont fait défaut pour suivre pas à pas le P. Chérubin, et nous donner tous les détails de sa précieuse vie, néanmoins, grâce à votre persévérance et au concours empressé des RR. PP. Capucins, vous en avez trouvé assez pour mettre en relief les grands traits de ce moine, aussi saint religieux qu'apôtre zélé. Cette vie vient à son heure. Jamais la vérité n'a été combattue avec autant d'acharnement et d'une manière si universelle ; jamais nous n'avons eu plus besoin de caractères fortement trempés dans la charité de Jésus-Christ. Le P. Chérubin est un de ces caractères modèles, qu'il faut mettre sous les regards des catholiques. Rempli de condescendance pour les égarés, il était inexorable pour l'intégrité des principes ; il aurait donné mille vies plutôt que de sacrifier une parcelle de la vérité.

Je vous félicite donc et vous remercie au nom du diocèse, et je fais des vœux pour la diffusion de votre ouvrage.

Recevez, Monsieur le Chanoine, l'assurance de mon respectueux et affectueux dévoûment,

MICHEL, *Évêque de Maurienne*.

Lettre du R. P. Mathieu, de la Roche, provincial des Capucins de Savoie, à l'auteur.

Chambéry, le 19 juin 1880.

Monsieur le Chanoine,

J'ai pris connaissance du travail hardi et consciencieux que vous avez entrepris sur les travaux apostoliques de notre P. Chérubin de Maurienne, et je n'hésite pas à vous en remercier. Ce travail est un vrai service rendu à la cause catholique, si violemment attaquée de nos jours dans la personne des Ordres religieux.

Par un admirable enchaînement des matières, vous avez réussi, M. le Chanoine, à donner à des documents anciens et épars, des formes variées et saisissables. Les faits historiques, habilement coordonnés, dégagés par une critique sérieuse et approfondie du plagiat de certains chroniqueurs, convergent vers un foyer unique, qui n'est autre que la réhabilitation de la vérité.

Le caractère ardent et le zèle éclairé du P. Chérubin sont présentés sous leur véritable jour : pièces en main, vous le vengez, sans fiel et sans amertume, des attaques dont il a été l'objet. Ainsi placé sur son piédestal, le P. Chérubin n'est plus l'ouvrier compromettant, l'ouvrier de la onzième heure; mais bien ce vaillant champion de la vérité évangélique, ce défenseur intrépide des droits de la Sainte Église, ce controversiste irréfragable, que n'osaient aborder les ministres protestants de Berne et de Genève.

En parcourant les pages de votre livre, le lecteur se plaît à reconnaître que Dieu, dans son infinie miséricorde, avait destiné cet infatigable missionnaire à devenir l'ami intime et le coopérateur de saint François de Sales, pour la conversion du Chablais. Ce point si important, démontré par les écrits mêmes du saint Docteur, a été dénaturé par un grand nombre d'historiens, et pourtant, *unicuique jus suum*.

Le P. Chérubin a dû préluder à cette vie laborieuse et si pleine de mérites, par la mise en pratique des grandes vertus religieuses, et si, malgré vos recherches patientes et multipliées, ce côté échappe, en quelque sorte, à vos investigations, c'est évidemment, M. le Chanoine, une humilité profonde qui a porté le disciple de l'humble François à dérober aux regards des hommes les trésors de vertus dont son âme était ornée, pour ne laisser apparaître en lui que l'apôtre prêchant J.-C. crucifié.

En terminant ma lettre, laissez-moi vous exprimer, M. le Chanoine, et ma satisfaction bien vive et mes remercîments les plus sincères et les plus affectueux pour une œuvre qui est appelée à réhabiliter la mémoire d'une des gloires de la Savoie et de notre province.

Agréez l'expression des sentiments distingués et respectueux avec lesquels je suis,

Monsieur le Chanoine,

Votre très humble serviteur,

F. MATHIEU, *capucin*,

Provincial.

PRÉFACE

Le Capucin, dit l'historien moderne des missions de l'Ordre [1], se compose en quelque sorte de deux hommes, le solitaire et le prédicateur, et sa vie est la fusion de deux vies opposées en apparence, en réalité très connexes, la vie érémitique et la vie apostolique. Le couvent est un ermitage plein de silence, d'isolement et de paix. La cellule est petite, pauvre, toute occupée par le crucifix, quelque image, la règle et les livres : elle a un parfum d'oraison et l'on sent que Dieu regarde volontiers cet humble réduit. Que le Capucin est heureux là et qu'il doit être doux d'y mourir ! Mais le supérieur appelle et envoie. Le Capucin part à l'instant. Le solitaire devient apôtre, c'est-à-dire prédicateur, confesseur, même homme du monde, simple, patient, dévoué, jovial, avec un petit grain de sel. Les gens qui sont dans le progrès l'insultent ; les piliers de cafés et les liseurs de journaux l'appellent fainéant ; le peuple le respecte, l'aime et l'écoute volontiers. Quand la mission est terminée, ce fainéant exténué regagne sa cellule, son silence, son oraison et ses livres, jusqu'à ce que les âmes l'appellent de nouveau. Pendant ce temps, son frère lui a apporté un morceau de pain quêté ci et là, parmi beaucoup d'injures : les injures, c'est la part du frère, et Dieu la garde pour lui dans les trésors célestes.

Ah ! qu'il fait bon être amené à demander au couvent un morceau du pain de l'aumône ! Quelle cordiale hospitalité ! Comme le cœur se dilate à l'aise dans cette atmosphère de paix

[1] Rocco da Cesinale, *Storia delle missioni*, etc., t. I, p. 23.

et de charité, avec ces cœurs auxquels l'unique Maître de l'amour apprend à aimer, pendant qu'au dehors la politique et les journaux sèment à pleines mains la division et la haine !

Il ne faut pas s'étonner que cette politique et ces journaux veuillent absolument fermer les couvents. Il y a là trop de crucifix et des contrastes trop choquants avec le monde extérieur. En ce qui concerne les Capucins, quelqu'un, ne pouvant décemment les accuser ni d'intrigue politique, ni d'accaparement de la fortune publique, ni même de morale relâchée, résumait ainsi devant nous les honnêtes motifs qui lui faisaient désirer de les voir expulsés de leurs cellules : *leur habit et leur quête ne sont pas dans les mœurs de notre temps. Qu'ils s'habillent comme tout le monde, qu'ils travaillent comme tout le monde, ou qu'ils s'en aillent.* C'est cela ! Tout ce qui n'est pas dans les mœurs de notre temps doit disparaître, puisque les mœurs de notre temps sont *la liberté, l'égalité et la fraternité.*

Pour entrer dans le détail, de quelles mœurs s'agit-il ? Il y en a une grande variété en notre temps : les mœurs communardes et les mœurs *versaillaises*; les mœurs opportunistes et les mœurs radicales ; les mœurs maçonniques et les mœurs de ceux qui simplement... n'ont pas de mœurs, etc. Il y a aussi, grâce à Dieu, les mœurs catholiques ; mais celles-ci, étant de vieilles mœurs et ne faisant pas la mode en ce moment, ne comptent pas. De toutes les autres il serait difficile de tirer un composé qui puisse s'appeler les mœurs de notre temps. Encore une fois, de quelles mœurs s'agit-il ?

De l'habit, n'en parlons pas, jusqu'à ce que l'on ait déterminé une forme, une couleur et un drap conformes à quelque loi existante et aux mœurs de notre temps. Pour la quête, ceux qui s'en indignent comme d'un moyen d'échapper à la loi générale, et même divine, du travail, oublient beaucoup de choses. Ils oublient : 1° que presque tous ils ont les mains blanches et pour travail principal celui de la digestion ; 2° que la quête est un travail et le plus pénible de tous, pour celui que l'obéissance y emploie ; 3° que le quêteur a laissé son bien à d'autres, qui le travaillent et qui en vivent ; 4° que, sans rien diminuer de la production de la terre et du travail manuel, il ajoute à la production morale sa patience, son humilité, sa souffrance, sa prière et le relèvement que sa mendicité volontaire donne à la mendicité forcée, produits qui, conformes, ou non, aux mœurs de notre temps, ne sont pas moins très nobles et très nécessaires à tous les temps, surtout au nôtre.

Quand on aura supprimé la quête et le capucin; quand l'Etat aura fait du couvent un supplément de caserne ou de prison, pour les besoins des mœurs du temps, ou qu'on y aura installé une fabrique de bière ou de liqueurs, à l'usage des travailleurs de la langue et de l'estomac ; quand dans l'enclos on aura tracé des jardins publics, des rues ou des promenades avec cafés chantants ou non chantants : nous comprenons parfaitement que, là où l'on prie, où l'on étudie, où l'on sanctifie maintenant, on causera politique, on consommera et l'on digèrera très bien, et que ces messieurs et ces demoiselles remplaceront agréablement les religieux aux pieds nus et à la robe de bure. Mais nous demandons ce que le peuple y aura gagné en sus du plaisir de parler comme ces messieurs et de les aider par ses votes à faire leurs petites et joyeuses affaires, à ses dépens.

Voilà une longue digression, à propos du P. Chérubin. Nous prions le lecteur de nous la pardonner à cause des mœurs de notre temps.

Le Capucin est donc tout à la fois ascète et missionnaire. La perfection pour lui est d'être l'un et l'autre dans la mesure complète. Mais cela est rare et, pour conserver l'équilibre entre la prière et l'action nécessaires au monde, comme dit Montalembert, Dieu crée tantôt des hommes plus particulièrement ascètes, et tantôt des hommes plus particulièrement missionnaires.

Dans le premier siècle de la réforme de Mathieu Bassi, la

Maurienne a eu l'honneur de donner aux Capucins des modèles de l'une et de l'autre vie. Le père Jean fut surtout un ascète, l'homme du couvent, de la prière, du silence et de la pénitence : nous avons publié sa vie en 1867. Le P. Chérubin fut l'homme de l'action, l'apôtre, et, comme il vécut au temps des grandes luttes de l'Église contre la dissolution protestante, il fut l'homme de ces luttes, savant et énergique comme il convient à un lutteur, et cependant doux aux pauvres âmes égarées. Le P. Chérubin est un type de l'Église catholique au XVIe siècle.

Les adversaires de l'Église lui ont de tout temps reproché beaucoup de défauts. Un surtout leur paraît très grave et la cause de tous les malheurs, disons mieux, de toutes les épreuves qu'elle a subies dans le cours des siècles. Elle manque généralement d'esprit de conciliation et de douceur. Ses dogmes sont immuables, ses lois rigides ; ses chefs ne parlent que d'autorité ; ses prédicateurs, du moins un grand nombre et des plus renommés, ses défenseurs laïques de même, sont emportés, violents, fougueux.

Ce reproche est très vieux. Les Juifs le firent à Jésus-Christ, et ils le crucifièrent; les païens le firent aux apôtres et aux premiers chrétiens, et ils les tuèrent ausssi ; les hérétiques l'adressèrent de même aux catholiques, et ils agirent souvent comme les païens et les juifs ; on le fait encore de nos jours aux cléricaux, expression moderne et raffinée pour désigner les catholiques, et on les pourchasse victorieusement. C'est une tradition dans les variétés successives des mêmes adversaires, très doux, paraît-il, quoiqu'ils disent et quoiqu'ils fassent.

Aucun prédicateur catholique n'a été plus poursuivi de ce reproche que le P. Chérubin de Maurienne, capucin et missionnaire dans le Chablais et le Vallais, un peu de son vivant, beaucoup depuis sa mort. Les historiens se sont copiés les uns les autres, avec cette seule différence que plusieurs se contentent de taxer son zèle d'exagération et que d'autres lui appliquent carrément l'épithète de *fougueux* : le plus récent ajoute celle de *jaloux*, à laquelle on n'avait pas encore pensé. Théodore de Bèze, qui, le premier, jeta la pierre au capucin de Saint-Jean, l'appelait *ignorant, impudent, bête, furieux* : c'était le style légué par Luther, et Bèze était dans son rôle.

Lors donc que, il y a vingt-cinq ans, nous commençâmes à recueillir des matériaux pour l'*Histoire hagiologique du diocèse de Maurienne* et pour les *Vies* des pères Jean et Chérubin, de l'ordre des Capucins, nous nous attendions à rencontrer, dans celle de ce dernier, quelques écarts plus ou moins graves, quelques violations des règles ecclésiastiques ou des droits de l'autorité civile. Nous aurions raconté ces excès franchement ; car, à notre avis, l'histoire veut la vérité, rien que la vérité, mais toute la vérité. Le zèle ne rend pas impeccable et, même avec les meilleures intentions, l'on peut manquer parfois de mesure, de prudence, de patience, de douceur et de charité.

Les documents se sont accumulés dans nos cartons, documents officiels puisés dans les archives de Turin et dans celles de l'ancien Sénat de Chambéry, documents laissés par les contemporains du P. Chérubin et recueillis dans les couvents de l'ordre : à Chambéry, à Turin, à Gênes, à Rome, à Sion et à Saint-Maurice. Nous avons aussi fait visiter les archives de Genève et interrogé les historiens qui pouvaient nous fournir des renseignements. Nous avons eu des chercheurs infatigables et nous sommes heureux de leur offrir ici l'expression de notre vive reconnaissance, particulièrement au P. Archange d'Albiez-le-Vieux, à qui nous devons une multitude de recherches et de copies de documents que nous n'aurions pas eu alors le loisir de faire nous-même, et au P. Théotime de Gênes qui, sur l'ordre du provincial de Savoie, le bon et vénéré P. Mathieu de la Roche, vient de visiter de nouveau minutieusement les archives de Turin, de Gênes et de Milan.

Quand nous avons étudié ce volumineux dossier, nous avons cherché le brouillon, l'emporté, le fougueux, dont nous avions vu plus d'un portrait ; nous ne l'avons pas rencontré. Nous avons trouvé seulement un homme d'une foi ardente, d'un dévoûment absolu à l'Église, à son pays et aux âmes, d'un détachement complet de lui-même, d'une loyauté incomparable ; un homme ne voyant en toutes choses que la vérité et la droiture, détestant les tergiversations, les réticences et la fourberie, appelant chaque homme et chaque chose par son nom propre, prêt à discuter loyalement devant le peuple les titres de la doctrine qu'il combat et de celle qu'il apporte ou plutôt qu'il rapporte ; un homme respectueux envers l'autorité, bienveillant avec le peuple et les hommes de bonne foi, respecté et aimé de tous ceux qui l'ont vu de près, redouté et haï seulement des semeurs de discordes et des ennemis de l'Église par spéculation, auxquels il a fait la guerre sans trêve ni merci ; un homme enfin dont la Maurienne et l'ordre des Capucins doivent s'honorer à juste titre. Pour apprécier équitablement sa conduite, il est nécessaire de se souvenir que le protestantisme n'avait été implanté dans le Chablais que par la violence des envahisseurs, et qu'il ne s'introduisait dans le Vallais qu'à l'aide de l'ignorance, de la corruption et des calculs des traîtres et des ambitieux. C'était le cas, ou jamais, de se rappeler les premières instructions données par Jésus-Christ aux apôtres : « Ce que je vous ai dit dans les ténèbres, dites-le en pleine lumière ; et ce que vous entendez dans le secret, prêchez-le sur les toits.... Ne craignez pas ceux qui peuvent tuer vos corps.... Je ne suis pas venu apporter la paix, mais la guerre..... » Ces paroles expliquent toute la conduite du P. Chérubin à l'égard des pasteurs de Genève et des conspirateurs vallaisans.

Voilà nos impressions en terminant l'histoire de ses luttes apostoliques. Les hommes de conviction, les hommes de détachement et de dévoûment, les hommes qui n'ont que la passion de la vérité et qui pour elle sont toujours prêts à affronter la lutte et à donner leur vie, ces hommes sont rares de nos jours où, si la vérité elle-même n'est pas diminuée, parce qu'elle a été immuablement fixée par Jésus-Christ dans l'Église, les hommes, ceux mêmes qui ont charge de la défendre, sont tant exposés à être diminués et rapetissés par les calculs d'une prudence exagérée. C'est une raison pour chercher avec soin et pour faire connaître les hommes forts de l'histoire : si leur grandeur s'augmente de notre petitesse, notre faiblesse, à son tour, peut se relever au contact de leur force.

Ceux de nos lecteurs qui ont lu l'histoire de la mission du Chablais dans d'autres historiens, s'étonneront peut-être de quelques-unes de nos assertions. Nous les prions de lire attentivement notre dernier chapitre et nos preuves. Le P. Chérubin a attendu la justice de l'histoire assez longtemps pour qu'elle ne lui soit plus refusée. Du reste, nous ne sommes pas les premiers à la lui rendre. M. François Pérennès, dans son *Histoire de saint François de Sales*, avait déjà corrigé plusieurs assertions et appréciations erronées de ses devanciers, quand le savant historien du diocèse de Genève, M. l'abbé Fleury, est venu, à l'aide des documents des archives genevoises, remettre dans son jour le rôle du P. Chérubin dans la mission du Chablais, principalement en ce qui concerne ses conférences avec les ministres protestants. Citons encore une brochure publiée en 1878 par M. l'abbé Vittoz, curé du Petit-Bornand, sous ce titre : *Traits inédits de la vie de saint François de Sales, d'après les dépositions de son domestique*, avec des notes très intéressantes. Nous sommes heureux de compléter, à leur suite, cette œuvre de réparation historique.

Il y a dans notre livre une lacune considérable. Malgré les plus patientes et les plus minutieuses recherches, la première partie de la vie du P. Chérubin jusqu'à son retour en Savoie demeure couverte d'un voile et nous n'avons pu retrouver que son nom de famille, les dates de sa naissance et de sa profession religieuse, le couvent où il acquit la noblesse de la pauvreté franciscaine et l'emploi qu'il fit de sa fortune. La Providence a peut-être voulu ne laisser en lumière que les labeurs et les fruits de son apostolat, pour rappeler que l'homme de Dieu et des âmes, l'apôtre, a rompu tous les liens qui l'attachaient à la société purement humaine, afin de devenir uniquement l'ange de la vérité et des miséricordes divines. Tout le reste, intéressant pour l'édification et pour l'histoire, disparaît devant cette grande mission, suffisante à son mérite devant Dieu et à son honneur devant l'Église.

Saint-Jean de Maurienne, le 11 juin 1880.
fête de saint Barnabé, apôtre.

VIE DU PÈRE CHÉRUBIN

DE MAURIENNE

DE

L'ORDRE DES FRÈRES MINEURS CAPUCINS

CHAPITRE PREMIER

L'hérésie en Chablais. — Traités de Lausanne et de Nyon.
L'apôtre du Chablais et ses coopérateurs.

En l'année 1532, la ville de Genève appela à son aide les troupes de Berne, qui venait de renoncer à l'ancienne et universelle religion, et de choisir, entre les mille religions particulières récemment fabriquées sous le nom commun de Protestantisme, celle d'Ulric Zwingli, mais revue et estampillée par les seigneurs bernois pour leur usage et celui de leurs sujets. Les empiètements du duc de Savoie servaient de prétexte à cette levée de boucliers. En réalité, Genève était poussée au Protestantisme par les réformés étrangers qui affluaient dans son sein. Déjà elle avait commencé à secouer l'autorité temporelle de son évêque et prince, Pierre de la Baume. Or, les ducs de Savoie étaient vidames, c'est-à-dire, lieutenants des évêques. Cependant, Genève était encore catholique ; ce qui le prouve, c'est qu'à la même époque, elle chassa les prédicants français Farel et Froment. Mais les seigneurs et les soldats de Berne trouvèrent moyen d'opérer sa conversion au nouvel évangile (1535). Quelques années plus tard, Genève aura l'honneur d'avoir pour maître, au spirituel et au temporel, Jean Cauvin ou Calvin, le fleurdelisé de Noyon.

Le duc de Savoie, c'était le bon mais faible Charles III, consentit à soumettre ses démêlés avec Genève à l'arbitrage de Berne, et souscrivit aux conditions qui lui furent imposées. Genève, au contraire, se refusa opiniâtrément à tout accommodement. Le 29 décembre 1535, quinze jours après avoir répondu à Genève qu'elle ne lui accorderait aucun secours, Berne déclara la guerre au duc [1] « Cette guerre, dit l'historien de la réforme en Suisse, [2] paraît inconcevable et ne peut s'expliquer que par le fanatisme du parti protestant..... On peut se figurer les sollicitations pressantes que firent les protestants de Genève près de leurs frères et amis de Berne, pour en obtenir du secours ; la correspondance active de Farel, maître de Genève, avec les ministres protestants de Berne, qui dirigeaient aussi les conseils de cette république, et leur faisaient faire tout ce qu'ils voulaient, en mettant en avant le triomphe de la réforme, ou ce qu'ils appelaient la parole de Dieu. »

Au mois de janvier suivant, les milices bernoises soumirent, sans coup férir, le pays de Vaud, les sei-

---

[1] De Haller, *Hist. de la Révol. relig. ou de la Réforme protest. dans la Suisse occident.*, chap. XVI et XVII.
[2] De Haller, *ibid.*, p. 205.

gneuries de Gex et de Ternier, et le Chablais, depuis la Drance jusqu'à Martigny. Les Genevois, de leur côté, envahirent les terres de Savoie, à la manière des Huns et des Goths, saccageant et brûlant les châteaux et les villages, et égorgeant les habitants qui tombaient entre leurs mains. Ils s'emparèrent de la seigneurie de Gaillard ; mais ils furent contraints de la céder à Berne, trop heureux de pouvoir conserver eux-mêmes une ombre d'indépendance.

Les Fribourgeois occupèrent le comté de Romont, et les Vallaisans, le reste du Chablais. Ce fut un grand bonheur pour ces populations, qui échappèrent ainsi au despotisme bernois, et qui purent conserver en paix la foi catholique, à laquelle Fribourg et le Vallais étaient demeurés fidèles. Elles avaient, du reste, demandé elles-mêmes cette occupation pour échapper au joug des Bernois [1].

Les Bernois marchaient sur Chambéry, quand ils rencontrèrent un député du roi de France qui les arrêta. François Ier venait de déclarer la guerre à son oncle, Charles III, et d'envahir le reste de la Savoie et le Piémont. François Ier était l'appui des protestants allemands et suisses, et l'allié des Turcs. Il pressa le sultan Soliman II, le plus furieux ennemi des chrétiens, d'attaquer la Hongrie et l'Italie, et l'on vit au siège de Nice les lys de France mêlés au croissant (1543) [2].

Telle était la politique anti-catholique et anti-chrétienne du descendant de saint Louis, du roi *Très*

---

[1] Archives de M. le comte A. de Foras.

[2] DE HALLER, p. 210 ; — GUICHENON, *Histoire généal. de la Maison de Savoie*, t. II, p. 214 et suiv. ; — MAGNIN, *Hist. de l'établiss. de la Réf. à Genève*, p. 222 et suiv.

Chrétien, du *Fils aîné de l'Eglise*. Ce sera aussi la politique de ses successeurs. Cette politique affaiblira la Maison d'Autriche; mais elle plongera la France dans les horreurs de la guerre civile, elle couvrira l'Europe de sang et de ruines, et, en finale, elle préparera l'échafaud de Louis XVI.

Les Bernois avaient promis à leurs nouveaux sujets le libre exercice de la religion catholique. Ils ne laissèrent pas néanmoins d'envoyer des ministres protestants à Thonon. Le peuple refusa de les entendre. L'un d'eux, s'opiniâtrant à prêcher, occasionna une émeute dont les seigneurs de Berne profitèrent pour envoyer des commissaires qui firent abattre les croix et les images; les prêtres fidèles furent chassés, un grand nombre d'églises démolies, et des ordres sévères proscrivirent, sous peine de fortes amendes, toute cérémonie de la religion catholique. Ceux qui ne voulurent pas embrasser la religion bernoise, furent contraints d'aller chercher ailleurs la liberté de conscience et de culte, que les protestants réclamaient à grands cris partout où ils étaient en minorité, mais qu'ils n'accordaient jamais là où ils étaient les plus forts.[1] Ces mesures violentes entraînèrent les peuples conquis à l'apostasie. Un auteur protestant[2], qui cependant offre un modèle parfait dans l'art de changer les dates, d'arranger les faits, de supprimer les circonstances gênantes, d'accumuler les autorités et les citations bien choisies, de manière à éblouir le lecteur qui n'a ni le temps ni les moyens de remonter aux sources qu'on lui indique, caractérise exactement les

---

[1] BAUDRY, *Relat. abrég. des trav. de l'apôtre du Chablais*, t. I, chap. II; — GRILLET, t. III, p. 413.

[2] GABEREL, *La Miss. de saint François de Sales en Chablais*, p. 17 et suiv.

procédés par lesquels la réforme fut implantée dans le Chablais et dans les autres bailliages : il dit que *les paysans qui n'étaient pas encore détachés du catholicisme, se résignèrent aux volontés du souverain;* et il appelle lui-même les décrets bernois *des actes de despotisme gratuit.*

Le lecteur fera bien de se souvenir de ces faits et de cette appréciation d'un pasteur protestant, lorsqu'il verra les saintes audaces du P. Chérubin, les mesures énergiques prises par le duc Charles-Emmanuel, et les réclamations bruyantes des Bernois. Il n'est pas possible que l'emploi de la force soit le privilège légal de l'erreur, et que la vérité n'ait que le droit de parler bas et de se laisser éconduire.

Le traité de Cateau-Cambrésis remit Emmanuel-Philibert en possession des provinces que François Ier avait enlevées à son père (1557). Les Bernois lui rendirent également, par le traité de Lausanne (1564), les bailliages de Gex, de Ternier et de Gaillard, ainsi que la partie du Chablais qu'ils avaient occupée ; mais il fut obligé de renoncer à ses droits sur le pays de Vaud. Les Fribourgeois gardèrent le comté de Romont. Les Vallaisans ne restituèrent, par le traité de Thonon (4 mars 1569), que le district d'Evian, où la religion catholique n'avait reçu aucune atteinte, et le duc de Savoie leur céda le gouvernement de Monthey [1]. De plus, le traité de Lausanne portait que : « Tous sujets, manans et habitants ès terres et pays qui étaient rendus par les Bernois, continueraient en la religion et réformation en laquelle ils étaient sans qu'ils fussent déboutés ou empêchés en l'exercice d'icelle....; que les ministres et diacres néces-

---

[1] Costa de Beauregard, *Mém. hist.*, etc . t. II, p. 57 ; — Solar della Margarita, *Traités publics de la Maison de Savoie*, etc., t. I. Ce recueil ne contient pas le traité de Lausanne.

saires au dit exercice de la religion seraient entretenus au dit pays.... ; le tout jusqu'à ce que par détermination d'un libre et asseuré concile, accordé par les princes et les potentats de la chrétienté, pour fonder la vérité divine par l'adresse de l'esprit de Dieu, fût déclaré qu'elle forme de religion on doit tenir suivant les Saintes Ecritures du Vieux et du Nouveau Testament ; laquelle détermination les dits sujets pourront être contraints d'acquiescer comme les autres, et vivre ainsi qu'il sera ordonné par icelle [1]. »

Le *libre et asseuré* concile qui devait *fonder la vérité divine par l'adresse de l'Esprit de Dieu*, venait de se terminer à Trente. Mais comme il avait décidé que la religion qu'on doit tenir n'est ni celle de Luther, ni celle de Calvin, ni celle de Zwingli, ni celle d'Henri VIII, mais l'ancienne et universelle religion qui, par les Conciles, les Papes, les Docteurs et les Pères, remonte aux apôtres et à Jésus-Christ, les seigneurs de Berne avaient décidé que ses décrets étaient nuls, et qu'eux et leurs sujets, à l'imitation des Juifs, attendraient un autre concile.

Emmanuel-Philibert avait parfaitement le droit d'être d'un autre avis. Néanmoins, quoiqu'en disent certains auteurs protestants, il fut fidèle aux engagements contractés avec Berne. Il se contenta de faire défendre par l'avocat-général de Savoie, en 1568, aux ministres du Chablais, d'insulter la religion catholique en chaire, comme ils en avaient l'habitude, ainsi que tous les prédicants de la Réforme, dont les prêches ne se composaient guère que d'absurdes calomnies contre les dogmes catholiques et de violentes déclamations contre les papes. Les Bernois et les Genevois se chargèrent eux-mêmes de dégager le duc de Savoie de sa parole.

[1] GABEREL, p. 26.

En 1589, Berne et Genève, excitées par Henri III que l'occupation du marquisat de Saluces avait irrité contre Charles-Emmanuel, fils d'Emmanuel-Philibert, envahirent le Chablais, le Faucigny et les seigneuries de Gex, de Ternier et de Gaillard. C'était une violation de tous les traités et notamment de ceux du 5 mai 1570, conclus entre Emmanuel-Philibert et les villes de Berne et de Genève [1]. Remarquons que ces dernières conventions ne stipulaient, en faveur des protestants savoisiens, que le droit de se réfugier, *s'ils le pouvaient*, sur les terres de ces deux villes, dans le cas où ils viendraient à être persécutés pour le fait de leur religion. Charles-Emmanuel accourut en Savoie, repoussa cette invasion et conclut, au mois d'octobre de la même année, à Nyon, un traité par lequel Berne restitua les bailliages de Thonon et de Ternier, avec la clause que l'exercice du culte protestant serait *toléré* dans deux localités que le duc désignerait. Mais à peine ce prince fut-il parti, que les Genevois, qui n'avaient pas été compris dans le traité, et les Bernois, eux-mêmes, recommencèrent la guerre. Elle continua, avec des résultats divers, jusqu'en 1593, où Berne et Genève demandèrent une trêve qui fut conclue au mois d'octobre : on stipula que le duc, sans renoncer à ses droits sur les bailliages de Gex et de Gaillard, se contenterait pour le moment de posséder en paix ceux de Chablais et de Ternier. De garanties formelles en faveur du protestantisme, il n'en fut nullement question [2]. Quant aux stipulations des traités précédents, il est évident qu'elles n'existaient plus.

Aussitôt après la signature de la trêve, Charles-Emma-

---

[1] Solar della Margarita, *Traités publics de la Maison de Savoie*, etc.

[2] *Lettre de Jean-François Berliet, archev. de Tarent., à Clément VIII*, Annal. capucin., t. II ; — Fidèle de Thaliss, *Hist. abrég. des miss. des PP. capuc. de Sav.*, liv. I : — Baudry, p. 86 et suiv.

nuel, délibérant sur les moyens de faire rentrer les habitants des deux bailliages restitués dans le sein de l'Église catholique, d'où la violence les avait arrachés, et jugeant qu'il fallait les y amener doucement par l'instruction et la persuasion, demanda à l'évêque de Genève, Claude de Granier, des missionnaires zélés et capables, par leur science et leurs vertus, de mener à bonne fin une entreprise en même temps si importante et si difficile.

Le point essentiel était de gagner la ville de Thonon, capitale du Chablais, dont l'exemple exercerait nécessairement une grande influence sur le reste de la province. Mgr de Granier y envoya, avec le titre de curé, un prêtre nommé François Bouchut. C'était un homme très vertueux qui, pendant une année, remplit avec zèle, mais avec plus de mérite que de fruit, la pénible mission qui lui avait été confiée. Au bout de ce temps, une émeute des bourgeois de Thonon lui fit craindre pour sa vie, et il repartit pour Annecy (1594)[1]. Pour convertir le Chablais, un prêtre instruit et vertueux ne suffisait pas ; il fallait un saint et un apôtre, et le Seigneur le lui envoya.

Le 14 septembre 1594, deux prêtres arrivèrent au château des Allinges, où une forte garnison était destinée à maintenir dans la soumission les réformés de Thonon, toujours poussés à la révolte par les Genevois et les Bernois. Ils appartenaient tous deux à l'une des familles les plus illustres de la Savoie. Néanmoins, ils allaient à pied, sans domestiques, et n'avaient pas d'autres armes, dans le combat qu'ils allaient livrer pour le Seigneur et en son nom, que la croix, le bréviaire, les Controverses de Bellarmin et une confiance entière en la grâce d'en haut. L'un deux était François de Sales,

[1] LE P. CONSTANTIN DE MAGNY. *Vie de Claude de Granier*, p. 158.

le plus aimable des saints et la plus noble gloire de la Savoie ; l'autre était le chanoine Louis de Sales, son cousin et son ami. Le combat fut rude, et pendant deux ans François de Sales se trouva seul à le soutenir dans cette partie du Chablais [1] : il reçut ensuite des auxiliaires, mais conserva toujours la direction et la part principale de la sainte entreprise. En moins de sept années l'hérésie fut vaincue, et les habitants du Chablais et de Ternier ramenés à la foi de leurs pères. Les travaux de saint François de Sales n'appartiennent pas à notre sujet. C'est l'histoire du plus zélé, du plus fécond, du plus célèbre de ses auxiliaires que nous avons à raconter ; et nous ne parlerons du premier apôtre du Chablais qu'incidemment, lorsque les exigences de notre sujet le demanderont.

Les commencements de l'apostolat de François de Sales furent particulièrement pénibles et arides. Le champ était dur et beaucoup de ronces déchirèrent ses mains et son cœur. Il fut poursuivi par les insultes des ministres protestants, qui le traitaient de séducteur, d'hypocrite, de faux-prophète, même de sorcier et de magicien. Il fut cherché par des assassins que sa douceur désarma, et exposé à être gelé dans les bois ou noyé dans les eaux de la Drance, de quoi Dieu le préserva. Enfin, la semence divine commença à germer, et François, avec le seul aide de son cousin, se trouva bien insuffisant, non-seulement pour la province, mais même pour la ville de Thonon. En outre, il était sans ressources, et les ordres mêmes du prince sur cet objet n'étaient pas exécutés. Il lui écrivit donc le 29 décembre 1595 une lettre et un mémoire [2], où il lui propose

---

[1] *Lettres de saint François de Sales*, t. II, p. 137, édit. de Béthune.
[2] *Nouvelles Lett. méd.*, etc., collection Datta, t. I, p. 124 et 128.

dans les termes les plus pressants les moyens de développer le premier travail de la grâce ; les principaux sont l'envoi de huit missionnaires, la fixation de ressources suffisantes pour leur entretien, et le rétablissement des églises et des cures.

Ensuite, comme il dut se rendre à Annecy pour assister au synode convoqué par Mgr de Granier, il profita de l'occasion pour exposer aussi à son évêque le besoin urgent qu'il avait de coopérateurs, et il désigna les Capucins comme les ouvriers évangéliques en qui lui paraissaient le mieux réunies les qualités propres à faire impression sur les populations du Chablais. L'évêque entra d'autant plus volontiers dans ses vues, que les Capucins venaient de s'établir à Annecy et que, dans les fréquentes relations qu'il avait avec eux, il se convainquait chaque jour que ces bons religieux avaient hérité de leur père saint François aussi bien le zèle pour le salut des âmes que l'esprit de pénitence et d'absolu détachement des choses de la terre. Il écrivit donc au provincial de Lyon, le Père Théodose de Bergame, de qui relevaient encore à cette époque les couvents de la Savoie.

Celui-ci venait précisément de recevoir de Charles-Emmanuel une demande de missionnaires capables de venir en aide à François de Sales, en attaquant l'hérésie sur un autre point. Il offrit aussitôt les pères Chérubin de Maurienne, Esprit de la Baume, et Antoine de Tournon, très versés dans la connaissance de l'Ecriture Sainte et de la théologie, et jouissant d'une grande réputation comme controversistes et prédicateurs. « Tous trois, dit le père Constantin de Magny, de la Compagnie de Jésus, dans sa *Vie de Claude de Granier* [1], ont travaillé

[1] P. 167.

fort heureusement en cette mission. Toutefois, le zèle du premier a plus esclaté, et l'a fait reconnoistre pour l'un des principaux instruments du Ciel à ramener ce peuple au bercail de l'Église. Ce zèle acquit au P. Chérubin l'admiration et l'amour du peuple, avec la bienveillance du pape Clément VIII et de Charles-Emmanuel, duc de Savoie, qui le chérissait singulièrement et luy en donnait des preuves si particulières, que tout autre que Claude de Granier en aurait pris de la jalousie. Mais, outre que l'Evesque avait une charité de prélat et d'ange..., le P. Chérubin marchoit avec tant de sincérité et de respect, et il employoit les faveurs des grands avec tant de fidélité au bien des âmes et à l'avancement des desseins que l'Evesque avoit pour le Chablais, que ce bon prélat luy en eust désiré davantage. »

Le duc donna avis de ce choix à l'évêque de Genève qui, transporté de joie, pria le Père Théodose de lui amener à Annecy les trois missionnaires. Il les accueillit avec toute sorte de témoignages d'honneur et d'amitié et, examinant avec eux les moyens les plus propres à procurer la conversion des peuples des bailliages de Thonon et de Ternier, il décida que, pendant que François de Sales continuerait ses travaux apostoliques à Thonon et dans le voisinage, le P. Chérubin irait dans les environs de Genève, et les deux autres pères dans le bailliage de Ternier. Le P. Chérubin se hâta de se rendre au poste que la Providence lui confiait, accompagné d'un frère lais, nommé Serge de Lucques, homme de sainte vie. C'était en l'année 1595 [1].

Il était déjà connu dans ces contrées. De Montmélian il avait été envoyé à Annecy, au moment où s'établissait le couvent de cette ville, et, comme Mgr de Gra-

---

[1] *Hist. abrég. des miss.*, etc.; — *Bullar. Cappuccin.*, t. V, p. 137.

nier brûlait de ramener ses diocésains perdus dans les filets du Calvinisme, il fut chargé d'ouvrir seul la campagne du côté d'Annemasse et de Genève. On place son premier départ d'Annecy au 9 septembre 1594, cinq jours avant que saint François de Sales prit la route du Chablais. Mais, ainsi que nous venons de le dire, il fut d'abord seul dans la lutte de ce côté, et ce ne fut qu'une année plus tard qu'il reçut une destination fixe et des auxiliaires [1].

---

[1] M. FLEURY, *Saint François de Sales, le P. Chérubin et les ministres de Genève*, p. 63 ; — *Traits inédits de la vie de saint François de Sales*, p. 50 ; Annecy, 1878.

CHAPITRE II

La famille Fournier. — Le P. Chérubin. — Le pèlerinage d'Aix. — Les trois amis.

Les bâtiments occupés aujourd'hui par le petit-séminaire de Saint-Jean de Maurienne étaient avant 1793 un couvent de religieuses Bernardines, construit en 1623 par Louise-Blanche-Thérèse de Ballon. Ce fut le troisième qu'elle fonda, après ceux de Rumilly et de Grenoble, sous le nom de monastère de Saint-Charles. En 1793, les religieuses, refusant de jouir de la liberté que la Convention leur imposait, furent expulsées par la gendarmerie ; la plupart cependant s'étaient déjà réfugiées en Piémont. En 1825, il fut question de rétablir le monastère de Saint-Charles, et deux religieuses de Belley vinrent se joindre à celles qui restaient de l'ancienne communauté. Mais elles ne purent pas obtenir d'être remises en possession des bâtiments, dans lesquels le collège avait été transféré vers 1803 [1].

De qui la Mère de Ballon avait-elle acheté la propriété sur laquelle elle fit construire le monastère ? Nous l'ignorons et nous regrettons beaucoup que les recherches que nous avons faites sur ce point, important pour l'histoire que nous écrivons, soient restées sans résultats. Ce qui est certain, c'est qu'un demi-siècle plus tôt, elle appartenait aux nobles Fournier.

Jean Fournier obtint du cardinal d'Estouteville, évê-

---

[1] Notes fournies à M. le docteur Mottard par la Supérieure des Bernardines de Belley ; — GRILLET, t. III, art. Saint-Jean de Maurienne.

que de Maurienne et l'un des principaux bienfaiteurs de la ville de Saint-Jean, des lettres de noblesse, datées du 10 novembre 1475 et contresignées par Jean Frelin, secrétaire [1]. Il vivait encore en 1495 [2].

Jérôme, son fils, était notaire ; il reçut en 1506, conjointement avec noble Jacques du Pont, et tous deux en qualité de tuteurs ou de procureurs des enfants mineurs des nobles Jean et Gabriel des Côtes, une reconnaissance d'Henri Forneret, curé d'Albiez-le-Jeune [3]. La famille des Côtes était propriétaire de la maison appelée de *Babylone*, qui forme l'angle de la rue et de la place du Collège, et qui, à l'extinction de cette famille, passa aux nobles Sibué Ducol par héritage. Claude, fils de Gabriel des Côtes, eut un procès avec son ancien tuteur, qui était son voisin. Jérôme Fournier avait fait bâtir, aux limites extrêmes de sa propriété, un rustique dont les fenêtres et une pente de la toiture donnaient sur le jardin de Claude des Côtes. Celui-ci n'admit pas cette usurpation de servitude ; on plaida, puis on transigea par un acte du 10 janvier 1510. La nouvelle construction resta, mais Fournier dut boucher les fenêtres [4]. Ce rustique existe encore et appartient au petit-séminaire ; on y voit les fenêtres qui ont fait l'objet du procès, fermées par un mur à demi-épaisseur.

Thibaud, fils de Jérôme, est qualifié d'écuyer dans un acte de 1574.

Henri Fornier ou Fournier est mentionné dans un acte de l'année 1525.

Claude et Loyse, filles et héritières de défunt Thibaud, font un acte de partage en 1566. Loyse était propriétaire

---

[1] *Travaux de la Société d'hist. et d'archéol. de la Maurienne*, t. II, p. 206.
[2] Damé, *Hist. ecclés. épiscop. et dioc. Maur.*, manusc.
[3] Archives du presbyt. d'Albiez-le-Jeune et de M. le comte d'Arves.
[4] Archives de la famille Ducol.

d'une partie de la maison qui, en 1510, appartenait à Jérôme Fournier.

Une autre partie de cette maison appartenait en 1579 à Jeanne et à Françoise, filles de noble Antoine Fornier [1].

Une Bonaventure Fornier est mentionnée comme ayant fait une donation, probablement à la Sainte-Maison de Thonon, dans les instructions données par le duc Charles-Emmanuel, en 1602, au président Vivaldo et au sénateur Brayda [2].

Enfin, en 1623, Jeanne-Françoise Fournier, qui paraît avoir été la dernière de cette famille, épousa noble Ennemond Martin Sallières d'Arves, lieutenant-colonel du régiment de Maurienne [3]. Divers états de la noblesse de Saint-Jean de Maurienne depuis 1603 ne mentionnent plus aucun membre de la famille des nobles Fournier. Mais des documents dont nous avons extrait les indications qui précèdent, il résulte qu'elle s'était divisée en plusieurs branches antérieurement à l'année 1566, et que la maison de la rue Bonrieux, actuellement rue du Collège, avait été partagée entre elles. Deux de ces branches, celles de Thibaud et d'Antoine Fournier, s'éteignirent avec les filles que nous venons de mentionner.

Quel lien de parenté unissait le P. Chérubin aux membres de la famille Fournier nommés dans les actes que nous avons cités ? Nous l'ignorons absolument ; car ces actes ne font aucune mention de lui, et les registres des archives de l'évêché ne remontent pas assez haut pour nous fournir des renseignements. Mais, d'abord, il est certain qu'il naquit à Saint-Jean de Maurienne :

---

[1] Archives du tribunal de Saint-Jean de Maurienne ; — Archives de M. le comte A. de Foras.

[2] V. *Pièces justificatives* n° 14.

[3] Archives de M. le comte d'Arves.

le P. François d'Orly de Thonon, auteur presque contemporain, puisqu'il écrivait en 1643, l'affirme positivement [1]. Ensuite divers documents, qui existaient dans les archives des couvents des capucins de Gênes en 1859, avant leur dispersion partielle, nous donnent quelques autres détails, très incomplets sans doute, mais néanmoins très précieux parce qu'on ne les trouve nulle part ailleurs [2]. Voici ce qu'ils nous apprennent.

Le P. Chérubin vint au monde dans la ville de Saint-Jean de Maurienne, le 24 mars 1566, et reçut au baptême le nom d'Alexandre. Il appartenait à une famille très considérée dans le pays, celle des nobles Fournier, dont il fut le dernier ou l'un des derniers représentants. A l'âge de dix-sept ans, il renonça au monde et entra dans l'ordre des Capucins. Il fut inscrit parmi les novices à Gênes, le 7 septembre 1583, et le 8 septembre de l'année suivante, ayant achevé son année de probation, il fut admis à prononcer ses vœux solennels. Les couvents qui composèrent plus tard les trois provinces de Lyon, de Savoie et de Piémont ou de Gênes, n'en formaient alors qu'une, et elle avait, paraît-il, deux noviciats : celui de Milan où fut envoyé le P. Jean de Maurienne, et celui de Gênes. La province de Lyon fut créée en 1587, et les couvents de Savoie en furent détachés en 1610, comme nous le dirons en son lieu.

Avant de prononcer ses vœux, le P. Chérubin dut faire son testament, conformément aux prescriptions de la règle [3]. Comme il n'avait aucun lien dans le monde et que, privé de ses parents depuis son jeune âge, il avait laissé son tuteur administrer ses biens sans même s'informer de leur nature et de leur valeur, parce

---

[1] *Les Merveilles de N.-D. du Charmaix*, p. 323.
[2] V. *Pièces justificatives*, n° 1.
[3] V. *Ibid.* n° 2.

que, dès cette époque, il était résolu à s'en dépouiller pour entrer dans la pauvre milice de saint François, il institua pour son héritier Mgr Pierre de Lambert, évêque de Maurienne, et ses successeurs sur ce siège, avec la clause expresse que tout ce qu'il possédait serait employé en bonnes œuvres. Cet illustre prélat, le plus grand bienfaiteur de la ville de Saint-Jean [1], avait quelques années auparavant fondé, à l'entrée de la ville, au lieu appelé *Jérusalem,* parce qu'il y avait là une auberge dont le propriétaire avait fait le pèlerinage des Lieux-Saints [2], un collège dont il reste encore quelques revenus et une inscription gravée sur le portail. Une tradition de l'Ordre, consignée dans diverses notes anciennes et à laquelle le fait que nous venons de mentionner donne une autorité plus que probable, dit que Mgr de Lambert crut ne pouvoir mieux entrer dans les vues de son généreux diocésain, qu'en consacrant les biens dont il acquérait la libre disposition au développement de cette précieuse institution.

Ces faits, rapportés par les manuscrits de Gênes et par les traditions de l'Ordre, sont, en partie, confirmés par le P. Bernard de Bologne [3] et par Gallizia [4]. Le premier dit que le P. Chérubin fut élève de la province de Gênes. Le second ajoute qu'il sortait d'une famille très honorable et que Dieu lui fit la grâce d'entrer jeune encore dans la famille des Capucins.

Disons, pour compléter le peu que nous avons pu recueillir sur la jeunesse du P. Chérubin, que ce qui

---

[1] L'administration communale vient de donner son nom à l'une des rues récemment percées.

[2] *Collection des choses mémorables à insérer dans les Annales.* Manusc. du couvent de Chambéry. *Déposition du P. Damien.*

[3] *Bibliotheca script. ord. Min. s. Franc. cappuccin.*

[4] *Atti dè Santi.* etc., t. VII, p. 79.

l'attira principalement à l'Ordre de Saint-François, ce fut l'exemple du P. Jean de Maurienne, natif d'Albiez-le-Vieux, qui, peu d'années auparavant, avait pris l'habit dans le couvent également fondé par Mgr Pierre de Lambert. Il avait assisté à cette cérémonie et en avait remporté une impression qui ne s'effaça plus. Le jeune Fournier devait alors faire ses études dans le nouveau collège, situé en face de la maison des Capucins, et l'on croit qu'il eut avec le saint curé, devenu le plus humble des novices, de fréquents entretiens sur sa vocation [1].

Peu de temps après sa profession, il fut appelé au couvent de Lyon. De là, ses supérieurs l'envoyèrent faire son cours de théologie à Avignon, où Mgr Philibert Milliet, successeur de Mgr de Lambert sur le siège épiscopal de Maurienne, lui obtint une des bourses fondées par le cardinal de Brogny. Il obtint le grade de docteur en théologie et retourna à Lyon, au couvent dont le P. Jean était gardien. Il prêcha dans cette ville le carême de 1595 [2].

Nous avons raconté, dans la *Vie du P. Jean*, avec quelle énergie ce saint religieux, en qui la douceur s'unissait à une fermeté inébranlable lorsqu'il s'agissait de défendre les intérêts de la foi catholique, s'opposa aux exigences d'Henri IV, et préféra quitter Lyon avec toute sa communauté plutôt que de faire des prières pour le triomphe d'un roi hérétique. Le P. Chérubin ne servit pas avec moins de courage la cause de l'Église et de la France catholique. Comme il s'était déjà acquis une grande renommée par ses talents pour la chaire, il était souvent appelé à prêcher soit à

---

[1] *Vie du B. P. Jean*, par le P. Félicien de La Chambre; manusc., liv. I.
[2] Manuscrits divers.

Lyon, soit dans les paroisses environnantes, et il ne cessait d'exhorter les fidèles à ne se soumettre au roi de Navarre que quand celui-ci se serait soumis à Dieu et à l'Église [1].

Cette conduite étonnera peut-être et scandalisera ceux qui ne connaissent l'histoire de France que par les auteurs universitaires modernes ou par les écrivains césaristes du XVIIIe siècle, lesquels regardent les Ligueurs catholiques comme des rebelles et des fanatiques, et les papes Sixte V et Clément VIII comme des fauteurs de la révolte contre les droits et l'autorité d'Henri IV. Elle n'a rien, au contraire, que de très légitime, si l'on considère quels étaient les principes constitutifs de l'ancienne monarchie française sous toutes les dynasties, les principes constitutifs du droit public, que rien n'avait encore ébranlés à l'époque dont nous parlons. Ces principes peuvent se résumer en ces quelques lignes :

1º Le roi n'est pas le maître, le propriétaire de la nation ; il est son chef, et il reçoit son autorité de Dieu, seul créateur et maître absolu des nations aussi bien que des individus, non pour lui-même, mais pour le bien de la nation. C'est la doctrine catholique sur l'origine et la fin du pouvoir.

2º Le premier bien de la nation, c'est la conservation de la vraie religion, de la religion catholique, condition essentielle du salut éternel et fondement principal de la prospérité publique.

3º Le principe de la monarchie, c'est l'hérédité ; mais il est subordonné au principe supérieur du bien essen-

---

[1] GALLIZIA. *ibid*, p. 80. — BOVERIUS, *Annal. cappuc.*, t. II, fol. 830 ; — *Leggendario franciscano*, par le P. Antoine de Venise, t. V, p. 289 ; — GRILLET, *ibid*.

tiel de la nation, c'est-à-dire de la conservation de la religion. D'où il suit qu'un prince hérétique ou excommunié ne peut pas être le chef de la France catholique et perd les droits que l'hérédité lui conférerait.

Or Henri IV était non-seulement hérétique, mais relaps, et comme tel il avait été excommunié par le pape Sixte-Quint. Il ne pouvait donc monter sur le trône tant qu'il ne serait pas rentré dans le sein de l'Église ; et comme il s'y refusait, le droit dérivant de l'hérédité passait à un autre.

Notons une circonstance qui n'a pas toujours été suffisamment remarquée, c'est qu'Henri IV, bien qu'il fût le parent le plus proche d'Henri III, ne l'était cependant qu'au vingt-deuxième degré, et que la loi ne reconnaissait plus de parenté au-delà du septième. Plusieurs concluaient de là que le Navarrais, comme on l'appelait, n'avait aucun droit de se porter comme héritier des Valois, et qu'il appartenait à la nation d'élire son chef.

Tels étaient les principes de ce temps. Il suffit de les exposer pour montrer que le P. Chérubin et tous ceux qui favorisèrent le parti de la Ligue pendant cette période qui court de la mort d'Henri III à l'abjuration d'Henri IV, étaient fidèles aux lois de la société religieuse et de la société politique française. Notre époque a d'autres principes, ou plutôt d'autres idées, et elle en tire chaque jour de merveilleux profits. Ne discutons pas : le P. Chérubin était de son temps et non du nôtre.

Nous avons dit que ces principes s'appliquent à la Ligue depuis la mort d'Henri III jusqu'à l'abjuration d'Henri IV. C'est qu'en effet, elle fut dans ses commencements une véritable révolte contre Henri III. Châteaubriand[1] résume son histoire en ces deux mots : « La

[1] *Etud. hist.*, t. IV, p. 419.

Ligue, coupable envers le dernier des Valois, était innocente envers le premier des Bourbons¹. »

Plusieurs auteurs supposent que, pendant son séjour en France, le P. Chérubin eut avec un ministre protestant une dispute sur le sacrement de l'Eucharistie, dont les procès-verbaux auraient été imprimés en 1593 ². On trouve, en effet, cet ouvrage indiqué sous cette date, dans la *Bibliothèque des écrivains de l'ordre des Capucins* par le P. Bernard de Bologne, et dans *l'Encyclopédie catholique* ³. Nous n'avons pu nous le procurer. On a dit aussi que la dispute est supposée, et que ce livre n'est pas autre chose que la thèse soutenue par l'auteur pour son doctorat en théologie à Avignon; mais cette assertion ne repose sur aucune preuve. D'autres auteurs ⁴ donnent aux *Acta disputationis* la date de 1596, qui nous paraît beaucoup plus probable : la dispute aurait ainsi eu lieu pendant que le P. Chérubin était en mission dans les environs de Genève.

Il revint en Savoie après l'abjuration d'Henri IV ⁵, et il fut attaché au couvent de Montmélian. Aussi conserva-t-il toute sa vie une affection particulière pour cette petite ville, et il lui en donna quelques années après un témoignage manifeste ; car l'église paroissiale ayant été détruite par le canon lors du siège et de la prise de la forteresse par Henri IV en 1600, il fit des quêtes pour venir au

---

¹ Plusieurs historiens, entre autres Rohrbacher *(Hist. univ. de l'Église cathol.)*, pour justifier la Ligue, prétendent que le royaume de France était électif plutôt qu'héréditaire. Cette théorie paraît peu soutenable. Un des auteurs qui, à notre avis, ont le mieux traité cette question, est le P. Rocco de Césinale, dans sa *Storia delle Missioni dei cappuccini*, t. I, p. 140 et suiv.

² *Acta disputationis habitæ cum quodam ministro hæretico circa divinissimum Eucharistiæ sacramentum*, sans lieu d'impression.

³ T. VII, p. 152.

⁴ *Biographia universale*, etc., à la bibliothèque civique de Gênes.

⁵ GALLIZIA, ibid.

secours de la on, c'emprunta même de l'argent de la Sainte-Maison de Thonon, et fit rebâtir l'église, qui fut mise sous le vocable de Notre-Dame de Compassion, patronne de la Sainte-Maison. Plusieurs autres pères recueillirent de côté et d'autre les bois nécessaires pour faire la chaire et le plancher [1].

Le P. Chérubin avait fréquemment occupé les chaires les plus considérables de la province de Lyon ; partout il avait emporté l'admiration de ses auditeurs, et ce qui vaut mieux, la reconnaissance des ignorants éclairés, des pécheurs convertis, des hérétiques ramenés dans le sein de l'Église. Chambéry eut hâte de l'entendre. Il fut invité à prêcher l'avent de 1595 et le carême de 1596 devant les deux cours souveraines du Sénat et de la Chambre des Comptes de Savoie, ce qui lui fit interrompre ses missions du côté de Genève, et il s'acquitta de cet emploi aux applaudissements de son illustre auditoire. Il réunissait en effet toutes les qualités qui font l'orateur, surtout l'orateur chrétien. Une voix forte et sonore, une onction douce et pénétrante, un geste brillant et varié, une connaissance profonde de l'Écriture et des Pères, une diction pure et élégante, le feu sacré qui, de son cœur, allait embraser le cœur de ses auditeurs, dont il savait merveilleusement trouver le chemin et pénétrer le mystère : tout donnait à sa parole un charme et une puissance auxquels rien ne résistait. Il excellait surtout dans la controverse ; il pressait son adversaire, l'empêchait de s'échapper de la question par les sentiers du sophisme, l'acculait dans ses derniers retranchements, et là, son argumentation vive et serrée le forçait de rendre hommage à la vérité

---

[1] Déposition du P. Damien, *Collection des choses mémorables qui doivent être insérées dans les Annales*, manusc. du couvent de Chambéry ; — BAUDRY, *ibid.*, p. 440.

ou de fuir la discussion. Doué d'une énergie indomptable, il ne connaissait aucun tempérament avec l'erreur et il eût donné sa tête plutôt que de sacrifier un iota de ce qui intéressait l'honneur de l'Église et le salut des âmes. Du reste, il était plein de bonté et de douceur pour les personnes ; le pécheur repentant, l'hérétique de bonne foi qui voulait s'instruire étaient assurés de trouver en lui un ami et un père. Il avait un zèle d'apôtre et une sainte passion pour propager la foi catholique et ramener à l'Église les populations que le protestantisme lui avaient arrachées. Ce zèle prenait sa source dans la vivacité de sa foi et dans son ardent amour de Dieu et du prochain ; il le ranimait et le fécondait sans cesse au foyer de la prière, qui faisait ses délices.

Il ne travaillait pas avec moins d'ardeur à avancer lui-même dans les vertus de son saint état. Il était rigide observateur de la règle, et quand il se trouvait au couvent on ne le voyait jamais manquer à aucun des exercices de la communauté. Son humilité était si profonde, que les personnes qui avaient à traiter avec lui en étaient confondues. Ses austérités étaient continuelles ; il commençait toutes ses missions par le jeûne, les larmes et la prière, afin d'apaiser la justice de Dieu à l'égard des pécheurs qu'il venait convertir. Il nourrissait surtout une tendre dévotion envers la Sainte Vierge ; c'était à elle qu'il recommandait le succès de ses entreprises pour le salut des âmes. Pendant sa mission du Chablais, il passait au pied de l'image de Notre-Dame-des-Sept-Douleurs tout le temps que ses nombreuses occupations lui laissaient. Il commençait toujours ses prédications par ces paroles de l'Église : *Réjouissez-vous, Vierge Marie ; c'est vous seule qui avez détruit toutes les hérésies dans le monde entier ;* et il terminait par cette prière : *Souffrez, ô Vierge sainte, que je vous loue ; fortifiez-moi contre vos ennemis.* Il voulait que les missionnaires qui travaillaient sous ses ordres fissent de même. Une fois le P. Sébastien de Maurienne, qui fut aussi un saint religieux et un zélé missionnaire, se souvint en descendant de chaire qu'il n'avait pas parlé expressément de la Sainte Vierge ; il en fut vivement affligé, parce que, disait-il, *il allait être bien grondé par le P. Chérubin.*

Un religieux d'un autre ordre engageait un jour le pieux missionnaire à éviter cette répétition de la même prière, qui l'exposait à fatiguer ses auditeurs. Il répondit : « Il m'est impossible de changer de méthode, parce que je ne pourrai jamais prêcher autre chose que ce que la Sainte Vierge daignera m'inspirer. » Ceux qui l'accompagnaient étaient persuadés que Marie l'assistait d'une protection particulière; car, bien qu'ils ne le vissent jamais ouvrir un livre, tout son temps étant absorbé par les travaux de l'apostolat, par ses longues prières et par les nombreuses visites que le bien des âmes l'obligeait à recevoir, il ne laissait pas de prêcher jusqu'à dix ou douze fois par semaine, et toujours avec la même profondeur de science, la même vigueur de pensées et d'expressions. Mais où on l'admirait le plus, c'était quand il parlait de la pureté sans tache et de la puissance de Marie : alors il s'élevait si haut, qu'on eût dit que sa parole était un écho des louanges éternelles qui retentissent au pied du trône de la Mère de Dieu. Aussi, l'appelait-on souvent *l'enfant de Marie*[1].

Le P. Chérubin se fit autant aimer à Chambéry par ses qualités naturelles, qu'admirer par ses talents et ses vertus. Déjà, précédemment, il s'était lié d'une étroite

---

[1] *Collection des choses mémor.*, déposition de dom Dequoex et autres. — P. CHARLES, de Genève, *de Conversione ducatus Chablasii*, etc., manusc. — GALLIZIA, *ibid.* — BOVER., *Annal.*, fol. 830. — P. Benedetto SANBENEDETTI, *Annal.*, t. II, 2ᵉ part.

amitié avec l'illustre Antoine Favre, qui était aussi fervent chrétien que savant magistrat. Ces deux hommes, si bien faits pour se comprendre, entretenaient une correspondance suivie, où ils se communiquaient leurs projets et s'aidaient mutuellement de leurs conseils, avec cette sainte liberté qui fait le charme de l'amitié chrétienne. L'auteur du *Code fabrien* attachait tant de prix à tout ce qui venait de son saint ami, qu'il conservait précieusement ses lettres. Voici ce qu'il écrivait à saint François de Sales le 14 novembre 1594 : « Je vous
« envoie encore une troisième lettre du P. Chérubin, qui
« m'est parvenue hier ; vous y verrez que ce pieux et
« excellent homme a voulu qu'elle vous fût commune avec
« moi, probablement par cela seul que je crois peu qu'il
« ignore la communauté de biens qui existe entre nous et
« qui est si généralement connue. Vous me rendrez cette
« lettre, s'il vous plaît, après l'avoir lue. » Le 27 mars 1596 il disait à son ami : « Le P. Chérubin vous salue. Il
« désirait ardemment de vous voir et de vous embrasser,
« surtout lorsqu'il a su par moi que vous en aviez le même
« désir. » Au mois d'avril de la même année il lui écrivait encore : « Je devrais terminer ici.... mais ce que
« vous me dites dans votre dernière lettre au sujet du
« P. Chérubin m'engage à vous féliciter de la haute con-
« sidération qu'il vous porte et des pieux services qu'il
« vous rend. Le mois dernier, un bruit qui ne se démen-
« tait pas, nous annonçait que cet illustre religieux était
« mort à Saluces ; mais on ne savait comment : les uns
« prétendaient qu'il avait été empoisonné dans un repas,
« d'autres qu'il était tombé sous le fer des ennemis.
« Cette nouvelle fit une pénible impression sur tous les
« habitants les plus estimables. Quoique je ne me
« mette pas au nombre de ceux-ci, j'ai été d'autant plus
« affecté de cette mort, que je perdais un homme par les

« conseils et l'amitié duquel j'aurais pu devenir, non pas
« un excellent citoyen, je n'irai pas jusque-là, mais du
« moins un bon citoyen, ou, si vous voulez, un moins
« mauvais que je ne suis. Mais on sut bientôt qu'il n'était
« mort que pour le monde, et qu'il vivait encore pour lui-
« même et pour le peuple chrétien. Quelques personnes
« assurent même qu'il viendra prêcher à Annecy le
« carême prochain [1]. »

Telle était déjà la réputation du P. Chérubin à cette époque. Nous verrons qu'il prêcha en effet le carême de 1597 à Annecy.

Le Seigneur, qui le destinait à être le collaborateur de saint François de Sales dans l'apostolat du Chablais, leur avait fourni une occasion de se connaître et de s'aimer, presque aussitôt après le retour du P. Chérubin en Savoie. François, n'étant encore que sous-diacre, avait établi à Annecy une confrérie sous le titre de : *Confrérie des pénitents de la Sainte-Croix, de l'Immaculée Conception et des apôtres saint Pierre et saint Paul*. Il avait donné aux confrères les règlements les plus propres à les faire avancer dans la vertu par la réception des sacrements et la pratique des bonnes œuvres. Peu de temps après, une confrérie de la Croix s'était aussi formée à Chambéry, sur le modèle de celle d'Annecy, dont elle avait adopté les statuts, et l'un de ses principaux membres était le pieux sénateur Antoine Favre. En 1594, François, considérant que dans la vie chrétienne l'homme finit par n'être plus touché de ce qu'il fait tous les jours, s'il n'est ranimé de temps en temps par quelque chose d'extraor-

---

[1] *Lettres de saint François de Sales*, édit. Migne, t. VI, col. 515. — *Nouvelles lettres inéd.*, édit. Datta, t. I, p. 70, 140, 147. Cette édition, dans le passage relatif au bruit de la mort du P. Chérubin, écrit *sénateur* au lieu de *religieux*. C'est une erreur manifeste, que le contexte indique et que Migne a corrigée.

dinaire, conçut le dessein de conduire les membres de la confrérie d'Annecy en pèlerinage à Aix, où une relique de la vraie Croix, apportée au temps des croisades par un seigneur du pays, opérait de nombreux miracles et était en grande vénération. Les confrères de Chambéry, ayant eu connaissance de ce projet, voulurent aussi aller à Aix, non-seulement pour vénérer la Croix en compagnie des pieux pèlerins, mais encore pour faire avec eux une alliance de charité fraternelle. Antoine Favre en écrivit à son ami et l'on convint du jour, de l'heure et de l'ordre que l'on observerait pendant la route, afin que rien de profane ne souillât un si saint pèlerinage.

Les deux confréries se rencontrèrent près d'Aix, le 30 juin. Celle de Chambéry avait à sa tête le P. Chérubin. Après s'être donné des témoignages réciproques d'une amitié toute sainte, elles se rendirent ensemble à l'église Sainte-Croix. Le bois sacré fut exposé à la vénération des pèlerins et, après la messe solennelle, tous les assistants furent admis à baiser cette relique insigne. On ne saurait exprimer quelle ferveur les confrères manifestèrent pendant cette touchante cérémonie et quels fruits de salut elle produisit dans leurs âmes. « Tant
« de beaux sentiments, dit M. Hamon [1], s'accrurent et se
« perfectionnèrent encore sous l'action puissante de la
« parole du P. Chérubin...., qui prononça en cette occa-
« sion un discours touchant propre à électriser toutes
« les âmes. De là on passa à l'union projetée des con-
« fréries d'Annecy et de Chambéry : toutes les deux
« firent une alliance de charité fraternelle, au nom
« de Jésus-Christ, et sous la direction de François
« de Sales, qu'elles adoptèrent pour leur père com-
« mun. Le saint lui-même se lia avec le P. Chérubin

---

[1] *Vie de saint François de Sales*, t. I.

« d'une amitié intime, dont nous verrons dans la
« suite de cette histoire les heureux effets. Ainsi
« s'écoula, avec bonheur pour tous, cette première jour-
« née doublement délicieuse, et comme avant-goût des
« joies du ciel par l'amour divin qui en sanctifia tous les
« moments, et comme scène vivante de l'Église primitive
« par la charité qui forma de toutes les âmes une seule
« âme, de tous les cœurs un seul cœur. » Le lendemain
les membres des deux confréries s'approchèrent de la
table sainte et, avant de se séparer, resserrèrent encore
longtemps aux pieds de Jésus-Christ les doux liens qu'il
avait formés dans leurs âmes.

Cette tendre amitié des deux hommes apostoliques,
contractée sous les auspices de la Croix, ne fit qu'augmenter à mesure que la communauté des mêmes travaux et des mêmes souffrances, pour la gloire de Dieu
et la conversion des hérétiques du Chablais, leur permit
de s'apprécier davantage. De pieux présents ravivaient
de temps en temps la charité qui les unissait, en leur
donnant l'occasion de s'unir plus étroitement au cœur de
Jésus, centre et foyer du véritable amour. Saint François
de Sales s'en montre tout joyeux dans une lettre sans
date qu'il écrit au sénateur Favre[1] : « Je ne veux pas
« vous laisser ignorer la bienveillance du P. Possevin et
« du P. Chérubin à mon égard. Celui-ci m'a envoyé une
« image représentant l'Enfant Jésus qui dort, et la Sainte
« Vierge, sa mère, qui l'adore humblement pendant son
« sommeil. N'ayant, pour ainsi dire, aucun autre objet
« à contempler, je regardais de temps en temps ce pieux
« cadeau d'un ami chéri..... Mes yeux se reposent sur
« cette image, fatigués qu'ils sont par la vue de nos

[1] Collect. Datta, t. I, p. 163.

« temples déserts... Je dois ces consolations à leur ami-
« tié, je les dois à vous, qui m'avez procuré leur amitié. »

Dans une autre lettre, que le saint écrivit du château d'Allinges au même président Favre, et dont le texte latin a été publié pour la première fois dans l'édition Migne de ses œuvres, il s'exprime ainsi : « J'arrive à
« votre dernière lettre, qui m'a apporté un si beau
« témoignage du souvenir que notre P. Chérubin me
« conserve. Son affection m'est d'autant plus douce et
« agréable, que je m'y trouve réuni à vous. Certes, il
« est vraiment notre père en Jésus-Christ, et, par son
« amour pour Dieu, par sa charité pour tous ceux qui
« sont unis en cet amour, il mérite le respect de tous ;
« mais il ne peut être assez aimé que par ceux qui
« nous ressemblent. Je vous recommande la lettre que
« je lui écris. »

Une maladie que le P. Chérubin fit en 1599, pendant que François était à Rome pour les affaires de la mission et du diocèse et pour sa nomination à la coadjutorerie de Genève, l'obligea à quitter momentanément le Chablais. Le saint en ayant eu avis, en fut vivement affligé, et il en témoigna sa peine dans une lettre adressée à Mgr de Granier[1] : « Le cardinal Saint-Séverin me
« dit que monseigneur le nonce sollicitait de me faire
« despêcher pour aller vers vous en l'absence du bon
« P. Chérubin, lequel, à ce qu'on nous advise de deçà,
« est tombé en une très lamentable infirmité, et Sa
« Sainteté et ces messieurs du Saint-Office, bref, tous
« les bons regrettent infiniment cet accident, et pour
« la valeur de la personne qu'il rend inutile, et pour
« le bruit qu'en feront les adversaires, qui n'ayant au-

---

[1] Collect. Datta, t. I, p. 196. C'est par erreur que l'éditeur fait adresser cette lettre à l'archevêque de Bourges et qu'il la date de 1597. Ce n'est pas, du reste, la seule erreur de date qu'il y ait dans ces deux volumes.

« cune raison pour leur opiniâtreté, font bouclier de
« tous les sinistres événements qui nous arrivent, pour
« naturels et ordinaires qu'ils soient. Or bien je fais
« tant plus de courage, et monsieur le vicaire (M. de
« Chissé) et moy et nos amis ne l'oublions point en nos
« petites oraisons comme nous sommes obligez. »

Heureuse et sainte amitié que celle dont Dieu est le lien et qui n'unit les cœurs que pour les sanctifier par une douce coalition de prières, de bonnes œuvres et de pieux encouragements. C'est l'amitié des saints et la seule véritable amitié. Elle est, dit l'Esprit-Saint [1], une protection mutuelle et puissante, un riche trésor, un préservatif contre les défaillances et les illusions de la vie. L'amitié mondaine n'est que la contrefaçon menteuse de l'amitié. Analysez-la et, sous ce brillant vernis d'affection et de dévoûment, vous ne trouverez qu'un égoïsme plus étroit et plus bassement intéressé. Les vrais amis sont rares ; il faut les chercher longtemps et, souvent, quand on croit les avoir trouvés, l'on s'aperçoit, à l'heure de l'épreuve, que l'on s'est trompé : de toutes les désillusions dont la vie est pleine, c'est la plus douloureuse.

[1] Eccli, 6.

CHAPITRE III

Premières missions du père Chérubin. — L'orfèvre Corajod et les ministres de Genève.

Nous avons dit de quelle manière la religion des seigneurs de Berne avait été établie dans le Chablais. Les habitants de cette contrée s'y étaient laissé entraîner par la crainte des persécutions auxquelles les catholiques fidèles étaient soumis, ou gagner par les séductions et les sophismes des prédicants de la Réforme : peu d'apostasies avaient eu pour cause l'immoralité, qui fit la fortune du protestantisme en Allemagne et en Angleterre et qui est l'obstacle le plus insurmontable au retour à la vraie foi. Plusieurs, tout en faisant extérieurement profession de l'hérésie, avaient caché les croix, les bannières, les vases sacrés et les ornements des autels, dans l'espérance plus ou moins instinctive de voir luire des jours meilleurs où ils pourraient reprendre l'exercice du catholicisme. Les nobles surtout avaient hautement protesté contre la nouveauté et la violence, et plusieurs avaient mieux aimé perdre leur fortune que trahir leur religion et leur conscience. Malgré soixante ans de domination protestante, pendant lesquels la foi s'était graduellement affaiblie chez les uns et éteinte chez les autres, il restait encore un souvenir de l'ancienne religion et comme un germe de catholicisme, enseveli sous les passions et les préjugés que les hérétiques semaient de toutes parts contre l'Eglise et sa doctrine, mais qui pour se développer ne demandait que la parole d'un apôtre et la pluie fécondante des grâces du Ciel. C'est ce qui explique la facilité relative avec laquelle l'Église reconquit cette contrée, quand elle fut rendue à la liberté. Les mesures de rigueur, que nous verrons employées aux derniers moments par le duc Charles-Emmanuel, ne s'appliquaient qu'à un très petit nombre d'individus ; car la masse du peuple était revenue comme d'elle-même à l'Église, sous la seule influence de la parole et des exemples des missionnaires.

Le P. Chérubin eut surtout à combattre l'ignorance de ce peuple et les préjugés dont il était imbu à l'égard des dogmes et des prêtres catholiques. On lui avait représenté les uns et les autres sous des couleurs si noires ! Le père s'appliqua à exposer les vérités de la foi clairement, simplement, à les dégager des interprétations fausses, et à faire comprendre à ses auditeurs l'incontestable vérité de cet axiome de saint Augustin, qu'en fait de religion la vérité est ancienne et que toute nouveauté est une erreur ; il leur rappelait qu'ils étaient originairement catholiques, que c'était dans l'Église catholique que leurs pères avaient vécu, que tout ce que le Protestantisme avait conservé de croyances chrétiennes venait de l'Église romaine et lui appartenait. Ces raisons évidentes, faciles à saisir, faisaient impression sur le peuple et lui ouvraient doucement les yeux.

Bientôt on accourut à ses prédications. Son argumentation était serrée ; son action pleine de feu ; tout en lui respirait l'amour des âmes et l'abnégation de soi-même : les catholiques s'en retournaient fortifiés, et les hérétiques ébranlés, sinon encore convaincus. En peu de temps on compta huit mille personnes ramenées par ses soins à l'Église catholique[1]. Encouragé par de tels

---

[1] *Hist. abrégée des miss.*, etc.

succès, il provoqua les ministres à une dispute publique. Il fit répandre, jusque dans la ville de Genève, des billets par lesquels il invitait les Genevois à venir à ses prédications, les informant des matières qu'il traiterait, et s'engageant à prouver chacune de ses propositions par l'Écriture-Sainte ; à la fin il ne manquait jamais de presser les ministres d'entrer en conférence avec lui sur les points contestés. Mais ceux-ci firent la sourde oreille : ils trouvaient plus commode de déblatérer contre les capucins, qu'ils appelaient des imposteurs, des hypocrites, des magiciens qui, ayant abandonné la vraie foi, n'étaient plus que le troupeau de l'Antechrist, livré aux puissances infernales. On se lassa de ces emportements. On disait tout haut que des injures ne sont pas des raisons, que les capucins prouvaient leur doctrine par l'Écriture-Sainte, et qu'il fallait que la cause des ministres fût bien mauvaise, puisqu'ils n'osaient pas accepter la dispute publique à laquelle on les défiait si souvent. L'empressement à assister aux prédications du P. Chérubin devint chaque jour plus grand. Plusieurs personnes de Genève même se convertirent. Alors les ministres obtinrent des magistrats une défense, sous peine d'amende, d'aller écouter les capucins. Cette défense ne fit qu'augmenter les murmures et discréditer les ministres. On se plaignit de leur tyrannie et on traita de lâcheté le refus qu'ils faisaient de disputer avec les missionnaires [1]. Ainsi Dieu tournait à la gloire de son Église la haine de ses ennemis.

Pendant quelque temps le P. Chérubin n'eut pas de résidence fixe ; il séjournait tantôt dans un endroit, tantôt dans un autre, près de Genève et de Gaillard qui appartenait encore aux Genevois. Semblable au bon

---

[1] *Hist. abrég. des miss.*, etc.

pasteur de l'Évangile, il cherchait partout les brebis égarées de la maison de Dieu. Son cœur était touché de compassion à la vue du triste état où l'hérésie les avait réduites et du sort plus triste encore qui les attendait dans l'éternité ; car, séparées de l'arbre de vie, qui est Jésus-Christ, leur arrêt n'avait-il pas été prononcé d'avance par ce Divin Sauveur ? C'était ce qui lui inspirait le zèle ardent avec lequel, au péril même de sa vie, il poursuivait l'exécution des mesures qui lui paraissaient les plus efficaces pour ramener ces peuples et dont nous verrons plus d'un exemple dans le cours de sa vie.

Vers la fin de l'année 1596, Mgr de Granier, que les succès du père remplissaient de consolation, pensa qu'il serait plus avantageux qu'il se fixât dans l'un des bourgs qui avoisinent Genève ; les exercices de la mission se feraient ainsi d'une manière plus suivie, et de là il lui serait facile de se rendre dans les paroisses environnantes où le bien des âmes l'appellerait. Il s'en ouvrit au P. Chérubin et lui désigna Annemasse comme le lieu le plus propre à devenir le centre de ses courses apostoliques. En effet, ce bourg, qui n'est qu'à une lieue de Genève, avait eu le bonheur de conserver la foi catholique, malgré les séductions et les violences des Bernois et des Genevois[1]. Le Père, pour qui les désirs de l'évêque étaient des ordres du Ciel, s'y rendit dans les premiers jours de l'année suivante[2]. Auparavant, Claude de Granier lui avait remis une lettre dans laquelle, après avoir fait l'éloge de ses talents et de ses vertus, il lui accordait le pouvoir de prêcher dans toutes les églises de son diocèse et recommandait au clergé et aux fidèles de le rece-

---

[1] GRILLET, *Dictionn. histor.*, t. I, p. 304.
[2] *Hist. abrég. des miss.*, etc., ibid.— *Lettre d'un gentilhomme savoisien à un gentilhomme lyonnais*, 1598.

voir avec charité[1]. Cette lettre, qui est du 30 décembre 1596, nous donne lieu de penser que jusqu'alors le P. Chérubin n'avait été employé dans la mission du Chablais que d'une manière transitoire, que peut-être même il n'y avait pas séjourné continuellement, ainsi que déjà le fait soupçonner une lettre du sénateur Favre, que nous avons rapportée précédemment (27 mars 1596), et que depuis cette époque seulement il y fut définitivement attaché jusqu'à la complète extirpation de l'hérésie.

Un jour qu'il était à Cornière chez un gentilhomme de ses amis, il fut accosté par un orfèvre nommé Jean Corajod et un théologien dont le nom n'est pas connu. Tous deux étaient de Genève : les ministres les avaient envoyés pour donner satisfaction au peuple qui les pressait toujours d'entrer en conférence avec les Capucins. Car il faut savoir qu'à Genève la Réforme avait opéré un miracle que l'auteur de la *Lettre d'un gentilhomme savoisien à un gentilhomme lyonnais* compare à celui qui arriva à l'ânesse du prophète Balaam : les artisans étaient devenus théologiens. Il n'était pas rare de les voir quitter leurs outils pour disputer sur l'Eucharistie, sur la grâce, sur la prédestination, sur le serf-arbitre, sur la bête de l'Apocalypse, etc. On conçoit quelle Babel c'était que la pauvre Réforme perpétuellement réformée par tous ces docteurs d'une nouvelle espèce.

On se salua fort courtoisement ; puis la conversation tomba sur la religion, et principalement sur l'observation des commandements de Dieu. Corajod soutint, d'après la doctrine de Calvin, qu'elle est impossible. Mais comme il ne savait que répondre aux arguments du P. Chérubin, les deux Genevois se levèrent et prirent

[1] V. *Pièces justificatives*, n° 3.

congé. Le bon Père, qui pensait ne plus les revoir, les pria, en les quittant, de réfléchir à ce qu'il leur avait dit et de se désabuser de leur grossière erreur.

Trois jours après, Corajod et un autre, appelé Jacob Gradelle, écrivirent chacun une lettre au curé d'Annemasse. Voici celle de Corajod :

« Monsieur le Curé, d'autant que le seigneur Jacob
« Gradelle mon cousin vous escrit, je me suis ingéré
« de joindre ce mot pour vous dire comme ayant com-
« muniqué des passages que me proposa jeudy dernier
« le P. Chérubin à Cornières : et cognoissant son
« désir pour en discourir plus amplement, je me suis
« advisé, si tel est son bon plaisir, et le vostre de vous
« trouver jeudy prochain au matin à Chesne, chez mon-
« sieur de Vallon. Il n'y aura de nostre part que le cou-
« sin Jacob Gradelle et nous deux, qui nous trouvasmes
« à Cornières, avec un autre amy qui nous y accompa-
« gnera. Je croy que pour un si bon affaire, et voyant la
« si ardente affection du père cappuccin, vous ne le
« refuserez ; le tout par amitié. »

Le P. Chérubin, à qui le curé d'Annemasse communiqua ces lettres, répondit que, puisque ces messieurs avaient si bonne volonté de lui parler pour le salut de leur âme, il considérait comme un devoir de se rendre à leur invitation. Mais ensuite il fit réflexion qu'il était dangereux d'aller traiter de théologie sur le territoire de Genève, sans le consentement de la seigneurie. Il en parla à quelques gentilshommes voisins, et il fut convenu que l'on s'informerait préalablement si Corajod et ses amis étaient munis de l'autorisation nécessaire pour que le Père ne fut pas inquiété.

Peu de jours après, Corajod vint trouver le P. Chérubin avec cinq autres personnes, entre lesquelles se trouvait un jeune homme appelé d'Ivoy, qu'ils disaient être un étudiant. On sut plus tard que ce prétendu étudiant avait soutenu des thèses sur toute la théologie de Calvin, et passait pour très instruit dans les langues. Mais c'était la tactique ordinaire des ministres de faire passer pour des écoliers ceux qu'ils envoyaient disputer contre les catholiques, afin que s'ils étaient battus, on pût dire que ce n'étaient que des ignorants, et que s'ils venaient à triompher, on crût que, puisque les écoliers étaient si habiles, les maîtres l'étaient bien davantage.

Peu à peu le nombre des Genevois s'accrut, et finalement ils se trouvèrent une douzaine : il survint aussi quelques catholiques. La première question que l'on traita fut celle de l'interprétation des Saintes-Écritures. Le P. Chérubin prouva qu'elle est fort difficile ; qu'elle ne peut appartenir qu'à l'Église ; que Jésus-Christ la lui a confiée en lui promettant l'assistance perpétuelle du Saint-Esprit ; que l'Église a toujours exercé ce droit ; et que vouloir le lui enlever, c'est non-seulement une témérité, mais encore un acte de rébellion contre Dieu. Puis, voyant que ses adversaires ne répondaient rien de solide, il les pressa de lui dire pourquoi ils préféraient à l'autorité de l'Église et à l'interprétation commune des Pères l'opinion de Calvin ou la leur particulière.

Ils se regardèrent les uns les autres. Enfin, l'un d'eux, charcutier de profession et théologien genevois par occasion, s'avisa de répondre :

« C'est parce que nous avons le Saint-Esprit.

— Et comment le savez-vous ? répliqua le Père.

— Nous le sentons.

— Vous le sentez ! et où donc ? »

Le calviniste interdit porta la main sur sa poitrine ; puis, l'abaissant, l'étendit sur son ventre, en disant : « Par ici. »

Un éclat de rire accueillit cette démonstration. « Il cuidait volontiers, le bon homme, observe le spirituel auteur que nous avons cité, que, puisque l'Esprit qui les possède, ne leur apprend sinon en despit de Caresme à manger des pois au lard le vendredy, il aurait prins son siège au ventre. »

Les ministres de Genève cherchèrent plus tard à détruire l'impression qu'avait produite le singulier aveu du théologien charcutier : ils essayèrent même de profiter de l'occasion pour noircir la réputation du P. Chérubin, en prétendant que, tandis que l'on disputait sur la concupiscence, ce religieux, regardant une demoiselle qui assistait à la conférence, s'était écrié : « Si, en voyant cette demoiselle, il me survenait une mauvaise pensée, ce ne serait pas un péché, mais un mérite d'y avoir résisté. » C'était ce propos, disaient-ils, qui avait fait éclater de rire l'assemblée. Mais il n'y a là, dit le même auteur, qu'une invention des ministres, dont le métier, ajoute-t-il, est de mentir et de mentir toujours. Le caractère du P. Chérubin est trop connu, pour qu'on puisse le supposer capable d'une pareille légèreté. D'ailleurs il n'y avait point de femmes à la conférence. On y parla, à la vérité, de la concupiscence, mais seulement en tant qu'habitude, et sur ce point l'on n'agita que cette question : si la concupiscence qui reste en nous après le baptême est défendue par le neuvième commandement. Le *gentilhomme savoisien* déclare tenir tous les faits qu'il rapporte de la bouche des témoins oculaires.

Cette conférence se passa d'une manière fort convenable de part et d'autre. A la fin, le P. Chérubin ayant cité plusieurs passages des Saints Pères à l'appui de ce qu'il avançait, les calvinistes le défièrent de montrer que les Pères et les anciens Docteurs eussent enseigné sur les points contestés la même doctrine qu'enseignait à cette heure l'Église catholique.

Le Père répondit : « Je le prouverai quand on voudra. »

Là-dessus, Corajod s'avança et dit : « Messieurs, nos seigneurs m'ont donné charge de vous dire que si le P. Chérubin veut venir dans la ville, il aura non pas un sauf-conduit, mais quatre. »

Le Père le remercia et ajouta qu'il en parlerait à ses supérieurs, parce qu'il n'avait pas commission de sortir des terres de Savoie. On se sépara donc en se promettant mutuellement de se revoir bientôt.

Le P. Chérubin passa encore quelques jours à Annemasse, attendant des nouvelles de Genève. N'en recevant point, et se voyant obligé de partir pour Annecy où il devait prêcher le carême, il jugea à propos d'écrire lui-même et de faire connaître à ses adversaires les motifs de son départ, dans la crainte qu'ils n'y vissent une manière d'éviter la conférence proposée. Corajod lui répondit en date du 9 février 1597. Après avoir loué le Père du zèle dont il était animé pour le salut des âmes, il lui disait : « Nous vous prions de croire que
« nous ne reculerons jamais de nous trouver pour
« conférer paisiblement en toute amitié et douceur, sans
« y apporter aucune mauvaise passion, veu qu'il s'agit
« d'une chose qui surpasse toutes les richesses du
« monde. Nous vous prions donc de choisir vostre
« commodité, et nous advertir du temps qu'y pourrez
« vaquer, dont nous y estant assemblez, j'espère que
« Dieu nous fera la grâce de n'en partir qu'avec une
« heureuse issue, au contentement des uns et des
« autres. Et quant aux offres que je vous fis, tant de
« messieurs, que de monsieur Perrot, toutes fois et
« quantes qu'il vous plaira de venir, tenez-vous pour

« asseuré que j'effectueray, Dieu aydant, ce que je vous
« ay promis. Nous prenons en bonne part de ce qu'en vos
« prédications vous n'avez usé d'aucune parole picquante
« en nostre endroit ; comme à la vérité le devoir d'un
« vray pasteur est de paistre les brebis de la saincte pas-
« ture sans s'amuser à abbayer et amplifier ses prédica-
« tions de parolles qui n'édifient. » La lettre se terminait
par des recommandations du ministre Perrot et de
plusieurs autres.

Le P. Chérubin envoya aussitôt à Corajod la lettre
suivante :

« J'accepte de bien bon cœur les offres que me faites
« par vostre lettre, de la suitte des effets de la promesse
« de messieurs vos seigneurs et de monsieur Perrot,
« m'asseurant, comme vous dittes, que faisant la confé-
« rence, il en réussira honneur et consolation aux âmes.
« Et si vous, messieurs, le souhaittez, je le fay aussi du
« plus profond du cœur, désirant non-seulement pren-
« dre cette peine : mais à l'exemple de saint Paul donner
« encore ma propre vie, avec la parolle de l'Evangille
« pour le salut de mon prochain. Néantmoins il me faut
« de cecy obtenir un congé de mes supérieurs, qui
« difficilement me l'accorderont pour estre le moindre
« et le plus inutile de tous. Je le procureray avec toute
« diligence sur l'asseurance des promesses que m'avez
« faictes de la part de messieurs vos seigneurs, des-
« quelles je me serviray. Vous priant encores de prendre
« la peine de m'en donner un mot d'advis, affin que il
« ne semble que j'eusse advancé cela sans fondement. »

L'orfèvre et les ministres prirent l'humilité du Père
pour une défaite, tant on connaissait peu cette vertu
dans la Réforme. On le voit par la lettre que Corajod lui
adressa le 22 mars suivant, et dans laquelle, après les
compliments d'usage, il dit : « Et quant à ce qu'es-

« crivez, que vos supérieurs ne vous veulent laysser
« venir par deça pour conférer avec nos théologiens et
« docteurs de notre Eglise, cela nous fait croire qu'ils
« craignent la lice, à faute de bon droit. Car ils doivent
« penser que l'inquisition d'Espagne n'est pas à Genève :
« mais que toutes personnes sont ouyes quand elles
« veulent proposer quelque chose conforme à la parole
« de Dieu, avec ordre et modestie et selon l'ordre de
« théologie. Autrement on les renvoye doucement estu-
« dier à l'escole des prophètes et des apostres, ou périr
« en leur ignorance affectée et malitieuse, dont Dieu
« vous garde d'estre du nombre. Vous y penserez : et si
« vous estes en cette bonne volonté pour continuer la
« dite conférence, pour vostre seureté je ne manqueray
« point d'effectuer ce dont je vous ay donné advis par
« ma précédente. » Plus loin, on lit : « Vous ne nous
« donnez aucun advis de résolution de la promesse que
« feistes entre les mains de monsieur d'Ivoy et du sei-
« gneur Gradelle, de nous faire apparoir comme en
« vostre doctrine et religion vous suivez la saincte
« Escriture et l'ancienne Eglise, sans y avoir adjousté ny
« diminué. »

L'orfèvre flattait beaucoup la bonne ville de Genève. Elle n'avait pas, il est vrai, l'inquisition d'Espagne ; mais elle avait l'inquisition établie par Calvin, bien autrement soupçonneuse et vigilante, qui pénétrait jusque dans le secret de la vie de famille et réglait à coups d'amende et de prison, même à coups de fouet, jusqu'au nombre et à la longueur des rubans que les femmes pouvaient mettre à leurs bonnets. La liberté dont on y jouissait était telle, qu'aucun citoyen n'eût osé recevoir chez lui un étranger, même pour un seul repas, sans avoir préalablement obtenu la permission des magnifiques seigneurs.

Le P. Chérubin parla de cette affaire à plusieurs personnes. Toutes lui conseillèrent d'accepter le défi qu'on lui jetait si fièrement. C'était bien aussi son intention. Il y allait de son honneur et, qui plus est, de l'honneur de la religion. Evidemment Corajod était soufflé par les ministres. Ses lettres étaient parfois remplies de textes de l'Écriture, l'une d'elles contenait même un passage de saint Augustin, le tout dûment commenté et expliqué à la Calvin. Il était clair que l'orfèvre, dont l'ignorance était connue, ne trouvait pas cela dans sa boutique. Les seigneurs de la ville devaient également avoir connaissance du projet de conférence. Comment, sans cela, Corajod eût-il osé parler au nom des seigneurs et des ministres ? Comment eût-il songé à introduire dans la ville, pour plusieurs jours, des prêtres et surtout des religieux ? Il n'ignorait pas qu'une pareille audace lui eût coûté cher.

D'un autre côté, cependant, on connaissait la fourberie des ministres genevois. Il était à craindre qu'ils ne voulussent que faire perdre au P. Chérubin un temps précieux et amuser le peuple, qui murmurait toujours de leur refus d'entrer en conférence avec les capucins.

Enfin, le Père écrivit à Rome, pour obtenir l'agrément du Pape et de ses supérieurs. Il fit aussi part de la proposition des ministres au nonce de Turin, l'archevêque de Bari [1]. Saint François de Sales, dont les vues concordaient si parfaitement avec celles de son ami, avait grandement à cœur cette affaire. On le voit par deux lettres qu'il écrivit au nonce. Dans la première, datée du 23 avril 1597, il lui disait :

« Nous étant trouvés ensemble ces jours derniers,
« le P. Chérubin, le P. Esprit et moi, nous avons parlé

---

[1] *Lettres inéd. de saint François de Sales*, édition Datta, t. I. p. 213.

« des effets qu'avaient eus nos prédications dans les
« lieux où nous avons prêché le carême, et nous nous
« sommes de plus en plus convaincus que la confé-
« rence avec les ministres de Genève, pour laquelle on
« attend la permission de Rome, sera, moyennant la
« grâce de Dieu, une chose très avantageuse. Nous y
« avons beaucoup sollicité, ce carême, ceux de Genève ;
« mais ne pouvant pas leur donner de notre part une
« assurance certaine, je les vois, à ce qu'il me semble,
« un peu refroidis. Du reste, si elle se fait, ce sera un
« grand bien ; et, si par leur faute elle ne se fait pas, ce
« sera une chose glorieuse pour la cause catholique [1]. »

Le Saint-Siège renvoya la décision de toute l'affaire à Mgr de Granier. « Notre évêque, écrivait saint François le 31 mai, fit aussitôt appeler le provincial des Capucins qui était ici (à Annecy) et lui dit d'écrire au P. Chérubin, qui était à Montmélian, de se rendre ici, afin qu'il donnât à ceux de Genève une réponse absolue que l'on n'avait pas pu donner jusqu'à présent, et que l'on prît au plus tôt, de part et d'autre, une conclusion définitive. Ce Père est très intelligent et fort industrieux, et il aura bientôt traité avec ceux de Genève. Dès qu'il l'aura fait, on vous en donnera avis dans le plus grand détail... afin que vous dirigiez tout ce qu'il y aura à faire [2]. »

Le P. Chérubin écrivit donc à Corajod une lettre dans laquelle, acceptant la conférence, il pose les conditions nécessaires pour qu'elle puisse aboutir à un résultat satisfaisant. La voici :

« Monsieur Corajod, ayant bien considéré le contenu
« de vostre dernière lettre, principalement comme
« vous rafraîchissez l'offre que m'aviez desja faict de la

[1] *Lettres inéd.*, édit. Migne, t. VI.
[2] Édit. Migne, *ibid*.

« part de messieurs vos seigneurs en nostre assemblée
« de Cornières : et ainsi continuez par vos lettres que
« nous entrions en vostre ville, pour faire une confé-
« rence amiable et paisible, avec toute modestie et bonne
« volonté d'une part et d'autre : mesmes que dittes par
« celles que m'avez escrittes qu'espériez que cela appor-
« teroit quelque grand bien, je n'ay point voulu reculer
« en arrière en chose où il s'agit de l'honneur de Dieu :
« ayant demandé instamment aux supérieurs le congé
« de vous aller voir, qui me l'ont accordé, surtout con-
« sidérant que disiez par vostre lettre qu'on craignoit de
« me congédier par faute de bon droict. Mais je ne vous
« avoy point escrit qu'ils fissent aucun refus : ains que
« eussiez un peu de patience jusques à ce que je leur
« eusse parlé. Donc maintenant je vous déclare que j'ay
« ceste volonté d'aller à Genève, puisqu'ainsi le dési-
« rez, croyant que tout ce que m'avez escrit est de la
« licence de vos seigneurs, ne voulant rien faire en ce
« faict outre leur volonté. Donc il sera besoin que leur
« communiquiez la présente, laquelle avec très humble
« révérence je leur présente, pour n'estre ingrat aux
« offres que m'avez faict de leur part. Et craignant
« d'avoir à rendre compte à Dieu tout puissant, si je
« craignoy et fuyoy de faire cette conférence, que vous
« avez entamée, je me présente pour la faire le mieux
« que je pourray, avec les témoins et personnages requis
« d'une part et d'autre. De quoy j'attendray la responce
« au plus tost que sera possible, par monsieur le cha-
« noine de Sales présent porteur, et gentilhomme d'hon-
« neur, lequel je vous prie de croire en tout ce qu'il
« vous dira de ma part. Je suis retourné de Montmeillan
« expressément pour satisfaire à vostre intention, et
« montrer qu'il n'a tenu à moy. Et si lorsqu'on nous
« envoye prescher rière vos cartiers, on dit quelquefois

« qu'il seroit bon de confronter ensemblement les pres-
« cheurs et les ministres, voyci la commodité fort belle
« pour le faire : et aussi pour m'acquitter de la promesse
« que je fis à monsieur d'Ivoye et Gradelle, de monstrer
« comme tous les poincts que nous tenons à présent en
« nostre religion catholique, ont esté tenus par tous les
« anciens Docteurs de l'Eglise, comme vous me sommez
« de m'acquitter, on le traittera là mieux à propos que
« par la présente. Car il y auroit un trop grand et pro-
« lixe discours, duquel je me déporteray. »

En même temps le P. Chérubin pria les pères Esprit de la Baume et Antoine de Tournon, qui travaillaient avec beaucoup de succès à la conversion des hérétiques du bailliage de Ternier, de se tenir prêts à prendre part à la conférence.

On chercha ensuite une personne de confiance pour porter cette lettre à Genève et attendre la réponse que, sans cette précaution, on craignait de ne recevoir jamais. Le choix tomba sur le chanoine de Sales, très estimé même des Genevois pour sa douceur et sa bonté. Il se rendit à Genève et remit à Corajod la lettre dont il était chargé. Celui-ci ne la voulut ouvrir qu'en présence de Jacob Gradelle, son cousin. Après l'avoir lue, tous deux prièrent le chanoine de prendre patience deux ou trois heures, et coururent porter la lettre aux syndics de la ville, comme le P. Chérubin les y invitait.

A deux heures de là, Corajod rencontra M. de Sales sur le pont du Rhône et lui dit : « Ces messieurs approuvent notre projet ; mais il faut qu'il y ait de part et d'autre des secrétaires qui écrivent fidèlement tout ce qui se dira, afin qu'il n'y ait point de fraude. »

« J'avais précisément commission de vous le proposer, répondit M. de Sales, et nous n'acceptons la conférence qu'à cette condition. »

Corajod demanda encore combien de personnes assisteraient à la conférence du côté des catholiques. Le chanoine lui dit qu'il y en aurait six, outre deux secrétaires. « Eh bien ! reprit Corajod, nous en aurons autant. » De Sales répliqua que les protestants pourraient être aussi nombreux qu'ils voudraient et que, plus ils le seraient, plus les catholiques seraient contents. Corajod le pria d'attendre encore une heure. Au bout de ce temps, il vint dire au chanoine qu'il avait remis la lettre à M. Perrot. C'était un des plus anciens ministres, et les catholiques se louaient beaucoup de lui, parce qu'il était plein de douceur et de politesse à leur égard. Perrot, loin de partager le mépris de la plupart de ses confrères pour les Saints Pères, faisait une lecture assidue de leurs ouvrages.

M. de Sales alla donc le trouver, avec une personne qui lui avait été adjointe dans cette mission, et Corajod. Ils rencontrèrent le ministre en compagnie de M. d'Ivoy dont nous avons déjà parlé, et revenant d'une conférence. Perrot les conduisit chez lui et le chanoine exposa l'objet de sa visite. Il feignit de n'avoir aucune connaissance de cette affaire ; mais on voyait à la manière dont il maniait la lettre du P. Chérubin, qu'il n'en était pas aussi ignorant qu'il voulait le faire croire. Il demanda à Corajod si messieurs de la Seigneurie l'avaient chargé d'appeler le capucin. Sur sa réponse affirmative, il se mit à discuter avec M. de Sales les avantages et les inconvénients qui pouvaient résulter de la dispute. Il finit par dire : « Si vous étiez venu hier,
« qui était le jour de l'assemblée des ministres, vous
« auriez eu réponse aussitôt, car on ne peut vous la faire
« qu'en assemblée. Veuillez attendre jusqu'à vendredi
« prochain ; ils se réuniront de nouveau et je vous ferai

« faire une réponse. Je me charge de la lettre du P.
« Chérubin. »

On discourut ensuite de quelques points de religion, puis le ministre reconduisit M. de Sales fort poliment. D'Ivoy avait été présent à toute cette entrevue.

Plusieurs vendredis se passèrent et, comme aucune réponse n'arrivait, le chanoine de Sales envoya quelqu'un dire à Corajod que, puisqu'il avait le consentement des seigneurs, il obtînt le plus tôt possible celui des ministres, et qu'en tout cas il fît une réponse. L'orfèvre se contenta de répondre verbalement qu'il fallait attendre jusqu'au lendemain, qui était un vendredi. En effet, le lendemain les ministres lui dictèrent la lettre suivante :

« Monsieur. Ceste sepmaine passée, je receu celle
« qu'il vous a pleu m'escrire, pour responce à laquelle
« je vous diray n'estre chose qui appartienne à ma con-
« dition de me mesler de ce que le P. Chérubin requiert
« de moy : comme aussi la vérité est que je n'ay eu nulle
« charge ny congé de messeigneurs, ny de messieurs les
« ministres d'escrire ce que je peux avoir escrit. Mais
« l'ay fait de moy mesme et comme homme particulier.
« Plus outre ne faut s'addresser à moy, sinon pour
« mon estat et boutique. A tant je salueray vos graces. »

Le P. Chérubin reçut une notification officielle de la décision prise par les ministres de Genève. Tout me porte à croire, dit M. l'abbé Fleury [1], que la Compagnie des Pasteurs prit alors l'arrêté suivant, mentionné dans la lettre d'un ministre de Genève à Bucanus : « Ayant
« considéré la cautelle de telles gens et plusieurs rai-
« sons de très grande conséquence qui seroyent lon-

---

[1] *Saint. François de Sales*, le *P. Chérubin et les ministres de Genève*, p. 73.

« gues à escrire, il luy a esté respondu (à Chérubin) que,
« quant à ceste Eglise et Estat, il n'avait besoin de dis-
« pute, ni d'aucune instruction nouvelle, mais que,
« quant à lui, s'il désiroit d'estre mieux enseigné, il
« pouvoit conférer avec tels des Pasteurs de ceste
« Eglise qu'il voudroit sans qu'il fut besoin de confé-
« rence ni dispute. »

Ainsi les pasteurs refusaient la conférence ; mais ils offraient charitablement au P. Chérubin de l'instruire dans leur religion, qui était encore ou à peu près celle de Calvin, à la condition cependant qu'il accepterait sans discussion l'enseignement du pasteur qu'il lui plairait de choisir pour maître : le choix était insignifiant, puisque tous étaient également infaillibles, bien qu'ils ne s'entendissent pas entre eux. Le Père n'éprouva pas ce besoin, et il est à présumer que si la chose lui avait été présentée de cette façon dès le commencement, il se fût dispensé de tant de démarches et de correspondances.

Telle fut la fin de cette conférence tant sollicitée d'abord, et ensuite si honteusement refusée par les ministres. Le P. Chérubin n'était pas homme à laisser perdre une si bonne occasion de montrer aux populations abusées la duplicité et la mauvaise foi des prédicants de l'hérésie ; et l'on ne saurait dire combien cet événement fit de tort à la cause protestante. Les ministres de Genève essayèrent de se disculper dans une brochure qu'ils publièrent peu de temps après, et où ils disaient qu'ils avaient refusé la conférence pour deux motifs. Le premier, c'est que, pour faire une conférence, il faut des juges impartiaux, et qu'il était impossible d'en trouver ; comme si toute doctrine qui se prétend chrétienne n'avait pas son juge naturel, le juge le plus impartial et le plus incorruptible, dans l'Écriture-Sainte tant vantée par les Protestants, dans l'interprétation et la croyance de tous les siècles ! comme si tout homme n'avait pas une intelligence et une conscience capables de juger de la valeur des raisons qu'on lui apporte ! D'ailleurs, s'il n'y a pas de juge doctrinal pour une assemblée, il n'y en a pas davantage pour chaque individu, et le protestantisme se confond avec le scepticisme, comme on le lui a toujours reproché. Le second motif est plus merveilleux encore : les moines, disait la brochure genevoise, sont les espions des princes catholiques, et il aurait été dangereux de les laisser entrer à Genève. Vraiment ! s'écrie *le gentilhomme savoisien*, les capucins sont très propres à faire le métier d'espions, eux qui ont fait vœu de pauvreté, qui vont ordinairement à pied, qui s'adonnent au jeûne, aux veilles et à toutes les austérités de la pénitence, eux qui ont renoncé aux grandeurs de ce monde, et qui ne peuvent aspirer à un plus grand honneur que d'être capucins ! Que voilà des gens redoutables, puisque trois d'entre eux, entrant à Genève avec leurs sandales et leurs chapelets, eussent mis en danger l'existence de la République !

Dans les commencements de la mission du Chablais, les ministres de Genève n'en voulaient qu'aux Jésuites. Pour les Capucins, ils les méprisaient. Mais ils apprirent à les craindre, et dès lors ils les enveloppèrent dans la haine qu'ils portaient à tous les prêtres et surtout à tous les religieux.

Nous avons dit que les ministres avaient dicté la réponse de Corajod au chanoine de Sales. En effet, quand on a suivi le récit que nous venons de faire d'après la *Lettre d'un gentilhomme savoisien*, on ne peut pas douter qu'ils n'aient inspiré le sens, sinon les expressions de cette lettre, et eux-mêmes, dans leur brochure, ne le nièrent que d'une manière si timide, que leur négation put être prise pour un aveu. C'était du reste leur système invariable. Ils avaient mis la Bible entre les mains de tout le monde. Impossible d'aborder une auberge sans que le maître, la maîtresse et les valets d'écurie ne poursuivissent le voyageur à coups de textes et d'arguments. On disait à tous ces disputeurs que la Bible n'offre aucune difficulté et que, d'ailleurs, ils avaient le Saint-Esprit pour la comprendre. Dans les prêches on ne cessait de tonner contre les catholiques, on accumulait les plus étranges calomnies contre les prêtres et les moines, on les défiait bien haut d'entrer en lutte avec les ministres de l'Évangile réformé, et, comme personne n'était là pour répondre, on décidait fièrement qu'ils refusaient le combat. On envoyait partout des émissaires chargés d'espionner et de provoquer les missionnaires catholiques. Un de ceux-ci s'avisait-il de relever le gant? Tout ce bruit cessait, les provocateurs étaient désavoués et l'on déclarait les conférences publiques impossibles, dangereuses et contraires à la charité chrétienne [1].

[1] *Lettre d'un gentilhomme savois.*, etc. — *Hist. abrég. des miss.*, etc.

CHAPITRE IV

Les Quarante-Heures d'Annemasse.

Ces négociations avec l'orfèvre-théologien de Genève paraissent s'être prolongées jusque dans le courant de l'été. Dans cet intervalle, le P. Chérubin fit plusieurs voyages à Montmélian et à Annecy [1]; il séjourna même assez longtemps dans cette dernière ville où, comme nous l'avons vu, il fut appelé pour prêcher le carême de 1597, et il ne retourna dans sa mission que quelque temps après Pâques. Le 28 ou le 29 juillet, les pères Jean Saunier, jésuite, Chérubin de Maurienne et Esprit de la Baume, capucins, le chanoine Louis de Sales et le baron de Viry, conseiller d'État, se réunirent à Annemasse pour délibérer sur les moyens d'accélérer le succès de la mission. Les historiens de saint François de Sales le font assister à ce conseil avec Jean Magnilier, curé d'Annemasse, et plusieurs autres prédicateurs des bailliages de Chablais et de Ternier; mais le saint évêque ne fait mention que des cinq premiers dans sa lettre à un cardinal, datée du 14 septembre 1597 [2]. On arrêta de faire de nouvelles instances auprès du duc de Savoie afin d'obtenir de lui certaines mesures que l'on jugeait nécessaires pour assurer le rétablissement de la religion dans le Chablais; les principales étaient : 1° la cession, en faveur des curés établis ou à établir,

---

[1] *Lettres inédites de saint François de Sales*, collect. Datta, t. I. — *Hist. abrég. des miss.*, etc. liv. I.

[2] Collect. Datta, t. I, p. 204.

de tous les bénéfices à charge d'âmes, qui avaient été réunis à l'ordre des SS. Maurice et Lazare par le bref de Grégoire XIII du 13 janvier 1579 ; 2° la fondation dans la ville de Thonon d'un collège de Jésuites, qui seraient, en outre, chargés de prêcher et de donner des missions, soit dans les environs de la ville, soit même dans les autres parties du diocèse ; 3° l'exemption pour les catholiques d'une partie des contributions ordinaires et extraordinaires, afin qu'attirés par ce motif humain, les protestants se rendissent plus volontiers aux instructions, où on leur inculquerait les motifs solides et surnaturels de la vraie foi ; 4° l'union à la collégiale de Viry des églises de Saint-Julien et de Thoiry, avec les dîmes de deux paroisses voisines, en échange du prieuré de Saint-Hippolyte, à Thonon, que cette collégiale consentait à céder pour la fondation du collège des Jésuites. Enfin, on décida de prier le prince de faire tous ses efforts pour déterminer les Genevois à accepter la conférence publique qu'ils avaient eux-mêmes provoquée, mais dont ils ne se souciaient plus maintenant qu'il s'agissait d'en venir à l'exécution. Ces demandes furent consignées dans un mémoire que le père Esprit de la Baume fut d'abord chargé d'aller mettre sous les yeux de Charles-Emmanuel. Mais ensuite Claude de Granier préféra que cette mission délicate fût confiée au P. Chérubin, à cause de la considération et du crédit dont il jouissait à la cour de Turin [1].

Le Père reçut du prince le plus gracieux accueil et en obtint une réponse favorable à toutes les demandes de l'assemblée d'Annemasse. Charles-Emmanuel ne se lassait pas de lui témoigner combien il était heureux des

---

[1] *Lettre à un cardinal, ibid. — Vie de Claude de Granier*, p. 169. — HAMON, t. I, p. 255. (Voy. notes et *Pièces justif.*, n° 4.)

succès que la religion remportait dans le Chablais, et de l'encourager à persévérer dans cette sainte entreprise, dont il le considérait comme l'un des plus fermes soutiens. Néanmoins la mise à exécution de la plupart des mesures réclamées par les missionnaires fut retardée de quelques années ; soit parce qu'on ne voulait pas se brouiller avec les Bernois, protecteurs des hérétiques du Chablais, pendant qu'on était en guerre avec la France au sujet du marquisat de Saluces ; soit parce que les princes rencontrent souvent des obstacles à leurs meilleurs desseins de la part de ceux-mêmes dont ils se servent pour les exécuter.

Le P. Chérubin demanda ensuite l'autorisation de réaliser un projet qu'il nourrissait depuis quelque temps : c'était de faire les prières des Quarante-Heures à Annemasse[1]. Il en avait parlé à l'évêque de Genève, à saint François de Sales et aux missionnaires réunis à Annemasse ; tous l'avaient unanimement approuvé, et Mgr de Granier avait promis de présider lui-même aux exercices. « Ce prélat, dit excellemment le P. Constantin de « Magny[2], crut qu'il ne fallait pas penser d'abattre l'hé-« résie avec l'épée de la prédication, qui n'aurait pas « été prise dessus l'autel. » Cette solennité devait attirer les grâces de Dieu sur la mission, rehausser le culte catholique aux yeux des populations, *esveiller les ministres de Genève,* comme disait saint François de Sales[3], et peut-être les décider à accepter la conférence. Le nonce et le duc, non contents de donner leur consentement à ce projet, voulurent l'un et l'autre contribuer à en couvrir les frais : le nonce donna 200 écus[4], le duc

---

[1] V. notes et *Pièces justif.*, n° 5.
[2] *Vie de Claude de Granier*, p. 170.
[3] *Ibid.*
[4] 736 fr. de notre monnaie.

500, avec les plus belles et les plus riches tapisseries, sans compter toute l'argenterie de sa chapelle, pour orner l'oratoire où le Saint-Sacrement serait exposé. De plus il ordonna à ses officiers de ne rien négliger de tout ce qui pourrait contribuer à relever la splendeur de la fête et, ne pouvant y assister en personne comme il le souhaitait, il chargea d'Albigny, gouverneur de la Savoie, de le représenter et de maintenir l'ordre [1].

Le P. Chérubin se hâta d'annoncer cette bonne nouvelle à Mgr de Granier et à François de Sales. L'évêque fit aussitôt publier dans tout son diocèse que les Quarante-Heures auraient lieu à Annemasse les 7, 8 et 9 septembre, et il invita les fidèles à y assister en plus grand nombre possible. François de Sales de son côté n'eut pas plutôt reçu à Thonon la lettre du P. Chérubin, qu'il avisa aux moyens d'attirer les populations à la solennité qui se préparait. « Il jugea, dit un de ses plus récents historiens [2], qu'il serait utile de représenter au début quelqu'un de ces mystères pieux dont le peuple était alors aussi avide qu'il l'est de nos jours des spectacles profanes, et le choix des missionnaires s'arrêta sur un drame dont le sujet serait le sacrifice d'Abraham. François adopta d'autant plus volontiers cette innocente manière d'éveiller et de piquer la curiosité publique, que ces sortes de représentations fournissaient un sujet d'édification aussi bien qu'un agréable délassement. Les deux Louis de Sales, l'un son jeune frère et l'autre son cousin, furent chargés de composer cette pièce qui fut achevée en peu de temps. Dans la distribution des rôles, le saint apôtre ne dédaigna pas de prendre le sien : il prit celui qui demandait le plus de gravité, le rôle de Dieu le Père. Le P. Chérubin, en arrivant de Turin, se

---

[1] FIDÈLE DE TALISSIEU, *ibid.* — BAUDRY, t. II, p. 7.
[2] FRANÇOIS PERENNÈS, *Hist. de saint François de Sales*, t. I, p. 291.

mit à préparer tout ce qui était nécessaire pour le succès de la représentation : le théâtre fut élevé sur la grande place d'Annemasse, contiguë à l'église, et on dressa des tentes avec des soliveaux, des toiles, des tapis, afin que les assistants pussent être à couvert, dans le cas où il viendrait à pleuvoir.

« Le bruit de ces préparatifs et de ceux que l'on faisait pour les prières des Quarante-Heures fut bientôt répandu dans toute la Savoie ; et, au jour désigné, une foule considérable de personnes des deux sexes se trouvait à Annemasse. La multitude était si grande que les Genevois, s'inquiétant de voir arriver près de leurs portes tant de catholiques, envoyèrent des compagnies de soldats occuper les chemins de leur territoire. Plusieurs, à la vue de ces démonstrations hostiles, craignirent que de cette rencontre des soldats calvinistes et des pèlerins catholiques il ne résultât de grands malheurs, et ils firent part de leurs appréhensions au prévôt. François, pour dissiper toutes ces frayeurs, donna lui-même l'exemple d'un grand courage. Il résolut de conduire les fidèles de Thonon jusqu'au bourg d'Annemasse, qui en est éloigné d'environ cinq lieues, et de porter la croix en tête de la procession pour offrir à Jésus crucifié une réparation authentique et publique des outrages qu'avait subis le signe sacré du salut dans tout le pays sous la domination des hérétiques. M. de Lambert, gouverneur des Allinges, promit de faire lui-même partie de la procession........

« Les pèlerins, qui avaient à parcourir des chemins difficiles et boueux en chantant continuellement des litanies, des hymnes et des psaumes, arrivèrent sans encombre à Annemasse. On avertit le saint apôtre que les confrères de la Sainte-Croix d'Annecy étaient en ce moment proche d'Annemasse ; il alla aussitôt, et sans vouloir prendre de repos, à leur rencontre, avec un nombreux cortège. Lorsqu'il aperçut cette longue procession de pénitents couverts d'un habit noir en forme de sac, marchant gravement, la plupart les pieds nus, le chapelet à la main, chantant sur des tons lugubres les litanies de Jésus crucifié, et suivis du chanoine Louis qui faisait les fonctions de prieur, il ne put retenir ses larmes, non plus que celui-ci. Ils revinrent tous ensemble jusqu'à l'église, et les musiciens y chantèrent un motet au pied de l'autel de la Sainte Vierge; puis tout le monde se retira, car il était déjà nuit.

« Les prières des Quarante-Heures commencèrent le lendemain dimanche, à dix heures du matin, par la grand'messe, que l'évêque Claude de Granier célébra pontificalement, et où il donna la sainte communion aux confrères de la Sainte-Croix, et à un très grand nombre d'autres personnes. Avant l'offertoire, François était monté en chaire et avait prononcé sur la cérémonie un discours très pathétique et tout rempli de ce zèle apostolique dont son âme était pénétrée. Après la messe eut lieu une procession générale, dans laquelle le Saint-Sacrement fut porté avec autant de magnificence que de dévotion, au milieu des fidèles qui ne pouvaient maîtriser leur attendrissement. Après que l'évêque eût exposé le Saint-Sacrement sur le précieux tabernacle qui lui avait été préparé, le P. Chérubin prononça un sermon qui fit sur tous les cœurs l'impression la plus vive, et les confrères de la Sainte-Croix d'Annecy entrèrent ensuite dans l'oratoire avec la procession du Chablais pour y faire la première heure d'adoration. Cette touchante cérémonie de l'adoration fut ensuite continuée par les processions des autres parties de la Savoie, selon l'ordre de leur arrivée; l'exemple édifiant donné par les fidèles du Chablais ayant excité un zèle si général que les processions se succédèrent presque sans interruption pendant la durée des Quarante-Heures. Les prédications était faites alternativement par François de Sales et ses laborieux coopérateurs, » principalement par les PP. Chérubin de Maurienne, Esprit de la Baume et Antoine de Tournon[1].

« Les sentiments de profonde édification qui remplissaient les âmes et échauffaient les cœurs au milieu de ces actes de piété trouvèrent encore un nouvel aliment dans une autre cérémonie. Il y avait eu autrefois, sur la grande route qui conduit d'Annemasse à Genève, une croix de pierre, ornée de deux statues de marbre, représentant l'une Jésus crucifié, l'autre la Sainte Vierge, et qu'on nommait la croix Philiberte, du nom de celui qui l'avait fait planter. Les hérétiques l'ayant renversée et mise en pièces, les catholiques voulurent élever, sur le piédestal qui avait été respecté, une nouvelle croix de bois, faute de ressources pour en avoir une plus riche. Déférant au vœu exprimé par eux que sa plantation se fît le premier jour des Quarante-Heures, François, délégué à cet effet par l'évêque, bénit la croix le dimanche matin, et il y fit attacher sur une plaque de métal une inscription composée par lui-même dans le but de donner une notion exacte de la doctrine catholique sur le culte de la croix :

> Ce n'est la pierre ou le bois
> Que le catholique adore,
> Mais le Roi qui, mort en croix,
> De son sang la croix honore.

« Le soir du même jour, les confrères de la Sainte-Croix d'Annecy, accompagnés par l'évêque et suivis

---

[1] *Hist. abrég. des miss.*, etc., *ibid.* — BAUDRY, t. II, p. 22.

d'une grande foule de peuple, vinrent la prendre en procession et la charger sur leurs épaules, pour la transporter, en chantant avec une grande piété l'hymne *Vexilla Regis*, au lieu où elle devait être plantée. Là, on dressa la croix qui fut fixée en terre au milieu des saints transports de l'allégresse universelle. La cérémonie de la plantation de la croix étant achevée, le P. Esprit de la Baume, prenant la parole, signala dans la croix le mémorial de l'amour infini d'un Dieu qui a répandu jusqu'à la dernière goutte de son sang pour le salut des hommes, et en insistant sur l'honneur dû à ce signe sacré, il s'exprima avec tant d'onction et d'énergie que non seulement les catholiques au nombre de trente mille, mais les nombreux protestants venus par curiosité, pleuraient, se frappaient la poitrine et criaient miséricorde. L'auteur de la Vie de Claude de Granier, le P. Constantin de Magny, rapporte un fait qui tient du merveilleux, et qui montre bien que Dieu couvrait en cette circonstance d'une protection visible les saints travaux de François et de ses coopérateurs. Plusieurs protestants, qui se trouvaient dans l'intérieur de Genève[1], assurèrent avoir entendu une partie du discours du P. Esprit, et rien n'empêche de croire que Dieu, qui a souvent fait des choses plus grandes que celle-là, n'ait voulu permettre cette sorte de prodige que rendent plus vraisemblable encore les conversions de quelques Genevois arrivées les jours suivants. Après le sermon du P. Esprit, on distribua plusieurs placards imprimés, relatifs au culte de la croix, dont l'auteur était le P. Talhissieux[2], religieux capucin qui jouissait d'une grande réputation de piété. Son écrit qui contribua beaucoup

---

[1] Au lieu de Genève, il faut probablement lire Chêne.

[2] Le P. Fidèle de Talissieu est l'auteur de la traduction française de l'*Histoire abrégée des missions des PP. Capucins de Savoie*, composée en latin par le P. Charles de Genève.

à l'édification des fidèles pénétra jusque dans Genève, et le ministre La Faye essaya d'atténuer par une réponse l'effet salutaire qu'il produisait. » Mais saint François de Sales le réfuta dans son livre de la *Défense de la Croix*.

Ainsi se passa le premier jour des Quarante-Heures. Les deux autres journées ne furent pas moins consolantes : le chant, la démarche, le maintien, tout dans ces nombreuses processions qui se succédaient sans interruption à Annemasse, respirait la foi la plus vive, la piété la plus touchante. Celle du bailliage de Ternier, qui arriva le 8, fête de la Nativité de la Sainte Vierge, se distingua entre toutes : elle se composait de sept cents nouveaux convertis, fruit des prédications qu'y faisaient depuis trois ans les capucins, les dominicains et les jésuites. Plus de six mille personnes remplissaient l'église et les alentours, lorsque le P. Chérubin monta en chaire.

« A la vue d'un auditoire si nombreux et si bien préparé, dit l'auteur précité[1], il se sentit comme rempli d'une inspiration soudaine : il prononça un discours qui émut profondément tous les esprits, et, après avoir exposé d'une manière claire et animée les vérités du catholicisme, il s'écria : « Nous n'avançons rien ici, mes
« chers frères, que nous ne soyons prêts à dire partout
« ailleurs, et à soutenir en présence de tous les minis-
« tres qui vous ont trompés jusqu'à présent. Ils nous
« avaient fait proposer une conférence sur les matières
« controversées entre eux et nous ; nous l'avons accep-
« tée avec joie, et nous n'attendions qu'un sauf-conduit
« pour la sûreté de nos personnes ; mais ils n'ont
« point voulu nous l'envoyer. Quant à nous, nous pre-
« nons Dieu à témoin, en votre présence, que nous

[1] P. 297.

« accepterons toujours très volontiers toutes les con-
« férences, afin de vous montrer plus clair que le jour
« qu'on vous a trompés, et qu'on vous a misérable-
« ment éloignés de la véritable Église. » A ces paroles,
plusieurs des auditeurs ne purent retenir leurs larmes ;
ils gémissaient sur leurs erreurs passées dont la grâce
de Dieu les avaient délivrés, et ils le bénissaient de
son ineffable miséricorde.

« Ces émouvantes cérémonies, ces exhortations fréquentes, la douce piété qui animait les fidèles, l'air
de bonheur qui brillait sur leurs figures et qui attes-
tait la joie répandue dans les âmes qui se sont récon-
ciliées avec Dieu et avec leur conscience, tout cela était
bien propre à faire réfléchir les hérétiques qui en
étaient témoins. Plusieurs d'entre eux furent éclairés
par la seule méditation de l'inscription placée au bas
de la croix : « Nos ministres, disaient ils, nous trom-
« paient donc grossièrement, en affirmant que les
« catholiques adorent le bois et la pierre ; cet écriteau
« nous démontre au contraire que ce qu'ils adorent
« sous la figure de la croix, c'est Jésus-Christ seul. »
Aussi un grand nombre de protestants se convertirent, et les prières des Quarante-Heures eurent tout
l'heureux effet qu'on s'en était promis.

« Les ministres, consternés d'une part des défections
qui avaient lieu parmi leurs partisans, et piqués de
la manière dont le P. Chérubin avait parlé de leur refus
de conférence, résolurent de ne rien négliger pour
éloigner les prédicateurs de leur voisinage. En conséquence, ils firent écrire aux Bernois par les syndics de
Genève que les papistes, et en particulier les capucins,
travaillaient à renverser et détruire la religion protestante dans les bailliages de Thonon et de Ternier, ce
qui était une infraction manifeste des traités. Les Ber-

nois adressèrent aussitôt leurs plaintes au duc de Savoie et au gouverneur des Allinges, avec une menace de guerre si l'on n'imposait pas silence aux capucins. Le gouverneur crut devoir, pour éviter toute cause de rupture, engager le P. Chérubin et ses compagnons à se retirer dans leur couvent. Mais le P. Chérubin n'était pas homme à céder si facilement la place. Il écrivit au duc de Savoie, au nonce de Turin, au Pape, que depuis les commencements de la mission l'Église catholique avait vu rentrer dans son sein un grand nombre d'hérétiques, qu'on avait les espérances les mieux fondées d'obtenir une moisson plus riche encore dans un prochain avenir, plus de quatre mille auditeurs tant de Genève et de Gaillard que du pays de Vaud assistant régulièrement aux prédications, et que c'était le défi public qu'on avait fait aux ministres d'en venir à une conférence sur la religion, qui les avait jetés dans un fort grand embarras dont ils cherchaient à se dégager en faisant agir les Bernois pour éloigner les capucins. Le duc, loin de se laisser intimider par les menaces des Bernois, entra dans les vues du P. Chérubin, le félicita de ses succès et l'engagea à poursuivre avec le même zèle sa sainte entreprise. Ce résultat de la démarche des ministres les déconcerta tellement, que quelques-uns de ceux qui étaient établis dans les bailliages de Thonon et de Ternier, ne jugeant plus le poste tenable, allèrent s'établir ailleurs. »

Ce fut alors que les ministres genevois publièrent la brochure dont nous avons déjà parlé et dans laquelle, reprochant au P. Chérubin de faire tant de bruit pour le refus de *quatre doigts de papier*, ils essayèrent de se justifier en prétendant que des jésuites devaient intervenir à la conférence et qu'ils n'avaient voulu avoir aucune relation avec ces *espions de l'Espagne*[1]. On comprend que de pareilles excuses n'étaient pas une réponse très péremptoire aux raisons du P. Chérubin, ni un moyen de justification bien propre à enrayer le mouvement de conversion, auquel les Quarante-Heures avaient donné une impulsion qui devenait tous les jours plus forte, parmi les populations voisines de Genève.

Quant à l'intervention des jésuites à la conférence, il en avait été réellement question ; on le voit par la lettre déjà citée de saint François de Sales à un cardinal. Il raconte que le P. Chérubin lui demande lequel serait plus utile, d'un professeur de Turin ou d'un théologien français qui enseigne à Milan. Le saint préfère le français et il ajoute : « Nous avons à Chambéry deux pères jésuites excellents, le père Saulnier et le père Alexandre, écossais. Dans le cas où les passages seraient fermés[2], il me paroit que ces religieux suffiroient. » Il prévoit aussi l'opposition des Genevois : « Il est bien vrai, dit-il, que ces Genevois feront grande difficulté de recevoir des jésuites dans cette conférence, en disant qu'ils sont hommes d'Etat et explorateurs de l'Espagne ; mais nous, de notre côté, nous ferons toute sorte d'instances. » Du reste, ce refus de laisser entrer des jésuites ne se trouve dans aucune des lettres de Corajod ; il n'y est pas fait la moindre allusion dans celle qui mit fin aux négociations. Ce ne fut qu'une misérable excuse imaginée après coup. Quel danger la présence d'un ou de deux jésuites pendant quelques jours aurait-elle pu apporter à la république de Genève ?

Cette république, qui demandait à grands cris la

---

[1] *Lettre d'un gentilhomme savois.*, etc. — *Hist. abrég. des miss.*, etc.
[2] A cause de la guerre avec la France.

liberté pour les protestants chablaisiens, punissait de la prison ou de l'exil les personnes qui avaient assisté aux Quarante-Heures. *Pour avoir été spectateur de l'abomination qui a été commise à Annemasse*, Pierre Besson fut condamné à trois jours de prison au pain et à l'eau. Trois femmes, convaincues du même crime, furent chassées de la ville et le conseil ordonna de rechercher *toutes semblables personnes pour en estre de mesme* [1].

Les ennemis de l'Église n'ont pas changé. Aujourd'hui (30 juin 1880) les libéraux d'autrefois arrachent des religieux de leurs cellules et scellent les portes de leurs églises. Le crime de ces religieux est de prêcher et d'observer une règle sans autorisation du gouvernement, comme le crime des Genevois, en 1597, était d'assister aux prédications de ces mêmes religieux sans autorisation du gouvernement. Protestantisme et libéralisme sont fils du même père ; ils sont menteurs et despotes.

---

[1] L'abbé FLEURY, *Saint François de Sales, le P. Chérubin et les ministres de Genève*, p. 64.

CHAPITRE V

Le P. Chérubin à Thonon. — Saint François de Sales et le P. Chérubin. — Le clocher de Saint-Hippolyte.

Cependant la moisson blanchissait à Thonon, sous la chaleur vivifiante de la parole et des douces vertus du prévôt de Genève. L'hérésie avait déjà perdu bien du terrain ; la conversion de l'avocat Poncet, celle du seigneur d'Avully, baron de Saint-Michel, celle de Pierre Fournier, premier syndic de la ville, lui avaient porté un coup dont elle ne se relevait pas : le nombre des catholiques s'étant considérablement augmenté, ils prenaient le sentiment de leurs droits et se montraient au grand jour. Le syndic Fournier avait même écrit, au nom des habitants de Thonon, une lettre de soumission au pape Clément VIII ; « car, disait-il, une ville dont le premier magistrat et un si grand nombre d'habitants ont embrassé la vraie foi, ne doit plus être appelée calviniste, mais catholique [1]. »

Néanmoins, les hérétiques étaient encore les plus nombreux, et d'autant plus opiniâtres et irrités, qu'ils voyaient leurs rangs s'éclaircir tous les jours. Il n'était point de ruses et de violences qu'ils ne missent en œuvre, excités par les ministres, pour arrêter les progrès du catholicisme ; car ceux-ci étaient plus disposés à semer d'absurdes calomnies et à ourdir des émeutes, qu'à accepter la dispute publique et loyale que François de

---

[1] *Œuv. compl. de saint François de Sales*, t. IX, p. 59. — HAMON, t. I, p. 226.

Sales et le P. Chérubin ne cessaient de leur proposer. Leur grand cheval de bataille était surtout le traité de Nyon ; à tout instant ils criaient que ce traité était violé et sollicitaient Berne et Genève à reprendre les armes ; comme si ce traité avait assuré aux protestants autre chose que le libre exercice de leur religion et qu'il n'eût pas été déchiré par la reprise d'armes que Berne avait faite aussitôt après sa conclusion ! Le libre exercice du protestantisme était donc incompatible avec la prédication et le libre exercice du catholicisme ! On faisait donc violence aux protestants, en leur démontrant que la soi-disant réforme n'était qu'un ramassis moderne des erreurs de tous les siècles ! Le duc de Savoie demeurait donc toujours lié par les traités que Berne avait rompus !

Saint François de Sales sentait plus vivement chaque jour le besoin d'avoir des coopérateurs, à Thonon, pour seconder le mouvement de la grâce et résister aux derniers efforts de l'hérésie. Le duc Charles-Emmanuel, qui n'avait rien tant à cœur que le retour de Thonon à la vraie foi, désirait ardemment, de son côté, que le P. Chérubin et ses compagnons allassent rejoindre le saint apôtre dans le chef-lieu de la province. Il en écrivit à Claude de Granier, qui y consentit d'autant plus volontiers, que la présence du zélé missionnaire n'était plus nécessaire du côté d'Annemasse.

Ce fut, selon l'abbé Baudry [1], le 16 septembre 1597 que les capucins arrivèrent à Thonon, où saint François de Sales était retourné après la clôture des Quarante-Heures d'Annemasse. Leur venue le combla de joie, et il leur disait souvent : « Mes pères, vous m'êtes envoyés de Dieu et du grand père de famille, le Pape, auquel j'ai

---

[1] *Relat. abrég.*, etc., t. II, p. 38.

représenté que la moisson était grande, qu'elle commençait à blanchir de toutes parts, et que nous avions besoin d'ouvriers pour la récolte. Je suis pauvre comme vous, car je suis fils de famille, mais Dieu vous donne courage et il vous bénira. » L'évêque de Genève, auquel les succès de la mission d'Annemasse répondaient de ceux que le P. Chérubin allait remporter à Thonon, renouvela les pouvoirs qu'il lui avait accordés précédemment. Sa lettre-patente est du 2 novembre 1597. Il écrivit en même temps au Pape, et dans sa lettre il parle du Père dans les termes de la plus grande estime ; il l'appelle un prédicateur *puissant par la parole, par l'exemple et par le zèle dont il est animé pour défendre et propager la foi catholique* [1]. Ce témoignage est d'autant plus honorable pour le P. Chérubin, que Claude de Granier était un saint prélat et le plus ferme appui de la mission du Chablais, à laquelle il regrettait sans cesse que son âge avancé et la faiblesse de sa santé ne lui permissent pas de prendre une part active.

François communiqua dès les premiers jours au P. Chérubin les desseins qu'il avait formés pour la conversion des habitants de Thonon : car, bien qu'il fût supérieur de toute la mission, il était heureux de prendre conseil de son ami, qui avait, d'ailleurs, la direction des autres missionnaires de son ordre ; afin que, tous agissant d'un commun accord, l'œuvre de Dieu se fît avec plus d'ensemble et de fruit. Les saints ne sont point attachés à leurs propres sentiments, ni désireux d'agir seuls dans les choses desquelles ils peuvent attendre de l'éclat, parce qu'ils ne cherchent point leur gloire, mais la gloire de Dieu, et que l'humilité leur apprend à se défier de leurs propres lumières. Chérubin adopta plei-

---

[1] *Hist. abrég. des miss.*, etc., *ibid.*

nement les idées du saint apôtre et, comme le principal obstacle venait de la défense sévère que les ministres avaient faite, non-seulement d'assister aux instructions des prêtres catholiques, mais même d'avoir aucune relation avec eux, il fût résolu que l'on ne négligerait rien pour détruire leur influence, en les contraignant, s'il était possible, d'accepter une conférence publique, où, avec la grâce de Dieu, la fausseté de leur doctrine serait mise au grand jour. Souvent, après leurs prédications, les missionnaires entendaient les protestants se dire les uns aux autres : « Oh ! s'il y avait ici un ministre pour leur répondre, nous verrions bien ! » Il fallait détruire cette objection, que les gens simples regardaient comme une réponse péremptoire aux raisons qu'on leur apportait et aux doutes qui s'élevaient dans leur esprit. D'ailleurs, l'insistance des ministres à refuser la conférence, les subtilités qu'ils alléguaient pour en démontrer l'impossibilité, l'inutilité et le danger, en prouvaient plus que toute autre raison la nécessité et les avantages que les catholiques en devaient attendre. Or, le P. Chérubin était très propre, plus propre même peut-être que saint François de Sales, à vaincre la résistance des ministres sur ce point et à les retenir ensuite dans les limites de la discussion. Aussi le saint le chargea-t-il de mettre le plan à exécution [1].

François était la personnification de la bonté et de la douceur. Doué de l'énergie d'un apôtre pour tout ce qui intéressait le salut des âmes, il n'eût point renoncé par une crainte humaine, à une seule des mesures que lui suggérait son zèle, ou que prescrivait le duc Charles-Emmanuel, pour le rétablissement de la religion dans le Chablais ; mais il avait un cœur de père pour

---

[1] *Lettre de saint François à un cardinal*, 54ᵉ de la collection Vivès, t. VIII.

tous les hérétiques, même pour ceux dont la mauvaise foi était le plus évidente et l'opposition le plus funeste. Il attendait le moment favorable et temporisait prudemment, évitant, autant que possible, d'irriter ses adversaires ; il avait un aspect si aimable, des formes si attrayantes, des paroles si douces, que les oppositions les plus résolues étaient désarmées, et que sa présence suffit plus d'une fois pour dissiper les attroupements des hérétiques et les assassins envoyés pour le perdre. Aussi les ministres le traitaient-ils d'*enchanteur* et de *magicien* : eux seuls résistaient à la douceur comme aux raisonnements de François, et il était urgent de les vaincre, puisqu'on ne pouvait les convertir.

Le P. Chérubin était l'homme des grandes luttes. Il ne pouvait supporter que, dans une ville soumise à un prince catholique et dont un grand nombre d'habitants étaient déjà catholiques, le libre exercice du culte rencontrât encore tant de difficultés, et qu'à chaque instant il fallût compter avec les intrigues du ministre Viret, de Thonon, avec les intrigues et les menaces des Genevois et des Bernois. Les clameurs de l'hérésie l'indignaient, car il savait ce qu'elle faisait là où elle était maîtresse. Il trouvait intolérable que le nombre des protestants ayant déjà si considérablement diminué, ceux qui restaient prétendissent garder les églises, les cloches, tous les droits dont ils jouissaient quand presque toute la population était protestante, et traiter leurs concitoyens comme des étrangers, presque des parias, parce qu'ils étaient rentrés dans la foi qui était celle des ancêtres des uns et des autres. Il n'injuriait jamais ses adversaires, et nous avons vu Corajod l'en remercier au nom des ministres de Genève ; mais il les poussait vivement, ne leur laissait aucun relâche, réfutait sans ménagements leurs sophismes et revendiquait sans nulle réticence les droits du catholicisme, après avoir exposé les preuves de son origine divine, les preuves aussi, évidentes et palpables, de l'origine humaine, peu honorable, des diverses sectes protestantes. Comme rien ne lui semblait plus pressant que le salut des âmes, il allait droit et le plus vite possible au but, sans chercher aucun biais ; si quelque obstacle se dressait sur sa route, il tâchait d'abord de l'écarter par le raisonnement, la douceur et la justice ; puis il l'enlevait d'assaut, prêt à y laisser la vie, dont la valeur lui paraissait minime en comparaison de la gloire de Dieu et du progrès de la religion.

« Le P. Chérubin, dit M. l'abbé Fleury[1] avait de l'audace dans le caractère et un peu de cette âpreté qu'on rencontre dans les habitants des montagnes. Les rochers de la Maurienne avaient ombragé son berceau et tout en lui se ressentait de cette nature austère, qui contribue si puissamment à tremper fortement une âme. Il était rempli de zèle, néanmoins il savait le contenir dans de justes bornes, et il évitait soigneusement toute parole qui eût pu aigrir les cœurs..... D'ailleurs, la Providence, en le donnant pour auxiliaire à saint François de Sales, avait admirablement ménagé la force et la douceur. Si le genre du P. Chérubin avait quelque chose de brusque, celui du jeune missionnaire tenait des manières élégantes du gentilhomme. La mâle énergie de l'un pouvait bien faire contraste avec les formes élégantes de l'autre, cependant une parfaite intimité régnait entre eux. Elle allait même jusqu'aux épanchements de la plus tendre amitié..... L'estime de saint François de Sales pour le P. Chérubin se manifeste dans tous ses rapports, soit au nonce, soit au Pape. Il

---

[1] *Saint François de Sales, le P. Chérubin et les ministres de Genève*, p. 56.

le regardait comme un intrépide champion de la vérité ; il était pour lui le soldat avancé qui fait feu sur la brèche et se met en avant pour l'attaque. »

Cette diversité de caractères et d'allures contribua puissamment à accélérer le rétablissement de la religion et il parut bien que Dieu avait eu ce dessein en les amenant l'un et l'autre sur le même terrain. Dans les combats de la religion comme dans ceux de la politique, si la tactique prudente du général est ordinairement plus nécessaire, il y a des moments où la bouillante impétuosité du volontaire est indispensable. Chez les hommes du monde, la diversité des caractères est souvent la source des divisions et amène la ruine des plus belles entreprises : chez les saints elle entre dans les desseins de Dieu qui la fait servir à sa gloire, et qui leur donne, pour adoucir les aspérités humaines, l'huile de l'humilité et le feu sacré de la charité.

Le P. Chérubin ne tarda pas à être en butte aux injures et aux menaces de quelques hérétiques des plus ardents ; mais il n'y fit nulle attention. Il n'écouta pas davantage les conseils des catholiques qui l'engageaient à modérer son zèle, à cause des dangers auxquels il s'exposait. Apprenant un jour que le conseil de ville était assemblé, il le fit prier de vouloir bien l'entendre sur une chose qui intéressait le bien public. On l'introduisit avec honneur et on lui demanda ce qu'il désirait.

« Puisque vous êtes réunis pour les intérêts de la ville, répondit le courageux missionnaire, j'ai cru de mon devoir de vous représenter que le point le plus important, le plus essentiel, celui qui mérite avant tout votre attention, c'est la religion. Vous ne pouvez donc mieux faire que de vous en occuper dans votre assemblée. Je vous supplie de faire appeler vos ministres, afin que je puisse les convaincre, en votre présence, que la religion de Calvin, en laquelle ils vous retiennent, est fausse et que l'on ne peut se sauver hors de l'Église catholique. »

Les conseillers se regardèrent les uns les autres, fort étonnés d'une demande si imprévue. Cette démarche n'eût aucun résultat pour le moment.

Le jeudi suivant, qui était jour de marché, il fit dresser une chaire sur la place publique et prêcha contre les erreurs de Calvin. A la fin, se tournant vers l'Hôtel-de-Ville où logeait le principal ministre, il dit aux assistants : « Votre ministre est à cette fenêtre, qui m'écoute et il ne dit rien : obligez-le de venir ici défendre la fausse doctrine qu'il vous enseigne. Il ne l'entreprendra pas ; car il sait bien qu'il vous trompe, qu'il vous abuse et qu'il vous perd. » A ces paroles, les catholiques tremblèrent que les protestants ne fissent un mauvais parti au prédicateur. Mais il n'en fut rien et, son sermon fini, le Père se retira tranquillement [1].

Vers la fin de l'année 1596, François avait élevé un petit autel en bois dans l'église de Saint-Hippolyte, malgré la violente opposition du peuple et des syndics de la ville, et la sainte messe y avait été célébrée pour la première fois le jour de Noël. On voit que le saint ne reculait pas, au besoin, devant les mesures énergiques. Le duc de Savoie ne s'était pas contenté d'approuver sa conduite ; à la demande de François, il avait envoyé le sénateur Antoine Favre pour notifier aux bourgeois de Thonon que sa volonté était : que l'exercice de la religion catholique fût public, que l'on célébrât la messe dans l'église de Saint-Hippolyte, qu'on y prêchât publiquement ; que la prédication fût annoncée par le son de

[1] *Hist. abrég. des miss.*, etc., liv. II.

la grosse cloche ; en outre il leur recommandait très particulièrement le prévôt de Genève et le P. Chérubin et prenait sous sa protection spéciale les prêtres et les catholiques du pays [1]. Nous reviendrons sur ce fait. C'est ainsi que ce religieux prince employait son autorité à seconder les efforts des missionnaires pour ramener ses sujets à l'unité religieuse, gage le plus assuré du bonheur des peuples et de la sécurité des Etats. Aujourd'hui l'on a d'autres idées : c'est sur l'émiettement de la nation et des tours d'équilibre que l'on a fondé la prospérité dont nous jouissons.

Dès son arrivée à Thonon, le P. Chérubin se mit à dire publiquement la messe dans l'église de Saint-Hippolyte ; il y prêchait fréquemment, notamment pendant l'avent de 1597 et le carême de 1598. On verra qu'à cette dernière époque saint François de Sales était absent de Thonon. Doué d'une voix forte et tonnante, le Père se faisait entendre jusque dans les maisons voisines, et les protestants, que la crainte des ministres empêchaient de se montrer dans l'église, venaient secrètement l'écouter dans ces maisons, attirés par la curiosité ; les vérités qu'ils avaient entendues germaient insensiblement au fond de leurs âmes comme la bonne semence, et y prenaient racine ; la réflexion les développait ; les préjugés se dissipaient et, peu à peu, par ce travail latent et souvent inconscient, la foi se formait dans les cœurs [2].

Cependant les catholiques n'avaient pas l'usage exclusif de cette église ; les protestants y faisaient aussi leurs offices, et ainsi la sainte messe et la cène, le sermon et le prêche, la vérité universelle et l'hérésie de Calvin s'y

[1] *Hist. abrég. des miss.*, etc. — HAMON, t. I, p. 217 et suiv.
[2] *Ibid.*

succédaient à tour de rôle. Cet état de choses, gênant pour les catholiques et blessant pour la religion, pouvait donner lieu à de graves désordres. Le P. Chérubin ne le pouvait souffrir. Dans l'ardeur de son zèle, il fit tant auprès du prince, qu'il en obtint un ordre aux protestants de faire leurs offices dans l'église de Saint-Augustin, sans conserver, dans celle de Saint-Hippolyte, d'autre droit que celui de sonner la grosse cloche pour annoncer leurs réunions. Cette réserve lui parut encore intolérable, et il obtint de Charles-Emmanuel que la cloche ne servirait que pour les catholiques. Mais les officiers du prince s'effrayèrent du danger qu'il pouvait y avoir à mettre subitement à exécution une mesure aussi irritante : ils représentèrent qu'il fallait y préparer les esprits; que les brusquer par une démarche imprudente, ce serait soulever des tempêtes et occasionner peut-être de grands malheurs. Mais le P. Chérubin n'était pas homme à temporiser : il résolut d'enlever la chose de vive force. C'était vers les fêtes de Noël de l'année 1597.

Un jour que le prêche devait avoir lieu, après avoir célébré le saint sacrifice, il ferme les portes de l'église, monte au clocher avec le P. Esprit et deux laïques, et tire à lui les cordes et les échelles; puis il attend tranquillement que les protestants se présentent. Ceux-ci ne tardent pas d'arriver; ils enfoncent la porte de l'église et courent au clocher; mais, à leur grande surprise, ils ne trouvent ni cordes pour sonner, ni échelles pour monter. Le P. Chérubin se montre alors et déclare, du haut du clocher, qu'il a un ordre du duc de Savoie, en vertu duquel la cloche ne doit plus servir qu'à l'usage des catholiques, et qu'il ne permettra pas qu'un instrument bénit par l'Église pour appeler les fidèles à entendre la vérité, soit employé à les convoquer pour entendre prêcher le mensonge et insulter la vérité.

Les hérétiques, furieux, s'attroupent, courent aux armes ; les uns tirent des coups de fusil sur le P. Chérubin et ses compagnons, sans les atteindre ; les autres dressent des échelles pour monter à l'assaut, mais elles sont renversées par les assiégés. Déjà ils parlent de saper et de renverser le clocher, lorsqu'arrive un gentilhomme protestant nommé de Vallon, dont les paroles pleines de modération calment leur emportement. Il appelle le Père et le prie de descendre ; mais celui-ci, se montrant à une fenêtre, lui communique l'ordre du souverain et proteste qu'il ne consentira jamais à laisser l'usage de la cloche aux ministres. Les protestants, contenus par l'autorité de M. de Vallon, se retirent, mais en jurant de se venger.

A quelque temps de là, ils vendirent la grosse cloche à un marchand de Genève ; ils allèrent de nuit au clocher, allumèrent un grand feu sous la cloche et la rompirent à coups de marteau, après l'avoir enveloppée d'un drap épais pour amortir le bruit des coups. Malgré cette précaution, le P. Chérubin, toujours aux aguets, entendit du bruit et, apercevant du monde au clocher, courut en informer Claude Marin, procureur fiscal de Son Altesse. Celui-ci, qui n'avait nulle envie de s'exposer à la fureur des sectaires, s'excusa sur l'heure trop avancée ; mais le Père le pressa tellement, qu'il le détermina à se lever et à se rendre avec lui au clocher.

A leur vue, les séditieux s'abandonnèrent aux plus violents transports ; ils allèrent jusqu'à jeter sur eux des tisons enflammés et à crier au procureur qu'il y allait de sa vie s'il approchait. Marin voulait redescendre, mais le P. Chérubin le rassura : « Ne craignez rien, lui dit-il ; nous sommes sous la protection de la

Sainte Vierge, ils ne sauraient nous faire aucun mal. » Arrivés au sommet du clocher, ils y trouvèrent les principaux bourgeois protestants de Thonon, et la grosse cloche rompue en plusieurs pièces. Le procureur fiscal commanda, de la part de Son Altesse, aux mutins de se retirer, et il se fit remettre les clefs du clocher. Il fit ensuite appeler le capitaine de justice avec ses archers et obligea les auteurs de l'attentat à conduire eux-mêmes, sur leurs chariots, la cloche rompue au château des Allinges. On en fit quelque temps après trois cloches pour l'usage des catholiques [1].

Telle fut l'issue de l'action téméraire du P. Chérubin. Plusieurs historiens l'en blâment. Pour nous, en écrivant ces lignes, nous pensions au Seigneur chassant à coups de fouet les vendeurs du temple de Jérusalem ; nous admirions ce dévoûment et cette foi qui, en présence de l'honneur de la religion et des droits de l'Église, oublie les règles ordinaires de la prudence. Quand on expose sa vie pour un tel motif, on peut commettre un excès de zèle; mais ces excès, Dieu les bénit souvent ; et ils sont trop peu nombreux, ceux qui ont assez de vertu pour être tentés de les commettre.

On a aussi prétendu que saint François de Sales avait désapprouvé la conduite du P. Chérubin en cette circonstance. C'est une affirmation tout à fait gratuite, née du besoin dont quelques auteurs semblent tourmentés d'opposer le saint évêque, dont ils font l'homme de la conciliation et des concessions avant tout, au *fougueux* capucin qu'ils s'efforcent de montrer comme un type d'emportement et de violence. Bien des faits cependant prouvent que le P. Chérubin, avec un caractère moins

---

[1] HAMON, p. 267 et suiv. — Fidèle DE TALISSIEU, *ibid.* — GABEREL, p. 74. — *Déposit. du P. Constantin de Thonon*, archives du couvent de Chambéry.

flexible que celui de son ami, nous en convenons, avait cependant plus de mesure qu'on ne lui en suppose ; et saint François de Sales, malgré sa grande bonté, plus de fermeté qu'on ne lui en prête. En voici une preuve. Le clocher de Saint-Hippolyte possédait encore une cloche, et les protestants songeaient à solliciter l'autorisation de s'en servir. François s'y opposa vivement. Il écrivit à Charles-Emmanuel et recourut à la protection de son oncle, Louis de Pingon, baron de Cusy, un des gentilshommes du prince. Nous avons la seconde lettre dans l'édition Migne de ses œuvres (t. VI), et on y lit ceci : « Les protestants ont déjà gâté une autre plus « grosse cloche, en haine de nous autres catholiques, « qui la sonnions. Leur prêche ne se fait pas en cette « église-là, ni en la ville, car il leur est défendu ; pour- « quoi leur permettrait-on de sonner là où ils ne le « disent, ni peuvent dire ? Une cloche ne peut servir à « Dieu et à Bélial. C'est ce que j'écris à S. A. et la « supplie que, si ceux de Thonon s'adressent à elle « pour lui présenter requête de cette affaire, elle les « renvoie sans décret, ou avec une nouvelle défense de « sonner. La cloche n'est pas si légère qu'elle semble, « car ils savent faire valoir la moindre chose qu'on « leur accorde pour contrister les bons catholiques...... » Cette lettre est datée d'Héry le 12 février 1598. On voit que, pour ce fait aussi bien que pour tout ce qui concernait la mission, les sentiments de saint François de Sales ne différaient en rien de ceux du P. Chérubin.

Quant au procureur fiscal, Claude Marin, l'espèce de violence que le P. Chérubin lui avait faite, augmenta la haute estime que déjà il avait conçue pour ce religieux. Son fils, devenu capucin sous le nom de P. Constantin, dit, dans une déposition rapportée par un manuscrit que nous aurons plus d'une fois encore l'occasion de citer[1], que son père ne parlait jamais du missionnaire de Maurienne qu'avec les plus grands éloges et qu'il aimait surtout à raconter le fait du clocher de Thonon comme une preuve de la protection dont la Sainte Vierge, pour laquelle il avait une si filiale dévotion, ne cessait de le couvrir au milieu des dangers auxquels son zèle l'exposait.

[1] *Collection des choses mémorables qui doivent être insérées dans les Annales, par l'autorité du R. P. Philibert de Bonneville*, archives du couvent de Chambéry.

CHAPITRE VI

Conférences avec le ministre Viret et Hermann Lignarius.

On ne saurait dire quelle activité le P. Chérubin déployait pour la conversion des habitants de Thonon. Dans tous ses entretiens, soit avec les visiteurs que quelque affaire, ou une impulsion secrète, ou simplement la curiosité amenaient chez lui, soit avec les personnes qu'il rencontrait dans les rues de la ville ou dans les chemins des campagnes environnantes, il trouvait moyen de toucher quelque point de religion, avec prudence et discrétion ; et ses paroles avaient une force si douce et si persuasive, que les plus obstinés ne pouvaient s'empêcher d'être ébranlés. Il s'efforçait surtout, comme il en était convenu avec saint François de Sales, de contraindre les ministres à accepter une conférence publique. Il les attaquait partout où ils les rencontrait, réfutait ce qu'ils avaient dit dans leurs prêches, renversait les sophismes à l'aide desquels ils éblouissaient leurs auditeurs, et débarrassait les dogmes catholiques des couleurs fausses, répugnantes ou ridicules, sous lesquelles ils aimaient à les représenter. Ne pouvant ni attirer les hérétiques aux sermons qu'il faisait à Saint-Hippolyte, ni amener les ministres à une dispute, il prit le parti de prêcher sur la place publique. On y dressa une belle croix, vis-à-vis de l'Hôtel-de-Ville, et dès que le Père voyait du monde assemblé, soit pour le marché, soit pour toute autre occasion, il montait sur le piédestal et établissait un point de controverse choisi parmi ceux qu'il savait le plus en rapport avec les préjugés de la foule. Après avoir

exposé la doctrine catholique et avoir démontré sa vérité par des raisons solides, mais simples et à la portée de tout le monde, il disait : « Messieurs, je sais
« que vos ministres vous enseignent le contraire de ce
« que je viens d'avancer, je soutiens que leur doctrine
« sur ce point est fausse ; je les presse depuis longtemps
« de la défendre, mais je n'ai pas encore pu les enga-
« ger à une conférence : n'est-il pas visible que ce refus
« est une preuve de la faiblesse de leur cause ! Il s'agit
« du salut de vos âmes, et ils n'en tiennent pas compte !
« Voici un écrit dans lequel je démontre la vérité de
« notre croyance et la fausseté de la vôtre ; portez-le à
« vos ministres et obligez-les d'y répondre. S'ils n'ont
« pas le courage de disputer avec nous, qu'ils répondent
« au moins par écrit ; et s'ils doutent de leur capacité,
« qu'ils appellent à leur secours les ministres de Genève,
« de Berne, de Lausanne. Ils ne peuvent s'y refuser,
« s'ils ont quelque sentiment d'honneur et quelque
« zèle pour votre salut. »

Il composa un grand nombre de petits traités qu'il distribuait à la foule et faisait afficher à la porte du temple et même à la porte du ministre Viret. On conçoit facilement quelle rage ces défis quotidiens allumaient dans le cœur des ministres, qui avaient résolu, pour de bonnes raisons, de ne pas les relever. Plusieurs, fatigués de trouver partout le P. Chérubin sur leur chemin, perdirent courage et se retirèrent à Lausanne. Leur fuite ouvrit les yeux à un grand nombre de personnes qui assistèrent depuis lors assidûment aux prédications des missionnaires et rentrèrent peu à peu dans le sein de l'Église. Les protestants furent même obligés d'abandonner l'église de Saint-Augustin et de se bâtir un temple en planches hors de la ville. Le ministre Viret, qui eut le courage de rester le dernier sur la brêche, comprit enfin que le seul moyen qui lui restait de se tirer de la position peu honorable à laquelle il se trouvait réduit, était d'accepter la conférence, dont le refus faisait autant de mal à la secte que pouvait en causer une défaite [1].

Vers la fin de l'année 1597, le P. Chérubin fut invité à se rendre à l'Hôtel-de-Ville, pour conférer avec le ministre. Il y alla, accompagné du baron d'Avully, l'une des plus illustres conquêtes de saint François de Sales. Une assemblée nombreuse l'attendait, composée des notabilités du parti protestant. On l'accueillit avec beaucoup de civilité et, sans autre préambule, Viret déclara qu'il consentait à la dispute, mais à la condition qu'on ne citerait aucune autre autorité que celle de la Bible ; que, si le P. Chérubin lui alléguait des passages des Pères, il se retirerait, parce que, ajouta-t-il, il n'avait jamais lu plus de quatre feuillets de leurs ouvrages, à l'exception des lettres de saint Augustin, et que c'était pour ce motif qu'il n'avait pas répondu aux écrits du missionnaire, tout remplis de citations des anciens docteurs de l'Église.

Le Père répondit que l'Écriture Sainte, lorsqu'elle est bien entendue, est sans aucun doute le fondement et la pièce principale de toute controverse religieuse ; mais que c'est un livre grave, profond, rempli de presque autant de mystères qu'il contient de mots ; que par conséquent ce livre a besoin de commentaire et d'explication ; et que les témoins des débats, ne pouvant point s'en rapporter à l'interprétation particulière et souvent contradictoire des deux disputants, il est juste, il est indispensable d'aller puiser la tradition apostolique aux

[1] *Hist. abrég. des miss.*, etc., liv. II. — GRILLET, t. III, p. 416.

sources vives des Pères de l'Église qui, lorsqu'ils s'accordent sur un point, ne peuvent manquer d'être des garants infaillibles de la vérité.

Viret, sans entrer dans le fond de la question, se contenta de répéter qu'il ne connaissait nullement les Saints-Pères, et il ajouta qu'il ferait venir un de ses confrères capable de disputer sur cette base.

« Comment donc, répliqua le P. Chérubin emporté
« par son zèle, vous mêlez-vous d'enseigner le peuple,
« dans une ville comme Thonon, en méprisant une par-
« tie si importante de ce qu'il est nécessaire de savoir
« pour connaître la religion chrétienne? Mais je veux
« vous montrer que vous ne connaissez pas même la
« Bible et, sans alléguer aucun docteur, je prendrai
« un des dogmes que vous niez. Voici que la Bible seule
« vous convainc d'errer en enseignant que nul ne peut
« observer les commandements de Dieu; car elle dit
« qu'avec l'assistance de la grâce nous le pouvons. »
Et il le prouva, en effet, par plus de trente passages de l'Ancien et du Nouveau Testament.

Le lendemain le ministre cita plusieurs textes qu'il croyait prouver le contraire ; mais il fut réfuté d'une manière si victorieuse par le P. Chérubin, le jour suivant, qu'il demanda un délai pour répondre[1].

Plusieurs mois se passèrent sans que Viret parlât de reprendre la dispute. Le P. Chérubin ne cessait pas de s'en plaindre dans ses sermons et de répandre dans la ville des écrits où il rapportait succinctement les raisons tirées de l'Écriture Sainte, par lesquelles il combattait en chaire les erreurs protestantes et établissait

---

[1] *Lettre du seigneur d'Avully à M. de Charanson*, Lyon, 1598. — *Hist. abrég. des miss.*, etc., *ibid.*

la vérité catholique. Plusieurs des plus chauds partisans de l'hérésie en devinrent si furieux, qu'ils cherchèrent plus d'une fois l'occasion de le tuer. M. et Mme de Vallon lui avouèrent, après leur conversion, qu'ils avaient attenté à sa vie pendant qu'il prêchait au pied de la croix ; mais, ajoutèrent-ils, le Seigneur, qui voulait les sauver, n'avait pas permis qu'ils accomplissent leur mauvais dessein [1].

Un jour, pendant le carême de 1598, le seigneur d'Avully se promenant, devant l'Hôtel-de-Ville, avec le ministre Viret et plusieurs notabilités protestantes de la ville, leur dit : « Je m'étonne qu'étant si souvent
« défiés par le P. Chérubin, vous ne trouviez personne
« qui veuille disputer avec lui, puisque Viret ne le
« peut faire. »

Ils répondirent : « Bientôt il viendra quelqu'un qui
« saura parler à votre P. Chérubin ; et, ajouta Viret, il
« ne sera ni de Genève, ni du pays de Vaud. »

Ce fut Hermann Lignarius, professeur de théologie à Genève et Allemand de naissance, qui jouissait parmi les réformés d'une grande réputation de savoir et d'habileté.

Il arriva à Thonon la veille du dimanche des Rameaux (13 mars 1598), accompagné de plusieurs licenciés et étudiants en théologie. Ce qui prouve qu'il s'était préparé à la dispute, c'est que, quand il entra chez le P. Chérubin avec le ministre Viret, ils portaient tous deux des livres sous le bras, et qu'en dictant ses réponses aux secrétaires, le professeur lisait dans un manuscrit qu'il tenait à la main.

Nous puisons les détails de cette mémorable dispute dans la lettre écrite à M. de Charanson par M. d'A-

---

[1] *Lettre du seigneur d'Avully*, etc.

vully, qui assista à toute cette conférence, comme il avait assisté à la précédente.

Donc, ce même jour, le ministre Viret se rendit de bonne heure chez le P. Chérubin, pour convenir avec lui du temps et du lieu de la conférence. Après quelques plaintes sur le long délai qu'on avait mis à lui répondre, le Père dit qu'il serait mieux de conférer en particulier que publiquement, mais qu'il remettait le tout à la volonté du ministre. Il demandait seulement qu'une fois la dispute commencée, on la poursuivît jusqu'au bout ; car pour la laisser inachevée, comme avait fait le ministre Viret, il valait mieux ne pas l'entreprendre.

Un quart d'heure après, arrivèrent Lignarius, Viret, les théologiens genevois et un grand nombre des principaux bourgeois de la ville. « J'y vins aussi, dit M. d'Avully, appelé par mon fils de la part du ministre. »

Le P. Chérubin commença par témoigner la joie qu'il ressentait de voir enfin une si nombreuse et si docte assemblée, disposée à défendre une doctrine que depuis si longtemps il attaquait dans ses écrits et ses discours ; puis, s'adressant au professeur, il dit :

« De quelle manière voulez-vous traiter avec moi ?
« Est-ce en particulier ou devant le peuple ? Si vous
« voulez que ce soit publiquement, il y a bien des con-
« ditions à garder ; car il est très important pour le
« salut des âmes qu'on ne laisse imparfaite aucune des
« matières que l'on entamera. Les ministres de Genève
« m'ont déjà manqué de parole une fois : ils m'avaient
« invité l'année dernière à aller disputer dans votre
« ville ; et, quand on les a pris au mot, ils se sont dédits
« honteusement. C'est d'eux aussi que je me plains,
« avec raison, dans mes discours et dans les placards
« que j'affiche dans les lieux publics, afin de leur mon-

« trer le tort qu'ils ont de fuir le moyen de procurer le
« salut de tant de pauvres âmes. Je suis le moins capa-
« ble de tous les prédicateurs catholiques : néanmoins,
« me confiant, non en mes forces, mais en la bonté
« de la cause que je défends, je ne vous fuirai jamais ;
« car il me sera assez facile, avec la grâce de mon
« Dieu, de rendre raison de ma foi et de l'espérance
« qui est en moi, et même de la doctrine que je prê-
« che. Je suis prêt à répondre à vos questions, pourvu
« que vous me promettiez par écrit d'écouter toutes
« les raisons et les répliques que je voudrai apporter
« sur le point que vous entamerez ; et qu'il ne soit pas
« permis d'abandonner ni d'interrompre la dispute,
« sous peine de vous voir décriés par moi dans tout
« le pays. Vous vous arrêterez aussi sur un point pen-
« dant qu'on aura quelque chose à dire et toute la dis-
« pute sera écrite par des secrétaires ; car il ne faut pas
« commencer cette affaire, si vous ne voulez pas la
« poursuivre. J'en prends à témoin toute cette assem-
« blée. »

Lignarius fit quelques difficultés de contracter l'obli-
gation de poursuivre la dispute jusqu'à l'épuisement
des matières que l'on y traiterait ; mais le P. Chérubin
refusant absolument de disputer sans cette condition,
tous deux signèrent un engagement qui fut déposé, en
présence de tout le monde, entre les mains du juge-
mage du Chablais[1]. On choisit trois secrétaires, deux
Genevois et un avocat catholique ; puis Lignarius commença la dispute par la thèse que voici : la religion
romaine est fausse, car elle repose sur quatre fondements vicieux qui sont : 1° des livres apocryphes, 2° une
mauvaise interprétation de la Bible, 3° l'accord de toute

[1] V. *Pièces justif.*, n° 6.

l'Église romaine, 4° la tradition. On ne pouvait traiter des questions plus importantes ; mais elles étaient bien vastes, et celui qui n'aurait pas connu le système des disputeurs protestants, aurait pu croire que le professeur allemand avait l'intention de faire durer la dispute longtemps. Il voulait, au contraire, la rendre plus courte. Heureusement il avait affaire à un rude joûteur : le P. Chérubin lui fit remarquer *qu'il taillait une bien grande besogne, mais qu'il la lui faudrait finir, comme on en était convenu.* Lignarius promit tout ce qu'on voulut et s'engagea même, sur les instances de son adversaire, à traiter, à la fin des conférences, la question si fondamentale de la version de la Bible. La promesse était illusoire.

La première conférence dura jusqu'après midi. On l'interrompit un moment, et on la continua ensuite jusqu'à la nuit. La troisième eut lieu le lendemain, dimanche des Rameaux, après midi. Le P. Chérubin eût bien préféré la renvoyer à un autre jour, car il était très fatigué par les prédications et les autres travaux du carême. Mais il ne voulut pas le proposer, préférant s'incommoder que de donner aux Genevois un prétexte pour abandonner la dispute. Il arriva même le premier à la salle où se tenaient les conférences et où plus de deux cents personnes étaient réunies. Le professeur fut moins exact ; il se fit attendre longtemps, et ses compagnons ignoraient ce qu'il était devenu. « Il faut avoir plus de pitié des âmes que de ce corps corruptible, avait répondu, dans la seconde conférence, le P. Chérubin au ministre Viret qui l'engageait à se reposer. Gardons bien la promesse que nous nous sommes faite de terminer la matière de cette dispute que vous avez commencée. Si vous y manquez, j'aurai grand sujet de m'en plaindre à tout le monde ; et si j'y manque moi-même, plaignez-vous-en. Nous traitons une affaire de laquelle dépend le salut de plusieurs : ne soyons ni lâches ni malicieux ; or nous serions lâches si la crainte du travail nous faisait abandonner cette conférence, et nous serions malicieux si nous cherchions des prétextes pour nous en retirer. »

Ces trois conférences se tinrent dans la maison où logeait le P. Chérubin et roulèrent entièrement sur la première partie de la thèse d'Hermann Lignarius, à savoir que les catholiques fondent leur croyance sur des livres apocryphes, c'est-à-dire, sur des livres qui ne sont pas reconnus comme inspirés. Lignarius prétendit le prouver en apportant l'exemple du Purgatoire dont les catholiques, disait-il, admettent l'existence sur le témoignage du livre des Machabées, qui est apocryphe ; et il cita, en preuve de la seconde partie de cette proposition, plusieurs passages des Conciles, des Pères et d'autres auteurs ecclésiastiques, qui semblent donner à entendre qu'ils ne considèrent pas ce livre comme canonique. Cette manière de disputer plut tellement au P. Chérubin que, se tournant vers le ministre Viret, il lui dit : « Vous voyez, Monsieur le Ministre, comment il faut procéder. Pourquoi me disiez-vous autrefois que vous ne vouliez point que je vous alléguasse les Pères de l'Église ? Apprenez de votre maître quelle estime vous devez faire de ces saints docteurs.... et ne vous excusez pas sur ce que vous vous appuyez sur la Bible, car les catholiques le font aussi, mais avec cette différence qu'ils suivent l'interprétation qu'en donnent les Saints-Pères, tandis que vous la puisez dans votre cerveau et tordez le sens des textes. »

Lignarius s'aperçut bien vite qu'il venait de tendre à son adversaire une arme victorieuse ; car, si les controverses religieuses doivent être terminées par l'autorité des Pères et surtout par celle des Conciles, tout le Protestantisme tombe d'une seule pièce. Il se hâta de dire que les preuves de ce genre ne sont que surabondantes.

« Quelle est donc, dans la question qui nous occupe, votre preuve principale ? » demanda le missionnaire.

Le professeur ne sut que répondre. Et de fait, comment décider, autrement que par l'enseignement de l'Église, quels sont les livres canoniques, c'est-à-dire, quels sont ceux que l'Église reconnaît comme divinement inspirés ?

Le P. Chérubin ayant cité un passage de saint Cyprien, où ce Père appelle les livres des Machabées *écriture divine,* Lignarius prétendit qu'un livre divin n'est pas par là même un livre *canonique.* C'était une chicane de mots ; car, si un livre est divin, il est inspiré de Dieu et doit être inscrit dans le catalogue ou *canon* des livres inspirés. C'est ce que fit remarquer le P. Chérubin. Il ne s'agissait donc plus que de vérifier le texte. Comme l'on ne trouvait pas les œuvres de saint Cyprien à Thonon, le professeur promit de faire cette vérification à Genève et d'envoyer le résultat de ses recherches au seigneur d'Avully. Inutile de dire qu'il oublia sa promesse.

Le capucin aborda le fond de la controverse. Il prouva d'abord que la croyance catholique touchant le Purgatoire est basée, non-seulement sur le témoignage du livre des Machabées, mais sur des passages formels de livres reconnus comme canoniques par les protestants eux-mêmes. Il montra ensuite que, si quelques Conciles et quelques Pères anciens ont douté de l'inspiration des deux livres des Machabées, le plus grand nombre l'a toujours admise et que, depuis bien des siècles avant la Réforme, tout doute à cet égard avait disparu, comme le témoignent unanimement les décisions des Conciles et les écrits des Pères et des Docteurs. Il conclut que l'opinion ou, pour mieux dire, le doute de quelques auteurs antérieurs à l'époque où l'Église a prononcé sur cette question, ne saurait infirmer son jugement ni prévaloir sur la croyance universelle à partir de cette époque.

Les secrétaires écrivaient les objections et les arguments des deux parties et, à la fin de chaque conférence, le P. Chérubin et Lignarius signaient ces procès-verbaux. Il est fort à regretter qu'ils soient perdus; mais il nous reste une courte analyse faite par le seigneur d'Avully, baron de Saint-Michel, dans sa lettre à M. de Charançon. Cette lettre fait partie d'une brochure imprimée en 1598 à Paris, chez Denis Binet, sous ce titre: *La Conférence accordée entre les prédicateurs catholiques de l'ordre des Capucins, et les ministres de Genève. Là où l'on void comment ceux de Genève désirent d'estre instruits, et revenir au giron de nostre mère Saincte Église. Avec le passe-port du duc de Savoie ausdits ministres, pour aller et venir à la dicte conférence tenue en la ville de Thonon près Genève. Ensemble les thèses qui ont été affligées audit Genève, qui seront mises à la fin du livre.* C'est dans cette brochure que nous avons puisé les détails que nous donnons.

Dans la troisième conférence, Lignarius avait prié le P. Chérubin de lui céder la parole, s'engageant par écrit à l'écouter ensuite aussi longtemps qu'il le faudrait. L'heure étant trop avancée après le discours du professeur, on renvoya la suite de la conférence au lendemain. Mais Lignarius repartit pour Genève, malgré les efforts du baron d'Avully pour le retenir. Il promit de revenir après Pâques, ce qu'il ne fit pas; les Bernois, mécontents du résultat des conférences, l'avaient rappelé. Il publia un récit de sa façon, dans lequel il ne se donnait pas pour battu. Naturellement le pasteur Gaberel [1] s'en tient à ce récit, ou plutôt il fait son récit lui-même, en deux pages, sans aucune citation, et il est curieux de voir comment il arrange et la thèse posée par Hermann Lignarius ou Lignaridus et l'histoire de la conférence. La thèse aurait été celle-ci : « Les livres apocryphes ont-ils une autorité égale à celle des livres canoniques? » Thèse absurde, sur laquelle les deux adversaires auraient été nécessairement du même avis. « Le professeur et le capucin, dit-il, ne voulurent céder sur aucun point…. et ils se séparèrent, laissant les auditeurs convaincus que les questions n'étaient nullement terminées, et que personne ne pouvait se vanter d'avoir remporté un avantage sérieux. » De l'engagement, contracté par Lignarius, de ne pas s'éloigner avant l'achèvement des conférences, il ne dit pas un mot; mais il avoue que Genève et Berne furent mécontentes et rappelèrent le professeur. Or, c'est précisément de ce départ, contraire à la parole donnée, et de ce rappel inexplicable, que se plaignait le P. Chérubin. Est-il croyable que le professeur n'ait été autorisé à passer que deux jours à Thonon? Et, s'il en était ainsi, n'est-il pas évident qu'il s'est joué de son adversaire en signant l'engagement qu'on peut lire aux pièces justificatives? Heureusement nous avons la lettre de M. d'Avully ; et le récit d'un témoin oculaire, protestant récemment converti, nous paraît mériter plus de créance que les assertions vagues et les réticences calculées de M. Gaberel, pasteur de Genève au XIXe siècle.

Voilà donc comment finit cette dispute solennelle.

[1] *La mission de saint François de Sales en Savoie*, p. 84.

C'était toujours de la part des protestants la même conduite, beaucoup de bruit et peu d'effet. Et ce qu'il y a de plus merveilleux, c'est qu'au milieu de ces défaites ils trouvaient moyen de se donner des airs de triomphe. Cela pouvait suffire pour ceux qui n'avaient pas assisté au combat et qui étaient disposés d'avance à regarder comme des mensonges tout ce que les catholiques publiaient à l'encontre des fanfaronnades genevoises. Les témoins oculaires en jugeaient autrement.

Le baron de Saint-Michel commence ainsi sa lettre à M. de Charanson : « J'ay plusieurs occasions de vous
« faire part de ce discours : car la bonne amitié que
« vous me portez, l'importance et mérite de l'affaire, qui
« concerne la foy et la religion, et le désir que plusieurs
« ont d'en savoir la vérité, m'y convient. Mais surtout
« la consolation que je sais que nos catholiques en
« recevront, me fera avec toute vérité vous raconter tout
« ce qui est de la dispute, que ces jours passés les minis-
« tres ont voulu commencer avec le R. P. Chérubin,
« prêcheur de l'ordre des Capucins. J'ay eu l'honneur
« d'assister toujours, dès la naissance et progrès de
« cette conférence, en toutes les assemblées, près ledict
« Père, qui souventes fois me remettait les livres en
« main, et me communiquait plusieurs points. Et par-
« tant je vous en parlerai asseurément, mais le plus suc-
« cinctement que je pourrai. Tous ceux de ces quartiers
« désireraient fort qu'elle fût parachevée, pour le fruit
« qu'en rapporteront, Dieu aidant, plusieurs personnes
« qui ont été par le passé abusées, pensant que les
« catholiques n'eussent point de bonnes raisons. »

Saint François de Sales se réjouit fort de cet événement. Il était allé à Barraux saluer le duc de Savoie et lui rendre compte de l'état de la mission du Chablais.

A son retour à Annecy, il avait été pris d'une fièvre violente qui avait mis ses jours en danger, en sorte qu'il avait dû prier le P. Chérubin de se charger de la direction de la mission. A peine rétabli, le saint avait voulu se consacrer au service des pestiférés, avec le P. Jean de Maurienne, qui était pour lors gardien à Annecy. Mais Mgr de Granier l'avait appelé auprès de lui à Viuz-en-Sallaz [1]. C'est pendant ce temps que les conférences avaient eu lieu. Le procureur fiscal, Claude Marin, étant allé lui faire visite, l'informa de ce qui s'était passé et le saint en parle dans une lettre à un gentilhomme [2] : « Le procureur fiscal, dit-il, m'a com-
« muniqué le commencement de cette dispute dans
« laquelle le P. Chérubin s'est comporté très bravement
« et avec une grande dextérité. J'aurai, je l'espère,
« dans peu une relation écrite plus détaillée de ce qui
« s'est dit. J'en donnerai sur-le-champ connaissance à
« Votre Seigneurie. Ledit Hermanus est en grande
« action auprès des hérétiques. Il a été appelé d'Al-
« lemagne parce qu'il est très subtil. Cependant, au
« dire du procureur fiscal, cet Allemand a été très
« embarrassé avec le P. Chérubin. »

Dans une autre lettre du 10 août, adressée du château de Sales au nonce de Turin, il écrit [3] : « Depuis deux
« jours le P. Chérubin est avec nous.... Il nous a fait
« voir les actes de la conférence entre lui et Hermann
« Lignarius, fameux docteur de théologie dans le parti
« huguenot. Je les ai lus avec un grand plaisir. Il vous
« enverra la relation de cette conférence et vous mar-
« quera le succès qu'il en espère. Il se dispose de faire
« à Thonon la dévotion des Quarante-Heures avec le

---

[1] CHARLES AUGUSTE, t. I, liv. III.
[2] *Lettres inédites,* édit. de DATTA, t. I, p. 220.
[3] Édit. Migne, t. VI.

« plus de solennité qu'il pourra. La nouvelle s'en étant
« répandue dans les pays voisins, on se dispose de
« toutes parts à accourir, non-seulement des pays
« catholiques, mais aussi des pays hérétiques. »

Le pasteur Gaberel insinue [1] que *saint François de Sales ne partagea pas l'opinion générale touchant la confusion et la fuite honteuse de Lignaridus;* et il cite comme preuve une partie de l'extrait qui précède de la lettre à un gentilhomme. M. Gaberel a de bons yeux. Qu'est-ce que le saint pouvait dire de plus, n'ayant pas assisté à ces conférences? Sans doute à sa place un pasteur genevois aurait eu la joie plus bruyante, mais il est permis à un prêtre catholique et à un saint d'être modeste même dans la victoire.

M. Gaberel parle des *triomphantes clameurs des capucins.* Faisons donc le récit de ces clameurs, avant d'entamer celui des Quarante-Heures de Thonon, dues aussi, saint François de Sales vient de nous l'apprendre, à l'initiative du P. Chérubin.

[1] P. 85.

CHAPITRE VII

Négociations avec Genève pour une nouvelle conférence.

Le dimanche de Quasimodo le P. Chérubin déclara dans son sermon qu'il était prêt à poursuivre la dispute commencée et pria les assistants d'en informer le ministre Viret. Le jeudi suivant, il prêcha sur la place du marché et protesta que, quoiqu'il dût s'absenter de Thonon, il reviendrait aussitôt que le professeur serait disposé à tenir sa promesse. Son absence fut, en effet, de très courte durée. Au mois de mai, saint François de Sales put retourner à Thonon et il engagea le baron d'Avully à publier un compte-rendu de la lutte du P. Chérubin avec Hermann Lignarius ou Lignaridus. Celui-ci répondit, en donnant, de son côté, un récit de la conférence : ce n'était qu'une longue attaque contre l'existence du purgatoire. Comme Viret répandait cet écrit dans le Chablais, le P. Chérubin fit agir le procureur fiscal pour en obtenir une copie. Viret obéit, mais en déclarant qu'il ne s'engageait pas à soutenir la doctrine de ce traité et qu'il laissait les ministres de Genève défendre leur ouvrage comme ils l'entendraient. Dans le courant de l'été il y eut quelque espoir de reprendre les conférences, et d'assez nombreuses négociations avec Genève ; puis, tout échoua par la mauvaise volonté des ministres. M. Gaberel raconte ces faits d'une manière tout à fait inexacte, soit dans la brochure déjà citée, soit dans son *Histoire de l'Église de Genève* (t. II). Mais M. le chanoine Fleury, vicaire général de Genève, a recherché à la bibliothèque de Genève les originaux mêmes des correspondances échangées, et il a pu ainsi rétablir la vérité, dans son remarquable opuscule intitulé : *Saint François de Sales, le P. Chérubin et les ministres de Genève*, 2ᵉ *lettre à M. l'abbé Mermillod*. Il y a tout profit pour nos lecteurs à ce que nous lui laissions la parole pour la plupart de ces détails[1]. Après avoir parlé du traité de Lignaridus contre l'existence du Purgatoire, il poursuit ainsi :

« Le P. Chérubin le somma alors de venir en personne à Thonon soutenir sa thèse. Le ministre Viret fut chargé de lui intimer ce défi. Témoin du mouvement religieux qui entraînait la population chablaisienne au catholicisme, celui-ci ne demandait pas mieux que de mettre sa responsabilité à couvert. Aussi déclara-t-il que les ministres de Genève viendraient assurément à Thonon pour une discussion sérieuse, si on leur offrait un sauf-conduit de Son Altesse. « Qu'à cela ne tienne, » dit à son tour le P. Chérubin, et il se mit immédiatement en mesure pour obtenir du duc la promesse formelle qu'il ne serait fait ni déplaisir, ni mécontentement à quiconque viendrait de Berne ou de Genève discuter sur les matières religieuses, sans excepter même Lignaridus[2].

« Cette pièce, revêtue du sceau royal, fut affichée publiquement sur la place de Thonon, où Viret put la lire. Il en prit copie et partit pour Berne, afin d'en conférer avec les ministres et les magistrats. De son côté, le syndic Desprez, fortement attaché aux principes de la Réforme, avertit les syndics de Genève et les conjura d'envoyer le plus promptement possible à Thonon des gens lettrés pour soutenir la discussion demandée par le P. Chérubin, « afin de confirmer, disait-

---

[1] P. 79 et suivantes.
[2] V. Pièces justificatives, n° 7.

il, par là le pauvre peuple qui était ébranlé. » Il adressa la même demande au ministre Goulard, pour qu'il en fit part au consistoire. Il ne se prenait à cette époque à Genève aucune détermination tant soit peu grave, sans que les ministres ne donnassent leur préavis. On leur demanda donc leur opinion au sujet de la conférence proposée par le P. Chérubin. La lettre écrite à M. Goulard avait été soumise à la délibération des Pasteurs ; ils firent répondre au conseil qu'ils ne pouvaient se prononcer à ce sujet sans savoir quelle était l'opinion de Berne, d'autant plus que le professeur Lignaridus, *lequel avait suscité cette dispute*, était absent. Mais un nouveau message arrive. Un médecin, M. Canal, s'étant rendu le 13 août à Thonon pour une visite de malade, informe le conseil qu'il a lu au détour d'une rue un avis ainsi conçu :

« On advise un chacun que dimanche prochain, après
« midi, en une publique assemblée, on procèdera à
« voir les passages allégués sur les livres desquels
« on fera exhibition, et pour oster toute excuse aux
« ministres, on les advertit qu'ils se préparent s'ils
« veulent et viennent à les montrer, suivant l'assu-
« rance donnée audit passeport.

« Signé : F. Chérubin. »

« L'honneur de la Réforme paraît aux magistrats trop engagé dans cette provocation pour qu'ils puissent se taire. Ils arrêtent que les ministres choisiront quelqu'un pour aller de suite à Thonon, afin de s'entendre avec le P. Chérubin sur l'ordre à suivre dans la dispute et les thèses qui devront être débattues ; *après quoi on y pourvoira.*

« Voilà donc la dispute, sinon acceptée par les magistrats, du moins admise en principe. Le sieur Jean Sarrazin en va porter à Thonon la nouvelle. Il déclare au syndic Desprez qu'il n'avait pas été possible aux magistrats d'envoyer de suite un délégué pour la conférence demandée, vu le départ de Lignaridus pour Berne, et que, de leur côté, les ministres de Genève ne voulaient pas commencer la discussion avant d'être convenus de l'ordre à suivre. Le syndic de Thonon, tout en recevant ces communications de bonne grâce, ne put s'empêcher de dire : « Il eut mieux valu envoyer un ministre pour prêcher à la place du nôtre, qui est parti pour Berne. »

« Le mandat du sieur Sarrazin allait plus loin : Il devait voir le P. Chérubin et lui faire connaître les intentions de messieurs de Genève. L'entrevue eut lieu en présence de témoins, dans la maison de dame Jeanne Du Maney, veuve du procureur fiscal noble F. Dufour. Il commença par déclarer que le défi porté aux ministres par le P. Chérubin était arrivé très tard à la connaissance des magistrats de la république, et que, cette provocation s'adressant aux Bernois comme aux Genevois, il fallait leur laisser le temps nécessaire pour y répondre. Il ajouta qu'ayant vu le passeport en règle promis à ceux qui viendraient prendre part à la dispute, il offrait, au nom des Seigneurs, de députer des ministres, gens dignes et capables, pour soutenir la conférence, « et proposer et défendre ce qui sera
« requis et expédient pour la maintenance et tuition
« des points concernant la religion réformée, pourveu
« qu'en telle dispute il y soit procédé selon l'ordre usité
« en touttes légitimes et libres disputes, et avec les for-
« malités y requises, et par mesmes moyens convenu
« du lieu et du jour, des assistants, de l'opposant et du
« respondant, de la matière dont se devra traiter, des
« juges qui en devront décider, et finalement de la fin
« et but de la susdite dispute, affin que d'une telle con-

« férence de matière si haute, il en puisse rester fruit,
« à l'honneur de Dieu et édification de son Église. »

Le P. Chérubin se borna à répondre que le défi avait été affiché au poteau public depuis plus de quinze jours, et qu'une copie en avait été expédiée à Lignaridus ; mais, « puisqu'il était absent, dit-il, attendons « son retour. » Les conditions furent acceptées, et il en signa l'acte rédigé par main de notaire......

« Les communications de Sarrazin furent transmises aux Pasteurs, afin d'avoir leur avis. » Après une délibération assez longue, ils répondirent verbalement « qu'il n'appartenait pas à un capucin de provoquer « une telle dispute, mais à son Altesse et aux Seigneurs « de Genève, à qui seuls ce droist était réservé, droist « dont il fallait user avec prudence et avec de *grandes* « *considérations*, et vu les conséquences d'une telle dis- « pute demandée surtout par ceux qui voulaient trou- « ver prétexte d'abolir du tout la vraye religion ès trois « bailliages rendus..... »

« Les jours s'écoulaient dans une vaine attente, et le peuple de Thonon se scandalisait du silence gardé par les ministres. En attendant, l'impatience des protestants se trahissait par les lettres du syndic Desprez. Celui-ci, rappelant à M. Sarrazin sa promesse, l'engageait à presser la Vénérable Compagnie : « Il n'y a pas « de temps à perdre. Le P. Chérubin *hurle merveilleuse-* « *ment* contre les ministres qui reculent la dispute, et « plusieurs sont ébranlés. » Cette lettre fut remise aux magistrats, qui arrêtèrent sur-le-champ de faire *savoir ouvertement* aux pasteurs que leur désir était de les voir accepter la conférence proposée sur leur religion, dont ils devaient s'apprêter à soutenir la vérité. Ils chargèrent en même temps le seigneur Gautier de répondre au syndic de Thonon que le conseil de Genève s'en tenait à ce qui avait été fait par le sieur Sarrazin, et qu'immédiatement après le règlement des conditions posées et acceptées par le P. Chérubin, ils enverraient des hommes aptes à la dispute. Sur ces entrefaites, Lignaridus revint à Genève; on lui fit part des défis du missionnaire et des résolutions prises en son absence par les magistrats. Rien ne put le déterminer à recommencer la lutte : le P. Chérubin n'était plus seul, comme antagoniste; mais il avait pour le soutenir les jésuites et surtout saint François de Sales, bien connu des ministres, particulièrement de MM. de la Faye et de Bèze. Aussi Lignaridus se fit-il accompagner de ces deux personnages, pour venir déclarer au conseil « qu'il y avait très peu de fruits à attendre de la dis- « pute proposée et que le meilleur parti à prendre était « de rompre toutes les négociations entamées jusqu'à « ce jour. »

Les magistrats s'étaient trop avancés pour pouvoir en ce moment couper court à toutes les négociations. Sarrazin fut donc de nouveau envoyé à Thonon; il vit saint François de Sales, dont le nom n'avait pas encore paru dans le débat et qui ensuite lui envoya un billet dans lequel il priait messieurs de Genève de poser leurs conditions par écrit. Sarrazin déclara qu'il fallait attendre la réponse de messieurs de Berne, ajoutant que, si cette réponse n'était pas encore arrivée, c'était parce que le P. Chérubin avait omis de leur écrire, et que celui-ci était encore en retard de fournir les explications qu'on avait demandées à M. Desprez sur le lieu, le temps et la matière de la discussion.

Pendant que Sarrazin rédigeait cette pièce, le P. Chérubin, aidé de saint François de Sales, faisait sa réponse. Il s'étonne que l'on revienne sur ce qui a été convenu le 16 août entre Sarrazin et lui. Il n'a rien à démêler avec les seigneurs de Berne et ne s'est jamais engagé à leur écrire : Messieurs de Genève peuvent leur en référer, s'ils le jugent à propos. Pour lui, il soutiendra la dispute avec les ministres qui viendront, ou de Genève ou de Berne, soit isolément, soit collectivement. Quant aux questions de temps, de lieu et de matières à discuter, il prie le sieur Sarrazin de revenir le 23 du mois, muni de pleins pouvoirs pour les régler.

Sarrazin put, en quittant Thonon, voir les préparatifs de la solennité des Quarante-Heures, qui devait commencer le 20 septembre. Un grand ébranlement se manifestait chez les protestants du Chablais : *les ministres, disaient-ils, ne veulent pas venir à la conférence, ils donnent à entendre par là qu'ils n'ont de quoy soutenir leur doctrine.* M. Desprez se fit l'écho de ces plaintes et il écrivit à M. Gautier, syndic de Genève, pour le presser d'obtenir enfin l'acceptation de la conférence.

« Le 22 septembre, le conseil de Genève décide que M. Sarrazin partira une troisième fois pour Thonon. On lui recommande toutefois de ne rien résoudre avant d'en avoir référé au conseil.

« Le négociateur, en homme habile, exécute fidèlement les ordres des seigneurs. Il part pour le Chablais, et, à l'heure fixée par l'assignation du P. Chérubin, sans laisser paraître la moindre hésitation, il demande communication des termes et justes conditions qu'il veut observer dans la conférence, pour en faire rapport « à ses très honorés seigneurs, afin que de leur côté, ils en conviennent ainsi que mieulx ils verront estre à faire en raison. » Le P. Chérubin avait préparé sa réponse. Après avoir résumé les négociations commencées le 16 août, et continuées jusqu'à ce jour, il émet les conditions suivantes :

« 1° La conférence se tiendra à Thonon ou à Genève ; les soutenants de la dispute pourront entrer, sortir, demeurer, et agir librement dans la ville qui sera désignée.

« 2° Pour laisser à chaque parti le temps suffisant aux préparatifs nécessaires, on fixera comme époque le 5 novembre de la présente année.

« 3° Les modérateurs de la discussion seront MM. François de Sales, prévôt de la cathédrale, et Antoine Favre, conseiller de Son Altesse et membre du sénat de Savoye.

« 4° Exerceront les fonctions de secrétaires : MM. Claude d'Angeville, chanoine de la cathédrale, et spectable François Portier de Germinex, avocat au sénat.

« 5° Pour soutenir la discussion, le P. Chérubin prendra avec lui cinq théologiens à son choix, sans compter trois ou cinq autres témoins, qui seront là pour déposer de la valeur des raisons alléguées dans la discussion.

« 6° Relativement aux points de doctrine à débattre, voici ceux qui lui paraissent les plus importants, et qu'il propose : la vraie règle à suivre pour connaître les livres canoniques ; du droit d'interpréter les Saintes Écritures ; de la vérité des traditions catholiques ; de la perpétuelle visibilité de l'Église militante ; des marques de la vraie Église ; de la primauté de saint Pierre et de ses successeurs ; de la vérité de la présence réelle de N. S. J.-C. dans la Sainte Eucharistie ; de l'invocation des saints ; de la justification par les œuvres.

« Tout en fixant ces points à discuter, le P. Chérubin n'excluait pas les autres articles que pouvait proposer la partie adverse en dehors de ce programme.

Comme on le voit, le P. Chérubin allait droit au cœur de la question. Il évitait toute puérilité, toute vaine chicane, il voulait établir les bases de la foi. Ses conditions étaient raisonnables..... M. Sarrazin, nanti de cette pièce, revint à Genève et fit son rapport aux magistrats, qui renvoyèrent le tout à l'examen des pasteurs et firent dresser un duplicata des conditions, qu'on envoya à Berne. »

Les magistrats bernois se contentèrent d'adresser au duc de Savoie une prière tendante à obtenir la liberté du culte protestant pour ses sujets du Chablais, d'autoriser Lignaridus à se rendre à Thonon, s'il le voulait, et de renvoyer les Genevois à l'avis de leurs pasteurs. Ceux-ci, de la Faye et de Bèze en tête, se montrèrent de plus en plus opposés au projet de conférence. Cependant ils comprirent qu'il y avait quelque chose à faire. Ils déclarèrent les propositions du P. Chérubin *du tout déraisonnables*, et lui envoyèrent la confession de foi commune aux Églises suisses, demandant qu'elle fût débattue article par article, succinctement, par écrit et non de vive voix. C'était changer complètement le projet de discussion. Les magistrats finirent cependant par forcer les ministres à accepter une conférence verbale sur ces mêmes articles, s'il le fallait absolument, et Sarrazin fut une quatrième fois envoyé en ambassade à Thonon.

A la lecture de la réponse de la Vénérable Compagnie, le syndic Desprez ne put contenir son indignation. « Messieurs, lui écrit-il, j'ay communiqué la vôtre
« à ceux que j'ay peu de nostre Église, lesquels, au
« lieu d'en estre consolés, en ont receu un désespoir,
« puisqu'ils voyent votre dernière résolution estre de
« ne vouloir entrer en dispute par vive voix, ce qui
« estoit très nécessaire pour raffermir les infirmes,

« lesquels entrent en doute de la doctrine laquelle vous
« preschez publiquement et cependant ne voulez sou-
« tenir que par escript, forme de dispute qui ne pren-
« dra jamais fin, et ne pourra jamais se tirer aulcune
« résolution. Car il n'y a là que pour les gens sçavants
« et de loysir qui peuvent lire et comprendre vos
« escripts. Vous avez veu que l'orage et la tourmente
« ont ruiné nos esglises, sans que les nautonniers se
« soient opposés[1]... Si vous ne montrez aultre zèle
« à la défense de votre cause, vous la perdrez tout
« quitte. Si les apostres se feussent voulu contenter
« d'estre enfermés dans des chambres, sans oser sous-
« tenir leur doctrine de vive voix, ils n'eussent pas
« donné grand advancement au règne de J.-C., lequel
« estant établi par ce moyen, doibt estre conservé de
« mesme.... Vous ne pouvez donc point accuser ceux
« qui se départissent de votre doctrine, puisqu'au
« besoin vous ne les voullez secourir, lorsqu'ils vous
« déclairent qu'ils n'ont plus que tenir... »

Dans sa réponse, le P. Chérubin montra les inconvénients d'une dispute par écrit, où tout traînerait en
longueur sans profit pour les âmes. D'ailleurs, ce n'était
plus la conférence telle qu'elle avait été acceptée par
le seigneur Sarrazin au nom de Messieurs de Genève.
Néanmoins il ne refusait pas d'entrer sur ce terrain,
mais après que les matières proposées primitivement
auraient été débattues. En voyant toutes ces hésita-
tions, il se demandait si ce n'était pas une ruse pour
faire évanouir le projet de la dispute. « S'il en est ainsi,
ajoutait-il, qu'on l'avoue. En cas contraire, que Messieurs de Genève y mettent plus de diligence, afin
qu'on arrive à une solution. » Il terminait sa lettre en

[1] C'était après l'exercice des Quarante-Heures.

demandant une réponse définitive avant la fin de la semaine ; « autrement, disait-il, il sera à croire qu'on n'a pas la volonté d'entrer en conférence. »

Après maintes délibérations, les ministres, pressés par les magistrats, finirent par accepter la dispute de vive voix, *mesme dedans Chambéry*. Voici leurs conditions :

1º Tout se fera en crainte de Dieu avec l'invocation de son saint nom.

2º La conférence sera autorisée par Son Altesse, et ceux qui y prendront part seront nantis de saufs-conduits.

3º Bien que les ministres soient convaincus que la conférence par écrit serait préférable, ils ne refusent pas la discussion orale, aux clauses suivantes : 1º les deux parties argumenteront chacune à son tour ; les catholiques attaqueront, s'ils le veulent, la confession de foi admise par les Églises de Suisse, et les protestants discuteront les résolutions du concile de Trente ; les preuves devront être tirées de la Parole de Dieu, écrite dans l'Ancien et le Nouveau Testament, par les prophètes et les apôtres, et puisée aux originaux ; toutes les questions devront être tranchées par la Parole de Dieu, sans exclure pourtant le Symbole des Apôtres et celui de saint Athanase ; on adoptera la forme syllogistique ; les modérateurs ne feront que guider les débats ; le P. Chérubin ayant été le provocateur, aura seul le droit de se présenter pour l'attaque et la défense.

Voici en résumé la réponse du P. Chérubin. 1º Les deux premiers points sont admis depuis longtemps. 2º La discussion orale offrant l'avantage d'éclaircissements prompts qui, recueillis par les secrétaires, restent pour les lecteurs, il tient à ce que tout se fasse de vive voix, sans toutefois en faire une condition absolue. Il adopte la matière des débats telle qu'elle lui est proposée, avec ces deux réserves : 1º il ne peut admettre qu'il n'y ait pas d'autre parole de Dieu que celle qui est écrite, et c'est par là, c'est-à-dire, par la valeur de la tradition, considérée comme source de la foi, que devrait s'ouvrir le débat; 2º il récuse la clause portant que la décision des questions ne pourra se baser que sur un texte des apôtres et des prophètes, car saint Luc, dont les livres sont regardés comme inspirés, ne fut ni prophète ni apôtre; il faudrait donc, pour couper court à toutes difficultés dans le cours de la conférence, traiter préalablement la question des livres canoniques. Pour le reste, il se montre coulant et demande que l'on nomme de suite, de part et d'autre, des personnes neutres qui fixent le temps et le lieu de la dispute, afin qu'elle puisse se faire avant le départ de Son Altesse.

A la suite de cette réponse il y eut un nouvel échange de lettres, qui ne furent en quelque sorte qu'une répétition des précédentes. Les ministres reprochent au P. Chérubin d'ajouter *différend sur différend*; « ils offrent pour juge irréfragable le Fils de Dieu Jésus-Christ, parlant en toute perfection ès livres du Vieil et Nouveau Testament. » Le Père répond que lui non plus ne veut pas un autre fondement que Jésus-Christ; mais qu'il faut bien savoir dans quels livres se trouve sa parole et si elle a toute été écrite. Il accorde à l'avance que rien de *contraire à la parole sainte écrite ne pourra être produit de la tradition.*

Cette pièce est remise aux ministres le 7 décembre. Le 29, MM. Salomon Colladon, Jacques Docte et Pierre Marcel apportent à Thonon la réponse de la Compagnie, signée le 13 par Théodore de Bèze. Le ton en est aigre. Les ministres disent en substance : que ce n'est pas aux particuliers, mais aux souverains d'assigner la dispute publique ; que le sauf-conduit du gouverneur du Chablais est insuffisant ; que la dispute devrait avoir lieu en pays neutre, hors des terres de Savoie et de Genève ; qu'on ne se servira que de la parole de Dieu, écrite par les prophètes et les apôtres. On lit à la fin de la lettre. « A tout ce que dessus le F. Chérubin est sommé de respondre cathégoriquement, *sans tournoyer au délay, par sa procédure de plaideur.* »

Le lecteur a pu voir laquelle des deux parties *tournoyait au délay* et avait *une procédure de plaideur.*

Le P. Chérubin était malade lorsque les délégués de Genève apportèrent à Thonon les dernières résolutions de la Compagnie. Il ne put écrire que le 18 janvier (1599). Cette lettre est un peu mystérieuse. La voici toute entière [1] :

« Messieurs,

« Je me suis fort obligé, après avoir rendu graces
« à Dieu le Créateur de m'avoir delivré de quelque
« indisposition, de satisfayre aussi Vos Seigneuries
« auxquelles on aura rapporté plusieurs choses de moy,
« et peut-être fort mal à propos. Je veux espérer que,
« si les choses sont bien entendues, chascun de part
« et d'autre en recevra contentement. Je n'entends
« pas toucher ce qui concerne la religion en ce chef
« là, mais autre chose qui ne sçaurait jamais vous
« être désagréable. Pour ce je vous supplie députer tel honneste et vertueux personnage qu'il vous
« playra, et homme amateur du bien publicq. Je luy

---

[1] Cette lettre se trouve aux archives de Genève, P. H., n° 2,243. M. le chanoine Fleury a eu l'extrême obligeance de nous en envoyer une copie.

« ouvriray mon cœur entièrement. En ce qui sera
« nécessaire à fayre, s'il vous rapporte chose digne
« d'estre avancée, vous me trouverez (ainsi Dieu veuille
« m'ayder) avoir changé de tout de naturel, pour aymer
« chascun plus que je ne faysay auparavant, pensant
« toutefois fayre bien. En attendant un mot de res-
« ponse pour jeudy au plus tard, je salueray vos
« seigneuries auxquelles j'offre de bon cuœur de des-
« meurer
  « très humble et affectionné selon Dieu
    « F. Chérubin.
« P. S. — Pour n'encourir aux calomnies ordinaires,
« je vous prye qu'on ne face grand bruit jusques à
« ce qu'il soyt cogneu si c'est chose vraie ou non. »

Nous ignorons, et il est probable que l'on ignorera toujours, qu'elles étaient ces choses sur lesquelles le P. Chérubin désirait s'entretenir à cœur ouvert avec un envoyé de Genève et dont on avait dû se servir pour lui nuire dans l'esprit des seigneurs de la ville. Retenons cependant qu'elles étaient étrangères à la religion et par conséquent à la conférence, exclusivement religieuse, dont il demandait la reprise.

Quant à l'aveu que contient cette lettre, il ne faut pas en tirer plus de conséquences qu'il n'en comporte. Le P. Chérubin avoue, avec une loyauté et une humilité touchantes, que, dans ses rapports avec certaines personnes, il s'est parfois laissé entraîner par la vivacité de son caractère et par son zèle pour la religion ; il regrette ces écarts qu'à ses yeux la droiture de ses intentions ne suffit pas pour justifier, et il veut à l'avenir aimer davantage *un chacun* de ses contradicteurs et de ses adversaires. C'est tout, et, on doit le reconnaître, au milieu des preuves multipliées de déloyauté et de supercherie que n'avaient cessé de lui donner le professeur Lignarius, les pasteurs et les seigneurs de Genève, au milieu des calomnies auxquelles il avait été en butte et dont il se plaint même dans cette lettre si affectueuse et si conciliante, il aurait fallu une sainteté plus qu'humaine pour qu'aucun écart ne lui échappât jamais. L'aveu qu'il en fait est des plus honorables pour son caractère et pour sa vertu. Qu'il eût été à souhaiter que ce bel exemple d'humilité et d'attachement exclusif au bien de la religion et des âmes fût suivi par ses adversaires, qui avaient à se faire des reproches d'une nature bien plus grave! Mais il ne le fut pas.

Les Genevois envoyèrent cependant M. de Châteauneuf à Thonon. Que se passa-t-il entre le P. Chérubin et lui? Nul ne le sait. Le résultat de cette démarche fut que les magistrats décidèrent de couper court à toutes négociations, et de faire arrêter le P. Chérubin s'il mettait le pied sur les terres de la république. Ils firent, en outre, défendre à leurs administrés d'assister aux prédications du capucin à Thonon, *à cause du danger que cela n'esbranle leurs consciences.*

Remarquons que ce motif est le seul qu'ils énoncent pour justifier ces deux arrêtés peu conformes aux principes de tolérance et de liberté dont ils ne cessaient de se targuer. Des vivacités dont le P. Chérubin se reconnaissait lui-même coupable, des accusations qui avaient pu leur être portées contre lui, des prétendues intrigues politiques dont on répandait vaguement le bruit, il n'en est question ni dans ces pièces ni dans aucune autre. Preuve évidente qu'ils n'y attachent aucune importance. Tout se réduit à ce grief : le P. Chérubin *ébranle les consciences* et, comme ils ont plus de souci de leurs intérêts que de la vérité et des âmes, ils ne veulent pas que les consciences soient ébranlées. L'aveu est bon à retenir. Une réflexion que les maîtres de Genève auraient dû faire, et qu'ils ne firent pas, c'est que, si les prédicants protestants n'avaient pas, soixante-dix ans auparavant, ébranlé et entraîné les consciences, les missionnaires catholiques n'auraient pas été obligés de les ébranler à cette heure, pour tâcher de les ramener à la vérité d'où on les avait arrachées. Il en est toujours ainsi, aux yeux des révolutionnaires de toute espèce : l'insurrection contre le droit ancien est un droit et même un devoir ; l'insurrection contre le fait nouveau, quand ils se sont assis au pouvoir, est un crime.

Tout étant donc terminé à sa plus grande gloire et tranquillité, la Compagnie des Pasteurs chanta victoire et s'écria par l'organe de Bèze : « Enfin, la voilà évanouie cette dispute si imprudemment demandée par le capucin Chérubin ; et, à sa grande humiliation, le voilà condamné à rester la bouche close comme un captif, regardé par les siens comme un furieux. » Mais faire taire le P. Chérubin n'était pas chose facile : ses sermons et ses écrits continuèrent à échauffer la bile des magistrats et des pasteurs de Genève[1]. Ils répondaient par de grossières injures, auxquelles le missionnaire ne prenait pas garde. M. le chanoine Fleury cite quelques autres échantillons du style des vénérables pasteurs[2]. L'un d'eux écrit à Bucanus, ministre de Lausanne : « Sachez que ce beau P. Chérubin capuchin,
« homme, à ce que s'entend, des plus bestes et des plus
« impudents, après avoir essayé de gagner les peuples
« de ces bailliages, ruinés par son babil comme il s'en
« estoit vanté, finalement soit que son impudence l'ait
« ensorcelé jusques-là, a essayé par tous moyens

---

[1] V. aux pièces justificatives, n°⁸ 8, 9 et 10, quelques-uns des documents publiés par M. Fleury.
[2] Ibid., p. 54.

« de se fayre octroyer une dispute publique. » Théodore de Bèze dit aux ministres de Berne : « Je voudrais payer du mépris du silence la vanité et la jactance de cet homme importun, mais il continue à aboyer avec une insolence toujours croissante. »

Telles étaient les formes gracieuses du langage alors usité dans la Réforme, à l'endroit des prêtres catholiques : c'était, nous l'avons déjà dit, un des héritages qu'elle avait reçus de Luther. Les clameurs et les injures suppléaient à la valeur des arguments théologiques. On comprend, du reste, que ceux-ci leur faisaient nécessairement défaut et que le P. Chérubin, en portant la discussion sur les racines mêmes de la religion, les fondements donnés à l'Église par J.-C. et l'autorité qu'il a établie pour le maintien et la propagation de la foi révélée, leur enlevait la grande ressource de chicaner sur quelques dogmes de détail et sur quelques textes obscurs ou obscurcis par eux. Ce procédé était cependant le seul rationnel, le seul qui pût donner à la controverse un terme définitif et un résultat utile.

Le lecteur qui a suivi attentivement notre récit, est nécessairement arrivé à cette conclusion, que le P. Chérubin, supposant les ministres de bonne foi, n'avait pas d'autre but, dans la discussion projetée, que de chercher la vérité d'un commun accord, afin d'éclairer ceux qui y prendraient part et ceux qui y assisteraient ; tandis que les ministres ne voulaient que se tirer d'embarras, en face des réclamations du peuple, éterniser la dispute ou se donner un prétexte de la rompre quand ils le voudraient, et jeter de la poussière aux yeux de leurs adeptes.

Il y a cependant un mot de vrai dans les grossièretés de Bèze, c'est que le P. Chérubin était très *importun* pour lui et pour ses collègues.

CHAPITRE VIII

Les placards du P. Chérubin.

Le *furieux* capucin, suffisamment fourni d'arguments, usait, à l'égard de ses adversaires, de formes plus chrétiennes et plus polies. L'opuscule de 1598 contient, à la suite de la lettre du baron d'Avully, quatre des petits écrits qu'il répandit à cette époque et qu'il fit afficher jusque dans Genève.

Le premier est intitulé : *Extraict premier des fruicts qu'on peut cueillir de la dispute faicte entre le R. P. Capucin et le professeur de la théologie de Genève*. « Comme la mouche à miel, dit le P. Chérubin, sçait industrieusement tirer des herbes et fleurs amères la douceur de son miel : de mesme doivent faire ceux qui ont assisté, et ouy parler, de la laborieuse dispute qu'on a faite ces jours passez : laquelle sous son escorce amère cache de grands fruicts, pour ceux qui sans passion et opiniastrise, les voudront rechercher. Je vous en cotteray briesvement quelques uns tirez des escrits bien signez de la dicte dispute. »

Le premier fruit c'est de comprendre que les vérités chrétiennes demandent de longues études à ceux qui veulent en discuter, et qu'elles ne sont pas aussi faciles à saisir que le prétendent les ministres en mettant la Bible entre les mains de tout le monde. « Vous avez pu voir, dit le Père, un public professeur de Genève avec tant de labeur travailler pour impugner seulement quelques poincts enseignez par les Catholiques, et demeurer tout court, voir quitter la place et ne vouloir plus rentrer en la lice. Pour ce ne croyez pas que les chambrières et les artisans soyent capables, comme disent les ministres, de manier dextrement la Bible et desduire les choses ardues de la religion. »

Les autres conséquences que les Protestants doivent tirer des actes de la dispute sont les suivantes :

1º La religion catholique s'appuie sur les plus graves autorités et les plus solides raisons, et non pas sur de simples affirmations, comme disent les ministres. Mais, n'eût-elle pas d'autre argument que son ancienneté et que la nouveauté du protestantisme, ce serait encore assez pour convaincre celui-ci d'erreur ;

2º Il est faux de dire *que les Catholiques rejettent la Bible, qu'ils défendent de la lire et qu'ils n'allèguent que l'autorité des hommes ;* car il a été bien constaté que les preuves des dogmes catholiques, même de celui du Purgatoire, sont toujours tirées en premier lieu des passages de l'Écriture Sainte ;

3º Il est permis, de l'aveu du professeur Lignarius, d'alléguer en confirmation de la foi l'autorité de l'Église, des Conciles et des anciens docteurs. Mais alors, dit le P. Chérubin, « vous devez ouvrir les yeux pour rechercher soigneusement si l'ancienne Eglise, si tous les Conciles et les saincts Pères et Docteurs ont d'un commun consentement condamné pour hérétiques vos nouvelles opinions. Si vous le trouvez ainsi, vous les devez quitter tout soudain, comme précipices de damnation, car seroit-il bien possible qu'un si grand monde chrétien eust erré presque l'espace de seize cents ans, et que vous seuls eussiez la lumière évangélique ? »

A ce propos, notre capucin combat, avec une ironie mordante, mais parfaitement justifiée, l'orgueilleuse prétention qu'ont les soi-disants Réformés de soumettre les décisions des Conciles et des Pères au critérium de leurs opinions particulières souvent ridicules, toujours

— 112 —

faillibles et contradictoires..... « Quelqu'un des vôtres dira : nous suivons ces anciens docteurs quand ils disent la vérité ; mais ils ne la disent pas toujours, car ils sont hommes et peuvent avoir erré. Vous estes donc juges de leurs escrits, et eux le sujet de vos jugements ? Vous estes leurs docteurs contreroolleurs, eux vos petits escoliers et disciples ? Eux peuvent avoir failly escrivant ; vous estes impeccables en vos escrits et répréhensions, seuls clair-voyants, seuls bien disans, seuls bons arbitres en tout et partout ; et ce qui est plus impertinent, vous estes juges et parties ensemble..... La loy civile vous permettroit-elle ceste licence ? Et la loy de religion de l'escole de Jésus-Christ vous la permettra-t-elle ? Nous examinons les escrits de ces Pères, répliquerez-vous, avec la reigle de l'Escriture : et quand ils sont d'accord avec elle, nous les recevons ; quand ils répugnent, nous les rejettons. Vous demeurez donc tousjours les parties adverses et suprêmes juges de la Bible et des escrits des saincts, et entendez mieux l'Escriture qu'eux..... Que si vous objectez que l'Escriture est assez claire et évidente..... d'où vient que S. Pierre trouvoit les épistres de S. Paul difficiles ? A quel propos avoit dit S. Paul qu'il parle des mystères entre les bien entendus ?..... Certes, si les Escritures sainctes estoient si aisées, il n'y eust pas eu tant d'hérésies qui n'ont abusé que ceux qui ne se sont laissé conduire par les explications de la première eschole des Apostres et de leurs successeurs..... Pour remède à ce désordre, Jésus a prononcé que les clefs de la vraye intelligence de sa volonté demeureroient en son Eglise et ès mains des pasteurs. »

4° Lignarius ayant plus d'une fois cherché dans l'histoire de l'Église des arguments de fait à l'appui de sa thèse, les Protestants ne peuvent pas nier la valeur des preuves historiques. Qu'ils étudient donc l'histoire de bonne foi, et ils verront dans tous les siècles jusqu'aux apôtres le sacrifice de la messe, le culte des reliques et des images, les ordinations, le carême, toutes les croyances et toutes les pratiques que Calvin a supprimées de son autorité privée.

5° Le professeur n'a rien pu répondre de concluant aux arguments par lesquels le P. Chérubin lui a démontré la canonicité des deux livres des Machabées. Il faut donc admettre comme divine toute la doctrine de ces livres, et par conséquent la prière pour les morts et l'existence du Purgatoire, sans lequel cette prière n'a aucune raison d'être. Lignarius avait cité le concile de Laodicée comme ne mettant pas ces livres au nombre des livres canoniques. Le P. Chérubin profite de l'occasion pour montrer que ce concile a condamné d'avance les erreurs des Protestants sur la confession, sur les sacrements, sur le sacerdoce, sur les cérémonies de l'Église, sur le jeûne du carême, sur les fêtes des saints, etc. « Tellement, ajoute-t-il, que c'est chose estrange que vostre professeur fasse tant de cas de ce concile de Laodicée et que cependant il vous cache toutes ces choses. Si ce n'est que peut-estre luy mesme ne les ait ny veu ny leu jamais : vous donnant à entendre faussement qu'aucune de ces choses n'ont esté en l'ancienne Eglise, laquelle ils vous font croire que suivez et que cela a esté trouvé des papistes long temps après. Je plains avec très grande douleur le tort qu'on fait à vos pauvres consciences de vous cacher ainsi la vérité et d'appeler si menteusement vostre religion réformée sur l'ancienne : veu que plustot c'est une vraye difformation, desroutte et abolition de tout ce qu'on fait et cru les Chrestiens de l'ancienne Église. »

Le P. Chérubin invite les Protestants à lire les actes

des conférences qu'il a eues avec Hermann Lignarius, à méditer les raisons et à vérifier les textes allégués de part et d'autre, et il conclut ainsi : « Quand vous voudrez, nous vous produirons les livres, pour vous faire toucher avec le doigt ce que l'on vous en a dit icy. Laissez doncques ces espesses ténèbres d'erreur, et par ce mensonge cognoissez qu'on vous en fait bien passer et croire d'autres, au très grand préjudice de vostre salut. Pour le désir duquel il a fallu faire ce brief et court mémorial, à ce que sçachiez, par ce petit coup d'essay, en quel estat est ceste conférence. A celle fin aussi qu'aucuns ne parlent plus si mal à propos qu'ils font. Or selon les promesses faites, et réitérées, et bien escrites, à la première veue de ceste dispute, vous recevrez quelque meilleure satisfaction. Prenez cependant cecy, s'il vous plaist, en la charité de nostre Seigneur Jésus-Christ, la gloire duquel nous devons procurer et advancer par toutes voyes possibles. Nous le prions très-ardemment que par sa miséricorde il veuille unir ensemble ce que le malin a divisé. Ainsi soit-il. »

Le second écrit est intitulé : *Autre extraict du placard du R. P. Capucin, contenant la sommation au professeur Hermann de garder la promesse faicte, avec les poincts fort remarquables proposez par luy et laissez imparfaicts.* Il commence ainsi :

« N. S. J.-C. dict en S. Luc (chap. XIV, v. 28) :
« Qui est celuy d'entre vous, qui, voulant édifier une
« tour, premièrement ne s'assied et compte les des-
« pens, s'il a pour la parfaire ; afin qu'après qu'il aura
« mis le fondement et n'aura peu achever, tous ceux
« qui le verront ne se mocquent de luy, disans : cet
« homme a commencé à édifier et n'a peu achever. »

« Or le sieur Herman, professeur public en la théologie de Genève, accompagné d'aucuns du dit lieu, du ministre Viret et des apparens de la ville de Thonon, voulant commencer d'édifier une grande tour de dispute publicque, alla trouver le P. Capucin en son logis. Luy, selon cet avis donné du Fils de Dieu, pezant l'importance de l'affaire de disputer publicquement de la Religion, advisa le professeur et le ministre Viret du grand danger qu'il y a de commencer ces choses et ne les parachever point avec les circonstances et fruicts convenables. Il leur protesta aussi qu'il ne vouloit en aucune façon disputer en public, s'ils ne luy promettoient d'entrer à bon escient en la matière et de parachever le poinct qu'ils entameroient, de la mesme façon qu'on commenceroit, oyant jusques à la dernière des raisons qu'on voudroit apporter sur iceluy, et comme dict nostre Seigneur, de compter bien les despens. Il leur remonstra encore qu'il y falloit du temps et loisir, dont le dit P. Capucin n'en pouvoit guère avoir, estant lors la veille des Rameaux, et ès jours de Caresme les plus occupez en sainctes actions. Et bien qu'il eut juste occasion de s'excuser : mesme qu'eux avoient eu si bon loisir tout le Caresme de venir, et le pouvoient encores prendre après Pâques : toutesfois, il offrit au dit professeur que, s'il vouloit demeurer ferme, jusques à ce que toutes les raisons et répliques seroient parachevées, il estoit content, pour l'honneur de Dieu, de respondre à ses argumens : afin qu'ils ne pensassent que les Catholiques fussent nécessiteux de bonnes raisons. Le dict professeur en fit promesses, réitérées par escrit. Il jetta le fondement de toute la dispute qu'il entama : et n'ayant quasi faict que commencer d'entrer en matière, voyant qu'il avoit taillé un sujet trop ample, il interrompit la dispute, se disant pressé de retourner à Genève, laissant le tout imparfait, et le peuple halletant d'en avoir quelque fin. Il fit promesse néantmoins de poursuivre le reste après Pâques. Mais quelques sommations qu'on luy ayt faictes en public, il n'a point comparu.

« Pour ce est-il qu'à présent, afin que tous sachent sur qui tombent les paroles précédentes de nostre Seigneur, de rechef par cest escrit, est sommé le dict professeur de s'acquitter des deux promesses faites en présence des magistrats de son Altesse, et d'un grand nombre de peuple, mesme de la prétendue Religion. Et le P. Capucin offre de son costé, avec le bon plaisir de ses supérieurs, de s'acquitter de ce qu'il a promis : comme desja il s'est présenté pour respondre à ce que sera de besoin, ouyr et donner répliques, jusques à la dernière des objections qu'on voudra advancer. Et d'avantage, de monstrer par les livres des bons autheurs qu'il pourra recouvrer la faulseté estrange et incroyable de la prétendue religion réformée en choses entamées par le dict professeur et autres poincts. Et pour oster tant au dit Herman qu'à tous autres ministres les excuses de fuitte, on leur offre et présente, comme aucuns ont demandé, passeports bons et asseurez, obtenus de son Altesse. Voulans en cecy les prédicateurs catholiques monstrer plus d'affection et de zèle que les ministres, lesquels l'année passée ne voulurent accorder conférence dans Genève, quoy que les leurs eussent esté les promoteurs et demandeurs d'icelle, comme maintenant aussi ils ont commencé ceste cy : ains dissuadèrent souz vain prétexte les seigneurs et le peuple de Genève, qui en estoients assez contens. On les prie tous à présent de bien adviser au fruict des ames en premier lieu, et aussi au grand repos et paix temporelle que pourroit causer une amiable poursuitte et déduction des points entamez en ceste conférence. »

Le P. Chérubin énumère les principales questions soulevées par Hermann Lignarius dans la conférence de Thonon et demeurées sans solution par suite de son départ précipité.

1° Il n'a pas répondu à la thèse, que l'interprétation de l'Écriture Sainte appartient à l'Église Romaine.

2° Il n'a pas expliqué pourquoi d'une part les Protestants rejettent la Tradition, tandis que de l'autre ils sont obligés d'y recourir pour une foule de choses, notamment en ce qui concerne le baptême des petits enfants et la célébration du dimanche au lieu du samedi.

3° Jusqu'ici le Protestantisme n'a été présenté que comme une religion *ablative, pleine de négations* : il n'y a pas de Purgatoire, il n'y a pas de libre arbitre, il n'y a pas de Pasteur suprême dans l'Église, Jésus-Christ n'est pas présent dans l'Eucharistie, il ne faut pas prier les saints, il n'y a point de mérite dans les bonnes œuvres, les sacrements ne confèrent pas la grâce, etc., etc., etc. Or, la religion révélée ne se compose pas de négations, mais de doctrines positives ; et le professeur n'a pas encore indiqué quelles sont celles que le Calvinisme admet.

4° Sur la question des livres canoniques et des livres apocryphes, Lignarius n'a rien répondu aux arguments par lesquels le P. Chérubin lui a prouvé que la solution de cette question appartient à l'Église. Il n'a pas non plus expliqué comment il se fait que les Calvinistes, se disant inspirés par l'Esprit-Saint, admettent certains livres rejetés par les Luthériens sous la même inspiration ; ni pour quel motif ils rejettent la canonicité des livres des Machabées, sous prétexte qu'elle a été anciennement l'objet de quelques doutes, tandis qu'ils re-

— 118 —

çoivent comme canoniques l'Apocalypse, l'épître aux Hébreux, celles de S. Jean, de S. Jacques et de S. Jude, livres sur lesquels on trouve les mêmes doutes aux mêmes époques.

5° Au sujet de ces livres des Machabées, le professeur n'a rien répondu à une question que lui a posée le P. Chérubin : la doctrine de ces livres est-elle ou n'est-elle pas conforme à la foi chrétienne ? Si elle est conforme, pourquoi ne leur accorde-t-il pas au moins la même créance qu'aux livres bons et salutaires ? Si elle ne l'est pas, en quoi est-elle erronée ? Est-ce en ce qui concerne la prière pour les morts qu'ils louent et recommandent ? Mais ce point de doctrine est enseigné par les anciens docteurs, qui ont exprimé un doute sur la canonicité des livres des Machabées. Sur quoi donc se fonde-t-il pour s'attacher si fort à l'opinion de ses docteurs sur un point et rejeter si opiniâtrément leur enseignement sur un autre ?

6° Le théologien allemand, comme on le lui a montré pendant la conférence, a commis dans son argumentation plusieurs pétitions de principe et fait de nombreuses citations inexactes. On l'a invité à corriger ces erreurs et à remplir les lacunes qu'il a laissées dans les actes de la conférence : il n'en a rien fait. Le P. Chérubin cite une de ces erreurs. Il s'agit du troisième concile de Carthage, que le professeur a prétendu opposé à l'autorité du Pape, parce que, dans le canon 26, il défend à l'Évêque du *premier siège* de prendre le titre de *Prince des prêtres*. Notre auteur prouve par le canon 28 que l'Évêque du *premier siège*, dont parle le concile, n'est pas le Pape, mais le métropolitain de la province. Un concile provincial ne pouvait pas, d'ailleurs, porter un décret sur une matière qui intéressait l'Église universelle, comme l'autorité du Pape et les qualifications qui lui conviennent.

Il montre ensuite par les canons de ce concile que, de même que celui de Laodicée, il a condamné d'avance les erreurs protestantes : car il reçoit comme canoniques les deux livres des Machabées ainsi que ceux de Tobie et d'Esther ; il parle du sacre des évêques, de leur autorité sur les prêtres, du sacrifice de la messe et de l'eau que le prêtre met dans le calice, des pénitences imposées pour l'expiation des péchés, des monastères et des religieuses, etc. « Bon Dieu ! s'écrie-t-il, qu'il y a peu de sens, qu'il y a peu de vérité en des personnes qui se disent si célèbres en la théologie du Calvinisme ! Je ne désire point vous offencer par injure : je le fuy au possible : mais j'ai honte et regret de vous voir si trompez et déceuz, et qu'on fuit le moyen de le recognoistre. »

Nous copions à dessein cette dernière phrase : c'est la plus vive que nous trouvions dans ce placard. Certes ! en présence de la mauvaise foi dont le professeur avait donné des preuves multipliées pendant la conférence et dont les procès-verbaux, signés par lui, contenaient le témoignage vivant, en présence de son refus de rectifier les inexactitudes de ses citations et de tenir ses engagements écrits, l'indignation était bien légitime et il nous semble qu'elle ne pouvait pas s'exprimer en des termes plus modérés. Ne l'oublions pas, c'est par ces sophismes et ces falsifications que les ministres de cette époque avaient arraché les populations à la vérité catholique. A la vue des ruines immenses amoncelées par ces fabricants de prétendues réformes, à la vue du danger imminent qui menaçait tant d'âmes simples et crédules, le prêtre, le missionnaire, l'apôtre, après tant d'inutiles appels à la bonne foi et à la discussion loyale, ne devait-il pas crier au loup et montrer le mensonge évident et palpable ? Ceux qui l'accusent de violence et de fureur n'ont pas lu ses écrits, ou bien ils n'ont pas lu l'Évangile et ils oublient ce que c'est que la vérité, ce que c'est qu'une âme, ce que c'est qu'un prêtre.

C'est au peuple trompé, plus qu'aux ministres trompeurs, que le P. Chérubin adresse ses placards. Il va au-devant des objections.

« Avant que finir ceste sommation, je veux encores prévenir aucunes de vos excuses : l'une est que vous prenez en mauvaise part d'estre appellez sectateurs d'hérésie ; l'autre de ce qu'on dit que, si vous persévérez en vos opinions, il n'y a point de salut ny de ciel pour vous. Cecy, dittes vous, vous offence et ne peut retenir d'amiable conférence. Mais dites moi s'il vous plaist, si on veut nommer ou le blanc ou le noir, peut-on dire autrement que blanc ou noir? Si vous niez le Purgatoire, on ne peut moins que dire que cela est imiter Aérius condamné pour hérétique, selon que tesmoigne S. Augustin *(ad Quod Vult Deus*, en l'hérésie 53), et voila la plus aigre parole qui aye esté dicte en conférence. Vostre professeur avançoit tant de choses prinses des anciens hérétiques, je l'ay admonesté ; si je ne le prouve, j'en veux faire réparation ; et le preuvant, pour toute récompense je ne demande que vostre conversion. J'avoys certes grande occasion d'objecter qu'il imitoit les anciens hérétiques. » Là-dessus il montre que les doctrines protestantes, émises par Lignarius, ne sont qu'un renouvellement et un ramassis de toutes les anciennes hérésies : d'Arius, de Nestorius, d'Eutichès, de Manès, de Montan, des Donatistes, des Albigeois, des Iconoclastes, etc, et il rappelle ce principe fondamental que *la vérité est plus ancienne* que l'erreur.

« Quant à l'autre chef, de dire qu'il n'y a point de salut pour vous, si vous persévérez en ces opinions, c'est bien icy où je ne veux pas vous demander pardon de vous avoir contristés. Car si l'Esprit divin opéroit par sa grace en vos cœurs, je me resjouyrois grandement de vous avoir contristés à pénitence. Pour ce désiroy-je, comme fidèle médecin, apporter tout remède à une maladie qui ne menace pas la perte d'un corps humain ; mais des ames très précieuses et formées à l'image du Souverain Roy de gloire, filles de sa puissance, œuvres de sa sagesse, thrésors de ses bontés, perles de ses œuvres. Ames si précieuses que les anges mesmes les admirent, créées capables du suprême bien. Ames, une seule desquelles, au rapport de l'éternelle vérité, excède en prix celuy de l'univers, et de qui la valeur celuy là seul la peut bien dire, qui par sa grande bonté a voulu les acheter d'un thrésor surmontant tous thrésors, qui est son précieux sang, duquel une seule goutte vaut plus que tous les thrésors créez. Ames pour le salut desquelles, s'il estoit de besoin, le très haut Fils de Dieu viendroit encores en ce bas monde souffrir ce que desja il a souffert avec tant d'amour et de proffit pour nous.

« La valleur donc et la noblesse de vos ames m'eschauffe l'esprit de chercher et esprouver tous moyens pour empescher leur perte, entre lesquels celuy là entre en propos de monstrer où vous vivez. La damnation d'une ame est chose tant horrible, que si toutes les créatures animées et inanimées estoient converties en langues, elles ne la sçauroient assez déclarer. Et certes nous ne la sçaurions bien peser ny comprendre. Pourquoy donc nous fascherons-nous si on nous menace des enfers, de la damnation éternelle, quand celuy qui menace le fait à intention de nous faire fuyr les malheurs qui ne finiront jamais. Mes amis, ne dites pas qu'il ne faut point juger autruy ; car ceste menace n'est pas juger, ains seulement le récit de ce qu'en jugent la saincte Escriture et les amis de Dieu. »

Les épitres de saint Paul, celles de saint Pierre, les

écrits de saint Athanase, de saint Augustin, de saint Fulgence, de saint Denis d'Alexandrie et de saint Jérôme fournissent au savant missionnaire d'abondants témoignages qu'au dire de l'Écriture-Sainte et de toute la tradition, l'hérésie et le schisme sont des crimes dignes de la damnation éternelle, des crimes pires que le fratricide et que l'idolatrie, selon saint Jérôme et saint Denis d'Alexandrie.

Il faut citer toute entière la fin de ce beau travail, aussi remarquable par une science profonde de l'Écriture-Sainte, des Conciles et des Pères, que par une dialectique puissante qui presse l'adversaire jusque dans ses derniers retranchements, relève toutes ses contradictions, tous ses sophismes, et ne lui laisse d'autre alternative que l'aveu désirable de sa défaite ou la fuite avec l'insulte, dernière ressource des mauvaises causes compliquées de mauvaise foi. Les lignes qui suivent vont nous découvrir tout le cœur du P. Chérubin et nous révéler complètement le secret de l'indomptable énergie qu'il déployait, non contre les victimes, mais contre les fauteurs de l'hérésie.

« Puisqu'il n'y a aucun salut qu'en la seule Eglise Catholique, laquelle n'est aucunement celle où vous estes, comment voulez-vous qu'on ne vous advise du danger où vous vivez ? ha ! plustost faudroit-il s'écrier jusques au ciel.... pour induire vos cœurs et ceux de tant de pauvres peuples desvoyez de la vraye foy, à rechercher la vérité et venir au chemin du salut. Quant à moy, je proteste devant le Juge éternel des hommes, qui pénètre jusques aux centres de nos cœurs, que ce que je vous dis est pour le seul désir de vostre salut. Je seroy plus cruel que le tygre de me taire, quand j'entends les saincts Evangiles menacer un feu qui ne s'esteindra jamais, des pleurs qui seront perpétuels, des grincements de dents si horribles, des lieux si épouvantables, où seront jettez ceux qui seront entrez au festin du Roy sans la robe nuptiale, sçachant que ce bel ornement et vestement qu'il faut avoir, représente encores la vraye foy et religion de laquelle vous estes privez.....

« Je me jette à vos pieds, vous priant de bien méditer ce point que je vay proposer en chassant bien loing toute cholère et obstination d'esprit. Car il faut qu'accordiez l'une de ces deux choses : ou que tant de Pères célèbres de l'Orient et de l'Occident, mesmes proche du temps des apostres, tant de saincts martyrs qui ont respandu le sang pour la confession de l'Evangile, tant d'anciens docteurs desquels nous avons les précieux monuments et escritures, et tant de millions d'ames de tous les Chrétiens, qui ont esté dès le commencement de l'Eglise de Jésus-Christ jusques aujourd'huy, ont tous vescu hors du vray Evangile de Dieu, et pour ce forclos du ciel; ou bien que vous estes dehors du bercail de Jésus-Christ, hors de la vraye Eglise, ès chemins conduisans à la perdition. Car vous ne suivez pas ce que ceux-là ont suivy, et ne croyez pas ce que ceux-là ont creu, et ne confessez pas ce qu'ils ont confessé tous d'une mesme voix, accord et consentement universel, jusques à la mort.

« C'est ce qu'on offre par la présente sommation de soustenir à vos ministres et leur en monstrer et cotter avec toute facilité et évidence les lieux et les passages. S'ils ont eux mesmes esmeu la dispute, et promis et signé la persévérance, comment pourront-ils à présent la refuser ? Apportons y toute affection, tout bon zèle et amour de l'honneur de Dieu, auquel je fais prière de tout mon cœur qu'il lui plaise, tournant son œil de pitié sur vous, d'illuminer vos esprits et vous convertir à luy et réduire au giron de son Eglise. Et qu'à luy seul soit honneur et gloire. »

Si les ministres de Genève avaient eu un peu de cet amour pour la vérité, de cette charité pour les âmes, ils se seraient empressés d'aller à Thonon continuer la dispute *avec toute affection et tout bon zèle*, comme dit le P. Chérubin ; ils y auraient apporté la bonne foi et l'unique désir de trouver la vérité, hors de laquelle il n'y a ni sainteté ni salut. Mais, selon la parole du Sauveur[1], ils n'étaient que des mercenaires, et non des pasteurs ; ils n'étaient pas entrés dans le bercail de Jésus-Christ par la porte qui est l'Église, et ils ne s'y étaient pas établis pour sauver les âmes. C'est pourquoi ils préféraient au combat loyal la ruse, la fuite et l'injure. Pilate, après avoir demandé : qu'est-ce que la vérité ? se retira sans attendre la réponse qui l'épouvantait. Ensuite il se lava les mains et livra Jésus-Christ, qui est la Vérité substantielle, à la haine des Juifs et à la croix [2].

Cependant les placards du P. Chérubin ne demeurèrent pas sans résultat. Ces défis et ce zèle d'une part, ces tergiversations et ces honteuses reculades de l'autre, portèrent à l'hérésie dans le Chablais un coup dont elle ne se releva pas et coopérèrent puissamment aux résultats admirables des exercices des Quarante-Heures.

[1] Joan., 10, 12.
[2] Ibid., 18 et 19.

CHAPITRE IX

Les thèses du P. Chérubin sur l'Eucharistie.

A la suite des placards que nous venons d'analyser, on trouve, dans l'opuscule de 1598, deux thèses du P. Chérubin sur l'Eucharistie. Le titre nous apprend qu'elles furent aussi *affigées dans la ville de Genève, pour estre disputées entre les prédicateurs catholiques de l'ordre des Cappucins et les ministres du dit Genève, en la ville de Thonon.*

Voici le titre de la première thèse : « *Demandes aux ministres de la prétendue religion réformée, sur leur doctrine touchant la Cène.* »

Pour comprendre sa portée, il faut se rappeler que les Protestants en général, et les Calvinistes plus particulièrement, ont la prétention de ne recevoir comme règle de la croyance, et du culte qui est l'expression de la croyance, que la Bible, c'est-à-dire, les Livres qu'ils veulent bien reconnaître comme inspirés de Dieu et que chacun a le droit d'interpréter comme il l'entend, rejetant tout ce qui vient des décisions de l'Église et de la tradition même apostolique. C'est ce qu'ils appellent la *Réforme*, une tour de Babel spirituelle. Le P. Chérubin les met en contradiction avec eux-mêmes.

Il y a quinze questions que nous résumons, en conservant le style de l'auteur.

« 1° Le sainct mystère de l'Eucharistie ne fut jamais appelé Cène en la saincte Escriture. Au contraire, S. Paul témoigne expressément qu'il fut institué après la Cène. Pourquoi donc les prétendus réformateurs ont-ils laissé les noms accoutumez de ce sacrement pour lui imposer celui de Cène ?

« 2° Les apôtres n'ont laissé l'ordre et la façon de célébrer l'Eucharistie qu'en trois langages au plus. Pourquoi et par quelle autorité les ministres emploient-ils tant de différents langages ?

« 3° Nostre Seigneur proteste qu'il ayme les petits enfants ; il veut qu'on les laisse venir à luy. Pourquoi les ministres leur refusent-ils la Cène et l'accordent-ils aux femmes que l'Escriture n'appelle point expressément ? Sinon qu'ils ont recours à la saincte Tradition.

« 4° S. Luc descouvre très-clairement que ces paroles de nostre Seigneur : *Je ne boiray du fruict de la vigne jusqu'à ce que le royaume de Dieu soit venu,* furent dittes sur un autre suject que celui de la saincte Eucharistie. Quelle asseurance peuvent avoir les ministres qu'il faille employer en l'usage du Calice le vin pur, plustost que l'eau, ou la cervoise, ou le vin trempé d'eau ?

« 5° L'Evangile porte expressément que nostre Seigneur donnant ce sacrement dit : *Cecy est mon corps, cecy est mon sang,* et commanda qu'on fit ce qu'il avait faict. Pourquoi les ministres baillent-ils la Cène sans dire ces paroles, se contentant de les dire avant la communion ?

« 6° Aucun sacrement au vieil et au nouveau Testament, aucun sacrifice, aucune cérémonie n'ont jamais esté instituez avec paroles figurées. Comment peut-il estre que ce très-grand et sur tous les autres mystères de la Religion Chrétienne principal sacrement du Corps de Jésus-Christ, ait esté institué par un parler figuré ; car, au lieu qu'il est escrit *Cecy est mon corps,* vous voulez dire *Cecy signifie mon corps ?*

« 7° Vous vous couvrez de la parole de S. Augustin disant qu'ès choses absurdes il faut recourir aux figures. Que direz-vous à ce que le mesme S. Augustin escrit : *que nous d'un cœur fidèle et de la bouche nous recevons Jésus-*

Christ nous donnant sa chair à manger et son sang à boire ? Que répondrez-vous aux hérétiques Ariens, Montanistes et Manichéens qui pensoient mal de l'incarnation du Fils de Dieu, car il leur sembloit aussi absurde et indécent que la divinité fust meslée parmi les souillures de nostre nature, que Dieu souffrict la faim, les playes et la mort ?

« 8° En la simple et toute pure loy de nature, Abel, Noé, Abraham, Melchisédech, Isaac et Jacob faisoient des sacrifices extérieurs. Or la loy de nature n'a pas été abolie, mais consolidée par l'Évangile. Pourquoi les ministres ne veulent-ils recevoir en leur religion aucun sacrifice extérieur ?

« 9° S. Paul dit que nous avons un autel, duquel n'avoyent puissance de manger ceux qui servoyent au tabernacle. Or ceux-là ont eu l'autel de leur cœur, sur lequel ils pouvoyent offrir les sacrifices spirituels. Ils ont mangé par foy et en esprit Jésus-Christ crucifié : autrement ils seroient tous damnez. Quel est donc l'autel que nous avons de plus qu'eux ?

« 10° De Bèze escrit en sa préface sur Josué que c'est à Calvin, après Dieu, qu'appartient l'honneur de la résolution touchant ce qu'il faut croire, chercher et recevoir en la Cène. Que sont donc devenus tous les devanciers ? Ce mystère si important aura-t-il esté caché à toute l'Eglise, pour estre descouvert à ce seul favory du Sainct-Esprit ?

« 11° Quelle loy vous exempte de laver les pieds les uns des autres avant la célébration de la Cène, comme nostre Seigneur fit et ordonna ? Si ce n'est la Tradition, ce ne peut estre que vostre propre jugement.

« 12° Nostre Seigneur establit ce sainct mystère de son corps et de son sang le soir après souper. Qui vous a autorisés de le faire à une autre heure ?

« 13 Le texte de l'Evangile porte que le sang de nostre Seigneur, qui estoit dans la couppe, fut répandu pour plusieurs en rémission des péchez. Pourquoi niez-vous que ceste rémission aye lieu pour les péchez des deffuncts plustost que pour ceux des vivants ?

« 14º Pourquoi privez-vous les malades de ce sacrement, contre l'institution d'iceluy, qui ne les rejette point, puisqu'ils en ont plus de nécessité que les autres et que l'ancienne Eglise le leur conféroit très-soigneusement, comme Calvin mesme le confesse.

« 15º Calvin confesse que c'estoit une chose notoire que, depuis l'aage des apostres jusques au temps de S. Augustin, il ne c'estoit faict nul changement de doctrine ny à Rome, ny aux autres villes. Pourquoi donc a-t-il aboly de faire le signe de la croix, tant en l'usage de ce sacrement que des autres ; puisque S. Augustin proteste que l'Eglise y employoit ce sainct signe, et avant luy S. Chrisostome, et avant ces deux S. Cyprien, et longtemps avant ces trois Pères S. Clément et S. Denis ? »

Cette thèse ne dut pas être celle qui excita le moins la colère des ministres genevois. Elle ne contribua pas à leur faire désirer la reprise de la conférence interrompue par la fuite d'Hermann Lignaridus. Peut-être faut-il y chercher le motif des injures que Bèze, personnellement mis en cause, vomit contre le rude joûteur de Thonon.

La seconde respire une piété si fervente envers l'adorable sacrement de nos autels, elle est remplie, à l'égard de ce mystère auguste rapproché du résumé de tous les mystères, qui est le Symbole des Apôtres, de vues si élevées et si gracieuses, que nous n'hésitons pas à la mettre toute entière sous les yeux de nos lecteurs.

Simple considération sur le Symbole des Apostres, pour confirmation de la foy catholique touchant le très-sainct sacrement de l'autel.

Je croy.

« Si je considère sur vos saincts autels, ô mon Sauveur mon Dieu ! vostre très sacré corps, que vous avez préparé par tant de miracles pour nous nourrir en ces déserts, tout ravy en admiration autre ne me demeure en bouche que ceste protestation de mon insuffisance : qu'est-ce que cecy ? qu'est-ce que cecy ? O Seigneur, regardez moy ! Mon jugement naturel, ma chair, mes sens me livrent mille assauts. Hé ! me disent-ils, comment se peut-il faire que le Sauveur aye donné sa chair à manger ? O que ceste parolle est dure ! et qui la peut ouyr et croire ? Mais c'est par vostre grace, mon Dieu, que ces séducteurs n'ont encore rien gagné sur moy. Je leur ay toujours opposé le mot du Symbole que vos apostres enseignèrent jadis à nos ancestres, suyvant le conseil de ces deux grands serviteurs de vostre Majesté, Ambroise et Augustin. Je m'en suis armé comme de la marque de vostre sauvegarde, j'ay fermé et cacheté mon cœur de ce sceau, afin qu'il ne fust ouvert à leurs suggestions. Ce m'a esté comme un carquois qui m'a fourny mille et mille traits pour les combattre. Eh quoi, disay-je, ceste parole, qui est sur le commencement du Symbole, ne suffiroit-elle pas, quand il n'y auroit autre, pour rompre tous les efforts de ces séditieux ? *Je croy,* c'est le mot que j'ay ja prononcé dès mon baptesme par la bouche de ceux qui m'y présentèrent. Je suis croyant et fidèle, non pas entendeur et compreneur : et partant plus on me rend ce sacrement mal-aysé à entendre et comprendre, plus on me le rend croyable et vénérable. La foy a plus de lustre où l'entendement a plus d'obscurité.

I

En Dieu le père tout-puissant, créateur du ciel et de la terre.

« Dieu est Dieu en toutes ses œuvres ; mais en celles qui sont plus grandes il fait mieux voir sa divinité. Et puisque ce sacrement est une grande œuvre de Dieu, quelle plus asseurée marque peut-il porter de son ouvrier, pour estre reçeu en ma croyance, que d'estre admirable et incompréhensible ?

« N'y a-t-il pas trois personnes, le Père, le Fils et le saint Esprit, en une mesme, simple et seule essence ? La foy qui a digéré ceste souveraine difficulté, quelle peine peut-elle avoir à croire qu'un seul corps soit en plusieurs lieux ?

« Dieu ne veuille que je face comme ces rebelles qui disoient de sa divine Majesté : Pourra-t-il nous dresser une table au désert ? Ce que je trouveray trop dur de cet Agneau pascal, je le jetteray dans le feu du pouvoir infini de ce Père tout-puissant auquel je croy. Ces petits nuages de difficultez, que nostre œil naturel void en ce sacrement combien résisteront-ils au vent de la force de Dieu ? Quelle dureté tant insoluble que ce feu ne dévore ?

« La parolle de Dieu a eu tant de vertu, que par elle les choses qui n'estoient ont esté. Combien plus en aura-t-elle pour faire estre où bon luy semble celles qui sont, et les changer en autres ? Elle a bien mis en un lieu ce qui n'estoit point : pourquoy ne mettra-t-elle en plusieurs ce qui estoit en un ?

II

En Jésus-Christ son Fils unique nostre Seigneur.

« Quand je voy, ô mon Sauveur ! vostre Père avoir tant aimé le monde, qu'il vous a donné pour en estre le Pasteur et le Médecin, hé ! quelle merveille est-ce, dy-je, que le Fils qui est d'égale, qui est la mesme bonté, se soit encor donné luy-mesme pour estre la pasture et le remède, pour se rendre tousjours tant plus Sauveur, Roy et Seigneur, du tout et partout nostre ?

III

Qui a esté conçeu du sainct Esprit, nay de la Vierge Marie.

« Comment fustes-vous conçeu, ô mon Dieu ! au sein d'une Vierge sans aucune œuvre virile ? Et pourquoy recherchera-t-on l'ordre naturel en vostre corps, qui a esté faict outre tout ordre naturel et est né d'une Vierge ?

« Et puisque vostre corps n'occupa desja point de place à la sortie qu'il fit du sein virginal de vostre Mère (autrement il eut fait brèche à sa virginité), mais le pénétra comme un rayon fait au verre, pourquoi trouvera-t-on incroyable s'il n'en occupe point en cest admirable sacrement ?

IV

A souffert sous Ponce Pilate, a esté crucifié, mort et ensevely.

« Celuy qui a tant aymé, ô mon ame ! que te pouvant sauver par une seule goutte de son sang, et la moindre de ses souffrances, il a voulu néantmoins tout exposer son corps aux douleurs et passions d'une mort très amère, pour te donner la vie, c'est celuy-là mesme qui, pour te la conserver, te nourrit de ce mesme corps.

N'est-ce pas bien croyable ? L'amour des mères ne se contente pas d'avoir produit l'enfant de la substance d'icelles, s'il ne l'en fait encor nourrir.

« Et pour vray, après tant d'exquises représentations de ceste passion, desquelles ont esté nourris les serviteurs, comme ont esté l'agneau pascal, la manne et plusieurs autres ; c'eut esté une trop maigre et froide commémoration d'icelle, pour les enfans, de n'y employer que du simple pain et vin.

V

Est descendu aux enfers, le tiers jour est ressuscité des morts.

« C'est luy qui pouvant visiter en mille autres façons les siens, qui estoient au sein d'Abraham, descendit toutesfois ès enfers pour les visiter en la réelle présence de son ame. Ce n'est merveille si, pouvant nous nourrir en plusieurs autres manières, il a choisi la plus chère, admirable et aymable, qui est de nous donner en nourriture sa propre chair.

« Que si par la résurrection il a délivré son corps des qualitez grossières de passibilité, pesanteur, espaisseur et obscurité, et autres semblables, en sorte qu'il a traversé la pierre, est entré les portes fermées, ce qui ne s'est peu faire sans mettre deux corps en un lieu, en sorte que l'un n'en occupast point, s'il s'est rendu invisible, impalpable, imperceptible et sans occuper place, pourquoy ne sera-t-il en ce sainct sacrement invisible et sans occuper lieu, puisqu'il a dit qu'il y estoit ? A quel propos rechercherions-nous plus en luy les conditions d'un corps mortel et corruptible ?

VI

Est monté aux cieux, est assis à la dextre de Dieu le Père tout-puissant.

« Trouverons-nous estrange que ce corps vienne réellement et de fait, quoyque surnaturellement, dans les nostres, puisque plus léger qu'un oiseau, outrepassant toutes les règles d'un corps humain, il est monté sur tous les cieux ?

« Il est assis à la dextre de Dieu le Père, sur tous les cieux, où il n'occupe plus ny lieu, ny place. Car quelle superficie peut environner le corps qui est au pardessus de tout autre corps ? Pourquoy ne sera-t-il bien icy bas sans tenir ny remplir aucun lieu ny aucune place ?

VII

Et de là viendra juger les vivans et les morts.

« Ainsi n'estant pas subject à lieu, ny place, ny pesanteur, il comparoistra en l'air au dernier jour avec les saincts, visible à tous les hommes, quoy qu'avec divers effects, non sans aussi grand miracle que celuy par lequel il est invisible en ce grand sacrement.

« Et lors il jugera coulpable de son corps et de son sang ceux qui auront mangé et beu indignement ce tant précieux et adorable sacrement, pour n'avoir discerné le corps de nostre Seigneur. De quelle nourriture fut-il jamais dit que qui la mangeroit indignement estoit coulpable du corps de Jésus-Christ, sinon de celle-cy, laquelle estant réellement le corps de Jésus-Christ, rend aussi réellement coulpables d'iceluy, ceux qui en abusent et ne le discernent point ? On n'avoit pas rendu un si sévère arrest pour la manne et l'agneau paschal, quoy qu'en iceux on mangeast par foy et spirituellement Jésus-Christ mesme.

VIII

Je croy au sainct Esprit.

« Comme tout ce que Dieu a faict il l'a faict par l'œuvre du sainct Esprit, ainsi maintenant il fait par l'œuvre du sainct Esprit ces choses supernaturelles qu'autre que la foy ne peut concevoir. Comment me sera fait cecy, dit la saincte Vierge, car je ne cognoi point d'homme ? L'archange Gabriel respond : le sainct Esprit surviendra en toy, et la vertu du Souverain te couvrira. Et maintenant tu demandes comment le pain sera faict corps de Jésus-Christ. Je te responds aussi : le sainct Esprit couvre et opère ces choses par dessus toute parole et intelligence.

« Le sainct Esprit qui a dicté les sainctes Escritures, eust-il mis en icelles des paroles si expresses et vives, comme sont celles-cy, Cecy est mon corps, si ce n'estoit le vray corps de nostre Seigneur ? N'y eust-il pas fait mettre quelque déclaration de son intention, s'il l'eust eu autre que ces paroles ne portent en leur sens propre et premier ? Luy qui est Docteur en l'Eglise, l'eust-il laissé aller, en un article si important, à l'erreur et au mensonge ? l'eust-il abandonnée si longuement ?

IX

La saincte Eglise universelle, la communion des Saincts.

« Et pour vray comment pourroit-on appeler l'Eglise saincte (une seule Eglise, universelle) si elle n'eust maintenu la vérité tant en ce fait comme ès autres, en tous temps, en tous lieux et parmy toutes les nations ?

Ce qu'elle n'auroit pas faict, si le vray corps de nostre Seigneur n'estoit en ce sacrement.

« Mais y a-t-il plus parfaite communion des Saincts que celle-cy, en laquelle nous sommes tous un pain et un corps, d'autant que nous sommes participans d'un mesme pain qui est descendu du ciel, vivant et vivifiant? Et comment mangerions-nous tous d'un mesme pain, si ce pain n'estoit le corps de Jésus-Christ? Autant de lieux, autant de pains divers y auroit-il. Et si nous ne mangions qu'une mesme viande spirituelle par foy, quelle plus grande communion auroit le chrestien avec les autres chrestiens qu'avec les anciens juifs qui mangeoient aussi Jésus-Christ par foy et par conséquent une mesme viande spirituelle? N'avons-nous rien de plus qu'eux?

X

La rémission des péchez.

« Seigneur, vous avez dit que vostre corps et vostre sang en ce sacrement estoient donnés, rompus, respandus pour plusieurs en rémission des péchez. Ah! ja n'advienne que je croye qu'autre sang ayt esté respandu et autre corps donné pour la rémission de mes péchez, que le vostre propre et naturel. Et quoy, une simple figure et commémoration auroit-elle bien ce pouvoir? Le sang de la genisse respandu, quoy que figure du sang respandu sur la croix, ne sanctifioit que quant à la pureté de la chair? Non, c'est le propre sang de vostre Majesté, qui nettoye nos consciences des œuvres mortes, pour servir au Dieu vivant.

XI

La résurrection de la chair.

« Je bénis Jésus! Quand sera-ce qu'en un moment,

en un clein d'œil, à la dernière trompette, les morts ressusciteront? et la mesme chair d'un chacun, ja dissipée en cent mille façons, sera reproduite en chair incorruptible et immortelle. Mon Dieu, quelle merveille ! Mais ce pendant j'admireray chose presque pareille. En un moment, en un clein d'œil, à la trompette de vostre parole, vostre même corps, qui est assis à la dextre du Père au ciel, est en certaine façon reproduit en ce sainct sacrement, partout où le mystère en est célébré.

« Mais, ô Seigneur admirable, si un peu de levain faict bien lever toute une grande masse de paste, si une bluette de feu suffit pour embraser une maison, si un grain mis en terre fait fertile la terre et en reproduit tant d'autres ; combien doy-je espérer que vostre bénit corps entrant au mien, la saison estant venue, il le relèvera de sa corruption, l'enflammera de sa gloire et le produira immortel, impassible, subtil, agile, resplendissant et assorty de toutes les qualitez glorieuses qui se peuvent espérer ! Ceste vigueur ne se peut trouver ès figures, il faut qu'elle parte de la vérité de vostre très précieux corps.

XII

La vie éternelle.

« Et de fait, quelle autre nourriture, ô Sauveur ! si ce n'est vostre corps, peut donner la vie éternelle ? Il faut un pain vivant pour donner la vie, un pain descendu du ciel pour donner une vie céleste, un pain qui soit vous-mesme, mon Seigneur et mon Dieu, pour donner la vie immortelle, éternelle et perdurable. La manne, quoy que vraye figure de vostre corps, ne pouvoit pas tant : il faut une nourriture plus solide et merveilleuse pour une telle vie. Quelle autre y peut estre employée, que vous qui estes vivant ès siècles des siècles ! Amen. »

A la marge de chaque article il y a l'indication des passages de l'Écriture et des Pères à qui l'auteur a emprunté ces pensées : saint Augustin *(de Symb. ad cathec.)*, saint Cyrille *(in Joan.)*, saint Hilaire *(de Trinit.)*, saint Ambroise *(de Sacram. — ad Siric.)*, saint Chrysostôme *(de Sacerd. — hom. 60 et 61)*, saint Jérôme *(cont. Helvid.)*, saint Jean Damascène *(lib. 4 orthod. fid.)*, saint Léon *(epist. 23, ad cler. et popul. Constant.)*, saint Grégoire de Nice *(Orat. catechis.)*.

Ce qui donne à cette réfutation des objections calvinistes contre la présence réelle de J.-C. dans l'Eucharistie une force particulière, c'est l'aveu fait par les ministres qu'ils reconnaissaient le Symbole des Apôtres comme expression de leur foi, à l'égal de l'Écriture Sainte ; c'était une contradiction palpable, car le Symbole appartient à la Tradition qu'ils refusaient d'admettre. Un grand nombre de leurs successeurs ont supprimé la contradiction en supprimant le Symbole ; ce qui est en même temps très radical, très commode et très logique.

Le P. Chérubin a encore composé, sur un grand nombre de sujets, des dissertations très courtes et très substantielles, dont il se servait probablement comme de canevas pour ses sermons. Elles ont presque toutes pour objet la réfutation des erreurs de Luther et de Calvin. Nous regrettons beaucoup de ne pouvoir en donner que les titres [1] :

[1] Ces dissertations, restées manuscrites et formant 88 pages petit format, appartiennent à M. Jules Viry, ancien président de la Cour de cassation du canton de Genève et auteur de la *Philotée de saint François de Sales*. Lié par de précédents engagements, il n'a pu nous donner que la note que nous insérons ici et dont nous lui témoignons notre vive reconnaissance. Nous avons lieu d'espérer que le texte complet de ces dissertations sera publié prochainement.

Notre Saint-Père le Pape est le maître légitime, mais non le tyran de Rome ;

Les vœux sont louables ;

L'usure est défendue ; — tout péché n'est pas mortel ;

Tous les chrétiens ne sont pas prêtres ; — les prêtres doivent garder la continence ;

Les saints qui ont quitté cette vie jouissent de la vue de Dieu ;

Chaque homme a un ange gardien ;

Le mariage est indissoluble ;

Le livre de la *Hiérarchie* a été composé par saint Denis ;

La version latine de la Bible est préférable à la version hébraïque et à la version grecque ;

Le pain bénit qu'on présente dans les églises le dimanche est digne de respect ;

Le Pape et les autres prélats, les princes et les magistrats ont le pouvoir de faire des lois, qui obligent en conscience ;

Il est bien de dédier des temples à Dieu ; — des effets de la dédicace et de la consécration des églises ;

Sur la correction du calendrier par Grégoire XIII.

La dissertation inscrite sous le n° 4 porte ce titre : *Défense de Notre Dame*, et commence ainsi :

« Il ne serait pas besoin, si tous suivaient la raison, de prendre en main la défense de la Reine du ciel, vu que la raison naturelle nous enseigne qu'étant Mère de Dieu, elle est digne de tout honneur et révérence. Mais puisque nous sommes en un siècle tant débordé, que plusieurs personnes, au lieu de l'honorer, la méprisent, asseurant qu'elle n'a rien plus que les autres femmes, il faut montrer que cela n'est point véritable. Mais que puis-je mettre de plus illustre en premier lieu que de dire qu'elle est cette Dame revêtue du soleil, ayant la lune sous ses pieds, et portant une couronne tissue de douze belles étoiles brillantes, laquelle est décrite par saint Jean au chapitre XIIe de son Apocalypse.... Elle est revêtue du soleil pour autant que toutes les Saintes Écritures, qui éclairent nos âmes, parlent d'Elle et l'ont prophétisée. La lune qu'elle a sous les pieds nous représente l'autorité qu'elle a sur la terre.... Les douze étoiles desquelles est ennoblie sa couronne sont douze privilèges qui lui ont été communiqués libéralement de Dieu et ne se trouvent en autre créature pour le moins en telle perfection et sainteté [1]. »

[1] Voir dans *Cornelius a Lapide* l'explication de ce texte.

CHAPITRE X

Premières Quarante-Heures de Thonon.

Le grand crime et le grand malheur du Calvinisme, c'est d'avoir nié la vérité la plus consolante, la plus glorieuse pour l'homme, la plus douce au cœur chrétien, la vérité-mère du Christianisme pratique, le *Dieu avec nous*. Il n'y a pas un dogme qui n'ait avec l'Eucharistie les rapports les plus intimes ; il n'y a pas une vertu qui ne soit un rayonnement de cette divine hostie qui de nos tabernacles féconde toute la vie chrétienne. Le Christianisme sans l'Eucharistie, c'est un corps privé de l'âme que J.-C. lui a donnée, c'est la terre sans le soleil dont il a voulu l'illuminer. Par quel moyen ferez-vous naître dans nos âmes, *cette terre déserte, si dure et si sèche*[1], les fleurs pures et les fruits suaves des vertus chrétiennes, dont J.-C. a placé le germe en lui-même ; qui gardera en nous la vie, la consolation et l'amour, c'est-à-dire, la foi, l'espérance et la charité, si vous ne voulez pas que, malgré sa parole, Dieu se donne réellement aux âmes que sa grâce a ressuscitées, afin qu'il vive en elles et qu'elles vivent en lui ?

Aussi, desséché comme un arbre sans sève, le Calvinisme s'est-il désorganisé plus rapidement et plus complètement encore que le Luthéranisme qui, au moins, a conservé le dogme de la présence réelle, quoique défiguré par la doctrine monstrueuse de l'*impanation*. Sans lien, sans croyances fixes, sans culte et sans sacrifice, la prétendue réforme de Calvin n'offre au cœur que le

---

[1] Ps. 62, 3.

désespoir, à l'esprit que le scepticisme déguisé sous le nom de libre examen. C'est le froid d'un tombeau sur lequel il n'y a plus que le livre de la Bible comme une épitaphe.

Le P. Chérubin voulait que le *Dieu caché* reprît solennellement possession du Chablais, d'où l'hérésie l'avait banni depuis soixante ans. Les fruits admirables qu'avaient produits les Quarante-Heures d'Annemasse, lui faisaient désirer ardemment de pouvoir procurer les mêmes exercices à la ville de Thonon ; il ne doutait pas que cette exaltation du mystère de l'amour de J.-C. n'attirât ses bénédictions sur le pays et ne contribuât ainsi, plus puissamment que les prédications des missionnaires, à accélérer son retour à la foi catholique. Il pensait, en outre, que cette circonstance solennelle serait très favorable pour presser les ministres protestants de venir continuer la dispute commencée par Hermann Lignarius. Nous avons vu que saint François de Sales, auquel il fit part de son projet, le goûta fort et ne négligea rien pour en faciliter l'exécution. Il en parle encore dans une lettre adressée à un gentilhomme[1]. « J'ai reçu, dit-il, des lettres du P. Chérubin « et de M. de Avulli sur le dessein qu'ils ont de faire « les prières des quarante heures à Thonon avec la « plus grande dignité possible..... Ce ne peut être qu'un « exercice très fructueux. Nous l'avons déjà éprouvé « dans les 40 heures établies l'année dernière à Anne-« masse où elles occasionnèrent un grand mouvement « dans les consciences des hérétiques qui y assistè-« rent.... J'espère qu'à Thonon la chose sera encore plus « à propos et plus utile. » Mgr de Granier embrassa également ce projet avec l'ardeur qu'il mettait à tout ce

---

[1] *Lettres inédites*, etc., t. I, p. 219, édit. Datta.

qui pouvait contribuer à la conversion de ses diocésains égarés. Il envoya le prévôt à Chambéry pour en conférer avec le duc, dont l'appui était indispensable. Mais ce prince n'ayant pu se rendre dans cette ville qu'au mois de juillet (1598) et François ayant été rappelé à Thonon par les besoins de la mission, l'évêque chargea le P. Chérubin d'aller négocier cette affaire. Il sut si bien s'insinuer dans l'esprit de Charles-Emmanuel en lui proposant les Quarante-Heures comme une action de grâces publique pour la paix qui avait été conclue à Vervins au mois de mai précédent et publiée tout récemment en Savoie, que celui-ci, non content d'approuver son pieux dessein, voulut que les exercices se fissent avec tout l'appareil possible; il s'engagea à payer toutes les dépenses, donna à M. de Lambert, gouverneur du Chablais, et à ses autres officiers l'ordre de fournir, sur la demande du P. Chérubin, tout ce qui serait nécessaire, envoya à Thonon le décorateur de la cour avec de riches tapisseries d'or et d'argent, et promit d'assister lui-même à ces émouvantes cérémonies dès qu'il serait de retour d'un voyage qu'il allait faire en Bresse. Le souverain pontife, Clément VIII, accorda une indulgence plénière à tous ceux qui prendraient part à la solennité et envoya une somme d'argent pour contribuer à en couvrir les frais. Enfin, à la prière du P. Chérubin, les évêques de Genève, de Lyon et de Lausanne firent publier cette indulgence dans leurs diocèses[1].

Le P. Chérubin était à peine de retour de Chambéry, qu'il fut chargé d'une autre négociation. Claude de Granier, sentant que le poids des années s'appesan-

[1] *Lettre de l'archevêque de Tarentaise*, ap. BOVER, t. II, p. 625. — *Vie de Claude de Granier*, p. 181.—*Hist. abrég. des miss.*, etc., *ibid.*—BAUDRY, t. II, p. 97. — HAMON, p. 279.

tissait sur ses épaules et que ses forces ne répondaient plus au zèle qui le dévorait pour la gloire de Dieu et le bien de son diocèse, avait depuis quelque temps la pensée de demander un coadjuteur. Après avoir imploré les lumières du Ciel et consulté son chapitre, son choix s'était arrêté sur le prévôt, quoiqu'il eût lui-même un neveu, l'abbé de Chissé, son vicaire général, que ses talents et ses vertus rendaient digne de l'épiscopat. Il en parla à François, mais toutes ses sollicitations échouèrent contre l'humilité du saint. Ce refus, loin de le décourager, le confirma dans la pensée que le choix qu'il avait fait était bien l'expression de la volonté de Dieu. C'est pourquoi il envoya secrètement le P. Chérubin à Barraux pour traiter de cette affaire avec le duc de Savoie. La négociation ne fut pas difficile; car le prélat ayant fait peu de temps auparavant une maladie sérieuse, Charles-Emmanuel avait déjà résolu, en cas qu'il vînt à mourir, de lui donner le saint apôtre du Chablais pour successeur. Il agréa donc avec plaisir la proposition qui lui était faite et donna, le 29 août 1598, des lettres-patentes par lesquelles il nommait François de Sales à la coadjutorerie de Genève, avec future succession, et priait le Pape de confirmer cette nomination par son autorité apostolique. Claude de Granier, heureux d'un si prompt succès, tint ces pièces cachées, attendant le moment favorable de vaincre les répugnances du futur évêque.

Le P. Chérubin courut rejoindre son ami à Thonon. Si François eût su ce qu'il venait de faire, il en eût été bien affligé; mais c'était pour l'honneur de Dieu et le salut des âmes. Le Seigneur envoyait d'autres gloires au saint apôtre. Un jour il rencontra une femme portant elle-même au cimetière le corps de son enfant mort sans baptême. C'était une hérétique obstinée qui à tous les arguments et à toutes les instances de François répondait invariablement qu'elle ne quitterait jamais la religion protestante, parce qu'elle y était née. Mais à cette heure la douleur avait brisé l'âme de la pauvre mère. Elle se jette aux pieds du missionnaire et, posant le cercueil à terre, elle s'écrie toute inondée de larmes : « Rendez-moi mon enfant, au moins assez de temps pour qu'il puisse recevoir le baptême, et je me ferai catholique. » François ne peut résister à ce spectacle ; il mêle ses larmes à celles de cette femme, se jette à genoux et conjure le Père des miséricordes de rendre la vie à ce corps et à ces deux âmes. Sa prière n'est pas achevée, que l'enfant ouvre les yeux. On le baptise aussitôt et la mère le reporte à sa demeure, remplissant la ville des transports de sa joie. Il vécut encore deux jours, afin que chacun pût s'assurer du miracle. La mère et toute la famille se firent catholiques. Le P. Chérubin bénit le Seigneur de ce prodige qui, en glorifiant son saint ami, rendait un si éloquent témoignage à la vérité du catholicisme. Il le raconta dans un de ses sermons et invita les hérétiques à constater par eux-mêmes la vérité du fait. Plusieurs le firent et abjurèrent l'hérésie [1].

Ce miracle eut lieu pendant qu'on faisait les préparatifs des Quarante-Heures ; le Dieu de la vie disposait les esprits à recevoir les grâces du Dieu d'amour. Comme le Duc avait dit au P. Chérubin qu'il voulait assister aux exercices, l'époque en fut plusieurs fois annoncée et toujours retardée. Enfin l'ouverture fut fixée au dimanche 20 septembre. Vers le 10, Charles-Emmanuel écrivit à l'évêque de Genève qu'il n'arriverait à Thonon qu'au commencement d'octobre, tant parce que les affaires de l'État réclamaient encore sa présence dans la Bresse,

---

[1] BAUDRY, p. 119. — HAMON, p. 286.

que parce que le cardinal Alexandre de Médicis, légat du Pape en France, devait alors traverser le Chablais pour rentrer en Italie : il demandait que les Quarante-Heures fussent différées jusqu'à cette époque. Claude de Granier en avertit les missionnaires. Ceux-ci lui représentèrent qu'un nouveau délai pouvant refroidir la dévotion des peuples et compromettre le succès des exercices, il valait mieux qu'on les donnât à l'époque fixée et que l'on célébrât une seconde fois les Quarante-Heures à l'arrivée du prince et du légat. Il se rendit à leur avis, persuadé que le Duc, que l'on n'avait plus le temps de prévenir, mais dont la piété était connue, ne serait point fâché d'une détermination où le bien de la religion était intéressé.

Le P. Chérubin s'était spécialement chargé des préparatifs de la cérémonie. Comme ni l'église de Saint-Hippolyte, ni celle de Saint-Augustin, occupée jusqu'à ce moment par les hérétiques, n'étaient assez vastes pour contenir la foule des fidèles que l'on attendait, il avait fait élever sur la grande place contiguë à cette dernière église un vaste oratoire en charpente et l'avait décoré avec tout le soin possible, pour y exposer le Saint-Sacrement. Tout auprès on dressa un théâtre simple et modeste : car l'expérience faite à Annemasse avait démontré combien de saintes représentations, appropriées au goût de l'époque, étaient de nature à attirer les fidèles et à nourrir leur piété, en leur procurant en même temps un innocent délassement.

Le 19, samedi des quatre-temps, Mgr de Granier réconcilia solennellement l'église Saint-Augustin, profanée par le protestantisme ; il y consacra plusieurs autels, bénit les ornements sacerdotaux et conféra la confirmation et les ordres, deux sacrements qui n'avaient pas été administrés dans cette ville depuis plus de soixante-trois ans. La pierre du maître-autel de cette église fut retirée de l'Hôtel-de-Ville où depuis longtemps elle servait de table commune. Plusieurs protestants rendirent spontanément les pierres des autres autels, les vases et les autres objets consacrés au culte divin, qu'ils avaient appliqués à des usages profanes. Monseigneur de Granier bénit aussi les croix destinées à être placées sur les avenues des grands chemins dans tout le Chablais, et ordonna que chacune des processions qui viendraient aux Quarante-Heures emporterait une de ces croix pour la planter au lieu qui lui serait indiqué. Au moment où le Dieu de l'Eucharistie allait reprendre officiellement possession du Chablais, ne fallait-il pas qu'il arborât son étendard sur la terre reconquise ? Les Calvinistes, sans l'Eucharistie et sans la croix, ressemblent à une troupe de déserteurs sans chef et sans drapeau.

Plus de vingt mille personnes accoururent à Thonon de la Bourgogne, de la Bresse, du Bugey, de la Suisse et de toutes les parties de la Savoie : quarante processions y arrivèrent successivement pendant les exercices. Ils s'ouvrirent le 21 au matin par une messe solennelle que Mgr de Granier célébra dans l'église de Saint-Augustin décorée avec pompe. Elle fut suivie de la procession générale à laquelle assistèrent un grand nombre d'ecclésiastiques, le gouverneur de la province, l'avoyer de Fribourg, les principaux gentilshommes du pays et un peuple innombrable. Après avoir parcouru les rues de la ville, le Saint-Sacrement fut déposé dans l'oratoire qui avait été élevé sur la place. Les pénitents de Taninge y entrèrent avec la procession. Le P. Chérubin monta en chaire : il parla de l'amour que J.-C. nous témoigne dans sa passion et dans l'Eucharistie, et montra que les ministres protestants sont des prédicateurs sans mission, et par conséquent de faux apôtres. Mgr de Granier reçut ensuite l'abjuration de trois cents personnes de la paroisse de Bellevaux qui venaient d'arriver, pieds nus, tête découverte, conduites par un jurisconsulte qui demanda en leur nom l'absolution de l'hérésie. La seconde procession fut celle de Boëge. Saint François de Sales lui annonça la parole divine : on venait de donner une représentation de la descente de la manne dans le désert ; il en tira le sujet de son discours dans lequel, prenant pour texte ces paroles de l'Évangile : *Compelle intrare. Faites-les entrer dans la salle du festin* [1], il établit la présence réelle de J.-C. dans l'Eucharistie et montra combien le Sauveur désire nous nourrir de sa chair adorable et quels fruits la sainte communion produit dans les âmes qui la reçoivent dignement.

Les processions se succédèrent sans interruption pendant toute la durée des Quarante-Heures. Elles faisaient chacune une heure d'adoration et entendaient un sermon prêché tour-à-tour par le P. Chérubin, saint François de Sales, le P. Galisius de l'ordre des Mineurs, et le P. Jean Saunier de la Compagnie de Jésus. Les habitants de Saint-Cergues portaient en tête de leur procession la croix qu'ils avaient soustraite aux recherches des Bernois, en la cachant entre deux murailles. Plus de huit cent soixante habitants de Bellevaux, de Saint-Cergues, de Fessy et de Perrigny, plusieurs même de Genève et des terres soumises aux Bernois, abjurèrent l'hérésie le premier jour des Quarante-Heures, entre les mains de l'évêque de Genève.

« Le lendemain vit se renouveler le spectacle de la veille : dès le matin, arrivèrent en procession à la suite de Mgr Thomas Pobel, évêque de Saint-Paul-Trois-Châteaux, les habitants des villes de Cluses et de Sallanches,

---

[1] Luc, 14, 24

et des plus hautes montagnes du Faucigny, presque tous vêtus de blanc, pieds nus, et portant avec un grand respect les instruments de la passion de J.-C.; ces pieux fidèles, après avoir assisté, dans l'attitude la plus édifiante, à la messe solennelle que chanta l'évêque Thomas Pobel, dans l'église de Saint-Augustin, se rendirent processionnellement au théâtre dressé près de l'oratoire : là, ceux qui portaient les instruments de la passion y étant montés et rangés par ordre, un d'entre eux, prosterné à deux genoux, prit la parole dans cette posture humiliée, et entretint l'auditoire des souffrances de Jésus-Christ avec une onction si pénétrante, que les assistants, au nombre de trois mille, éclatèrent en sanglots et versèrent d'abondantes larmes. Ces pieux sentiments s'accrurent encore sous l'impression de la parole puissante du P. Chérubin qui, voyant combien ce bon peuple était touché des mystères douloureux du Sauveur, n'eut garde de divertir ailleurs l'attention, et continua de remuer dans les cœurs la fibre qui palpitait encore.

« Vint ensuite la nombreuse procession de Bonneville, puis la procession de la noblesse du Chablais, en tête de laquelle marchait le gouverneur Jérôme de Lambert.....

« Dans l'après-midi arriva la procession de la ville d'Évian, ayant en tête une troupe de personnes habillées en anges qui portaient les instruments de la passion. Ces anges étant montés sur le théâtre y récitèrent des vers fort touchants sur la mort de Jésus-Christ, puis représentèrent le prophète Élie se dérobant sous le genévrier à la persécution de Jézabel, et recevant de la main d'un ange le pain qui releva ses forces défaillantes. A l'entrée de la nuit, on vit arriver la procession de Ternier qu'avaient retardée, non seulement la distance qui est de vingt-cinq kilomètres, mais encore l'attaque des Genevois, lesquels, au mépris des traités, avaient fait irruption sur eux près des remparts de Genève. François fit à ces courageux chrétiens le plus grand accueil, les embrassa avec beaucoup de tendresse, employa avec le P. Chérubin et le chanoine Louis une grande partie de la nuit à les confesser, à les instruire et à les exhorter ; ce qui fit dire que les derniers venus avaient été les mieux partagés, parce que la foule étant alors moins grande, ils avaient pu jouir plus à l'aise du zèle de leurs fervents missionnaires[1]. »

Une procession solennelle, dans laquelle on reporta le Saint-Sacrement à l'église de Saint-Augustin, termina ces saints exercices où les miséricordes de Dieu avaient dépassé les espérances des missionnaires. Sans parler des nombreuses conversions que nous avons mentionnées, on remarquait parmi les hérétiques un ébranlement général. Beaucoup avaient fermé leurs boutiques pendant les deux jours des Quarante-Heures et assisté assidûment aux prières publiques et aux prédications ; ceux que le respect humain avaient retenus pendant le jour, avaient profité de la nuit pour se glisser dans l'oratoire : les cérémonies touchantes qu'ils avaient vues, les discours qu'ils avaient entendus, le courage d'un si grand nombre de leurs frères qui avaient abjuré l'erreur en leur présence, la piété de tout ce peuple pressé autour du divin Sauveur, avaient détruit bien des préjugés, dissipé bien des illusions, attendri bien des cœurs. Le doute était entré dans les âmes les plus opiniâtres ; si l'on ne reconnaissait pas encore la vérité du catholicisme, on commençait à se dire que peut-être on était dans l'erreur. La religion s'était montrée si vraie

---

[1] HAMON, p. 291.

dans ses dogmes, si belle dans sa liturgie, si logique dans tous ses enseignements, que l'on ne pouvait s'empêcher de se sentir attiré vers elle. Mais celui qui a toujours vécu au milieu de la lumière et des joies de la vérité, ne sait pas combien nombreux et forts sont les liens de l'erreur ; et ces liens, tant d'attaches particulières à chacun les multipliaient et les resserraient encore ! Pour les briser, il fallait promptement un nouveau coup de la grâce, avant que ces premières impressions se fussent effacées dans la dissipation comme la rosée du matin emportée par le vent. Les ministres protestants avaient pressenti ce résultat, et Viret lui-même quitta Thonon le second jour des Quarante-Heures.

Dès le 22 septembre, Mgr de Granier, saint François de Sales et le P. Chérubin écrivirent au duc de Savoie pour lui faire connaître les dispositions des esprits et lui dire que ces Quarante-Heures n'étaient, dans leurs desseins comme dans leurs espérances, qu'une préparation à celles que l'on célébrerait lorsqu'il serait arrivé à Thonon avec le cardinal. Ils chargèrent de ces lettres Balthazard Magnilier, curé d'Annemasse, qui trouva le prince à Chambéry et le suivit à Hautecombe ; il lui fit un récit circonstancié de tout ce qui venait de se passer et ajouta qu'il y avait lieu d'espérer la conversion entière de la province, si Son Altesse assistait à la solennité qui se préparait et employait son autorité à favoriser la religion catholique, sans s'arrêter aux raisons d'État que ses conseillers pourraient lui alléguer.

A ces heureuses nouvelles, Charles-Emmanuel levant les yeux au ciel, s'écria : « Dieu soit à jamais loué et béni ! » Puis, mettant la main sur la croix qu'il portait en qualité de grand-maître de l'ordre de l'Annonciade, il ajouta : « Je ne veux rien épargner, pas même mon sang, pour l'exaltation de la sainte Église et pour la conversion de mes sujets. Je veux et j'entends que la religion catholique, apostolique et romaine soit la seule exercée publiquement dans mes États, sans m'embarrasser de ce qu'on pourra en dire. Je vais en Bresse ; lorsque je serai de retour, j'écrirai à l'évêque à Thonon, et je lui ferai savoir quand il faudra commencer les prières des Quarante-Heures. » Il fit ensuite une ordonnance par laquelle il chargeait François de Sales de faire une distribution d'aumônes à Ripaille et à Filly. Il écrivit encore une réponse au P. Chérubin, sur les épaules de Boursier, son secrétaire, car il était au bord du lac du Bourget ; et remettant l'ordonnance et la lettre au curé d'Annemasse, il lui dit : « Recommandez-moi aux prières de M. de Genève et de ses dignes collaborateurs. Je les verrai bientôt. »

Il s'embarqua sur le lac, descendit jusqu'au Rhône par le canal de Savière et rencontra le légat au village de Chanaz. Il lui rendit les plus grands honneurs et l'accompagna à Chambéry, d'où il écrivit à Mgr de Granier que le cardinal de Médicis arriverait à Thonon le 30 septembre, qu'il le précéderait lui-même de deux jours, et qu'il fallait tout préparer pour commencer les Quarante-Heures le 1er octobre [1].

---

[1] *Hist. abrég. des miss.*, etc., *ibid.* — GRILLET, t. III, p. 416. — BAUDRY, t. II, p. 160. — *Vie de Claude de Granier*, p. 186.

CHAPITRE XI.

Secondes Quarante-Heures de Thonon. — Le duc Charles-Emmanuel I.

Le légat arriva à Thonon le jour fixé. A quatre kilomètres de la ville, il trouva les deux évêques de Genève et de Saint-Paul-Trois-Châteaux, suivis de tout le clergé ; le Duc, arrivé depuis deux jours, l'attendait près des portes, entouré de ses gardes et de la noblesse. Ils se rendirent ensemble à l'église de Saint-Hippolyte pour adorer le Saint-Sacrement, et de là à l'Hôtel-de-Ville où un logement avait été préparé pour le cardinal. On termina ce jour-là, dans l'église de Saint-Augustin, les préparatifs pour les Quarante-Heures. Toute la nef était tendue de riches tapisseries d'or et d'argent, et de velours violet ; en face de la chaire, placée du côté de l'Évangile, s'élevait un trône magnifique surmonté d'un dais de drap d'or frisé, sous lequel le prince et le cardinal devaient se placer ; dans le chœur transformé en chapelle gracieuse, un dôme parsemé d'étoiles d'or, resplendissantes à la lumière d'une multitude de cierges, reposait sur des colonnes placées en demi-cercle, peintes et toutes brillantes de dorures ; du milieu de cette chapelle partait une longue suite de gradins, aboutissant à un tabernacle précieux, décoré de statues, de tableaux, de fleurs et de pierreries, au milieu desquels le Saint-Sacrement devait être exposé.

Le jeudi matin, premier jour d'octobre, le Duc, étant allé prendre le cardinal à l'Hôtel-de-Ville, le conduisit à l'église Saint-Hippolyte, où l'attendait une bien touchante cérémonie. Le légat, revêtu des ornements pontificaux, s'assit devant le grand autel, le visage tourné vers le peuple ; à sa gauche était placé le siège du duc de Savoie, après lequel venaient le nonce Gonzague, évêque de Mantoue, l'évêque de Genève, l'évêque de Saint-Paul, l'évêque de Termoly, l'évêque de Torcelle, le général des Observantins, l'auditeur de Rote, les référendaires et le protonotaire apostolique de la suite du cardinal, les chevaliers de l'ordre de l'Annonciade, les théologiens et les autres ecclésiastiques de marque ; enfin, derrière eux se tenaient debout les principaux gentilshommes de la cour. La foule du peuple était si grande, que l'église, quoique assez spacieuse, ne put pas en contenir la moitié.

Alors, plusieurs gentilshommes du Chablais et les premiers bourgeois de Thonon s'avancèrent, ayant à leur tête le ministre Pierre Petit, chargé de porter la parole au nom de tous : le P. Chérubin, qui était le principal auteur de sa conversion, se tenait à ses côtés pour lui indiquer ce qu'il avait à faire[1]. Le ministre, à genoux, débuta par un long discours, aussi remarquable par la beauté du style que par la solidité des arguments et dans lequel, développant les motifs qui le ramenaient à l'Église universelle, il montra qu'elle seule possède les trois principaux caractères distinctifs de la véritable Église de Jésus-Christ : l'unité de doctrine et de pasteurs, la sainteté démontrée par les miracles, et l'apostolicité prouvée par la succession non interrompue des pasteurs depuis les apôtres ; il termina en demandant

---

[1] *Agréable nouvelle à tous bons catholiques de la volontaire conversion de la plus grande partie du duché de Chablais*, etc., cité par le P. DE TALISSIEU, liv. III, et par le P. CHARLES de Genève : *De conversione ducatûs Chablasii.... non benè intellecta in promotoribus suis et consequenter inordinatè attributa*, Mss., archives des Capucins de Chambéry. — V. chap. XXI et *Pièces justificatives*, n° 11.

avec instance d'être admis dans son sein. Il fit ensuite la profession de foi prescrite par le concile de Trente et reçut l'absolution de l'hérésie et des censures qu'il avait encourues. Après lui les autres convertis vinrent à leur tour abjurer le Protestantisme entre les mains du légat. La cérémonie se termina par le chant solennel du *Te Deum*.

Cette abjuration solennelle ne tarda pas à attirer à Pierre Petit les plus grossières injures et les plus indignes calomnies de la part des ministres de Genève.

Après la messe, célébrée par l'évêque de Genève et chantée par les musiciens des deux chapelles du légat et du duc de Savoie, la procession se déroula lentement dans les rues de la ville. Sous le dais porté par le Duc, par son frère, Amédée de Savoie, marquis de Saint-Rambert, par l'avoyer de Fribourg, Meyer, et par le seigneur de Grand-Cour, apparaissait la divine hostie dans un ostensoir étincelant de perles et de diamants ; derrière marchaient le cardinal suivi des autres prélats, les gentilshommes, les bourgeois de Thonon nouvellement convertis et agrégés à la confrérie du Saint-Sacrement, et une multitude incroyable de fidèles accourus des provinces voisines. Les rues que la procession traversa étaient décorées de tapis, de tableaux et de verdure. En face de la maison où logeait l'évêque de Saint-Paul, on avait élevé un arc de triomphe à quatre faces, surmonté d'une pyramide, et d'un château flanqué de quatre tours et garni de pièces d'artillerie : au-dessous était un autel richement orné. Près de la pyramide on avait représenté une nuée qui s'ouvrit, et il en descendit une blanche colombe qui, s'abaissant sur le légat et sur le Duc, remit à chacun d'eux un compliment en vers, écrit en lettres d'or sur un fond d'azur. Alors une galère à trois rangs de rames, que l'on avait ingénieusement suspendue dans les airs où elle semblait voguer comme en pleine mer, s'approcha du château et le canonna avec grand bruit. Le château riposta par plusieurs décharges de son artillerie. Devant le portail de l'église Saint-Augustin, on avait figuré une montagne dont le sommet laissait échapper des gerbes de flammes, tandis que de sa base jaillissait une eau pure et limpide : symbole de l'Église de Jésus-Christ, cette montagne de Dieu dont parle si souvent les Saintes-Écritures, qui envoie continuellement au ciel les flammes de la charité de ses enfants, en même temps qu'elle répand sur la terre les eaux vivifiantes de la vérité et de la grâce, dont Dieu a placé la source dans son sein.

La procession étant entrée dans l'église, le Divin Sauveur bénit ce peuple et fut exposé sur le tabernacle au milieu des flots de lumières. Alors le P. Chérubin, après avoir reçu la bénédiction du légat, monta en chaire et fit le discours d'ouverture ; il choisit pour texte ces paroles du psaume 105 : « Qui pourra raconter les effets de la puissance du Seigneur et annoncer dignement ses louanges ? » Il appliqua ces paroles aux merveilles que Jésus-Christ opère dans l'Eucharistie et développa avec autant de force que d'éloquence les preuves de la présence réelle. Saint François de Sales fit, une heure après, la deuxième prédication, et l'on continua ainsi d'heure en heure pour les processions qui arrivaient d'un grand nombre de paroisses du Chablais et du Faucigny ; elles entraient dans la ville et en sortaient à l'heure qu'on leur avait fixée, en sorte que, malgré une si grande affluence de peuple, il n'y eut jamais la moindre confusion. Quelle que fût la route par laquelle elles arrivassent, on les faisait toutes passer par la place de l'Hôtel-de-Ville, soit pour la consolation du légat que transportait de joie une si grande dévotion dans un peuple longtemps infecté de l'hérésie, soit pour vénérer la nouvelle croix que le P. Chérubin y avait fai dresser à la place de l'ancienne. Cette croix était en pierre peinte d'azur à lames d'or : une niche pratiquée dans le croisillon renfermait un crucifix de bronze doré et sur une table placée à la base le Père avait fait graver en lettres d'or les quatre vers de la croix d'Annemasse

L'après-midi du premier jour des Quarante-Heures le légat retourna à l'église Saint-Hippolyte pour recevoir l'abjuration de plusieurs paroisses qui demandaient en corps la grâce d'être réunies à l'Église. Cinq ou six cent personnes de diverses localités se présentèrent ensuite et, comme il arrivait à chaque instant des nouveaux convertis, le légat se vit obligé de prier Mgr de Granier et saint François de Sales de le remplacer.

Le vendredi, le Duc alla à l'église Saint-Hippolyte revêtu du collier et du manteau de l'ordre de l'Annonciade, qu'il ne portait que dans les grandes cérémonies il y entendit la messe du P. Chérubin et se présenta à l sainte table avec Amédée de Savoie, le marquis de Lullin et un grand nombre d'autres gentilshommes de sa cour. A ce spectacle si édifiant, le Père, profondément ému, ne put s'empêcher de leur adresser une courte exhortation. Il parlait toujours bien, dit le P. de Thalissieu ; mais en cette circonstance il se surpassa lui-même : tenant en main la sainte hostie, il puisa dans la vue de son Dieu et dans son propre cœur des choses si touchantes sur le respect et l'amour dus au Saint-Sacrement, que le prince et tous les assistants fondirent en larmes. Après la communion, Charles-Emmanuel alla adorer le Saint-Sacrement dans l'église de Saint-Augustin ; il y retourna encore après midi pour entendre le sermon du P. Galisius sur les marques de la vraie Église.

et vers le soir il assista avec les prélats et plus de quatre mille personnes à la plantation d'une croix que les nouveaux confrères du Saint-Sacrement élevèrent à l'angle d'une rue, où déjà, avant la domination bernoise, il y avait une croix que l'hérésie avait abattue. La nouvelle croix, très grande et très pesante, fut dressée par la seule force des bras, au chant des cantiques et au bruit des trompettes, des tambours et des décharges de la mousqueterie. Le Duc y aida de ses propres mains ; puis se mettant à genoux devant le signe vénéré du salut, il resta quelques instants en prières, l'adora et la baisa avec respect. Les évêques en firent autant, ainsi que les seigneurs de la cour et les confrères. En rentrant dans l'église avec la procession, Charles-Emmanuel, au lieu de se placer sous le dais qui lui avait été préparé, alla se mettre dans une stalle, pour y être plus recueilli, et assista au sermon que le P. Chérubin prononça sur l'honneur que l'on doit à la croix et au Saint-Sacrement. L'orateur montra le rapport intime qui unit ces deux mystères, dont le second, selon la parole du Sauveur, est le mémorial et le renouvellement quotidien du premier. De là, par une heureuse transition, il vint à parler de la dévotion envers la sainte croix, héréditaire dans la maison de Savoie qui, par ses exploits contre les infidèles et son zèle pour la défense de la religion, a mérité de mettre la croix blanche dans ses armoiries ; il ajouta quelques réflexions sur la coutume de planter des croix et en prouva la haute antiquité par les monuments de l'histoire. Le prince voulut encore assister aux prières des confrères et rester dans l'église jusqu'à deux heures après minuit, où devaient finir les Quarante-Heures. François de Sales prononça le discours de clôture et les saints exercices se terminèrent par une procession solennelle au milieu de la ville splendidement illuminée : le Duc porta encore le dais avec l'avoyer de Fribourg et les seigneurs de Vatteville et de Grand-Cour[1].

Le cardinal de Médicis quitta Thonon le samedi matin, fort satisfait de l'accueil qu'il avait reçu du duc de Savoie et plus encore de l'heureux état où il laissait les affaires de la religion dans le Chablais. Avant son départ, il fit voir au P. Chérubin la promesse écrite que Jean du Serre avait faite de quitter l'hérésie et la lettre que ce ministre, l'un des principaux appuis du Calvinisme en France, lui avait remise pour Sa Sainteté. Il l'exhorta, ainsi que ses confrères, à continuer de travailler avec zèle à la conversion des hérétiques, les assurant qu'il ne manquerait pas de rendre compte au Pape et au Sacré-Collège du bien qu'ils avaient fait dans ce pays. Les missionnaires, confus de ces éloges, répondirent qu'ils s'empresseraient toujours, avec toute l'ardeur dont ils étaient capables, de servir l'Église et d'exécuter les ordres de son chef suprême. Le cardinal, à son arrivée à Rome, parla d'une manière si avantageuse du zèle et des talents du P. Chérubin, que Clément VIII lui fit commander par l'archevêque de Bari, son nonce à Turin, de ne pas quitter Thonon sans sa permission expresse, voulant sans doute prévenir par là les desseins que ses supérieurs pourraient former à son égard. La lettre du nonce est datée de Saluces le 28 octobre 1598[2].

Le jour même du départ du cardinal, des envoyés de Fribourg et de Berne se présentèrent, chargés d'une mission bien différente. Les premiers venaient féliciter

---

[1] *Vie de Claude de Granier*, chap. IX et X. — *Lettre de l'archevêque de Tarentaise. ibid.*, n° 21. — *Hist. abrég.*, etc., *ibid.* — CHARLES-AUGUSTE DE SALES, liv. III.

[2] *Hist. abrég.*, etc., *ibid.*

le Duc du rétablissement de la religion dans le Chablais. Les seconds, après avoir traité de quelques affaires, demandèrent le libre exercice du Calvinisme, principalement à Thonon. Charles-Emmanuel leur répondit que, quand les Bernois s'étaient emparés de cette province, ils avaient contraint les peuples d'embrasser les nouvelles opinions, sans laisser à personne la liberté de garder l'ancienne croyance ; qu'ils ne devaient donc pas trouver mauvais que le souverain légitime fît aussi à sa volonté, maintenant qu'il était rentré en possession du pays par la force des armes et que presque tous les habitants désiraient que les choses fussent remises sur l'ancien pied. C'était un argument *ad hominem*, auquel il n'y avait rien à répondre. Cependant le prince soumit la demande de Berne à son conseil. Plusieurs furent d'avis qu'on laissât trois ministres, l'un à Thonon, l'autre à Bons et le troisième à Nernier ; parce que, disaient-ils, il était d'une sage politique de ne pas se brouiller avec les Bernois quand on était peut-être à la veille d'une nouvelle guerre avec la France pour la question du marquisat de Saluces, que le traité de paix n'avait pas résolue. Mais François de Sales et Jean François Berliet, président de la Chambre des comptes de Savoie, qui devint plus tard archevêque de Tarentaise et dont il nous reste un rapport au Saint-Siège sur la conversion du Chablais, firent comprendre que les choses étaient trop avancées pour que l'on pût reculer sans honte ; que la gloire de Dieu et le salut des âmes devaient l'emporter sur la crainte des Bernois ; que le Duc était assez fort pour n'avoir pas trop à s'inquiéter de leurs menaces ; et que l'on devait avoir plus d'égard aux intérêts et aux désirs de l'immense majorité des habitants du Chablais, qu'au ressentiment des ennemis de la religion et de l'État, et aux murmures des quelques adeptes que l'hérésie avait encore dans le pays, lesquels ne tarderaient même pas à suivre l'exemple de leurs compatriotes ¹. Alors le prince s'écria : « Moins de terre et plus de ciel ! Que les ministres sortent de ce pays et qu'on ne me parle plus de cette affaire ! » Le lendemain il retint les envoyés à dîner et, comme ceux de Berne insistaient pour le maintien de trois ministres, conformément au traité de Nyon, il leur répondit : « Eh bien ! j'y consens, à condition que vous recevrez aussi à Berne, à Lausanne et à Genève les prédicateurs que j'y enverrai. » Ils ne trouvèrent pas la condition acceptable, les Protestants n'aimant la tolérance que chez les Catholiques.

Le samedi soir Charles-Emmanuel fut averti que quatre-vingts personnes du marquisat de Lullin qui venaient abjurer l'hérésie, étaient retenues par des protestants de Genève et de Thonon, qui s'efforçaient de les détourner de leur bon dessein. Il envoya aussitôt leur seigneur et le P. Chérubin pour ranimer leur courage ; ils ne tardèrent pas d'arriver à l'église Saint-Hippolyte, firent leur abjuration entre les mains de Mgr de Granier et, après une touchante exhortation du P. Chérubin, ils retournèrent chez eux, ayant à leur tête le marquis de Lullin qui voulait par là témoigner publiquement la joie qu'il ressentait de leur conversion.

Toute la semaine suivante fut employée par l'évêque de Genève à recevoir l'abjuration d'une foule de personnes de diverses parties du Chablais. Plusieurs paroisses arrivèrent en procession, conduites par leurs seigneurs ou par les missionnaires auxquels elles étaient redevables de leur retour à l'Église. On remarqua, entre autres, les paroisses de Ballaison, Messery, Nernier, Hermance

---

¹ *Lettre de l'archev. de Tarentaise*, ibid., n° 21. — BAUDRY, chap. XXVII.

et Coudré, qui entrèrent à Thonon le mercredi 7 octobre : c'était la conquête du P. Sébastien de Maurienne, capucin. Ce saint religieux, pour avoir occasion de catéchiser les paysans, travaillait avec eux dans les vignes, se faisant tout à tous, à l'exemple de saint Paul, pour les gagner à Jésus-Christ. Trois cents personnes de Ternier reçurent l'absolution de l'hérésie le vendredi, et supplièrent ensuite le Duc d'empêcher les ministres de Genève de continuer à venir prêcher dans leur bailliage. Le dimanche, deux cents convertis de Margencel se réconcilièrent avec l'Église : ils portaient en tête de leur procession la croix qu'ils possédaient avant l'invasion bernoise ; leurs pères l'avaient cachée avec soin et laissée à leurs enfants comme un gage de leur futur retour à la vraie foi. Le P. Chérubin les en félicita et, tenant entre ses mains cette croix vénérable à plus d'un titre, il parla avec tant de zèle et d'onction, que ses auditeurs ne purent retenir leurs larmes. Le prince assistait toujours à ces abjurations, afin d'encourager les nouveaux catholiques par sa présence et sa piété [1].

Il resta encore plus de six semaines dans le Chablais, pour s'occuper de la conversion des hérétiques ; car non content d'employer son autorité souveraine à affermir le règne de Jésus-Christ, il se faisait lui-même missionnaire, « Ce grand prince, dit l'abbé de Baudry [2], était persuadé qu'il faut gagner les cœurs par la douceur et la bonté, et il avait un art admirable pour conquérir l'affection de ceux à qui il parlait ; son abord était si accueillant que, pour peu d'entretien qu'on eût avec lui, on en demeurait charmé.... Il exerça d'abord son zèle à Thonon ; il faisait venir les hérétiques dans son palais ; il entrait en conversation avec eux, et comme il avait

---

[1] HAMON, liv. III, chap. I. — *Vie de Claude de Granier*, p. 194.
[2] T. II, p. 245.

11

une éloquence naturelle et qu'il était assez versé dans la science de la religion, il leur exposait avec beaucoup de clarté et de force les preuves de la religion catholique. Il leur représentait d'une manière touchante qu'il ne voulait que leur véritable bonheur et leur promettait que, s'ils abjuraient l'hérésie, il les aimerait toujours tendrement comme ses enfants. Il les engageait à avoir des conférences avec les missionnaires et surtout avec François de Sales et le P. Chérubin ; et dans ces conférences on achevait presque toujours l'œuvre de la conversion que le prince avait heureusement commencée. Le Duc, étant venu à bout par des moyens si paternels de ramener un certain nombre d'hérétiques de Thonon, les conduisit lui-même en triomphe à l'église Saint-Hippolyte, où ils abjurèrent solennellement l'hérésie entre les mains de l'évêque. »

Après cela Charles-Emmanuel retourna à Barraux ; mais ayant encore passé un mois en Savoie, il retourna plusieurs fois dans le Chablais. Il parcourait les campagnes, assemblait les principaux habitants, comblait d'éloges et de caresses ceux qui embrassaient la religion catholique, représentait aux autres que, puisqu'il n'y a qu'un Dieu, il n'y a aussi qu'une véritable Église, hors de laquelle il ne peut y avoir de salut, et, après leur avoir familièrement exposé les principales preuves du catholicisme, il les conjurait de ne pas s'exposer à un malheur éternel, en restant dans l'hérésie. On aurait dit, non pas un souverain au milieu de ses sujets, mais un père entouré de ses enfants, et rien ne saurait rendre l'impression que sa conduite et ses discours faisaient sur l'esprit des peuples. Souvent on les entendait s'écrier : « Nous voulons être de la religion de notre bon prince ; nous renonçons à l'hérésie. » Cette déclaration naïve touchait vivement le prince, car il y a dans les actions des gens simples un caractère inimitable de sincérité ; il les assurait de sa protection, leur serrait la main et souvent même il les embrassait.

Le peuple se portait en foule sur les chemins par où le prince devait passer et faisait retentir l'air de ses cris enthousiastes : Vive Son Altesse Royale ! Vive l'Église catholique ! Vive le Pape ! Toute la province reprit un aspect catholique et la croix reparut sur les chemins et les places publiques.

Mais pendant que les populations du Chablais revenaient en foule à l'unité, il y avait encore à Thonon quelques gentilshommes et un certain nombre de bourgeois influents opiniâtrément attachés à l'hérésie : les uns gagnés par les Genevois et les Bernois, liés à eux par leur position, leurs intérêts ou des alliances, et ne voulant pas s'attirer leur inimitié en changeant de religion ; les autres livrés à des passions que ne gênait guère la religion du libre examen, ou insouciants pour tout ce qui ne tenait pas à leurs intérêts matériels. On n'avait jamais pu les amener à assister aux instructions, ni même à avoir aucune relation avec les missionnaires, et, aveugles volontaires, ils décoraient du nom de persévérance dans la foi de leurs premières années, le plus ridicule et le plus funeste entêtement. Après avoir employé tous les moyens de douceur et bien qu'il eût pour maxime qu'il ne faut pas traîner, mais amener les hérétiques à l'Église, Charles-Emmanuel résolut d'en finir. Ce n'était pas qu'il voulût forcer les consciences, mais il voulait obliger ces malheureux à ne plus fermer les yeux à la lumière, et disperser, s'il ne pouvait l'éteindre, un foyer de scandales et de rébellions qui, dans certaines éventualités, pouvait être très dangereux, non seulement pour la religion du peuple, mais encore pour la sûreté de l'État.

Le mardi 6 octobre, il convoqua à l'hôtel-de-ville la noblesse du Chablais et les bourgeois de Thonon ; il s'y rendit lui-même, accompagné des évêques de Genève et de Saint-Paul, et du P. Chérubin qui lui servit de chancelier en cette occasion. Il rappela tout ce qu'il avait fait, depuis qu'il avait recouvré le Chablais, pour la conversion de cette province ; il félicita ceux qui avaient profité des moyens qui leur avaient été si abondamment fournis, les assura de sa bienveillance, et menaça de son indignation ceux qui, non contents de persévérer dans l'hérésie, n'avaient pas même voulu s'instruire de la vérité ; puis il chargea le P. Chérubin de faire connaître plus amplement sa volonté. Le discours du Père fut court, mais très énergique. Le Duc reprit : « Que ceux qui portent la croix blanche dans le cœur et qui sont de notre religion ou qui désirent d'en être, se mettent à ma droite ; et que ceux qui portent les couleurs noires de l'hérésie, passent à ma gauche. »

A ces mots le plus grand nombre va se placer à la droite, trente ou quarante personnes se mettent à la gauche : mais parmi celles-ci la plupart, cédant aux sollicitations qui leur sont faites et comprenant enfin qu'on leur demande, non de changer de religion contre leur conscience, mais uniquement de se laisser instruire et d'examiner sincèrement les preuves des deux croyances, cèdent et passent à la droite ; il ne reste d'inflexibles que sept ou huit bourgeois et gentilshommes dont le colonel Brotti, Joly et Desprez étaient les principaux. Alors le Duc se tournant vers eux, leur dit : « C'est donc vous qui êtes infidèles à Dieu et à votre prince, et qui voulez me tenir tête. » Quelqu'un voulut les excuser, mais il lui imposa silence et ajouta : « Retirez-vous ; je vous donne trois jours pour évacuer mes États. » Ils sortirent, chassés par les huissiers et les gardes du prince, et se retirèrent à Nyon, de l'autre côté du lac [1].

Cette conduite du duc de Savoie peut faire naître des réflexions bien différentes, suivant le point de vue auquel on se place. Nous nous contenterons de rappeler qu'elle était de tout point conforme au droit public de l'époque, droit usurpé et mis en pratique par les hérétiques eux-mêmes. Charles-Emmanuel avait le plus grand intérêt à purger le Chablais des partisans et des espions de Genève et de Berne. Il ne faisait pas autre chose, il faisait beaucoup moins que ce qu'avaient fait les Bernois dans le Chablais en 1536, que ce que faisaient toutes les sectes protestantes à Genève, en Suisse, en Allemagne, en Hollande, en Angleterre, non seulement à l'égard des catholiques, mais à l'égard les unes des autres, et elles n'y mettaient jamais ni tant de lenteur, ni tant de ménagements. On ne vit à Thonon ni le bûcher de Genève, ni les échafauds dont l'Allemagne protestante était couverte, ni les férocités d'Henri VIII et d'Elisabeth, et des protestants des Pays-Bas. Les protestants n'avaient donc pas le droit de crier à la persécution. Ils crièrent cependant et d'autant plus fort, qu'ils en avaient moins le droit.

Le sénat de Berne écrivit au Duc des lettres menaçantes : les Genevois firent agir la reine-papesse Élisabeth d'Angleterre, les princes protestants d'Allemagne, et les huguenots de France et des Pays-Bas. Tout fut inutile. Le 12 octobre, Charles-Emmanuel donna des lettres-patentes portant : 1° Que ceux qui possédaient des biens ecclésiastiques dans les bailliages de Chablais et de

---

[1] Baudry, p. 135. — *Lettre de l'archev. de Tarent.*, n° 21. — *Vie de Claude de Granier*, p. 196. — Charles Auguste, liv. III. Cet auteur fait assister saint François à cette assemblée, mais d'autres auteurs contemporains ne le mentionnent pas. Le discours qu'il met dans la bouche du prince est certainement de sa composition, au moins quant à la forme.

Ternier, ne pourraient plus, directement ni indirectement, les confier à loyer ni à ferme à d'autres qu'à des catholiques, sous peine de confiscation ; 2° Que tout protestant qui maltraiterait, menacerait ou insulterait les catholiques et ceux qui désireraient le devenir, serait puni d'une amende de mille livres ou d'une autre peine, au choix du juge ; 3° Que les hérétiques seraient incapables de posséder aucun emploi, aucune dignité publique, et que ceux qui en étaient revêtus en seraient privés s'ils persistaient dans l'hérésie. Il ordonna que les biens ecclésiastiques ne seraient plus employés qu'à l'entretien des curés et aux besoins du culte, et il en confia l'administration au primicier de la Roche, Claude d'Angerville.

Saint François de Sales lui ayant remis, dans les premiers jours de novembre, un mémoire où il proposait les mesures les plus propres à consolider la religion dans le Chablais, Charles-Emmanuel porta diverses autres ordonnances dont voici les principales : l'exercice de la religion protestante est interdit ; défense aux hérétiques d'aller hors des frontières assister aux prêches protestants, de s'absenter plus de huit jours, de célébrer les mariages, de faire baptiser ou instruire leurs enfants ailleurs que dans l'Église catholique ; défense de vendre ou de retenir des livres prohibés ; les hérétiques adultes assisteront aux prédications catholiques, les enfants aux catéchismes, les pères et mères y enverront leurs enfants et leurs domestiques ; il sera institué un conseil pour la surveillance des mœurs et la répression des désordres qui échappent à l'action des lois et des tribunaux, tels que l'ivrognerie, le concubinage, les disputes, etc. [1].

---

[1] *His. abrég.*, etc., *ibid.* — BAUDRY, chap. XXVIII et XXIX. — HAMON, p. 320.

Ces mesures, qui achevèrent d'extirper le protestantisme du Chablais, avaient été indiquées par saint François de Sales dans le mémoire présenté au Duc, et rien n'indique que le P. Chérubin y ait eu aucune part. Il serait injuste de les juger avec les idées de notre temps sur les devoirs et les droits des pouvoirs civils. Au XVIe siècle on ne croyait pas encore que ces pouvoirs sortissent de leurs attributions en sauvegardant avant tout l'unité religieuse, que l'on regardait comme le fondement essentiel de la prospérité publique. L'autorité, venant de Dieu, devait défendre les droits de Dieu et par conséquent de l'Église. Notre siècle a changé tout cela. Ce changement est-il bien légitime et notre siècle y a-t-il beaucoup gagné? C'est une question dont l'examen nous écarterait beaucoup trop de notre sujet.

Cependant Brotti, Joly et Desprez s'ennuyèrent dans l'exil. Saint François de Sales leur obtint un sauf-conduit pour rentrer dans leur patrie; il eut avec eux plusieurs entretiens et, comme les ministres de Genève ne purent réfuter les raisons par lesquelles le saint prouvait que l'Église catholique est la seule véritable Église de Jésus-Christ, il ne tardèrent pas à renoncer à l'hérésie.

Ainsi finit le protestantisme chablaisien. Saint François de Sales, après lui avoir porté seul les premiers coups, eut la gloire de l'achever par les mêmes moyens: la douceur et la persuasion.

Charles-Emmanuel I, qui eut une si large part dans cette œuvre, est un des plus grands princes de la Maison de Savoie, et aussi un des plus ambitieux et des plus entreprenants. C'est lui qui inaugura définitivement la politique italienne, que continuèrent tous ses successeurs. Ayant échoué dans ses tentatives pour monter sur le trône de France, il tourna ses vues au-delà du Mont-Cenis. La Savoie ne fut plus qu'un enjeu, et le traité de

Turin (24 mars 1860) est le corollaire du traité de Lyon (17 janvier 1601). Mais c'était un prince catholique, plein de foi, de piété et de dévoûment au Saint-Siège. Il n'eût point imaginé que la grandeur de sa race dût se fonder sur les dépouilles de l'Église, sur le triomphe de l'impiété et sur les poignards de la révolution.

CHAPITRE XII.

Le P. Chérubin à Rome.

Le Chablais était donc entièrement reconquis à l'Église. Ce n'est pas qu'il ne restât encore, dans diverses localités, et principalement à Thonon, un certain nombre de personnes retenues dans l'hérésie par l'ignorance, par l'apathie, par les liens de parenté, ou par l'orgueil qui leur faisait considérer comme un honneur de rester fidèles à ce qu'ils appelaient l'*ancienne religion*, ancienne de soixante ans, au moment où presque tous leurs compatriotes l'abandonnaient pour revenir à la foi de leurs ancêtres. Mais comme ils ne pouvaient remplir aucune charge, qu'ils étaient, par le fait même de leur situation, sans influence sur la grande masse des convertis, et qu'ils ne trouvaient plus dans le pays le moyen d'abuser de leur autorité paternelle pour faire élever leurs enfants dans l'hérésie, on pouvait dire que le protestantisme était moralement mort et prévoir l'époque où il disparaîtrait entièrement du Chablais. Le mouvement s'était propagé dans les contrées limitrophes et, sur les terres de Berne, de Lausanne, de Genève, bien des consciences étaient agitées, bien des esprits entr'ouverts à la lumière. Mais là se dressait un obstacle insurmontable, sauf aux grâces extraordinaires toujours rares, l'intérêt, et, pour un grand nombre, les besoins matériels de la vie. Les catholiques chablaisiens étaient eux-mêmes soumis à de rudes épreuves.

« Leur foi, dit un auteur[1], était continuellement mise en péril par la nécessité de fréquenter Lausanne ou

---

[1] F. PÉRENNÈS, *Hist. de saint François de Sales*, t. I, p. 423.

Genève, pour acheter ou vendre les divers objets nécessaires aux usages de la vie, car ils rencontraient dans ces villes mille occasions de séduction. Les nouveaux convertis y étaient assaillis par des railleries et des injures, on insultait en leur présence la foi catholique, et il n'était point d'expédient qu'on n'imaginât pour les ramener aux erreurs du calvinisme. Le danger était plus grand encore pour ceux qu'attiraient dans ces villes les ressources multipliées dans les grands centres de population, et qui s'y rendaient, les uns pour étudier les sciences et les belles-lettres, les autres pour se placer comme domestiques, ou apprendre les arts mécaniques. Ce n'était pas tout : on y avait organisé à l'égard des catholiques un double système de séduction et de persécution, de telle sorte que, d'un côté, quiconque embrassait la vraie doctrine de l'Église Romaine, voyait ses propriétés confisquées au profit du fisc, tandis que ceux qui abjuraient la même doctrine étaient assurés d'obtenir une épouse, s'ils étaient célibataires, des biens et des avantages temporels considérables. « De là, dit Charles-Auguste, il arrivait que plusieurs habitants du Chablais, succombant à la tentation du besoin, s'y retiraient pour trouver, aux dépens de leur âme, de quoi soutenir leur existence corporelle, bien que la plupart restassent disposés à retourner à la vraie foi, si on leur ménageait des moyens de subsistance. »

Dans cette situation, un établissement offrant tout à la fois un séminaire et comme une pépinière pour le recrutement du clergé chablaisien, un corps de missionnaires toujours prêts à se porter où les besoins des âmes les appelleraient, une université où non seulement les sciences et les lettres, mais les divers métiers, seraient enseignés, un refuge où les catholiques et ceux qui voulaient le devenir trouveraient des ressources suffisantes et honorables, soit en se vouant à l'enseignement, soit en exerçant ou en apprenant un métier, présentait le triple avantage de sauvegarder la foi des catholiques en rendant moins nécessaires les relations avec Genève et Lausanne, de rompre les liens qui retenaient les pauvres dans l'hérésie, et de donner au commerce et à l'industrie du pays assez de développements pour qu'il ne fût plus aussi complètement tributaire de l'étranger.

Il y avait longtemps que le P. Chérubin songeait à doter Thonon d'un établissement de ce genre, sous le nom de Sainte-Maison de Notre-Dame-de-Compassion ; car, quoiqu'en aient dit les historiens de saint François de Sales, il est certain, et nous le démontrerons plus tard, que la première idée de cette fondation et les premières démarches pour la réaliser, lui appartiennent. C'était une vaste entreprise, pour laquelle il fallait tout le concours du Pape et du duc de Savoie. Il en avait entretenu Charles-Emmanuel dans la visite qu'il lui avait faite au fort de Barraux au mois de juillet 1598. Le prince, tout en approuvant son projet et en promettant de contribuer à cette œuvre de tout son pouvoir, ne put s'en occuper en ce moment où, Lesdiguières ayant envahi la Savoie, il avait assez à faire de défendre ses États. Le P. Chérubin reprit cette affaire pendant les Quarante-Heures de Thonon. Il en parla au cardinal de Médicis, qui l'appuya chaudement auprès du Duc, comme étant de la dernière importance pour ramener les hérétiques, même des terres de Genève, de Lausanne et de Berne. Que de gens, tombés dans la misère parce qu'ils ne trouvaient plus ni places ni travail dans les villes protestantes du voisinage depuis qu'ils étaient revenus au catholicisme, sentaient la tentation les mordre au cœur ! « Nous ne voulons pas de papistes, leur disait-on. Revenez à nous et nous vous emploierons. » Combien d'autres, entrevoyant la vérité, sollicités intérieurement de l'embrasser, étaient arrêtés par la crainte de l'avenir. Que deviendraient-ils et que deviendraient leurs familles, s'ils ne trouvaient plus de travail au-delà du lac? Pour ceux de la Suisse, de Lausanne et de Genève, la situation était plus poignante encore. Il faudrait s'expatrier. Où iraient-ils? Où trouveraient-ils un refuge, du travail, une seconde patrie? Que de fois saint François de Sales et le P. Chérubin avaient entendu ces doléances et ces objections! Il n'y avait qu'une réponse décisive, créer la Sainte-Maison. Là aussi on aurait des ressources pour l'entretien des ecclésiastiques qui, assurés d'un refuge et du nécessaire, pourraient s'employer, libres de tout autre souci, au service des paroisses du Chablais, à la conversion des hérétiques des pays voisins, et à celle des Vallaisans, catholiques encore, mais fortement travaillés par le protestantisme et déjà bien pervertis. Thonon était un centre merveilleusement préparé par la nature, avec la bonté de son climat, la beauté du site, la fertilité du terroir, la facilité et la rapidité des communications par le lac. Placées là, une université et une école pour les arts et métiers ne pouvaient manquer d'attirer les jeunes gens même de Genève, de la Suisse, de la France et de l'Allemagne. Quelle richesse pour le pays! Quelle sécurité et quel foyer pour la religion[1]!

Voilà ce que disait le P. Chérubin. Le Duc goûtait fort ces raisons. Il réunit en conseil Mgr de Granier, saint François de Sales, l'abbé d'Abondance, le P. Chérubin, le procureur fiscal Claude Marin, le chevalier Bergerat et quelques autres ecclésiastiques et laïques, et leur

---

[1] *Hist. abrég. des miss.*, etc., liv. III. — Notes de l'abbé DE BAUDRY, *Œuvres de saint François de Sales*, édit. Migne, t. VI, col. 1267.

soumit toute cette affaire. Les avis furent unanimes sur la nécessité de fonder l'établissement proposé par le P. Chérubin. Un projet définitif fut rédigé en vingt-un articles, et Charles-Emmanuel accorda aussitôt de l'argent, du terrain, une maison, des privilèges. Mais il était nécessaire d'asseoir ce grand ouvrage sur l'autorité du Saint-Siège. On décida que le P. Chérubin se rendrait à Rome et solliciterait l'approbation pontificale. Pour qu'il put entreprendre ce voyage, il fallait la permission du Pape qui, on l'a vu, lui avait fait défense de quitter Thonon sans son ordre formel. On adressa donc à l'archevêque de Bari, nonce à Turin, pour qu'il le transmît à Rome, un rapport détaillé sur les résultats des missions et des exercices qui avaient eu lieu à Thonon. Le P. Fidèle de Thalissieu date ce rapport du 13 octobre 1598. Clément VIII ne l'eût pas plutôt parcouru, qu'apprenant par le cardinal de Médicis que le P. Chérubin avait été, après saint François de Sales, le plus actif instrument de ces rapides succès, il lui fit dire par le nonce de se rendre à Rome[1].

Charles-Emmanuel lui remit une lettre dans laquelle il exposait longuement au Saint-Père les desseins qu'il avait formés pour l'affermissement de la religion dans le Chablais, et les moyens qu'il pensait employer pour la fondation, sur de larges bases, d'une maison de refuge et d'instruction, réservée spécialement aux nouveaux catholiques soit de ses États, soit des pays environnants. Dans une autre lettre adressée au cardinal de Florence, il lui recommandait son envoyé et le priait de l'aider de tout son crédit dans les négociations dont il était chargé auprès de la cour de Rome.

[1] ROCCO DA CESINALE, *Storia delle missioni*, etc., t. I, p. 288. — BAUDRY, etc.

Le P. Fidèle de Thalissieu et l'abbé de Baudry placent le voyage du P. Chérubin vers le milieu de l'année 1599, c'est-à-dire, peu après le retour de François de la Ville Éternelle, où il avait été envoyé par Mgr de Granier pour traiter un certain nombre de questions dont on peut voir l'exposé dans ses œuvres[1]. On s'est étonné de ne pas y trouver celle de la fondation de la Sainte-Maison, et plusieurs historiens, voyant là une lacune ou un oubli du saint évêque, n'ont pas hésité à affirmer qu'il fit au Pape les premières ouvertures relativement à cette affaire. Mais leur assertion ne repose sur aucune preuve ; elle est même formellement contredite par le diplôme de Charles-Emmanuel que nous donnons dans les pièces justificatives. Il n'existe pas le moindre indice que François se soit occupé de cette fondation, même indirectement, pendant son séjour à Rome. Cependant, lorsqu'il s'y rendit, elle était décidée déjà depuis plusieurs mois. Peut-être trouverait-on la raison de son silence sur cette question, à laquelle il prit pourtant un si vif intérêt, dans ce fait que le chapitre l'avait chargé de demander que le siège épiscopal fût transféré d'Annecy à Thonon[2]. On put craindre que, si l'on demandait en même temps la fondation de la Sainte-Maison, la seconde demande ne nuisît à la première. Peut-être aussi se réservait-on de traiter de cette fondation lorsque, la translation du siège épiscopal étant décidée, il s'agirait de l'organisation des établissements diocésains. Ainsi s'expliquerait également le long retard que subit cette affaire depuis le mois d'octobre 1598, où elle fut décidée dans la réunion de Thonon, jusqu'au départ du P. Chérubin pour Rome,

[1] Édition de Béthune, t. XIV, p. 97.
[2] *Ibid.*, p. 103.

lorsque, François étant de retour, on sut que la demande du chapitre était rejetée.

Quoiqu'il en soit, il est incontestable que le Père fut envoyé par Charles-Emmanuel pour proposer cette œuvre au Souverain Pontife. Il fut présenté à Clément VIII par le cardinal de Médicis. Après avoir baisé les pieds de Sa Sainteté, il lui fit un exposé sommaire de tout ce qui s'était fait dans le Chablais ; il ajouta que l'on avait l'espérance fondée de ramener à la foi catholique un grand nombre d'hérétiques des pays voisins, si le Saint-Siège daignait approuver les mesures proposées par le duc de Savoie pour la création de la Sainte-Maison, et il traça les lignes principales de cet établissement.

Le cardinal ayant rappelé que les Capucins avaient travaillé avec une infatigable ardeur à la conversion du Chablais et des autres bailliages, et que le P. Chérubin s'y était particulièrement distingué par son zèle, ses talents et ses succès, Clément VIII lui témoigna toute sa satisfaction et chargea le cardinal Anne d'Escars de Givry d'examiner avec soin le projet proposé et les moyens de le faire réussir. Ce prélat y travailla avec beaucoup de diligence et, sur le rapport favorable qu'il fit à Sa Sainteté, le Pape expédia le 13 septembre 1599 la bulle d'érection.

Nous raconterons dans le chapitre suivant la fondation de la Sainte-Maison. Ajoutons ici que le vocable de Notre-Dame-de-Compassion ou des Sept-Douleurs lui fut donné, afin de renouveler une dévotion particulière que les habitants des environs de Genève avaient eue pour la Sainte Vierge sous ce titre [1].

---

[1] *Hist. abrég. des miss.*, etc., liv. III. — L'abbé DE BAUDRY, *ibid.*, col. 1277.

Les négociations dont il était chargé amenèrent plus d'une fois le P. Chérubin aux pieds du Vicaire de J.-C. et, comme le Pape se plaisait à l'entretenir des moyens de procurer la conversion des infidèles et des hérétiques, pour laquelle il était fort zélé, le missionnaire en profita, dit un auteur du XVIIe siècle [1], pour montrer les services inappréciables que rendrait une Congrégation établie à Rome et spécialement chargée de l'administration et des intérêts des missions dans toutes les parties de l'univers : il fut ainsi le premier promoteur de l'institution de la Congrégation de la Propagande, qui ne fut pourtant établie que vingt-trois ans plus tard, sous le pontificat de Grégoire XV.

Une des questions qui paraissent avoir le plus préoccupé le P. Chérubin relativement à la Sainte-Maison, c'est la formation ou le choix d'un corps de missionnaires. Le Souverain Pontife lui adressa à ce sujet plusieurs questions et communiqua ses réponses, le 2 décembre, au nonce de Turin. Elles étaient nécessairement incomplètes ; car il ne connaissait pas tous les prêtres du diocèse de Genève et, en outre, plusieurs étaient arrivés depuis son départ, qui remontait déjà à plusieurs mois. C'est ce que saint François de Sales fit remarquer au nonce, qui lui avait envoyé une copie de la lettre du Père. « Relativement à l'article des sujets ecclésiastiques, dit-il [2], il y en a beaucoup d'autres très recommandables. Le P. Chérubin ne s'est pas souvenu des uns, et il ne connaît pas les autres, parce qu'ils sont venus après son départ, tels que les chanoines Déage, Grandis, Goltri, Bochuto, tous docteurs et très lettrés.... Ainsi, il me paraît que sur cela il n'y aura aucune diffi-

---

[1] *Memorabilia provinciæ Sabaudiæ*, 1610-1684, manuscrit des archives d'État à Milan. — V. *Pièces justificatives*, n° 12.

[2] Collection Datta, t. I, p. 242.

culté. Le point qui nous arrête est qu'il n'y a pas moyen de donner à ces hommes recommandables un sort convenable à leurs qualités et à leurs exercices. » Du reste, ses vues s'accordent parfaitement avec celles de son ami, car il conclut en disant : « On peut dire, avec le P. Chérubin, que, s'il y a le moyen, on pourra faire une bonne et utile œuvre dans ce diocèse et créer comme un séminaire de prêtres dont on se servira en toute occurence, particulièrement pour les alentours. » On verra plus loin la solution de cette affaire.

Le Saint-Père accorda encore au P. Chérubin diverses grâces pour lui-même et pour les autres missionnaires, et pour le Chablais une faveur d'autant plus grande, qu'elle n'avait jamais été concédée, celle d'un jubilé : nous en parlerons plus tard.

Enfin, dans l'audience de congé, il le bénit, l'embrassa et, lui mettant les mains sur les épaules, il lui dit : « Mon fils, aussitôt qu'avec l'aide de Dieu vous aurez fondé la Sainte-Maison de Thonon, employez tous vos soins, tous vos efforts à secourir, autant que vous le pourrez, les habitants du Vallais, dont la foi court un danger imminent. Vous ferez une œuvre tout à fait utile au Saint-Siège, et que nous désirons ardemment. »

Avant de rentrer en Chablais, le P. Chérubin s'arrêta quelques jours à Turin, où Charles-Emmanuel, auquel il rendit compte de sa mission, l'accueillit avec tous les témoignages de la plus affectueuse bienveillance et lui promit deux mille écus et, en outre, un revenu annuel de mille écus d'or, à prendre sur la gabelle du sel, pour la Sainte-Maison. Mais les événements politiques retardèrent l'exécution des mesures si bien concertées à Rome et à Turin [1].

---

[1] *Hist. abrégée des miss.*, etc., liv. IV.

Pendant son séjour à Rome, le P. Chérubin avait été l'instrument de la Providence pour la conversion d'un proche parent de Calvin. Voici le fait, tel que nous le trouvons raconté par le P. Philippe de la Sainte-Trinité, de l'ordre des Carmes [1].

Le P. Clément de Sainte-Marie, de l'ordre des Carmes déchaussés de la Congrégation de Saint-Elie, appelé dans le siècle Étienne de la Faverge, naquit à Genève vers l'année 1570. Son grand-père paternel aima mieux être expulsé de sa patrie et dépouillé de ses biens, qui étaient considérables, que d'abandonner la foi catholique. Il avait sept enfants, dont l'un exerça pendant quelque temps la profession d'avocat à Chambéry. Malheureusement pour lui, celui-ci oublia qu'un catholique ne doit pas fréquenter les hérétiques; car étant allé visiter un oncle protestant qui habitait Genève, il fut entraîné par lui dans l'hérésie. Pour l'y attacher davantage, son oncle lui fit épouser Rachel de Saint-André, petite-fille d'Antoine Calvin, frère de Jean Calvin l'hérésiarque. De ce mariage naquit Étienne. Il était jeune encore lorsqu'il perdit ses parents et il fut élevé dans la maison de sa grand'mère maternelle, où il but aux sources les plus empoisonnées du Calvinisme.

Antoine Calvin, son grand-père, l'envoya faire ses études à l'université protestante d'Heydelberg dans le Palatinat. Il y étudia le droit, revint à Genève et fit partie du conseil des Deux-Cents. Étant venu en Savoie visiter ses cousins, il fut engagé par eux à embrasser la religion catholique, mais il repoussa leurs sollicitations avec dédain. Plusieurs conférences qu'il eut avec saint François de Sales et les PP. Chérubin de Mau-

---

[1] *Decor Carmeli religiosi in splendoribus sanctorum ac illustrium virorum, pars I*, p. 143 et suiv., Lyon, 1665.

rienne et Esprit de la Baume, ne produisirent pas un meilleur résultat. L'heure de la grâce n'avait pas encore sonné.

L'année sainte 1600 attira à Rome un nombre immense de catholiques. Des protestants y allèrent aussi, non par piété, mais par curiosité ou pour tourner en dérision les cérémonies catholiques. Étienne de la Faverge s'y rend, poussé par les mêmes intentions impies et après avoir pris l'avis de Théodore de Bèze : il avait alors trente ans. Il est dépouillé de son argent par un compagnon de voyage, arrive à Rome sans le sou et malade de la fièvre et est reçu dans un hôpital. Le règlement exige que le confesseur précède le médecin. Étienne n'ose pas refuser, dans la crainte de quelque désagrément s'il déclare qu'il n'est pas catholique, mais il demande à se confesser à un capucin français. Le capucin se présente. Providence de Dieu ! C'est le P. Chérubin avec lequel il a disputé en Savoie. Ils se reconnaissent bien vite. « Dieu me trompe ! s'écrie le malade. Il veut donc me forcer à entrer dans l'Église ! » Chérubin le console, l'encourage, lui promet de ne pas l'abandonner, et va prier le prédicateur apostolique, le P. Pierre de la Mère de Dieu, d'informer le Pape qu'un parent de Calvin par alliance demande à se réconcilier avec l'Église.

Clément VIII le recommanda au cardinal Baronius, qui alla le voir et fournit tout ce qui lui était nécessaire. Les soins des médecins guérirent son corps ; ceux du P. Pierre et du P. Chérubin guérirent son âme. Il abjura le protestantisme avant même de sortir de l'hôpital.

Lorsqu'il fut entièrement rétabli, Baronius le présenta au Pape, qui l'accueillit très affectueusement, lui fit présent d'une chaîne d'or, et ordonna qu'on lui fournît de quoi vivre d'une manière conforme à son rang. Mais de nouvelles pensées avaient germé dans l'âme d'Étienne. Il voulait aller en pèlerinage à N.-D. de Lorette ; Baronius l'en dissuada. Il resta donc à Rome, examina sérieusement sa vocation et, après de longues épreuves, entra dans l'ordre des Carmes déchaussés, où il prit le nom de Clément de Sainte-Marie, en souvenir de la protection dont la Sainte Vierge l'avait couvert malgré lui et des bontés du pape Clément VIII. Il y fut suivi peu de temps après par le domestique qu'il avait amené à Rome et par trois de ses cousins.

Le P. Clément demandait sans cesse à Dieu de lui faire la grâce qu'ayant passé trente années dans l'hérésie, il pût en consacrer autant au service de la vérité. Sa prière fut exaucée. Il fit profession en 1602, devint prieur du couvent de Charenton en 1617, prieur d'Avignon en 1619, premier définiteur en 1635 et provincial d'Avignon en 1640. Il mourut plein de vertus et de bonnes œuvres en 1643.

Le P. Roch [1] rapporte une autre particularité du voyage du P. Chérubin à Rome. Lorsqu'il fut appelé auprès du lit d'Étienne de la Faverge, il revenait d'accomplir un vœu à Notre-Dame-de-Lorette. Un jour, (est-ce dans le Chablais ou ailleurs ? l'auteur l'ignore), des protestants voulant se défaire de lui, lui jetèrent sur la tête un acide violent. Il fut gravement malade et fit vœu d'aller en pèlerinage à Lorette, si la Sainte Vierge le tirait de ce danger. Son premier soin, après avoir acheminé les affaires de la Sainte-Maison, avait été d'aller payer sa dette de reconnaissance à la Mère de Dieu.

Le P. Boniface Constantin [2] fait aussi mention de cet

---

[1] *Storia delle missioni*, etc., t. I, p. 289.
[2] *Vie de Mgr de Granier*, p. 229.

attentat contre la vie du P. Chérubin ; il dit que les hérétiques de Thonon en furent les auteurs et que le fait lui a été raconté par des pères capucins et par sainte Jeanne de Chantal, qui lui a même fait voir un écrit, attribué à Théodore de Bèze, où il en était parlé. Il ajoute que ce ne fut qu'à Lorette, en entrant dans la chambre de la Sainte Vierge, que le Père fut complètement guéri.

CHAPITRE XIII

Fondation et privilèges de la Sainte-Maison de Thonon.

La guerre pour le marquisat de Saluces, occupé par Charles-Emmanuel et réclamé par Henri IV, retarda la célébration du jubilé de Thonon et l'érection définitive de la Sainte-Maison. Nous n'avons pas à faire l'histoire de cette guerre. On sait que le traité de Vervins avait laissé en suspens la question du marquisat. La guerre éclata au commencement du mois d'août 1600 et la Savoie fut de nouveau envahie. Enfin la paix fut conclue à Lyon le 17 janvier 1601 : Charles-Emmanuel reçut le marquisat de Saluces, mais il céda la Bresse et le Bugey. La Savoie s'acheminait vers la France et la Maison de Savoie devenait italienne.

Dès lors rien ne s'opposa plus à la mise à exécution des mesures concertées entre le Duc et le Pape Clément VIII, par l'entremise du P. Chérubin.

Les historiens qui ont parlé de la Sainte-Maison de Thonon, ne l'ont généralement fait que d'une manière très succincte et qui ne donne pas une idée suffisante de l'importance de cette institution. Sans doute c'était avant tout, dans la pensée de Charles-Emmanuel, une œuvre religieuse dont le but était de faciliter le retour à l'Église catholique des Chablaisiens et des habitants des contrées environnantes que la crainte de la misère retenait dans le calvinisme ; et une œuvre politique destinée à éloigner les sujets du duc de Savoie des intrigues de Berne et de Genève. Mais il y avait aussi le germe d'une œuvre sociale qui aurait pu acquérir une importance considérable, si les circonstances avaient permis l'exécution complète des plans élaborés par le P. Chérubin et adoptés par le prince. En ce temps-ci où l'on s'occupe, ou plutôt où l'on parle beaucoup de ce que l'on appelle la question industrielle, la question ouvrière, la question de l'instruction publique, il n'est peut-être pas sans intérêt d'étudier l'œuvre d'un prince batailleur et ambitieux, mais catholique fervent, en collaboration avec un pape, un évêque et un capucin. Nous le ferons en analysant les documents officiels, dont nous insérerons les principaux aux pièces justificatives.

Pour l'intelligence des privilèges considérables accordés à la Sainte-Maison et des motifs qui portèrent Charles-Emmanuel à entrer si pleinement dans les vues du P. Chérubin, il nous faut dire un mot d'un autre établissement fondé quelques années auparavant à Turin.

Plusieurs personnes charitables avaient fait des legs pour la fondation, dans la capitale, d'une maison de refuge sous le nom d'*Auberge de vertu*. Cette œuvre plut à Charles-Emmanuel. Vers l'année 1585, il lui accorda un revenu annuel de six cents écus à prendre sur la gabelle du sel. Le 8 juillet 1587, il nomma un conseil pour diriger l'établissement et veiller à sa bonne administration, *afin*, dit-il dans les lettres-patentes, *qu'il reçoive le plus grand nombre de pauvres qu'il sera possible, qu'on leur enseigne les arts pour lesquels ils montreront de l'aptitude, et qu'ils aillent ensuite répandre dans les diverses parties des États le goût des arts, surtout de ceux qui contribuent à la prospérité publique et au bien des peuples.*

Dans une autre patente du 24 du même mois, il revient sur le but de cet établissement, qui est de *retirer les jeunes gens oisifs qui mendient dans la ville et de leur enseigner les arts, soit afin de les soustraire à l'occasion de malfaire et de les rendre utiles au public, soit afin de retenir dans le pays l'argent que la nécessité de recourir à l'in-*

dustrie étrangère en fait sortir. Dans cette seconde patente le Duc cède à l'*Auberge de vertu* un palais qu'il a hérité de son frère naturel dom Amédée de Savoie, marquis de Saint-Rambert, la dixième partie, dans les provinces au-delà du Mont-Cenis, du produit de toutes les condamnations criminelles et fiscales, et de toutes les donations qui seront faites à titre de récompense ou autrement, à l'exception de celles qui seront en faveur de la duchesse son épouse, de ses enfants et des princes du sang, et enfin tous les droits qui lui appartiennent sur la fabrication des cartes à jouer et des *tarocs*. Le prince prend sous sa protection spéciale toutes les personnes qui habiteront dans l'*Auberge de vertu* et déclare qu'elles jouiront des mêmes privilèges et exemptions que les officiers et les serviteurs de sa maison [1]. Le même prince créa aussi un mont-de-piété à Turin.

Aussitôt qu'il eût reconquis le Chablais, il songea à doter la ville de Thonon de deux établissements du même genre, et il exécuta ce projet par deux lettres-patentes datées de Thonon le 19 novembre 1598 [2]. La première frappe d'un droit de deux florins chaque tonneau de vin de huit sétiers qui se vendra dans le Chablais, et ordonne que les sommes ainsi recueillies seront employées à l'érection du mont-de-piété. Le Duc donne pour motif de cette fondation que *les gens du pauvre tiers-estat se trouvent présentement si en arrière de moyens par la vente de la pluspart de leurs biens, comme aussi débiteurs de telles sommes d'argent en divers lieux, à énormissimes et excessifs intérêts, que, sans l'appui de la charité, la nécessité serait telle que tout irait en confusion.*

Par la seconde lettre-patente, Charles-Emmanuel

---

[1] Archives du Sénat de Chambéry.
[2] *Ibid.*

donne à l'*Auberge de vertu* qu'il a fondée à Thonon une maison appartenant à un châtelain, et confisquée *parce que le propriétaire s'est rendu coupable du crime de rebellion*, probablement en prenant parti pour les Bernois lors de leur invasion dans le Chablais.

L'*Auberge de vertu* fut le germe de la Sainte-Maison.

Le 13 septembre 1599, Clément VIII publia la bulle *Redemptoris et Salvatoris nostri Jesu Christi*[1]. « Nous avons appris avec une grande joie, dit-il, que dans ces derniers temps les habitants du duché de Chablais et du bailliage de Ternier, qui avoisine Genève, sont rentrés dans l'unité de la foi catholique, apostolique et romaine.... Leur conversion a produit des fruits admirables chez les hérétiques d'Allemagne et de France..... Les Genevois eux-mêmes commencent à murmurer contre leurs ministres, qui sont plutôt les ministres du démon, et contre leur pernicieux enseignement; plusieurs, dans leur amour pour la religion catholique, sont sortis de Genève avec leurs familles et, abandonnant tout ce qu'ils possédaient dans cette ville, se sont retirés à Thonon; d'autres, qui gardent dans leurs cœurs l'espérance d'une semblable conversion, ont déclaré qu'ils avaient la même intention et qu'ils embrasseraient la foi catholique, pourvu que, après avoir perdu ce qu'ils ont à Genève, ils trouvent ailleurs de quoi vivre de leur travail... »

Le Pape retrace ensuite en termes émus les dangers auxquels la fréquentation de Genève et de Lausanne expose la foi des habitants du Chablais, les mesures tyranniques prises par les Genevois pour retenir dans l'hérésie ceux qui en voudraient sortir et y attirer leurs voisins, et les services inappréciables que rendrait un établissement qui serait tout à la fois une maison

---

[1] Publiée par l'abbé DE BAUDRY, *ibid.*, col. 1255 et suiv.

de refuge, une université et une école des arts et métiers. « C'est pourquoi, continue-t-il, en vertu de l'autorité apostolique et par ces présentes, nous érigeons et établissons à perpétuité, dans la ville de Thonon et dans le local concédé par le duc Charles-Emmanuel et bénit par notre vénérable frère Claude, évêque de Genève, une maison appelée *Auberge des sciences et des arts,* sous l'invocation de la Compassion, soit des Sept-Douleurs de la bienheureuse Vierge Marie, pour un préfet et sept prêtres séculiers, qui observeront les règles et le genre de vie de la congrégation de l'Oratoire de Rome, gouverneront la maison et ses habitants, et administreront ses biens. Dans cette maison, les personnes converties et revenues à J.-C., de quelque qualité, état, rang et condition qu'elles soient', seront reçues, élevées et instruites dans la doctrine chrétienne, les sciences et les arts, et formées à toutes les vertus qui concourent à l'honneur de Dieu et de sa bienheureuse Mère, par des lecteurs, des maîtres et des professeurs habiles dans les sciences et les arts, qui y seront placés et députés ; elles devront vivre et se comporter conformément aux statuts de la Maison. Les sciences et les arts seront enseignés comme dans une Université publique, avec les privilèges, immunités, indultes, indulgences, concessions et grâces accordées aux autres Universités publiques, et spécialement à nos Universités de Bologne et de Pérouse, et aux autres Universités d'Italie, et dont jouissent leurs écoliers, leurs élèves, leurs maîtres, leurs professeurs et toutes les personnes qui y habitent. Par la même autorité et par la teneur des présentes nous unissons, annexons et incorporons à perpétuité et dès maintenant à cette Maison ainsi érigée et instituée les prieurés de Saint-Jeoire [1], de Nantua et

---

[1] V. *Notes et Pièces justificatives,* n° 13.

de Contamine, et cette union produira son effet aussitôt qu'ils deviendront vacants et que la commande aura cessé par la renonciation, la permutation, le décès, la démission ou la révocation du cardinal Grégoire de Montelparo, de Tibère Mutus et de Philippe Rutins, qui les possèdent actuellement, soit que cette vacance ait lieu en cour de Rome, soit qu'elle se produise en dehors ; en sorte que le préfet et les prêtres de cette Maison pourront prendre et retenir à perpétuité la possession réelle et corporelle de ces prieurés et de chacun d'eux, à mesure qu'ils deviendront vacants, et percevoir, exiger et affermer leurs fruits, revenus, produits, droits et émoluments de toute nature, et les employer à l'utilité et au service d'eux-mêmes, des prieurés, de la Maison et de ses élèves et habitants, sans qu'ils soient obligés de demander l'autorisation de l'Ordinaire du lieu ou de qui que ce soit. Nous prenons sous notre protection et sous celle du Saint-Siège cette Maison, ses annexes et dépendances, les personnes qui lui sont attachées, ses élèves et ses habitants ; nous les confions aussi à la protection de l'un de nos Vénérables Frères les Cardinaux de la Sainte Église Romaine, qui sera choisi par le préfet ; mais pour cette première fois nous désignons pour protecteur notre cher Fils Césaire Baronius, cardinal du titre des saints Nérée, Achillée et Domitille. Nous donnons, en outre, au préfet et aux prêtres, le droit de faire les statuts et règlements qu'ils jugeront les plus convenables à la bonne direction de la Maison....., soit pour la réception des personnes qui demanderont à y être admises, soit pour la célébration des offices divins dans son église et dans les prieurés annexés, soit pour l'enseignement des sciences et des arts libéraux et mécaniques..... »

Clément VIII nomme ensuite François de Sales premier préfet de la Sainte-Maison, dont les membres pourront gagner une indulgence plénière à chacune des fêtes de la Sainte Vierge. Enfin, il charge les évêques de Genève, de Belley et de Maurienne de publier les lettres apostoliques et de veiller à ce qu'elles soient ponctuellement mises à exécution.

A la Sainte-Maison était annexée une confrérie portant aussi le nom de Notre-Dame-de-Compassion et déjà précédemment érigée par le Pape qui s'en était déclaré le chef et le protecteur. Ses membres s'obligeaient à travailler à la conversion des hérétiques et au bien de l'institution de Thonon par leurs prières, leurs pénitences, leurs aumônes, la composition et la diffusion de livres catholiques, l'achat et la destruction des livres hérétiques, etc. Un grand nombre de cardinaux et de prélats romains étaient entrés dans cette pieuse association et nous avons, sous la date du 3 juillet 1601, l'acte d'aggrégation du duc Charles-Emmanuel, de ses enfants et d'une grande partie de la noblesse de ses États. Cette confrérie, dont le siège principal était à Rome, avait part à toutes les faveurs spirituelles accordées à la Sainte-Maison [1].

Le 20 août de la même année 1601, le conseil de la confrérie adressa aux évêques d'Italie, et peut-être aussi à ceux des autres contrées, un résumé de la bulle *Redemptoris nostri* et un exposé succinct du but que se proposaient la Sainte-Maison et la confrérie, en les priant de faire connaître ces œuvres à leurs diocésains. « Ainsi, disait-il, ils pourront jouir des grâces et des biens spirituels que Dieu a préparés pour ceux qui procurent le salut des âmes et l'exaltation de son Église, à laquelle nous devons être prêts à donner notre vie, et

---

[1] Archives des Capucins de Chambéry.

ils participeront aux mérites des fatigues, des études, des prédications, des prières et des aumônes, par lesquelles cette sainte association s'efforcera de travailler à la conversion des hérétiques et des pêcheurs dans le monde entier. » Cette demande fut accueillie avec le plus bienveillant intérêt, et la confrérie de Notre-Dame-de-Compassion s'établit immédiatement dans un grand nombre de diocèses [1].

Pendant que le P. Chérubin obtenait à Rome cette bulle qui réalisait ses projets les plus chers, François ne restait pas oisif. Emmanuel-Philibert, espérant peu le retour prochain du Chablais à l'Église, avait obtenu de Grégoire XIII que les bénéfices ecclésiastiques de cette province, dont les biens n'avaient pas été vendus par les Bernois, fussent unis à l'ordre des SS. Maurice et Lazare. Maintenant que le pays était redevenu catholique, le saint, pendant son séjour à Rome, avait demandé que ces bénéfices fussent séparés de l'ordre et employés à l'entretien des curés et à la réparation ou reconstruction des églises. Clément VIII avait fait droit à sa requête ; mais les chevaliers opposèrent une vive résistance, et il ne fallut rien moins, pour en triompher, que son habileté et son crédit auprès du Pape et du duc de Savoie.

La guerre retarda, comme nous l'avons dit, la mise à exécution de la bulle du Pape et des intentions de Charles-Emmanuel relativement à la Sainte-Maison, et ce ne fut que le 31 juillet 1601 que le Duc put donner des lettres-patentes qui établissaient définitivement cette précieuse institution [1].

Le préambule contient une affirmation un peu contestable. « L'intention directrice de tous nos desseins, tant

---

[1] Circul. de l'évêque de Mondovi, archiv. de M. le comte A. de Foras.
[1] *Pièces justificatives*, n° 14.

en guerre comme en paix, dit Charles-Emmanuel, ayant toujours heu pour principal but celui mesme que nos sérénissimes ancêtres et prédécesseurs se sont dès le premier establissement de cette couronne proposé en toutes leurs entreprises et actions, assavoir l'exaltation de la gloire de Dieu, l'advancement et conservation de la sainte foi catholique, apostolique et romaine, tant dedans que dehors leurs estats.. .. » *L'intention directrice des desseins et des entreprises* de Charles-Emmanuel et même de ses prédécesseurs, surtout *en guerre*, a été beaucoup plus souvent l'ambition d'agrandir leurs États que *l'exaltation de la gloire de Dieu*. Quoiqu'il en soit, l'affirmation était au moins exacte pour le dessein dont nous parlons.

Charles-Emmanuel raconte les résultats admirables produits par les prédications des missionnaires qu'il a fait envoyer dans le Chablais, et surtout par les Quarante-Heures de Thonon, pendant lesquelles plusieurs milliers de personnes étaient rentrées dans le giron de l'Église, « avec démonstration de zèle et de science si évidente, dit-il, que non seulement les hérétiques d'alentour en ressentirent une très grande commotion, mais la sentine de l'hérésie même : s'estant vu plusieurs de la ville de Genève se rendre à Thonon, où nous étions alors, pour esclairer ceste lumière qui leur reluisoit de si près en apparence indubitable, que la pluspart des plus obstinés en leur aveuglement se seroient pus disposer dans peu de temps à quitter l'erreur de leurs ténèbres quand on auroit poursuyvi les prédications.... mesmement si par nous y estoit pourvu d'une maison de retraite et de refuge pour tous ceux qui des environs voudraient s'y retirer pour être instruits à la foi et vivre catholiquement, attendu que beaucoup, touchés en leurs consciences, seraient néantmoins retenus en leur dépravation à faute de savoir où se réfugier et pour crainte de tomber en irréparable nécessité.... Aussi aurions-nous résolu de donner commencement à une si profitable entreprise, et à cest effect donné, assigné et remis, à l'honneur et gloire de Dieu, une maison bien ample en ladite ville de Thonon pour y ériger une auberge, ou maison de refuge, soubs le titre et nom de Nostre-Dame-de-Compassion, en laquelle seraient entretenus théologiens et prédicateurs, ensemble maistres d'escolles et de mestiers pour enseigner la jeunesse aux arts libéraux et méchaniques, en la retirant des suites et venins de l'hérésie. »

Vient ensuite l'énumération des dons qu'il a faits à la Sainte-Maison : arrérages des tailles dues par les Genevois, produit des amendes et confiscations, revenus de la confrérie de Tully, legs fait par François Eschervi pour l'apprentissage de douze enfants, huit mille écus d'or légués par le duc Charles III, huit mille écus d'or payables en huit années, le décime sur les dons et récompenses qu'il accordera en Savoie, tous les droits et privilèges accordés à l'auberge de vertu de Turin, et enfin les prieurés de Saint-Jeoire et de Contamine dont il a demandé l'union à la Sainte-Maison. Le Duc a fait part de toutes ces choses au Pape *par le révérend Père Chérubin, religieux très dévot de l'ordre de sainct François, qui a infiniment travaillé à la conversion des âmes ramenées au giron de nostre mère saincte Esglise dans ledict bailliage du Chablais.* C'est alors que le Saint-Père a pris cet établissement sous sa protection spéciale, et lui a accordé les faveurs spirituelles et temporelles énumérées dans sa bulle et dans les lettres particulières qu'il a écrites au prince sur ce sujet, lettres dans lesquelles il fait le plus grand éloge de l'œuvre de la Sainte-Maison et l'engage à la poursuivre de toutes ses forces. C'est pourquoi voulant *déclarer à Sa Sainteté et à toute la postérité la singulière et immuable dévotion qu'il a au Saint-Siège et à l'advancement de la religion catholique*, il renouvelle les donations qu'il a faites à la Sainte-Maison et notamment celle de la maison du prieuré de Saint-Hippolyte, située près de l'église du même nom, donnant même au Pape le droit de choisir à Thonon telle maison que bon lui semblera, si celle-là ne lui paraît pas convenir à l'établissement de l'œuvre.

De nouveaux privilèges furent accordés à la Sainte-Maison par lettres-patentes données à Turin le 5 janvier 1602 [1]. En voici les principaux.

La Sainte-Maison fixera les époques auxquelles auront lieu les quatre foires que S. A. a accordées à la ville de Thonon, fera les règlements et établira, à son profit, les droits qu'elle jugera convenable.

Les personnes attachées à l'établissement, leurs chevaux, leur bétail, leurs denrées et marchandises sont exempts de tous droits de péages, gabelles et autres impositions.

Ces personnes ont le droit, pour leur sûreté, de porter des armes et de s'en servir, comme les soldats de la milice, *sans abus néanmoins ni préjudice d'autrui*; de chasser tant à l'arquebuse qu'autrement et de pêcher dans les lacs et rivières, pourvu que ce soit au profit de la Sainte-Maison ; de faire un règlement et d'exiger un droit pour la pêche dans le lac Léman.

La Sainte-Maison peut avoir *boucheries, fours, moulins et semblables autres choses propres à un tel corps.*

Si le nombre des enfants devient tel, que tous ne puissent plus faire leur apprentissage dans la Maison, les maîtres artisans de Bonneville seront obligés de re-

---

[1] Archives du Sénat et du couvent des Capucins de Chambéry.

cevoir ceux qu'on leur présentera, moyennant une somme raisonnable pour la nourriture et l'entretien.

La Maison a le droit d'ériger dans tous les états des *monts* où chacun puisse déposer son argent et ses denrées pour en trafiquer et en retirer un profit raisonnable.

Elle peut seule établir des poids et mesures, à l'usage du public, dans le Chablais et dans les bailliages de Ternier et de Gaillard.

Elle peut défendre aux marchands de vendre, sans sa permission, des marchandises fabriquées dans ses ateliers, afin que l'on ne puisse pas débiter sous son couvert des marchandises étrangères. Il en est de même des denrées dont elle se réservera la vente et des livres sortis de son imprimerie.

Les *chefs des arts et préfets des maîtres de métiers* ont le pouvoir de visiter une ou deux fois chaque année les artisans et ouvriers, *leurs ouvrages et besognes*, dans les états deçà les monts, *pour descouvrir les fraudes qu'un chacun d'iceux pourrait commettre en son mestier, à ceste fin d'y rémédier et chastier l'artisan par l'application d'une amende au profit de la Maison.*

Le Duc cède à la Sainte-Maison le décime auquel il a droit sur les produits des mines d'Arnad dans le duché d'Aoste, et le privilège de l'exploitation de toutes les mines, appartenant à l'État, découvertes ou à découvrir en Savoie.

Les malheurs et les charges de la guerre avaient contraint un grand nombre d'habitants à vendre leurs biens meubles et immeubles à vil prix. Après la conclusion de la paix, Charles-Emmanuel avait octroyé le droit de rachat. Il prolonge de trois ans le délai primitivement fixé pour l'exercice de ce droit, à la condition que l'on donnera le deux pour cent à la Sainte-Maison. De plus, celle-ci est substituée au vendeur, dans le cas où il serait décédé sans laisser d'héritier qui ait la volonté ou le moyen de racheter, *aimant mieux*, disent les lettres-patentes, *que la dicte saincte maison jouisse de la plus valleur, au commun bénéfice de nos subjects, que les particuliers au détriment de leurs consciences et de la charité chrestienne.*

La Sainte-Maison possèdera le droit d'*épave*, c'est-à-dire, que tous les biens meubles et immeubles abandonnés et dont les légitimes propriétaires sont inconnus, seront appliqués à son profit. Elle aura aussi le droit de *ban* dans les bailliages, c'est-à-dire, le droit de se réserver pendant un certain temps la vente de certaines denrées et marchandises.

Ceux qui voudront établir de nouvelles boutiques dans les bailliages devront préalablement obtenir l'autorisation de la Sainte-Maison.

Les marchands et fournisseurs de l'établissement ont le droit de faire leurs approvisionnements en deça et au-delà des monts par préférence aux étrangers, et d'empêcher que les denrées et marchandises sortent des états.

La guerre ayant tellement dépeuplé les États de bêtes à laine et à cornes, que les pâturages tant en plaine qu'en montagne sont abandonnés, le Duc autorise la Sainte-Maison à envoyer ses troupeaux dans toutes les montagnes de la Savoie, à raison du dix pour cent du nombre de bêtes qui y paissaient autrefois.

Il lui cède la grande place de Thonon ainsi que toutes les places et lieux publics des bailliages pour y tenir des foires et retirer une redevance des marchands qui y étaleront leurs marchandises. Elle aura elle-même le droit de préférence pour le louage des boutiques dont elle aura besoin.

Il donne, pour l'établissement de l'université, l'hôtel-de-ville de Thonon avec toutes ses dépendances et, pour les bâtiments qui seront nécessaires, le droit de prendre les maisons dont on aura besoin, à un prix convenable.

Il unit à la Sainte-Maison, avec le consentement du Saint-Siège, tous les biens du prieuré de Saint-Hippolyte de Thonon, le doyenné d'Anthy et tous les bénéfices ecclésiastiques des bailliages.

En mémoire de sa fondation, elle aura le droit d'obtenir la grâce de deux condamnés à mort, moyennant qu'ils fassent une petite aumône à la Sainte-Maison, *afin d'en faire joye et réjouissance en quelques-unes des fêtes de la Sainte Vierge*. Le choix ne pourra pas se porter sur les condamnés pour crimes *de lèse-majesté divine ou humaine, de fabrication de fausse monnaie et d'assignats, et autres crimes atroces*.

Les communes qui contribueront à la construction des bâtiments de la Sainte-Maison, auront le droit d'y placer un nombre d'enfants proportionné à la somme qu'elles auront donnée.

Les condamnés au bannissement ou aux galères pourront recourir à la clémence du souverain, qui commuera leur peine en travaux, pendant un temps déterminé, en faveur de la Sainte-Maison. « A laquelle fabrique, disent les patentes, voulons tous vagabonds, gueux, et pauvres valides qui se treuveront rière nos dits duché (de Chablais) et bailliages estre astreints par voye de faict aux renitents, pour nétoyer de semblables gens inutiles en nos estats, et leur donner subject de travailler. »

Un grand nombre de fondations de collèges, bourses, commanderies, droits et rentes quelconques, faites par les princes de Savoie et d'autres personnes de leurs États, ont été détournées de leur but et ne sont plus employées conformément aux intentions des fondateurs. Toutes ces fondations, en quelque lieu de la chrétienté qu'elles se trouvent, sont cédées à la Sainte-Maison qui fera les recherches et les poursuites nécessaires pour en prendre possession.

Le collège de Savoie à Avignon est uni à la Sainte-Maison et en dépendra désormais entièrement.

Afin que l'on ne soit pas obligé d'aller chercher hors des états, avec plus de frais, de peine et de perte de temps, les denrées et autres choses nécessaires à la nourriture et à l'entretien des personnes qui seront reçues dans la Sainte-Maison, il est défendu aux habitants du Chablais et des bailliages de sortir des états *denrées, marchandises, bétail, bled, vin, ni aultres choses quelconques, sans préalable permission de la Sainte-Maison, laquelle la concédera... moyennant quelque petite somme qui se donnera par ceux qui l'obtiendront plus de gré à gré que de rigueur.*

Enfin les mêmes droits et privilèges sont accordés à toutes les *auberges de vertu* et maisons de refuge qui seront établies dans les états sous la dépendance de la Sainte-Maison de Thonon, et elles en jouiront dès le jour de leur érection.

Le 2 février suivant, Charles-Emmanuel, voyant que les ordres qu'il avait donnés à plusieurs reprises demeuraient infructueux, chargea Clément Vivaldo, second président du sénat de Piémont, et Jean-Antoine Brayda, sénateur et vicaire général pour la justice en Savoie, de se rendre à Thonon et de faire mettre à exécution les décrets rendus en faveur de la Sainte-Maison, spécialement au sujet du prieuré de Saint-Hippolyte et des autres bénéfices ecclésiastiques cédés à cet établissement [1]. Quelques jours après, il leur donna de nouvel-

---

[1] Archives du couvent des Capucins de Chambéry.

les instructions, très détaillées, que l'on peut voir aux pièces justificatives [1].

Ces instructions mettent dans tout leur jour l'importance considérable que la Sainte-Maison devait acquérir et le vif intérêt que le duc Charles-Emmanuel lui portait. Il entre dans tous les détails de l'installation et de l'organisation de l'établissement; il est pressé de voir fonctionner les diverses parties qui doivent le composer et, pour l'asseoir sur de larges et solides bases, rien ne lui coûte, pas même le sacrifice de ses droits souverains dont il était généralement si jaloux. Ces instructions montrent aussi l'injustice ou l'étrange oubli des historiens qui, parlant de cette œuvre, ne daignent pas même faire mention du P. Chérubin. Car ce fut lui qui, après avoir proposé à Charles-Emmanuel cette création, après avoir été envoyé à Rome par lui pour la négocier auprès du Saint-Siège, revint présider à son installation comme commissaire du Pape, du duc de Savoie et de l'évêque de Genève. Résumons ici ce document pour les lecteurs qui n'aiment pas à recourir aux preuves de la fin du volume.

Le président Vivaldo et le sénateur Brayda feront exécuter les bulles pontificales et les lettres-patentes du prince, et dresseront les procès-verbaux d'érection. Ils suivront en tout les instructions qui ont été données au P. Chérubin.

L'église de Saint-Hippolyte portera dorénavant le nom de Notre-Dame-de-Compassion. Huit prêtres seront attachés à sa desserte, et ils suivront la règle des Pères de l'Oratoire, conformément à la bulle de Clément VIII. On engagera les prêtres de Thonon et des environs à s'agréger à cette église; ils pourront être employés

---

[1] N° 15.

dans l'enseignement : s'ils sont curés, ils se feront suppléer dans leurs paroisses par des vicaires.

Les Jésuites seront chargés des *grandes leçons* de philosophie, de théologie, de morale, de controverse et des langues. Le Duc désire qu'ils tiennent la promesse verbale qu'ils lui ont faite de donner des cours publics. On leur entrera en compte les trente-six écus d'or qu'ils reçoivent chaque mois du Souverain Pontife.

Les *petites leçons* d'humanités et autres seront confiées aux prêtres de la Sainte-Maison qui en sont capables.

Le président et le sénateur choisiront les autres professeurs et les maîtres des arts mécaniques.

Les Capucins pourront aussi, s'ils le veulent, être chargés de l'enseignement de la théologie ou des langues, à leur choix, et des cours publics; mais le Duc souhaite qu'ils s'occupent principalement de la prédication et des missions.

Il n'y a dans le Chablais, le Faucigny et le Genevois ni médecins, ni pharmaciens catholiques, et les malades sont obligés de recourir à des protestants, ce qui présente de graves inconvénients. Les délégués feront venir des catholiques qui soigneront les pauvres gratuitement et enseigneront la médecine et la chirurgie dans l'université. On établira dans la Sainte-Maison une pharmacie qui servira les pauvres gratuitement et donnera à crédit à ceux qui pourront payer plus tard. Aucun hérétique ne pourra plus exercer la médecine, la chirurgie ni la pharmacie.

Le Duc trace le périmètre de l'emplacement que pourront occuper les bâtiments de la Sainte-Maison ; il s'étendra jusqu'au lac et l'on prendra toutes les places et les maisons dont on aura besoin, moyennant une juste indemnité. Pour le couvent des Capucins, il cède la galerie ou la grande écurie et les jardins de son château.

Vivaldo et Brayda ne négligeront rien pour installer de suite toutes les parties et tous les services de l'établissement, selon les instructions remises au P. Chérubin.

Ils devront : 1° résoudre, conformément à ce qui a été arrêté entre le prince et le P. Chérubin, toutes les difficultés qui pourront s'élever ; 2° fixer les prix que ne pourront pas dépasser, pendant les fêtes du jubilé et de la fondation de la Sainte-Maison, les hôteliers et les marchands, et, comme ceux-ci gagneront beaucoup à cette occasion, ils paieront un droit à la Sainte-Maison ; 3° rechercher ceux qui, pour ne pas payer les impôts, se sont faits bourgeois et alliés des villes protestantes du voisinage et ont même pris les armes contre leur prince, ceux qui par leurs usures ont ruiné les pauvres pendant la guerre, les relaps dans l'hérésie, et ceux qui depuis le retour du Chablais à l'Église catholique ont fait pratiquer le culte protestant et extorqué de l'argent à cette fin, ceux enfin qui ont opprimé ou injurié les catholiques ; les uns et les autres répareront les injustices qu'ils ont commises et paieront de grosses amendes au profit de la Sainte-Maison.

Ils feront aussi une recherche exacte de toutes les donations qui ont été faites en faveur de la Sainte-Maison et dont les titres se sont perdus, surtout de la donation faite par le baron d'Avully, au témoignage duquel on se rapportera.

Quant aux réclamations de quelques ecclésiastiques et des chevaliers de Saint-Maurice, on attendra la décision du Souverain Pontife ; mais la Sainte-Maison sera provisoirement mise en jouissance, sauf à restituer plus tard s'il y a lieu.

Pour accélérer le règlement de toutes les affaires tant générales que particulières concernant la Sainte-Maison, les délégués s'adjoindront des substituts ; ils choisiront dans le sénat de Savoie le président Favre et les sénateurs Dasvières et Crespin, et dans la chambre des comptes les conseillers Berthier et Carrel et l'avocat patrimonial Bonier.

Le n° 16 donne la raison des mesures rigoureuses prises par Charles-Emmanuel contre certains individus opiniâtrément attachés à l'hérésie ; c'est qu'ils ont *dérobé et endommagé les choses du patrimoine ducal, procuré la ruine des chapelles, églises et œuvres pies;* c'est que, *en peu de temps, sans apparence d'autres moyens humains, par le maniement des choses ecclésiastiques, ils se sont enrichis et les ont converties à leur particulier.*

Ceux qui ont vu dans ces mesures des actes de despotisme et de fanatisme religieux, ne sont donc pas absolument dans le vrai. Mais il est plus commode de déclamer contre le clergé et contre les princes catholiques, que d'étudier impartialement les faits dans les documents officiels. C'est, du reste, une habitude assez générale et elle ne tend pas à disparaître.

Le dernier article des instructions est ainsi conçu : *Passant à Saint-Jean de Maurienne, vous mettrez en possession des biens donnés par Bonnaventure Fornier avec toutes choses en ce cas nécessaires pour la Sainte-Maison et aliments de la dicte Bonnaventure.*

Ce bienfaiteur, ou cette bienfaitrice, de la Sainte-Maison était sans doute de la famille du P. Chérubin. Mais quel degré de parenté y avait-il entre eux? Nous l'ignorons, et ce passage est trop obscur pour que l'on puisse en tirer même une simple conjecture.

Ces instructions sont datées de Turin le 4 février. Le 6 il y eut un conseil auquel assista le nonce du Pape et où l'on arrêta les dernières mesures pour l'établissement de la Sainte-Maison. On décida que les officiers de l'université habiteraient dans les bâtiments de l'université, et que les religieux et les prêtres auraient des maisons séparées. Comme la mission confiée au président Vivaldo s'étendait à de très nombreux objets, on convint que le sénateur Brayda et un membre du sénat et de la chambre des comptes de Savoie le précéderaient à Thonon, munis des instructions du prince, et qu'ils mettraient la Sainte-Maison en possession des biens qui lui étaient assignés, en recevant cependant les oppositions qui pourraient êtres faites et en statuant sans retard selon les formes du droit [1].

Mais il fallait que les lettres-patentes fussent entérinées au sénat et à la chambre des comptes de Savoie. Il y eut de nombreuses oppositions et l'affaire traîna en longueur. Les deux cours souveraines représentèrent que, parmi les privilèges si étendus conférés à la Sainte-Maison, les uns portaient atteinte aux droits inaliénables de la couronne, surtout en matière d'impôts, d'amendes et de justice, que d'autres lésaient les intérêts des commerçants et du péage de Suse, ou les droits de plusieurs seigneurs féodaux, que d'autres encore soustrayaient en bien des choses la Sainte-Maison à la juridiction des deux cours et lui donnaient une indépendance absolue et des droits presque régaliens.

Quelques articles reçurent de légères modifications. Puis, le 1er novembre 1602, Charles-Emmanuel ordonna au sénat et à la chambre des comptes de passer outre à leurs oppositions et d'entériner ses lettres-patentes. Il chargea cependant le président de La Roche et l'avocat patrimonial Bonier de terminer toutes les difficultés qui pourraient encore survenir.

---

[1] V. *Pièces justificatives*, n° 16.

De leur côté, les membres de la Sainte-Maison comprirent qu'il valait mieux faire des concessions tout de suite qu'éterniser des discussions où il était difficile qu'ils ne finissent pas par succomber plus ou moins. Ils nommèrent deux délégués, Jean Deloise pour les ecclésiastiques, et Ferdinand Bonier pour les laïques. Ceux-ci se rendirent à Turin, et le 7 du même mois ils adressèrent au Duc une série de déclarations par lesquelles ils consentaient à restreindre sur un grand nombre de points les privilèges accordés à la Sainte-Maison, principalement en ce qui touchait aux droits régaliens.

Ils reconnaissent au duc de Savoie le droit de patronage sur la Sainte-Maison et sur les bénéfices ecclésiastiques qui en dépendent, et le droit de nomination des ecclésiastiques attachés à l'établissement. Tous les actes impliquant l'exercice du pouvoir judiciaire seront faits par ses juges et par les cours souveraines. Ils renoncent à tout ce qui pourrait être contraire aux droits des seigneurs, se soumettent à toutes les restrictions que l'on jugera nécessaire d'apporter aux privilèges de la Sainte-Maison, par exemple, à ce que le droit de visite des artisans et ouvriers soit restreint aux bailliages et aux objets d'art ou d'une valeur considérable; et ils s'en rapportent, pour tous les points litigieux ou obscurs, à la décision du prince et des deux cours souveraines. Mais ils demandent que des commissaires soient nommés et que l'on tranche sans retard toutes les questions qui retardent l'entérinement des lettres ducales. Quant aux droits régaliens qui pourraient se trouver compris dans les privilèges accordés, la Sainte-Maison n'entend nullement s'en prévaloir; elle prie le Duc, s'il ne veut pas les exercer par lui-même, de se faire représenter par un de ses enfants.

On a objecté que la Sainte-Maison est une œuvre ecclésiastique. Ils montrent que, soit comme maison de refuge, soit comme université et école des arts et métiers, l'établissement doit être considéré comme mixte, c'est-à-dire, comme relevant à la fois de l'autorité civile et de l'autorité religieuse et intéressant l'une aussi bien que l'autre. Il est vrai que le Pape et Charles-Emmanuel avaient d'abord confié son administration à sept prêtres et un préfet, mais plus tard on a nommé un conseil composé de prêtres et de laïques. La Sainte-Maison accepte volontiers cette forme d'administration ou tout autre qu'on voudra lui donner.

On s'est récrié contre le monopole de la vente de certaines marchandises accordé à la Sainte-Maison. Deloise et Bonier montrent que son seul résultat, fort utile au pays, sera d'éloigner « une infinité d'hérétiques étrangers qui vuident le pays des belles commodités, de celles qui serviraient pour faire gagner la vie à une infinité de pauvres personnes de l'estat, surtout rière les balliages, Faucigny et Genevois, où on emporte à vil prix toutes les commodités, hors le pain, mesme à Genève où l'on va achetter à beaucoup plus haut prix qu'ils ne l'ont emporté. »

Ils terminent par une demande très propre à calmer l'opposition du sénat et de la chambre des comptes. « Finalement tout le corps de cette Sainte-Maison désirant de pousser les saintes intentions à port, sous la spéciale faveur et protection des souverains sénat et chambre des comptes de Savoie, ils supplient Votre Altesse qu'elle élise des dicts corps chacun à leur tour pour magistrats et officiers de cette Sainte-Maison ; et que les dicts corps par titre d'honneur soient des protecteurs au temporel de ce saint œuvre, ayant en singulière recommandation cette Sainte-Maison avec toutes ses dépendances. »

Le P. Chérubin qui se trouvait aussi à Turin, où il paraît avoir fait un assez long séjour à cette époque, approuva ces déclarations, en qualité de *commissaire et délégué apostolique, et de député par S. A. S. pour l'érection, fondation et advancement de la Sainte-Maison*[1]. Cet acte est du 25 novembre 1602. Tout en acceptant les modifications proposées, il met cependant pour condition que l'on ne touchera pas aux articles fondamentaux des lettres-patentes, que les revenus de la Sainte-Maison ne seront pas diminués, et que les déclarations des délégués seront approuvées par les conseils de la Sainte-Maison et de la ville, et par François de Sales.

Charles-Emmanuel termina toutes les contestations par ses lettres-patentes du 2 décembre suivant. Il statua : 1° que les biens et tout le temporel de l'œuvre seraient administrés par des laïques sous son autorité, de la même manière que l'église Notre-Dame de Savone ; 2° que la Sainte-Maison serait entièrement sous le patronage et la protection du duc de Savoie ; 3° qu'elle jouirait de tous les privilèges accordés à *l'auberge* de Turin, mais sans qu'il en résultât aucune dépendance vis-à-vis de cet établissement ; 4° que des commissaires, choisis dans le sénat et la chambre des comptes, trancheraient toutes les questions de détail et termineraient les difficultés qui pourraient encore survenir ; 5° qu'on élirait des administrateurs spéciaux pour la Sainte-Maison, auxquels on ne pourrait pas refuser le droit de bourgeoisie, pas plus qu'aux membres de l'établissement ; 6° qu'elle ne serait soumise qu'aux impositions ordinaires, et non aux tailles et autres charges personnelles ; 7° qu'en mémoire de la conversion du Chablais,

---

[1] V. *Pièces justificatives*. n° 17. On peut voir au n° 18 les lettres du cardinal Aldobrandino et de l'archevêque de Turin qui le nomment délégué apostolique avec les pouvoirs les plus étendus.

le sceau de la Sainte-Maison et les armoiries de la ville représenteraient Notre-Dame-des-Sept-Douleurs. Enfin, le Duc nomma son fils ainé, Philippe-Emmanuel, prince de Piémont, chef et préfet général de la Sainte-Maison.

Le 21 décembre 1602, les délégués des Jésuites, des Capucins, des prêtres et des professeurs de la Sainte-Maison, les syndics et les conseillers de Thonon s'assemblèrent dans la grande salle de l'hôtel-de-ville et, par un acte authentique, ratifièrent, conformément à la demande du P. Chérubin, les déclarations faites par les délégués. Saint François de Sales, qui venait de succéder à Mgr de Granier sur le siège épiscopal de Genève, les revêtit ensuite de son approbation le 29 du même mois. C'est la seule fois que son nom paraît dans les actes officiels que nous venons d'analyser.

Cependant il ne faudrait pas croire que le saint évêque soit resté étranger à l'institution de cet établissement, si plein de promesses pour l'avenir du Chablais et des pays environnants. Il n'avait cessé, au contraire, de lui donner des preuves du haut intérêt qu'il prenait à ce que ses bases reçussent la largeur et la solidité nécessaires pour qu'il pût tenir ses promesses. Dans une lettre au nonce de Turin, datée du 21 décembre 1601 [1], il s'exprime ainsi :

« A l'égard de la maison de Thonon, pour répondre aux questions touchées par Votre Seigneurie, j'espère que, par le moyen de cette maison, la Sainte Vierge à laquelle elle est dédiée foulera et anéantira la tête empoisonnée du serpent qui s'est relevé à Genève et à Lausanne, et qu'elle rétablira la religion dans le pays des Valaisans si corrompus et si nuisibles aux affaires de l'Église, et couvrira de sa lumière les ténèbres des

---

[1] Collect. Datta, t. 1, p. 254.

Bernois et des autres Suisses. » Il indique ensuite sommairement les moyens à employer pour obtenir la réalisation de ces espérances : la protection du Saint-Siège, le concours des princes catholiques, la cession de beaucoup d'abbayes et de bénéfices inutiles, etc. Puis, comme par une intuition de ce qui allait arriver, il ajoute : « Les bonnes intentions seules aident peu. Si on ne peut faire tout à la fois, qu'on fasse peu à peu, en commençant par les parties les plus nécessaires, collège, séminaires, et ainsi de suite. »

Nous avons vu d'autres lettres antérieures qui expriment les mêmes sentiments et le même désir que la Sainte-Maison fût édifiée promptement et avec toute l'ampleur que l'on s'était proposée. C'est ainsi que ces deux hommes vraiment apostoliques travaillaient de concert aux mêmes œuvres, quelque fût celui qui en avait eu l'initiative, ne cherchant que le bien et s'y dévouant de toutes leurs forces, sans amour-propre et sans mesquine jalousie.

Mais déjà, en 1601, il était à craindre que les ressources ne fissent défaut ; car un des trois prieurés mentionnés dans la bulle d'érection, celui de Nantua, ne put pas être réuni à la Sainte-Maison, à cause de l'opposition de la France, à laquelle la Bresse avait été cédée par le traité de Lyon [1].

Nous ne savons si les lecteurs seront de notre avis ; mais il nous semble que les documents que nous venons de citer témoignent, toutes questions religieuses à part, à l'endroit de l'instruction du peuple et des intérêts de l'industrie et du commerce du pays, d'un esprit de sage liberté, d'une largeur de vues et d'une sollicitude beaucoup plus grandes que ne le supposent, dans le

[1] BAUDRY, *ibid.*, col. 1285

clergé et les princes de cette époque, ceux qui font leurs études historiques dans certains livres et dans certains journaux. Créer tout à la fois : une maison de refuge, où les pauvres, ceux particulièrement que la persécution religieuse chassait de leur pays, trouveraient un abri, du travail et du pain ; une école des arts et métiers, où ceux qui ne pouvaient aspirer aux carrières libérales, se formeraient selon leurs aptitudes ; et une université, offrant des cours publics, même à ceux qui cherchaient la science pour elle-même et non pour s'en faire une ressource matérielle ; établir ainsi un foyer d'instruction, un centre d'industrie et de commerce, ayant sa vie propre, sa liberté complète, et se mouvant dans des règlements librement choisis et perfectibles à volonté, sans passer par aucun tourniquet, par aucun crible administratif ; le tout gratuit, sans rétribution de la part de ceux qui en profitaient, sans charges pour les contribuables, sauf quelques privilèges et quelques redevances dont nous avons aujourd'hui de très amples équivalents : il faut avouer que c'était une bien belle œuvre et que, si de nos jours chaque département, ou au moins chaque région de la France, pouvait être doté d'un établissement de ce genre, il y aurait là un progrès fort enviable et une solution radicale à beaucoup de questions industrielles et sociales qui tourmentent la société actuelle. Mais cela ne se pourrait pas sans certaines influences et certaines libertés dont la destruction passe pour un progrès encore plus glorieux et plus nécessaire. Que les plans du P. Chérubin et de saint François de Sales n'aient jamais pu être exécutés dans toute leur étendue, c'est un malheur qu'il faut attribuer aux circonstances et qui n'enlève rien à leur valeur.

CHAPITRE XIV.

Le Jubilé de Thonon.

Dans une des audiences que le Saint-Père lui avait accordées et où il avait écouté avec un plaisir manifeste le récit des Quarante-Heures d'Annemasse et de Thonon, le P. Chérubin s'enhardit à demander un jubilé de deux mois qui serait célébré à Thonon de la même manière qu'on le célébrait en ce moment à Rome. On était au commencement de l'année jubilaire 1600; car le séjour du Père dans la capitale du monde catholique paraît s'être prolongé pendant plusieurs mois. Le Pape fut très surpris de cette demande. Les grâces du jubilé étaient encore alors restreintes à la ville de Rome, et c'était ce qui y attirait, surtout à ces époques, des foules innombrables de pèlerins. Cependant, comme il comprenait que cette faveur serait d'autant plus appréciée et produirait d'autant plus de fruits qu'elle était tout à fait exceptionnelle, comme d'ailleurs il voulait donner au P. Chérubin un témoignage de sa particulière bienveillance, il lui suggéra de la faire demander par un des enfants du duc de Savoie. Le Père se hâta d'écrire à Turin, et peu de temps après le Souverain Pontife recevait de la princesse Marguerite, âgée de dix ans, une lettre dont voici la substance que nous a conservée le P. Fidèle de Talissieux :

« Très Saint Père. — Humblement prosternée aux
« pieds de Vostre Sainteté comme je le souhaiterais en
« personne pour ma consolation spirituelle et pour
« recevoir la sainte bénédiction ; pour la première fois
« que j'ay mis la main à la plume, je La supplie d'ac-

« corder à la Sainte-Maison de Thonon, pour la gloire
« de Dieu et l'honneur de la glorieuse Vierge, le jubilé
« de l'année sainte pour deux mois, espérant d'avoir
« part à cette grâce et aux fruits qui en viendront. Je
« souhaite à Vostre Sainteté une longue vie et la divine
« assistance.
                « De Vostre Sainteté
                    « la très humble servante
                        « MARGUERITE DE SAVOYE. »

Clément VIII se rendit volontiers aux prières de la pieuse enfant. Il fit aussitôt expédier le bref qui accordait le jubilé et fixait sa célébration à Thonon du 1er mai au 30 juin de l'année 1601. Ce bref fut remis au P. Chérubin. Le Pape nomma les Capucins pénitenciers apostoliques pendant le jubilé et il chargea le général de l'ordre de choisir ceux qui lui paraîtraient les plus aptes à remplir ces délicates, mais fructueuses fonctions. Le général désigna vingt religieux, parmi lesquels on trouve les noms des PP. Chérubin et Sébastien de Maurienne, Zacharie de Saluces, auteur des *Annales* de l'ordre, François de Cornié, François de Chambéry, Célestin d'Hauteville, et Augustin d'Asti, qui a laissé des notes très intéressantes sur le P. Chérubin et sur les missions du Chablais et du Vallais. Le Saint-Père renouvela les pouvoirs extraordinaires qu'il avait accordés au P. Chérubin et à ses compagnons au commencement de leurs missions en Chablais. De plus, il chargea l'évêque de Forli, son nonce à Turin, de leur donner toutes les autorisations plus amples que le bien des âmes et le rétablissement de la religion pourraient nécessiter. L'évêque de Forli étant venu à mourir, l'archevêque de Turin, Charles Broglia, le remplaça jusqu'à la nomination du nouveau nonce, et l'on peut voir aux pièces justificatives les lettres affectueuses que le cardinal Aldobrandino et lui écrivirent au P. Chérubin [1].

A son passage à Turin, le zélé missionnaire, rendant compte à Charles-Emmanuel du résultat de sa mission à Rome, lui fit part de la faveur particulière qu'il avait obtenue du Saint-Siège. Le Duc s'en réjouit grandement et promit son concours le plus généreux. Aussi, dans les instructions qu'il adressa au président Vivaldo et au sénateur Brayda, leur ordonna-t-il de faire observer exactement, en ce qui concernait le jubilé comme pour tout le reste, ce qu'il avait résolu avec le P. Chérubin, *encore qu'il n'apparaisse par aucune escripture.*

On a vu quelle cause obligea Clément VIII à retarder d'une année le jubilé de Thonon. Lorsque l'on pouvait enfin penser que, la paix étant conclue, il n'y avait plus qu'à préparer les populations à profiter de cette faveur spirituelle, de nouvelles difficultés s'élevèrent. Les principaux membres du conseil résidant auprès du prince, le sénat et la chambre des comptes voulaient absolument que la célébration du jubilé eût lieu à Chambéry; Mgr de Granier demandait qu'elle se fît à Annecy. D'Albigny, gouverneur de la Savoie, présentait de nombreuses objections contre le choix de Thonon : cette ville étant placée entre Genève, Lausanne et Berne, les hérétiques ne manqueraient pas de traverser de toutes les manières possibles l'exécution de la pieuse entreprise; ils enchériraient les denrées, ils empêcheraient que l'on portât des vivres à Thonon, il y aurait disette ou, au moins, une cherté si grande, qu'il faudrait plus de trente mille écus pour nourrir les ecclésiastiques, les religieux, les pauvres et les pèlerins qui afflueraient de

[1] *Hist. abrég. des miss.*, etc., liv. IV. — *Vie de M*^{gr} *de Granier*, p. 229. — V. *Pièces justific.*, nos 18 et 19.

toutes parts; Thonon avait été saccagé plusieurs fois, c'était une ville ruinée, *on n'y trouverait pas cinquante lits de plumes.*

Cette dernière objection fit sourire Charles-Emmanuel. Il répondit : « Après les fatigues de la guerre, je me contenterai volontiers d'une botte de paille. Ce lit pourra, au besoin, suffire à des gens qui ont subi moins de fatigues et qui ont plus de piété et de dévotion que moi. Pour les huguenots, je ne les crains pas : et quant aux vivres, j'ai donné des ordres à M. de Montfalcon, auditeur à la chambre des comptes. Du reste, cette affaire est réglée par la bulle du Pape. »

Le gouverneur se tut, attendant une autre occasion.

La bulle indiquant le jubilé fut publiée en France, en Allemagne, en Piémont, en Bourgogne, en Suisse et en Savoie : le P. Chérubin en répandit de tous côtés plus de cinq mille exemplaires. Mgr de Granier la publia dans son diocèse le 31 juillet 1601 ; il fit connaître en même temps les pouvoirs extraordinaires accordés aux Capucins. A Turin le Duc voulut que la publication se fît sur la place Château, où plus de trente mille personnes étaient réunies pour voir le Saint-Suaire. Le nonce apostolique, Conrad Tarrarinus, évêque de Forli, par ses lettres-patentes du 13 février 1602, datées de la même ville, nomma le P. Chérubin commissaire apostolique pour l'érection de la Sainte-Maison et supérieur des religieux qui prendraient part aux travaux du jubilé. Enfin, Charles-Emmanuel, qui voulait que la solennité se fît avec toute la magnificence possible, envoya à l'église de Notre-Dame-de-Compassion douze calices et de riches ornements : de plus, il fit don de deux mille écus d'or pour le luminaire et les autres frais du jubilé.

Au moment où, tous les préparatifs étant terminés,

l'on allait faire l'ouverture du jubilé, un courrier du baron d'Albigny vint prier l'évêque de Genève et le P. Chérubin de se rendre à Chambéry pour une affaire importante. Mgr de Granier s'excusa ; il ressentait déjà les premières atteintes du mal qui l'emporta quelques mois après et prévoyait peut-être de désagréables contestations. Le P. Chérubin partit avec le P. Gabriel de Montcalier. Le gouverneur les reçut avec une exquse politesse et les combla d'attentions et de soins. Puis il les conduisit dans une salle où il avait convoqué le sénat, la chambre des comptes, l'évêque de Maurienne et plusieurs religieux, entre autres le recteur du collège des jésuites de Chambéry, qui passait pour un homme fort habile et qui jouissait d'un grand crédit.

Sur l'invitation du baron d'Albigny, le recteur prit la parole et s'efforça de démontrer que le jubilé ne pouvait pas être célébré à Thonon, parce que la Sainte-Maison, en faveur de laquelle il avait été accordé, n'était pas établie. Le P. Chérubin le laissa développer ses arguments aussi longuement qu'il lui plut. Il comprenait parfaitement que l'intention du gouverneur, en remettant en délibération, à la dernière heure, une question décidée depuis si longtemps, était d'obtenir que le jubilé ne fût pas ouvert le jour fixé par le Souverain Pontife, ce qui nécessiterait un nouveau recours à Rome ; et qu'il ne désespérait pas, en ce cas, d'obtenir que la solennité, si elle avait lieu, se fît à Chambéry. C'est pourquoi, sans entrer dans une discussion de laquelle rien d'utile ne pouvait sortir, il se contenta de déclarer que les bulles du Pape et les lettres-patentes du duc de Savoie étaient publiées ; que tout était prêt pour que l'érection définitive de la Sainte-Maison coïncidât avec l'ouverture du jubilé ; que les difficultés que l'on soulevait étaient un attentat contre l'autorité du

Souverain Pontife et contre celle du prince, et que, si l'on insistait, il allait les en informer immédiatement.

D'Albigny, qui ne s'attendait pas à un refus de discussion aussi carrément exprimé, voulut avoir l'avis de l'évêque de Maurienne, qui répondit qu'il n'y avait pas à délibérer sur une affaire décidée par les bulles du Pape et les édits du souverain. Là-dessus la séance fut levée.

Le P. Chérubin reprit aussitôt la route de Thonon, où il fut suivi, peu de jours après, par le gouverneur, les commissaires de Charles-Emmanuel et les députés du sénat et de la chambre des comptes.

Le 24 mai, veille de la Pentecôte, Mgr de Granier se rendit devant l'église de Saint-Hippolyte, avec M. de Bavoz, président au souverain sénat de Savoie. Ce dernier fit lire à haute voix la commission qu'il avait de mettre la Sainte-Maison de Notre-Dame-de-Compassion en possession du prieuré de Saint-Hippolyte. Ensuite, le P. Chérubin présenta deux bulles de Sa Sainteté, dont l'une érigeait la Sainte-Maison, et l'autre accordait l'indulgence du jubilé à tous ceux qui visiteraient l'église de Notre-Dame-de-Compassion.

« Aussitôt, dit l'abbé de Baudry[1], dont le récit est tiré en grande partie de l'ouvrage du P. Fidèle de Talissieu, l'évêque de Genève, revêtu pontificalement, tenant un petit marteau d'argent à la main, accompagné de ses prêtres assistants et précédé des pénitenciers et des ecclésiastiques qui étaient venus à cette fête de divers endroits, donna commencement au jubilé par l'ouverture de la porte de l'église; car on observa à Thonon toutes les cérémonies qui se font à Rome au grand jubilé de l'année sainte. Il était suivi du gouverneur de Savoie, des commissaires nommés par le Duc,

---

[1] *Relat. abrég.*, etc., t. II, p. 375.

des députés du sénat et de la chambre des comptes, des syndics de la ville de Thonon, du juge-mage, du lieutenant, de l'avocat fiscal, du procureur fiscal et d'une si grande affluence de peuple, qu'on assure qu'il y avait plus de vingt mille personnes. Cette cérémonie se fit avec une pompe extraordinaire : la bourgeoisie était toute sous les armes, et l'on peut dire que les concerts de musique, les fanfares des trompettes, les carillons des cloches, les décharges de mousqueterie et les autres marques de joie semblaient porter jusqu'au ciel les élans de l'allégresse générale. Toute l'artillerie du château des Allinges se fit entendre et porta à Genève et au pays de Vaud la nouvelle de ce triomphe.

« Cette cérémonie achevée, l'évêque de Genève procéda à l'érection actuelle de la Sainte-Maison, selon le pouvoir qui lui en était donné par la bulle ; on prit possession de l'église de Saint-Hippolyte au nom de la Sainte-Maison, à laquelle on annexa et unit perpétuellement cette église, sous le titre de Notre-Dame-de-Compassion ou des Sept-Douleurs......

« L'évêque consacra le grand-autel sous le vocable de Notre-Dame-de-Compassion, et quatre autres autels dans quatre chapelles, l'un dédié à saint Hippolyte, martyr, autrefois patron de l'église, l'autre à saint Benoît, à l'ordre duquel appartenait anciennement le prieuré ; le troisième à saint Claude, et le quatrième à saint François d'Assise ; il bénit le beau tableau de Notre-Dame-de-Compassion, percée de sept épées. On le posa sur le grand-autel ; et l'on fit graver sur le grand arc de la voûte de l'église en lettres d'or ces paroles que le P. Chérubin prenait d'ordinaire pour le texte de ses sermons : *Gaude, Maria Virgo ; cunctas hœreses sola interemisti in universo mundo.*

« Le lendemain 25 mai, qui était le jour de la Pentecôte, l'évêque de Genève célébra la messe pontificalement; le P. Chérubin prêcha à l'évangile et à l'issue de la messe.

« Le gouverneur de Savoie avait prévu que les Genevois et les Bernois feraient des défenses de transporter des vivres et autres choses à Thonon..... Ces défenses eurent lieu en effet, et elles furent exactement observées; néanmoins par la providence de Dieu on eut toutes choses en abondance et à bas prix durant le jubilé; et quoique l'année fût stérile et qu'il y eût une infinité de peuple accouru de toutes les provinces, on ne manqua jamais de rien. Le Duc fit défrayer les ecclésiastiques, les confesseurs et les religieux qui assistèrent au jubilé ; il fit distribuer libéralement du pain, du vin, des légumes et toute sorte de vivres aux pauvres et aux pèlerins....... Les Genevois firent courir le bruit partout que la peste était dans le Chablais, pour détourner les peuples d'y aller; mais cela n'empêcha pas qu'une infinité de personnes n'y vinssent de France, d'Allemagne, de Milan, du Piémont, de Suisse, de Bourgogne, de Savoie et de diverses autres provinces. L'on distribua plus de cent cinquante mille images de Notre-Dame-de-Compassion aux pèlerins qui vinrent à Thonon pour gagner le jubilé.

« Les ministres de Genève, voyant une si grande affluence de peuples qui accouraient de toutes parts à Thonon, firent afficher aux portes de leurs temples et aux carrefours de leur ville un écrit impie intitulé : *Le grand jubilé de l'éternel Dieu souverain, envoyé du paradis*, signé *Paul apôtre, secrétaire*. Cet anti-jubilé, ou pour mieux dire, cette impie extravagance, contenait d'atroces calomnies contre l'Église romaine, l'autorité du Pape, le purgatoire, les vœux de religion et les indulgences. Les catholiques frémissaient en lisant ces blasphèmes exécrables, et les protestants eux-mêmes se moquaient de l'impudence de leurs ministres, et leur reprochaient qu'on ne voyait personne qui voulût s'arrêter à Genève pour y gagner leur jubilé, pendant qu'une infinité de monde accourait de toutes parts à Thonon pour y gagner celui des catholiques. Le P. Chérubin réfuta cet anti-jubilé par une réponse très forte et très sensée.

« Le gouverneur de Savoie, pour se garantir de toute surprise, fit mettre des corps-de-garde aux portes de la ville, dans toutes les places publiques, sur le port du lac, et devant l'église de Notre-Dame-de-Compassion ; et outre les sentinelles avancées, il en fit placer dans les clochers et sur le haut des tours pour découvrir la nuit ce qui se passait sur le lac et sur le chemin de Genève.

« Il vint de toutes les provinces circonvoisines un nombre infini de pèlerins ; et ce n'est pas seulement le menu peuple qui entreprit ce pèlerinage, mais les personnes de haute condition. Les dames de qualité, les princes mêmes vinrent à Thonon *incognito* pour gagner le jubilé ; et il y eut un concours si prodigieux d'hommes et de femmes, qu'il semblait qu'on voulait déserter la Savoie, la Bresse, le Bugey, la Franche-Comté et les provinces voisines. L'on compta jusqu'à cent soixante [1] processions qui se rendirent à Thonon durant les deux mois du jubilé ; et elles grossissaient si fort par les chemins, que les unes étaient de cinq cents, les autres de mille, de deux mille et quelques-unes même de quatre mille personnes. Ces processions arrivant à Thonon trouvaient à la porte de la ville

---

[1] Mgr de Granier, dans son rapport au Pape, dit qu'il y en eut cent et six. (P. BONIFACE CONSTANTIN, p. 239.)

celle des pénitents bleus de Notre-Dame-de-Compassion qui les conduisait à l'église pour y faire leurs dévotions. »

Les habitants de la Maurienne se rendirent au jubilé de Thonon en plus grand nombre que ne permettaient de le supposer la distance si considérable qu'ils avaient à parcourir, les dépenses et les difficultés du voyage qui, à cette époque, ne pouvait se faire qu'à pied ou à cheval. Ils avaient à leur tête les premières familles du pays et les magistrats de la ville de Saint-Jean. Nous trouvons sur ce fait un curieux document dans les archives de la commune de Saint-Sorlin. Cette commune plaidait contre celle de Saint-Jean d'Arves, sa voisine, et la cause était fixée au 4 juin 1602. Mais le greffier de l'évêché[1] fut obligé de la renvoyer à huitaine, parce que le juge, son lieutenant et presque tous les procureurs étaient partis pour le jubilé de Thonon.

Quelques-uns de nos lecteurs trouveront peut-être cette dévotion exagérée. Pour nous, nous pensons que les intérêts des plaideurs eurent moins à perdre à cette courte interruption de la chicane et de la justice, qu'à gagner à l'examen de leur conscience que les juges et les procureurs durent faire pour gagner l'indulgence du jubilé.

Les villes de Lyon et de Saint-Claude se distinguèrent aussi par les nombreux pèlerins qu'elles envoyèrent à Thonon.

Plusieurs processions furent obligées de traverser la ville de Genève, dont les magistrats ordonnèrent qu'on les laissât passer en paix, à la seule condition

---

[1] Les évêques de Maurienne étaient seigneurs temporels d'une grande partie du diocèse : mais ils avaient été contraints, en 1327, d'associer le comte de Savoie à leur juridiction.

qu'elles couvriraient les crucifix et les autres insignes de la religion catholique. Quelques-unes s'y arrêtèrent pour y prendre des repas ou y passer la nuit. Celle de Saint-Claude fut de ce nombre, et c'était une des plus remarquables.

« Celui qui portait le grand étendard où la passion de Notre-Seigneur Jésus-Christ était représentée, allait en tête précédé de deux acolytes en surplis, le cierge en main ; il était suivi de neuf cents personnes vêtues d'habits blancs, avec un gros chapelet où pendait un crucifix, tenant en main un bourdon de pèlerin. Soixante prêtres ou religieux, tous vêtus de chappes très riches, ayant entre leurs mains des reliquaires, des calices et des vases très précieux qu'on avait tirés du trésor de l'abbaye de Saint-Claude, marchaient ensuite et étaient suivis de la noblesse de Saint-Claude et d'une grande foule de peuple de l'un et de l'autre sexe.

« Cette pieuse procession arriva sur le soir à la porte de Genève avec les croix, les bannières et les cierges en main, et en chantant les litanies de la Sainte Vierge; elle demanda le logement et le passage par la ville; on lui accorda l'un et l'autre, à condition qu'on cacherait les bannières et les croix, et qu'on ne chanterait point ; elle entra en bel ordre dans la ville d'une manière dévote et très édifiante jusqu'à une place publique, où il fallut se séparer pour prendre des billets qu'on leur donna pour leur logement.

« La maison où logea celui qui portait l'étendard fut, toute la nuit, remplie de monde pour voir ce précieux et sacré étendard, qui était d'une très belle et très riche broderie, et qui représentait la passion de Jésus-Christ d'une manière si touchante, qu'il n'était pas possible de le contempler sans se sentir ému de dévotion et de piété. Ce fut un spectacle admirable de voir les protestants qui se jetaient en foule à genoux, et se prosternaient en terre, les larmes aux yeux, pour le révérer ; ils en approchaient pour le baiser avec autant de respect et autant de componction de cœur que l'eussent pu faire de vrais catholiques.....

« On vit souvent à Genève des gens qui pleuraient, d'autres qui se frappaient la poitrine, et s'écriaient que les catholiques étaient bien heureux d'avoir de si touchantes cérémonies. Les ministres furent effrayés de ces élans du peuple ; ils remontrèrent aux magistrats que si l'on continuait à laisser entrer dans Genève ces processions, elles feraient des impressions sur l'esprit du peuple, qu'on aurait bien de la peine à effacer ; et dès lors on refusa le passage à celles qui le demandèrent[1]. »

Le P. Fidèle de Talissieu affirme qu'il n'y eut pas un seul jour, pendant les deux mois du jubilé, où il n'arrivât à Thonon six ou huit mille pèlerins ; de sorte que le gouverneur crut devoir faire publier qu'aucun étranger n'eût à demeurer à Thonon plus de vingt-quatre heures ; mais cette défense fut mal observée. Le P. Boniface Constantin[2] porte à trois cent mille le nombre total des pèlerins, « de façon, dit-il, que Genève seule logea cent mille pèlerins et que le lac semblait couvert de barques en ce temps-là. »

Les vingt pénitenciers apostoliques choisis dans l'ordre des Capucins avaient leurs confessionnaux dans l'église de Notre-Dame-de-Compassion. Vingt autres pénitenciers désignés par l'évêque exerçaient aussi leur ministère dans cette église ou dans celle de Saint-Augustin. Il y avait, en outre, soixante confesseurs ordi-

[1] P. Boniface Constantin, p. 390 et suiv.
[2] *Vie de Mgr de Granier*, p. 247.

naires qui entendaient les confessions, soit dans les églises, soit même sur les places publiques et au coin des rues. On faisait chaque jour quatre prédications et deux catéchismes; et souvent la foule était si grande, que les prédicateurs étaient obligés de parler sur la place publique[1]. On compta dans la seule église de Notre-Dame-de-Compassion cent soixante-deux mille personnes qui s'approchèrent de la sainte table.

Les plus obstinés hérétiques de Thonon se réunirent à l'Église, et plus de six cents personnes du Chablais, qui avaient toujours témoigné un attachement opiniâtre au schisme de Calvin et une aversion extrême contre l'Église Romaine, revinrent à la foi de leurs ancêtres. Il y eut aussi de nombreuses conversions parmi les protestants des contrées voisines, que la curiosité ou un appel secret de la grâce avait attirés à Thonon. Le P. Fidèle de Thalissieu mentionne, entre autres abjurations, celles de six ministres protestants, d'un religieux apostat qui étudiait à Genève aux frais du duc de Lesdiguières, d'un prêtre de Troyes en Champagne qui avait déjà passé trente ans dans l'apostasie, et d'un seigneur de Berne, nommé de Sainte-Claire. Celui-ci se présenta au P. Chérubin avec une fille qui lui remit un billet contenant les lignes suivantes :

« Monsieur le Révérend Père. — Nous vous envoyons
« cette fille qui désire très ardemment de se faire catho-
« lique papiste. Nous vous la recommandons, à ce
« qu'elle soit reçeue et qu'on ait soin d'elle, asseurant
« vostre Révérende Seigneurie que nous sommes un
« grand nombre qui cherchons le moyen de la pouvoir
« suivre. »

Après son abjuration, M. de Sainte-Claire fit un pèlerinage à Rome et devint ensuite bailli de Gex.

[1] FIDÈLE DE TALISSIEU et BAUDRY.

Les aumônes et les offrandes que l'on fit pendant le jubilé s'élevèrent à plus de vingt mille écus d'or effectifs. L'emploi de cette somme causa beaucoup de tracas et d'ennuis au P. Chérubin; car il ne manqua pas de gens qui s'efforcèrent de la détourner de sa destination légitime, qui était évidemment de pourvoir aux besoins de la Sainte-Maison et des églises du Chablais. Enfin il obtint qu'une moitié fût employée à racheter les biens des églises aliénés par les Bernois, ou placée en faveur de la Sainte-Maison, et qu'avec l'autre moitié on dégageât le prieuré de Saint-Hippolyte, sur lequel Fribourg avait une hypothèque considérable. Ce prieuré avait été donné par les Bernois à la ville de Thonon pour l'entretien des ministres, des écoles et de l'hôpital. En 1584, Charles-Emmanuel avait approuvé cet arrangement, moyennant que Thonon lui comptât trente mille florins, et l'on avait emprunté cette somme de la ville de Fribourg. C'était avant le rétablissement de la religion catholique. A la prière du P. Chérubin, Fribourg accorda une réduction considérable, en témoignage de son zèle pour la foi catholique et de l'intérêt que le canton portait à la Sainte-Maison.

Une chose qui frappa tous les étrangers qui visitèrent Thonon pendant ces deux mois, ce fut que la ville ne cessa de jouir de la tranquillité la plus parfaite et qu'il n'y eut pas un seul malade; tandis que de nombreuses maladies, causées par les chaleurs excessives, ravageaient les contrées voisines. C'est ce qui fit dire à Mgr de Granier, à la fin de sa lettre à Clément VIII, qu'au jugement de tout le monde, le commencement, le milieu et la fin du jubilé furent un miracle continuel [1].

Ce zélé et vertueux prélat, digne prédécesseur d'un

---

[1] FIDÈLE DE TALISSIEU, liv. IV.

saint, prononça la clôture du jubilé le 24 juillet ; car on avait obtenu de le prolonger jusqu'à cette époque. Il mourut au château de Pollinge le 17 septembre suivant. François de Sales n'eut pas la consolation de lui fermer les yeux. Dès le mois de janvier précédent il avait dû se rendre en France pour les intérêts de la religion dans le pays de Gex [2] et il ne put rentrer à Annecy qu'après la mort de son prédécesseur. Il avait espéré pouvoir revenir pour le jubilé de Thonon, mais les affaires qui l'avaient appelé à Paris l'en empêchèrent.

Ainsi la Providence avait donné raison à la foi et à la confiance du P. Chérubin contre les craintes ou les calculs des politiques. Dieu aime à déjouer ainsi l'habileté et la prudence des politiques ; ce qui n'empêche pas leur race de se perpétuer, toujours plus habile, toujours plus prudente, toujours plus affolée de sa sagesse et plus affairée de ses calculs, sur quoi Dieu souffle à l'heure qui lui plaît. Du reste, les opposants au jubilé de Thonon ne s'étaient pas entêtés dans leur opposition, une fois la question terminée par la conduite rondement loyale du P. Chérubin ; et le baron d'Albigny n'avait cessé, à Thonon, de donner des preuves de sa piété et de son zèle pour le bon succès du jubilé.

Un fait qui fut remarqué, et qui est en effet très remarquable, c'est l'esprit de tolérance et même de cordialité dont les Genevois firent preuve à l'égard des pèlerins qui traversèrent leur ville. Ce n'était pas dans leurs habitudes, ou plutôt dans celles de leur gouvernement, et il n'en avait pas été de même à l'époque des Quarante-Heures.

[2] V. la requête à Henri IV. Œuvr. compl., édit. de Béthune, t. XIV, p. 145.

CHAPITRE XV.

Notes historiques sur la Sainte-Maison.

Nos lecteurs liront peut-être avec interêt quelques notes sur l'œuvre du P. Chérubin, œuvre considérable, à laquelle le manque de ressources ne permit jamais de prendre toute l'extension voulue par le duc Charles-Emmanuel, et qui, après deux siècles de dépérissement presque continu, fut emportée par la tourmente révolutionnaire avec tant d'autres institutions plus anciennes et plus solides.

Sur le papier, les privilèges et les droits accordés à la Sainte-Maison semblaient devoir produire des sommes importantes. En réalité, on le verra, cela se réduisit à peu de chose, relativement à l'étendue des charges prévues par le fondateur. Il y eut aussi des tiraillements administratifs, des conflits de juridictions et de droits, et, dit le P. Fidèle de Talissieu, *le zèle du P. Chérubin ne fut pas secondé*. Le zèle de saint François de Sales ne le fut pas davantage.

Charles-Emmanuel avait désiré que la Sainte-Maison fût composée de sept membres, en l'honneur des Sept Douleurs de Notre-Dame : une congrégation de sept prêtres et d'un préfet pour le service de l'église ; un corps de missionnaires capucins pour les exercices religieux extraordinaires tant à Thonon que dans le Chablais et dans les provinces voisines ; un collège pour les langues et les lettres ; un séminaire pour préparer sept jeunes gens, au moins, à l'état ecclésiastique ; une université où l'on enseignerait la théologie, le droit civil, le droit canon et la médecine, une école des arts mécaniques ; enfin, une maison de refuge pour retirer les nouveaux convertis et instruire dans la foi ceux qui voudraient abjurer l'hérésie[1].

Un *exposé succinct de l'état de la Sainte-Maison*, que l'on trouve dans les archives du couvent des Capucins de Chambéry [2] et dont la date doit être très voisine de celle de la fondation de la Sainte-Maison, donne des indications intéressantes.

Le préfet de la congrégation était docteur en théologie et enseignait la morale. Après lui venaient le plébain et six autres prêtres. Ils vivaient en commun et chantaient la messe tous les jours.

Le collège avait quatre professeurs vivant aussi en commun.

Un médecin et un chirurgien logeaient et mangeaient dans l'établissement.

Pour les arts et métiers, il y avait un imprimeur, un fabricant de papier, un mécanicien ou serrurier avec de nombreux ouvriers, un passementier et un armurier. On se proposait d'ouvrir d'autres ateliers à mesure qu'on en aurait le moyen.

Le conseil d'administration se composait du conseiller de Saint-Lazare, du préfet, du plébain, de deux ou trois prêtres de la congrégation et du procureur fiscal. Dans les affaires importantes, on prenait encore l'avis de l'évêque de Genève, de l'archevêque de Vienne et de l'abbé d'Abondance.

Les revenus ne comprenaient guère que les aumônes du Pape, du duc de Savoie et des fidèles, et le produit des propriétés appartenant au prieuré de Saint-Hippolyte racheté des mains des Fribourgeois, comme nous l'avons dit. Les autres bénéfices unis à la Sainte-Maison,

---

[1] P. Fidèle de Thalissieu, *ibid.*

[2] *Ragguaglio succinto dello stato della Casa Santa di Tonone.*

encore occupés par des titulaires, n'étaient qu'une source de dépenses à cause des procès à soutenir, des reconnaissances à renouveler, etc. Ils arrêtèrent plus qu'ils ne favorisèrent le développement de la Sainte-Maison.

Les Capucins, missionnaires et prédicateurs, étaient placés sous l'autorité du commissaire apostolique, et recevaient chacun cinq écus d'or par mois pour leur entretien.

La Sainte-Maison était unie à l'ordre des SS. Maurice et Lazare, en ce sens qu'elle était sous la protection de son grand-maître, le duc de Savoie, et de tous les chevaliers de l'ordre. Les insignes de ses membres se composaient d'une croix de Saint-Maurice, au milieu de laquelle était peinte sur émail l'image de Notre-Dame-des-Sept-Douleurs.

Besson [1], qui écrivait un siècle et demi plus tard, donne l'état des abbayes et prieurés unis à la Sainte-Maison. Ce sont, outre le prieuré de Saint-Hippolyte, l'abbaye de Filly, pillée par les Bernois en 1536, la collégiale de Viry, aussi ruinée par eux en 1589, la plébanie de Thonon, le prieuré de Bonneguette et celui de Bellentre en Tarentaise. Ce dernier lui avait été cédé par une bulle du 12 avril 1602 [2].

Dès la fin de l'année 1599, saint François de Sales avait dressé les constitutions des prêtres de la Sainte-Maison que l'on peut voir dans ses œuvres [3]. Il y trace les règles qui concernent l'office divin, le chœur, le réfectoire et les officiers de la maison. A la fin on lit ceci : « Quant à ce qui regarde le collège, si les jésuites viennent, comme cela est presque conclu, on leur donnera pour

---

[1] *Mémoires pour l'hist. ecclésiast.*, etc., p. 105
[2] BAUDRY, *ibid.*, col. 1309.
[3] Edit. de Béthune, t. IV, p. 128.

appointements 400 écus d'or. S'ils ne viennent pas, il faudra avoir quatre régents, outre celui qui apprendra à lire aux enfants. » Les Jésuites vinrent ; mais comme, faute de ressources, on ne leur payait pas les 400 écus d'or alloués par les constitutions, et qu'après la mort de Clément VIII et celle du P. Chérubin, les trente-six écus d'or accordés par ce pape et une partie des sommes assignées par le duc de Savoie furent supprimés, ils se retirèrent au bout de quelques années. On les remplaça d'abord par des régents laïques, puis en 1615 par les Barnabites.

L'église de Saint-Augustin avait été cédée au collège, pour lequel le duc de Savoie fit faire plus tard un bâtiment plus considérable que celui qui lui avait d'abord été attribué [1].

Les Capucins établirent un hospice, c'est-à-dire, une station de quelques religieux, sous la direction du P. Chérubin, en 1602. Cet hospice fut érigé en couvent en 1608, et saint François de Sales en consacra l'église en 1615. On sait que le couvent fut bâti sur les ruines du palais ducal.

Les règlements de la Sainte-Maison furent publiés le 31 décembre 1603 ; ils sont signés par Charles-Emmanuel et portent ce titre : *Constitutions et ordres pour les règlements et progrez de la Sainte-Maison de Nostre Dame de Compassion de Thonon*. On attribue leur rédaction au P. Chérubin, en sa qualité de commissaire apostolique. Dans le préambule le duc Charles-Emmanuel et le nonce, l'évêque de Bovino, agissant au nom de Sa Sainteté, déclarent qu'ils ont établi ces règles après mûre délibération et de concert avec le cardinal protecteur de

---

[1] BAUDRY, *ibid*. — GRILLET, t. III, art. *Thonon*. — PERENNÈS, t. I, p. 428. — *Lettres de saint François de Sales*, t. III, p. 259.

la Sainte-Maison. Le nonce se charge d'obtenir l'approbation du Souverain Pontife[1]. Nous nous contentons d'en donner une courte analyse.

1º La Sainte-Maison est unie à l'ordre des SS. Maurice et Lazare. Le grand-maître de l'ordre est son protecteur et les chevaliers doivent soutenir ses intérêts pour la gloire de Dieu et la propagation de la foi catholique. De leur côté, les membres de la Sainte-Maison professent une dévotion particulière pour saint Maurice ; ils portent l'image de Notre-Dame-des-Sept-Douleurs enchâssée dans la croix de l'ordre.

2º Les prêtres de la Sainte-Maison vivent en communauté, suivant la règle de l'Oratoire. Ils sont chargés de la desserte des deux églises de Thonon et peuvent être députés pour desservir d'autres églises paroissiales en dehors de la ville. Ils sont au nombre de huit et jouissent des revenus déterminés dans le bref du 24 mars 1599. Les *petites écoles* de grammaire et d'humanités leur sont confiées. Ils sont nommés par le conseil au scrutin secret et doivent justifier de leur capacité. On leur recommande de garder entre eux une parfaite union et de se tenir exactement aux emplois qui leur sont attribués.

3º Les PP. Capucins, *comme auteurs de cette sainte œuvre (de la Sainte-Maison) et les premiers qui ont fait progrès en ces lieux pour la foi catholique*, sont spécialement chargés de la prédication et des missions tant à Thonon que dans le Chablais, le Vallais, les terres de Fribourg et au-delà du lac. Ils sont choisis par leur supérieur, qui est le Commissaire nommé par le Général de l'ordre.

---

[1] Archives du Sénat de Savoie, des Capucins de Chambéry et de M. le comte A. de Foras. — Bulle de Paul V *Supernâ dispositione* du 1ᵉʳ août 1606.

Comme ils ne peuvent rien posséder, leurs maisons, leurs meubles et tout ce qui est à leur usage appartiennent à la Sainte-Maison qui doit fournir ce qui leur est nécessaire soit à Thonon, soit dans leurs missions : la dépense de chaque Père est évaluée à six écus d'or par mois. Le Commissaire et son compagnon sont de droit membres du conseil de la Sainte-Maison : toute délibération prise en leur absence est nulle. Les pierres du château ducal, détruit par les Bernois, serviront pour les constructions de la Sainte-Maison et spécialement pour le couvent des Capucins, qui occupera les galeries, c'est-à-dire, l'écurie et les places qui l'entourent.

4° Aux Pères Jésuites est confiée *la charge des lectures, afin que par leur piété et doctrine ils puissent faire progrès signalé en l'instruction de la jeunesse qui abordera audit lieu.* Leur supérieur et son compagnon sont aussi membres du conseil. Les étudiants ne peuvent prendre pension que dans les maisons que le conseil désigne. Les cours ont lieu dans l'Hôtel-de-Ville, où l'on dépose également les meubles, les denrées et tout ce qui appartient à la Sainte-Maison, en réservant seulement une salle pour les réunions du conseil de ville. Ce bâtiment prend le nom de maison de Notre-Dame. Les Jésuites sont chargés des cours de Philosophie, de Théologie, d'Écriture-Sainte et de Controverse. Ils font le catéchisme, répondent aux attaques des hérétiques, corrigent les livres et composent de petits traités pour les répandre dans le peuple. Six religieux sont entretenus aux frais du Saint-Père ; les autres, aux frais de la Sainte-Maison, à raison de six écus d'or par mois. Ils ne doivent jamais être employés à d'autres fonctions que celles qui leur sont attribuées ci-dessus. La ville leur fournit l'habitation ou, s'ils en ont une, le mobilier. Les cours se font au nom de la Sainte-Maison et conformément au règlement arrêté par son conseil. En cas de besoin, les Jésuites pourront être suppléés par les ecclésiastiques attachés à la Sainte-Maison.

5° Le but du séminaire est *d'instruire des enfants aux choses ecclésiastiques, afin de pourvoir ledit pays, estats de Son Altesse et circonvoisins de bons pasteurs pour les âmes.* La Sainte-Maison fait les règlements et choisit les employés ecclésiastiques et laïques. *Sont admis les pauvres enfants doués de capacité et d'habileté d'esprit, renvoyant les rudes et grossiers à l'auberge des arts.* Les riches paient pension. On tâchera d'admettre aussi quelques enfants du Vallais; il doit y avoir au moins sept enfants, en l'honneur des Sept-Douleurs de Notre-Dame, et tous portent son image dans la croix de Saint-Maurice. Le séminaire est entretenu avec les revenus du prieuré de Saint-Hippolyte. Le Duc donne annuellement deux mille écus d'or pour la Sainte-Maison, à prendre sur le décime que Sa Sainteté a accordé pous trois ans. Mais il faut payer ce qui est dû au canton de Fribourg. On priera le Pape de permettre que l'on prenne sur les grands bénéfices ecclésiastiques des états pour l'entretien du séminaire. Tous les diocèses de Savoie sont autorisés à faire des fondations pour leurs jeunes clercs.

6° Le produit des amendes est réservé pour les frais de l'imprimerie qui doit publier surtout des livres propres à l'exaltation de la foi catholique.

7° Le droit sur la sortie du vin est employé pour le médecin, l'apothicaire et le chirurgien.

8° *L'héberge, hospice et maison de refuge*, est destinée à recevoir les hérétiques qui veulent rentrer dans le sein de l'Église. Chacun y travaille à quelque art mécanique selon son aptitude, en se conformant aux règlements faits par la Sainte-Maison. Cette œuvre est entretenue au moyen : 1° du produit de l'industrie et du commerce de l'hospice; 2° de la fondation faite par François Eschervi ; 3° des aumônes de Filly et de Ripaille ; 4° de la fondation du seigneur d'Avully ; 5° enfin des aumônes des fidèles et, pour les recueillir, on peut mettre des troncs dans tous les lieux publics des états, même dans les auberges et les boutiques.

Le reste concerne la réparation des églises, les droits conférés à la Sainte-Maison et la composition de son conseil, dont nous avons déjà parlé.

Ces constitutions furent approuvées par les papes Paul V et Urbain VIII, dans leurs bulles du 1er août 1606 et du 11 juin 1625. La première confirme l'union du prieuré de Saint-Hippolyte à la Sainte-Maison. Par un rescrit du 27 juillet 1606, Paul V chargea l'official de Genève de la mise en possession.

Ce rescrit nous explique pourquoi, malgré cette union et de si nombreuses concessions, la Sainte-Maison se trouva hors d'état de faire face aux charges qu'on lui avait imposées ; c'est que la plus grande partie des biens du prieuré de Saint-Hippolyte avait été détournée par les hérétiques à des usages profanes et qu'il aurait fallu dépenser des sommes considérables pour les recouvrer. Il y avait donc dans ces concessions plus de bruit que de profit, d'autant plus, pour le prieuré de Saint-Hippolyte, qu'il avait charge d'âmes et que la Sainte-Maison demeurait soumise à toutes les charges.

Les embarras financiers ne tardèrent pas à devenir très pressants. On le voit par une lettre que le P. Chérubin écrivit de Cotin près Romont, canton de Fribourg, au gouverneur de la Savoie, le 31 octobre 1604. Il y parle aussi de l'alliance que le duc Charles-Emmanuel négociait alors avec les cantons catholiques de la Suisse[1].

---

[1] **Archives du couvent des Capucins de Chambéry.**

« Pax Christi.

« Monsieur.

« J'ai esté envoyé deça le lac pour pacifier messieurs
« de Fribourg et demander terme au moins d'ung mois
« pour la Sainte-Maison du debte qu'on leur doibt, et
« avec ceste occasion prescher en des lieux voisins des
« hérétiques, où par la grâce de Dieu je treuve grande
« disposition plus qu'on ne croyroit jamais de delà, et
« dont Vostre Excellence sera un peu mieulx certiorée
« quand je seray de retour à Thonon, faisant cesteci
« seulement pour l'advertir qu'ung seigneur fort prin-
« cipal de ces quartiers m'a chargé exprez de fere en-
« tendre à Son Altesse que pour certaine alliance des
« cantons catholiques avec Sa dicte Altesse on se
« devoit treuver sur les estats de Sa dicte Altesse, et on
« alloit tousjours attendant nouvelles, mais les dicts
« cantons n'en ayant encore aucun advis, ils en des-
« meurent fort esmerveillés, ayant desja juré en leur
« pays et attendant la suytte, et crainct le dict seigneur,
« à qui les amys en ont escript dez Lucerne, que cela
« n'apporte quelque préjudice au service de Son Al-
« tesse, et me dit qu'il en touche ung mot par sa lettre
« à Monsieur le Comte de Tournon, laquelle aussy
« j'adresse dans ce paquet, laissant tout cet advis à sa
« meilleure disposition et prudence.

« L'on a veu icy d'effroyables signes en l'air, dont
« je me réserve aussy d'en escrire à plein au retour qui
« sera bientost Dieu aydant. Je laissai à mon despart
« la Saincte Maison en très grande nécessité, tant nos
« pères qu'aussy pour le regard du nouveau collége
« commencé, je sçay que la piété de Vostre Excellence
« servira assez de recommandation pour les ayder des
« deniers qui sont deubs, mais ayant veu de deça com-
« bien est nécessayre de donner satisfaction à messieurs

« de Frybourg pour obvier à une grande ruine de ce
« sainct œuvre, je la supplye nous favoriser de tant que
« d'advancer le paiement, et laissant encores pour les
« derniers tous aultres à qui on doibt bailler argent fere
« remectre au sieur Batallin tout ce que sera possible
« pour réparer ceste grande perte, puisque ny par la
« voye du sel ny par l'assignation sur la décime ecclé-
« siastique la Saincte Mayson ne peult satisfaire à ce
« grand debte, il faut au moins en traisnant les ailes
« et espargnant le plus qu'on peut sortir de cecy, dont
« je supplie Vostre Excellence fere accélérer le tout
« afin de ne courir tant d'intérêts, et je l'assure que
« ce sera une très grande aumosne. Priant Dieu qu'il
« lui accroisse ses sainctes graces et bénédictions.
« De Cotin près Romont le dernier d'octobre 1604.
« De Vostre Excellence
« très humble et très affectionné serviteur en Dieu.
« F. Chérubin cap. ind. »

Un document très instructif nous fournit des renseignements précis sur la valeur des revenus de la Sainte-Maison en 1609. Elle avait d'abord voulu les percevoir elle-même directement ; mais comme les biens étaient situés en des lieux soumis à diverses juridictions et que les contestations étaient nombreuses, il en résulta tant de procès et des dépenses tellement considérables, qu'au lieu de faire des économies, elle dut contracter des dettes. Le conseil résolut alors de chercher un économe à qui tout serait affermé. R^d Pierre Gillette, vice-préfet de la Sainte-Maison, se présenta et le bail fut signé à Thonon le 27 mars 1609, pour le terme de trois ans, aux conditions suivantes.

Pierre Gillette retirera tous les revenus de la Sainte-Maison, tant arrérages qu'annuels, à l'exception seulement des décimes et collectes du Piémont. Ces revenus se tirent de la gabelle du sel en Savoie, des donations faites par M. de Raconis, des prieurés de Saint-Jeoire, de Bonneguette, de Bellentre et de Saint-Hippolyte, des biens des Augustins, de la curé de Tully, des censes de la confrérie, etc.

Il paiera, avec les arrérages, toutes les dettes de la Sainte-Maison et, si les arrérages ne suffisent pas, il prendra le surplus sur les capitaux. Il pourra, sur ces arrérages, retenir le dix pour cent pour ses peines.

Il donnera chaque année : 1º 3.300 ducatons, dont 200 chaque trimestre, et le reste, moitié à Noël et moitié à la Saint-Jean-Baptiste; 2º 18 muids de froment, 4 muids de *messel* (seigle), 2 muids de fèves et 2 muids d'avoine, à Noël; 3º 12 *chers* [1] de vin blanc, 1 cher de vin *servagin* (clairet), 12 chers de vin rouge, et un autre cher de vin rouge pour le procureur de la ville, à la Saint-Martin; 4º 12 charretées de foin, à la Saint-Jean-Baptiste; 5º trois livres de chandelles de cire blanche aux fêtes solennelles de Noël, de Pâques, de la Fête-Dieu et aux quatre fêtes de Notre-Dame.

Il offrira deux fois par an, à deux fêtes de Notre-Dame, un banquet à tous les seigneurs, prêtres, officiers et conseillers de la Sainte-Maison.

Il soutiendra, à ses frais, tous les procès nécessaires, et, à l'expiration du bail, il rendra les titres et les reconnaissances en due forme.

Pierre Gillette donna pour caution solidaire Gui Joly, seigneur de Dusilly

Le conseil ducal accorda son adhésion à ce bail le 25 avril suivant, sous la clause que Gillette justifierait chaque année de son exactitude à remplir ses obligations, que le surplus des dettes serait prélevé sur le

---

[1] Le *cher* (qu'on prononce *char*) mesure locale valant 646 lit. 272 mill.

prix du bail, et non sur les capitaux, et qu'une réduction proportionnelle serait faite pour l'enclos et les artifices de Ripaille que le Duc reprenait à la Sainte-Maison. Enfin, Charles-Emmanuel ratifia ce contrat par lettres-patentes du 1er mai de la même année ; par d'autres lettres du 27 du même mois, il commit le Sénat de Savoie pour juger tous les procès qui surviendraient, sans qu'il fût nécessaire de passer par les juridictions inférieures[1].

Aux revenus des biens et des droits qui lui avaient été cédés, la Sainte-Maison ajoutait le produit des quêtes que l'on faisait pour elle, même en dehors des états de Savoie, ce qui n'était pas sans importance ; car on voit par une lettre d'un capucin de Milan, du 18 février 1607, qu'à cette date il avait déjà envoyé 2,175 ducats[2].

Répétons-le, au premier abord, la réunion de ces sources de revenus paraît former un chiffre considérable ; mais, comme nous l'avons déjà fait remarquer, si l'on considère les frais des constructions qui n'étaient pas achevées, et les charges énormes imposées à la Sainte-Maison par les divers établissements qui devaient la composer, on comprendra qu'en réalité ces ressources étaient insuffisantes, et l'on ne s'étonnera pas des doléances de saint François de Sales qui, après avoir été son premier préfet, employa, quand il fut devenu évêque, tous les efforts de son zèle à conjurer sa ruine et à corriger les abus qui s'y étaient introduits.

Le 21 août 1616, il écrivit à Victor-Amédée, prince de Piémont[3] : « Puisque M. le Président de Lescheraine
« aura l'honneur de vous faire la révérence, et qu'il fut
« l'autre jour à Thonon pour voir, de la part de S. A.,

[1] Archives du Sénat de Savoie. Répertoire 29.
[2] Archives du couvent des Capucins de Chambéry.
[3] Collect. Datta, t. II, p. 169.

« l'estat de la sainte mayson de N. D. de Compassion,
« je m'asseure que V. A. désirera de sçavoir toutes les
« particularités des défautz qu'il y aura remarquez. Et
« je ne doute point qu'il ne représente à V. A. qu'entre
« tous les remèdes par lesquelz on peut le mieux empê-
« cher la décadence de ce lieu de piété, l'introduction
« des pères de l'Oratoire seroit le plus propre, ainsy
« qu'estant à Thonon ensemblement nous l'avions jugé ;
« dont j'ay desjà donné advis à V. A. S., laquelle je sup-
« plie très humblement de protéger tousjours cette
« sainte mayson...., afin qu'elle ne périsse pas, ou du
« moins qu'elle ne perde pas, faute de bon ordre, la
« grande réputation sous laquelle elle a esté fondée
« contre l'hérésie et pour l'accroissement de la sainte
« religion catholique. »

En 1620, les abus ont grandi et la gêne est devenue la misère. « L'extrême désolation, écrit le saint évê-
« que à Charles-Emmanuel le 11 décembre de cette
« année[1], qui est en la sainte mayson de N. D. de Tho-
« non, ne peut recevoir remède que de vostre sérénis-
« sime providence ; la pauvreté y est démesurée ; et
« les enfants du séminaire tout fin nuds, deschaux et
« transis de misère ; le prestre de la mayson, et les
« pères Barnabites n'ont justement que pour manger et
« habiter et non pour se vestir ; et le reste va très mal
« en point ; mays ce qui est pis, c'est que ceste cala-
« mité y fait naistre une lamentable désunion, tandis
« que chacun s'essaye de tirer à soy le peu de moyens
« et d'argent qu'on y porte.... Le projet de cette mayson
« a esté fait fort grand et ample et falloit quatre mille
« escuz pour le soustenir annuellement. Despuys on
« a de beaucoup amoindri les moyens qui y devaient

[1] Collect. Datta, t. II, p. 282.

« estre employés et pour un seul coup on a osté le
« prieuré de Nantua, qui sont mille escuz de revenus ;
« et environ deux mille ducatons que S. A. par sa libé-
« ralité y a destinés, ne sont pas touchés à commodité ;
« il est vray encore, avec tout cela, que la mauvayse
« intelligence des membres de cette mayson, et la mau-
« vayse conduite de ses affaires l'appauvrit de plus en
« plus. » Il entre ensuite dans le détail des économies
que l'on obtiendrait par l'introduction des *vrays* prêtres
de l'Oratoire.

Dans une note sans date[1] François insiste sur la
nécessité d'appeler les prêtres de l'Oratoire. Il montre
que les membres de la Sainte-Maison n'étant là que
pour les gages qu'on leur paie et chacun ne songeant
qu'à ses intérêts particuliers, l'église n'est pas entretenue convenablement et n'est pas fournie du mobilier
nécessaire, les bâtiments sont en mauvais état, et les
revenus ne rentrent pas exactement. Les causes de
cette situation sont : qu'il n'y a pas la vie commune,
prescrite cependant par les constitutions ; que les sommes promises par Charles-Emmanuel ne sont pas payées,
et que, les biens étant donnés à ferme, le fermier s'en-
richit pendant que l'établissement dépérit. En résumé,
le Duc n'a pas tenu ses promesses et la règle n'est pas
observée. Ce manque de parole de Charles-Emmanuel
s'explique facilement. Il avait de bonnes intentions,
mais il avait encore plus d'ambition, et les guerres continuelles qu'elle suscitait ne lui laissaient pas d'argent
pour soutenir les institutions utiles qu'il avait créées.

Le saint évêque signale une lacune considérable qui
déjà s'est faite dans l'œuvre complexe rêvée par Charles-Emmanuel et par le P. Chérubin ; c'est qu'il n'y a

---

[1] Collect. Datta, t. II. p. 269.

point de maison de refuge pour les nouveaux convertis. Peut-être ce refuge n'avait-il jamais existé que sur le papier.

Le 12 juin 1621, il parle au Duc de la visite de la Sainte-Maison, qu'il a faite avec les membres de la Chambre des comptes, et exprime l'espoir que le prince comprendra la nécessité d'y faire des établissements permanents pour qu'elle puisse fleurir [1].

Le 3 février et le 25 avril 1622, il sollicite encore la venue des Pères de l'Oratoire [2].

Le 17 octobre de la même année, il conjure Charles-Emmanuel de faire enfin procéder à la suppression du prieuré de Contamine, dont les biens ont été attribués à l'entretien des collèges, principalement de celui de la Sainte-Maison, et d'écrire au prince Thomas de réunir les principaux conseillers de la Sainte-Maison, *afin que par son autorité il soit mis ordre aux affaires de cette mayson-là, qui sans cela s'en vont tout à fait en ruine* [3].

Il y a encore dans la même collection une lettre du 27 mars (l'année n'est pas indiquée), dans laquelle François de Sales dit qu'il attend un bref du Pape qui le commet *pour ranger au meilleur ordre qu'il se pourra toutes affaires de la sainte maison*. Il ne paraît pas que cette mission ait pu être remplie, car on n'en trouve aucune mention ni dans les historiens du saint évêque, ni dans ses œuvres. Il mourut le 27 décembre 1622, après avoir passé hors de son diocèse la plus grande partie de la dernière année de sa vie.

Quant au P. Chérubin, peu de temps après l'établissement de la Sainte-Maison, il avait, conformément aux intentions du pape Clément VIII, porté son zèle dans le

---

[1] Collect Datta, t. II, p. 304.
[2] Ibid., p. 325 et 328.
[3] Ibid. p. 335.

Vallais, où nous allons le suivre. Le Commissaire apostolique devant, d'après les Constitutions de la Sainte-Maison, résider à Thonon, au moins ordinairement, il avait dû se démettre de ces fonctions et se résigner à l'amère douleur de voir cette œuvre, dont les plans avaient été si grandioses, trop grandioses peut-être, s'étioler dès sa création.

On a prétendu qu'il avait été éloigné du Chablais par l'ordre de Charles-Emmanuel. C'est une assertion tout à fait gratuite, démentie par les documents et par les faits : nous examinerons tout à l'heure les lettres du duc de Savoie qui ont fourni un point d'appui à cette supposition.

Le reste de l'histoire de la Sainte-Maison n'appartient plus à notre sujet. Ajoutons cependant quelques mots.

En 1762, le roi Charles-Emmanuel III lui unit l'abbaye d'Abondance.

En 1764, Mgr Biord, évêque de Genève, fit un nouveau règlement. Depuis lors le clergé se composa d'un préfet, ayant le titre d'abbé d'Abondance, et de onze chanoines, qui portaient l'insigne de l'ordre des SS. Maurice et Lazare[1].

M. Pescatore, dernier intendant de Thonon avant la Révolution, a recueilli, en trois volumes manuscrits, un grand nombre de documents et de dissertations fort intéressantes sur la ville de Thonon et sur la Sainte-Maison[2]. Nous en détachons les notes suivantes.

Cet établissement avait la dîme sur tout le territoire de Thonon, sauf le hameau de Marclas : pour le blé, la

---

[1] GRILLET, t. III, p. 418.

[2] Ces manuscrits appartiennent à M. le comte A. de Foras, qui a bien voulu les mettre à notre disposition. Ils ne contiennent pas toutes les pièces officielles que nous avons citées, notamment les *Additions aux instructions données au président Vivaldo et au sénateur Brayda*.

dîme était du onzième, à prélever sur les champs; pour le vin, elle était du vingtième, à prendre dans les caves.

Il y avait au séminaire sept élèves, auxquels on donnait l'instruction nécessaire pour qu'ils pussent être admis au collège.

La maison de Refuge ou des Arts avait été ouverte en 1677. En 1700, on établit une manufacture de draps qui n'eut pas beaucoup de succès. On forma un grand nombre de projets, demeurés à l'état de lettre morte. Ainsi, l'université, qui devait être une des parties principales de l'institution projetée par Clément VIII, Charles-Emmanuel, saint François de Sales et le P. Chérubin, n'exista jamais que dans la bulle et les lettres-patentes d'érection.

La Révolution de 1793 emporta le clergé, la maison des Arts et les revenus de la Sainte-Maison. Comme ailleurs, elle ne mit à la place que des acquéreurs de biens soi-disant nationaux: un mince profit pour la nation, nous voulons dire pour Thonon et le Chablais.

CHAPITRE XVI.

Le Vallais aux prises avec l'hérésie. — Les premiers missionnaires.

Le Vallais, placé entre l'Italie au midi et à l'est, la Savoie à l'ouest, et le canton de Berne au nord, était une proie fort enviable pour l'hérésie. Une fois maître de cette étroite vallée, le protestantisme bernois n'était plus qu'à quelques pas de la Savoie et avait deux ouvertures sur l'Italie : le Saint-Bernard et le Simplon. Berne faisait encore un autre calcul. La Confédération helvétique se composait alors de treize cantons, dont sept catholiques et six protestants. Le Protestantisme n'avait donc pas la majorité dans la diète. Pour la lui donner il n'y avait qu'un moyen, protestantiser le Vallais et les Grisons, et ensuite faire de ces pays deux nouveaux cantons. Ainsi la Réforme aurait huit voix contre sept.

Dès l'année 1550, Berne avait noué des intrigues dans le diocèse de Sion et fait des efforts désespérés pour y introduire les doctrines de Zwingli. Elle avait échoué contre le zèle et la fermeté de l'évêque, Adrien de Riedmatten. Le successeur d'Adrien, Jean Jordan, fut un homme faible, vertueux d'ailleurs et pacifique ; il laissa les jeunes gens fréquenter les académies protestantes, et le venin se glissa lentement dans le pays. Les Bernois exploitèrent habilement l'esprit d'indépendance que la Réforme avait comme répandu dans l'atmosphère et que les populations respiraient avidement. Le Vallais était sous la domination temporelle des évêques de Sion, tempérée par une foule de libertés locales et par les droits des diètes. Berne lui disait : « Adoptez la religion nouvelle, c'est une religion de liberté ; à l'exemple de Genève et de Lausanne, vous secouerez le joug épiscopal et vous deviendrez un canton de la Suisse, libre et indépendant. » Ces excitations trouvaient un écho dans l'ambition des premières familles du Haut-Vallais, plus ou moins corrompues. Y aurait-il réellement plus de liberté et d'indépendance, avec un gouvernement laïque, doublé de la diète helvétique, que sous l'administration des évêques? Quand quelques seigneurs se seraient substitués à l'évêque, qu'est-ce que le peuple aurait gagné? C'est la question que le peuple aurait dû se poser. Grisé par quelques grands mots, il ne se la posait pas. Les peuples sont ainsi faits, qu'ils croient devenir libres en changeant de gouvernement, et que le comble de l'indépendance c'est de remplacer la crosse par l'épée. On sait qu'il en est encore de même aujourd'hui.

Au commencement du XVIIe siècle, les circonstances politiques favorisèrent les menées protestantes. La France était en guerre avec la Savoie, et le Vallais tiraillé entre les deux partis. L'historien du Vallais décrit ainsi la situation du pays [1].

« Dans toutes les démarches que l'on faisait pour la conservation de la foi, la France, d'après les insinuations même des magistrats, ne voulait voir que des manœuvres de l'évêque en faveur de l'Espagne et du duc de Savoie, avec qui cette puissance était en guerre, et elle semait l'argent à pleines mains pour les arrêter ; Charles Borromée, archevêque de Milan, et François de Sales, évêque de Genève, n'avaient pas été à l'abri de la calomnie, et, au dire des mécréants, ils couvraient leurs intrigues pour leurs souverains respectifs du manteau

---

[1] BOCCARD, *Histoire du Vallais*, p. 196.

du zèle et de la charité ; les députations des cantons catholiques, qui n'avaient que des vues religieuses, se trouvaient aussi entravées sous le même prétexte ; la faiblesse du vieux prélat, Hildebrand de Riedmatten, impuissante contre le mal et souvent docile à ses exigences, la plupart des membres du clergé sans zèle, pour ne pas dire chancelants et même pervertis, le peuple flottant à tout vent de doctrine, prêt à exposer la foi de ses pères à l'incertitude d'une votation générale, la voix du chef de l'Église méconnue dans ses brefs et dans ses délégués, un grand nombre de gens sans aveu, et notamment de Français réformés, fomentant toute espèce de troubles, s'érigeant en apôtres et répandant les maximes les plus subversives : tel est l'état affreux où se trouvait le Vallais dans les premières années du XVIIe siècle et à la fin du précédent. Aussi, n'entendait-on que déclamations contre le *Souverain étranger* (le pape), contre les cérémonies romaines, contre les abus du clergé ; les bourgades retentissaient de chansons composées en diffamation des prêtres ; les religieux osaient à peine sortir, de crainte d'être *huchés par les rues* ou criblés de coups ; certains pédagogues, au lieu d'enseigner aux élèves la doctrine catholique, leur faisaient lecture d'écrits infectés d'erreur. » Les malades ne recevaient plus les derniers sacrements ; la confession était abolie de fait ; pour les mariages, on se contentait du contrat fait devant un notaire et deux parents[1].

Un ministre de Genève s'était installé à Sion avec sa femme et ses enfants, et parcourait le pays en déclamant contre l'Église romaine, contre le Pape, les évêques et le clergé en général. D'autres ministres venaient

---

[1] *Relation sincère des trav. spirit. au pays de Vallais des Pères Capucins, etc...*; manuscrit du P. Augustin d'Asti (1616), traduit par le chanoine Anne-Joseph de Rivaz.

du gouvernement d'Aigle et du pays de Vaud à Monthey, à Saint-Maurice, à Martigny; ou de l'Oberland bernois, à Viège et à Louche.

Le terrain était si bien préparé, que des calvinistes avait impunément affiché aux portes de la cathédrale et du palais épiscopal un écrit contenant ces mots : *Hildebrand de Riedmatten, dernier évêque de Sion*. On ne parlait à Sion que de chasser le clergé et d'abolir le culte catholique. Il ne restait plus qu'une formalité à remplir: la consécration du changement de religion par un vote du peuple. Déjà, une assemblée générale était convoquée ; tous les hommes âgés de dix-huit ans accomplis étaient invités à s'y rendre, et là, le bailli, lieutenant de l'évêque comme prince du pays, devait mettre en délibération laquelle des deux religions on garderait. Cette question se déciderait à la majorité des voix, comme une vulgaire question de commerce ou d'impôt. Or, la solution ne faisait doute pour personne. Les partisans de l'hérésie avaient des airs triomphants ; les catholiques étaient plongés dans la douleur[1].

Eh bien ! pour renverser toutes ces prévisions, pour garder ce pays à l'Église et ces âmes à la vérité, il suffit de l'intervention de quelques hommes vêtus de bure, chaussés de sandales, et la besace sur l'épaule. Vraiment, les protestants savaient bien ce qu'ils faisaient quand ils poursuivaient d'une haine si particulièrement furieuse les ordres religieux et surtout les ordres mendiants.

On se souvient de l'appel que Clément VIII avait fait au zèle du P. Chérubin, pour retenir le Vallais sur la pente de l'hérésie où il glissait rapidement. Informé de l'imminence d'une décision qui, selon toutes les pro-

---

[1] *Relation sincère*, etc.

babilités, consommerait la ruine religieuse de ce pays, le Pape chargea son neveu, le cardinal Aldobrandini, d'écrire au nonce de Turin de presser l'envoi des missionnaires. C'était pendant le jubilé de Thonon. Un certain nombre de Bas-Vallaisans, venus pour gagner ces indulgences extraordinaires, faisaient, de leur côté, un récit lamentable de ce qui se passait dans leur pays. Le P. Chérubin ne demandait pas mieux que de remplir les intentions du Souverain Pontife et d'envoyer quelques-uns de ses confrères dans le Vallais, en attendant qu'il pût s'y rendre lui-même, aussitôt qu'il ne serait plus retenu à Thonon par les difficultés que rencontrait l'établissement de la Sainte-Maison. Il entretenait à ce sujet une correspondance secrète avec le capitaine Antoine de Quartéry, de Saint-Maurice; car, il n'était pas facile de pénétrer dans le Vallais : les réformés y avaient tellement décrié les capucins, que le peuple menaçait de les tuer, s'ils osaient y aller prêcher. Aussi, le capitaine, qui était un fervent catholique, représentait-il que ce serait faire échouer l'entreprise que d'essayer d'entrer ouvertement[1]. Le P. Chérubin lui envoya secrètement le P. Augustin d'Asti, et voici le plan dont ils convinrent. Les capucins s'arrêteraient d'abord à Saint-Gingolph, paroisse située en partie sur le Vallais et en partie sur la Savoie. L'abbé d'Abondance y possédait une maison dans laquelle il leur offrait l'hospitalité, et, comme l'église était située sur les terres de Savoie, les exercices religieux ne couraient pas le risque d'être interrompus par des violences ou des scandales. De là ils s'avanceraient peu à peu dans l'intérieur du pays, à

---

[1] BOCCARD, p. 197. — FIDÈLE DE THALISSIEU, liv, V. — RIVAZ, *ibid.* — *Annali dell' Ordine dè Frati Min. Cappucc...*, tradotti da F. Benedetto Sanbenedetti, t. II, p. 319 et suiv.

mesure qu'ils gagneraient l'estime et la confiance des habitants, et pourraient pénétrer plus avant, sans compromettre, non pas leur vie dont ils faisaient joyeusement le sacrifice, mais le résultat de leur tentative.

Ce fut aux PP. Sébastien de Maurienne et Augustin d'Asti, ses vaillants compagnons dans les luttes du Chablais, que le P. Chérubin confia cette mission, qui demandait autant de prudence que de zèle, de lumières et de sainteté. Ils partirent donc pour Saint-Gingolph. « Tous les matins, dit l'abbé Boccard[1], ils se rendaient dans quelque paroisse limitrophe, où, après avoir célébré les saints mystères, ils saisissaient l'occasion d'adresser une exhortation au peuple ; mais, par prudence, ils se retiraient tous les soirs dans leur premier asile. La vie sainte et austère des deux apôtres, leur affabilité et leur modestie eurent bientôt dissipé toute prévention, et après trois semaines, ne recueillant plus que des témoignages d'estime et de confiance, ils tentèrent, sur le conseil de ceux qu'ils venaient de confirmer dans la foi ou d'y ramener, de s'introduire à Monthey, où le gouverneur et les principaux habitants leur offrirent une résidence. Ce bon accueil n'était pourtant pas si général, qu'ils ne reçussent parfois des insultes, surtout lorsqu'ils prêchaient sur la place publique ; mais le gouverneur leur donna des gardes qui pussent les garantir des dangers auxquels ils étaient exposés. »

Bientôt ils purent pousser jusqu'à Saint-Maurice. L'abbé Adrien de Riedmatten, neveu de l'évêque, tout en leur accordant une cordiale hospitalité à l'abbaye, eut d'abord quelque crainte de s'attirer l'animosité des seigneurs du pays. Mais ensuite il s'enhardit et les combla d'attentions. Le P. Sébastien prêcha plusieurs

---

[1] BOCCARD, p. 198.

fois, à la grande satisfaction de son auditoire. Un jour que les deux missionnaires priaient dans la chapelle des Martyrs, on vint leur dire que quatorze députés des sept cantons catholiques de la Suisse venaient d'arriver, se rendant à Sion pour renouveler l'alliance des cantons avec l'évêque et les sept dizains du Vallais. Ils bénirent Dieu de cette heureuse rencontre. Les députés les conduisirent à Sion et demandèrent que le P. Sébastien prêchât à la cérémonie du renouvellement de l'alliance. L'évêque l'eût vivement désiré; mais les seigneurs s'y opposèrent, jurant que, si les capucins ne partaient pas sans retard, leur vie ne serait pas en sûreté. L'intervention des députés des cantons ne put rien obtenir de ces furieux, et tout ce qu'ils purent faire, ce fut de les ramener avec eux à Saint-Maurice, munis de lettres de recommandation de l'évêque et de l'autorisation de prêcher dans tout le diocèse, autant que la prudence le permettrait.

La ville de Saint-Maurice était dans un pitoyable état. L'ignorance religieuse était à son comble; la prédication et les sacrements, complètement abandonnés; de toutes les pratiques du culte et de la piété catholiques il ne restait plus que l'assistance à la messe; les ministres protestants d'Aigle et de Bex venaient tous les jours semer leurs maximes et développer les plus incroyables préjugés contre l'Église et ses doctrines. Mais que ne peut le zèle des apôtres et que ne peut surtout la puissance de la grâce! Le P. Sébastien donnait tous les jours une instruction dans l'église, des conférences aux hérétiques, des entretiens aux catholiques; le reste de son temps était employé à entendre les confessions; les jours de marché, il prêchait sur la place publique; et les jours de dimanche et de fête, outre trois instructions à Saint-Maurice, il allait en donner une à Monthey. Le P.

Augustin n'avait pas moins de zèle. Ils instituèrent les confréries du Saint-Sacrement et du Rosaire. L'affluence du peuple aux instructions et aux catéchismes était si grande, que l'église de Saint-Sigismond, quoique très spacieuse, était toujours remplie, aussi bien durant la semaine que le dimanche. La ville se renouvela d'une façon si prodigieuse, qu'à Noël il n'y avait plus que trois familles qui n'eussent pas abjuré l'hérésie, et que le plus grand nombre des habitants s'approchèrent des sacrements avec une dévotion incroyable.

Le curé d'une paroisse du dizain de Sierre les pria d'aller évangéliser ses ouailles. Ils y allèrent, prêchèrent et confessèrent pendant plusieurs jours. Mais les apostats entrèrent en fureur, la populace s'ameuta; il fallut retourner à Saint-Maurice. Le ministre de Bex était venu y semer l'ivraie pendant leur absence; les capucins étaient des faux prophètes, disait-il; ils ne prêchaient que le mensonge et il le leur prouverait en présence de toute la ville. Les Pères se déclarèrent prêts à relever le défi; mais le ministre, sachant qu'ils étaient de retour, ne parut plus.

De Saint-Maurice, les deux capucins se rendirent à Martigny, un gros bourg, aussi perverti que Saint-Maurice; d'abord ils ne recueillirent que des moqueries et des injures, plus d'une fois même des coups. Ils restèrent là plusieurs mois, priant beaucoup, souffrant patiemment et prêchant tous les jours, soit dans l'église, soit sur la place publique, les jours de marché. Ils allaient aussi de temps en temps dans les paroisses voisines, et le P. Sébastien, qui ne pouvait goûter un instant de repos, suivait les cultivateurs dans les champs, travaillait avec eux et ne manquait aucune occasion de combattre quelque préjugé ou d'insinuer une utile vérité. A Martigny comme à Saint-Maurice, les esprits finirent par s'éclairer et les cœurs par s'ouvrir ; l'estime et l'affection succédèrent au mépris et à la haine, et la moisson fut abondante.

Ils allèrent en rendre compte à l'évêque et lui demander la permission de continuer leurs travaux apostoliques dans celles des paroisses du Haut-Vallais qui parlaient français. L'époque fixée pour la diète approchait ; il n'y avait plus un moment à perdre. Mais les chanoines, qui avaient plus de prudence pour leurs intérêts, et d'amour de la paix, que de courage et de zèle pour les âmes, s'effrayèrent des clameurs qui ne manqueraient pas de s'élever, et l'évêque, cédant au malheur des temps, disait-il, se contenta de féliciter les Pères de leurs succès et de les autoriser de nouveau à prêcher partout où l'on consentirait à les recevoir. L'abbé de Saint-Maurice les recommanda à un de ses amis, ancien officier au service de la France, qui habitait le dizain de Sierre dans le Haut-Vallais. Ils s'y rendirent et commencèrent leurs exercices ordinaires. Mais le bailli Jossen poussa des plaintes si bruyantes et suscita un tel orage, que le prélat crut devoir les rappeler et les renvoyer à Saint-Maurice.

Le ministre de Bex avait renouvelé ses défis d'une conférence publique avec tant d'insistance, qu'il ne lui fut pas possible de reculer après le retour des capucins, dont le nombre et la confiance venaient de s'accroître par l'arrivée du P. Maurice de la Marche, controversiste de grande réputation, que le chapitre tenu à Casal avait, à la prière du cardinal Mondarnò, envoyé en 1601, avec le P. Augustin d'Asti, pour aider le P. Chérubin dans la mission de Thonon [1]. Il y eut de nombreuses négociations, dans le récit desquelles nous n'entrons pas, parce que ces faits n'appartiennent qu'incidemment à

---

[1] *Notes et Pièces justific.*, n° 20.

notre sujet, dont nous ne voulons pas nous écarter trop. Enfin, les PP. Maurice et Augustin rencontrèrent, dans un chemin public, les ministres de Bex et de Lausanne, suivis du juge de Bex et d'une foule assez nombreuse. C'était vers le soir, trop tard pour que l'on pût songer à une dispute réglée. Tout se borna à une courte escarmouche.

« Croyez-vous, dit le P. Maurice, que la foi, l'espérance et la charité soient nécessaires au salut ? »

Sur la réponse affirmative du ministre de Bex, il reprit : « La Confession de foi, rédigée par Calvin, est-elle admise par tous les pasteurs ? »

Le ministre répondit encore affirmativement ; mais en joignant à sa réponse les épithètes insultantes *d'ignorants, de bêtes, de papistes, d'ânes*, dont les protestants étaient toujours prodigues à l'égard des catholiques, ce dont le juge le reprit vivement.

« En ce cas, dit doucement le P. Maurice, comment conciliez-vous la nécessité de la foi, de l'espérance et de la charité, avec ce qu'enseignent la confession de foi et le catéchisme de Calvin, que la foi seule justifie et est nécessaire au salut ? »

La contradiction était trop palpable, pour que les ministres pussent faire autre chose que de chercher des faux-fuyants, et la dispute finit là-dessus.

Quelque incomplète qu'elle eût été, cette conférence fit une grande impression dans le peuple qui en avait été témoin. Les ministres coururent à Berne se plaindre que les capucins venaient jusque sur les terres du canton débaucher le peuple et insulter la religion du pays. C'était prendre les seigneurs bernois par l'endroit le plus sensible. Ils écrivirent à l'évêque de Sion, au bailli Jossen, à plusieurs seigneurs gagnés au Protestantisme, et réclamèrent l'expulsion immédiate des capucins.

L'évêque, affaibli par l'âge et les infirmités, eut peur ; il écrivit au gouverneur de Saint-Maurice de les faire sortir de son diocèse et des états du Vallais dans le terme de trois jours. Mais ce gouverneur était un excellent catholique. Il représenta que les Pères n'étaient allés sur les terres de Berne qu'à l'invitation des ministres et sur l'assurance, donnée par le juge de Bex, que le gouverneur du canton n'en serait aucunement offensé; qu'ils n'avaient jamais combattu que le vice et l'ignorance, et que, plutôt que d'expulser des hommes qui avaient fait tant de bien dans le pays, il se démettrait de ses fonctions. L'évêque comprit qu'il avait été trompé et révoqua ses ordres [1].

« Les partisans de la réforme dans le Haut-Vallais [2], dit l'abbé Boccard, craignant alors le triomphe prochain du Catholicisme, firent les efforts les plus désespérés pour l'empêcher. Ils travaillèrent au dedans et au dehors, et n'eurent pas de peine à mettre dans leurs intérêts les cantons protestants, qui avaient tant à cœur la révolution religieuse de ce pays. Une députation de ces divers états y fut envoyée pour aviser, avec les magistrats coreligionnaires, aux moyens les plus efficaces d'y abolir l'ancienne foi. Tout député étranger devait être reçu par l'évêque comme chef de l'état : le bailli Jossen, qui, en secouant le joug de la puissance spirituelle, avait appris à ne faire aucun cas du pouvoir temporel, reçut secrètement la députation dans sa maison ; il y convoqua aussi ses partisans, et là, à huis clos, il fut décrété, entre autres, comme mesure urgente et la plus efficace, que les missionnaires capucins quitteraient le Vallais dans trois jours, sous peine de perdre la vie si on les trouvait dans le pays vingt-quatre heures après ce terme.

[1] P. Fidèle de Thalissieu, *ibid*. — Manuscrit de Rivaz.
[2] *Ibid.*, p. 203.

« Les bruits les plus sinistres se répandirent bientôt sur les résultats de cette conférence. L'abbé de Saint-Maurice, doyen du chapitre et vicaire général chargé des affaires du diocèse à cause du grand âge de l'évêque, convoqua aussitôt à la Majorie[1] une commission pour obvier aux dangers devenus imminents. Le bailli y fut appelé; dès son entrée dans le palais il vit que sa conduite était connue; des gardes postés à chaque porte les avaient soigneusement refermées sur lui. Quand il eût été introduit dans la salle du conseil, le chanoine official, parcourant les divers griefs qui pesaient sur lui, l'accusa d'avoir violé le traité d'alliance conclu avec les cantons catholiques en conspirant contre l'Église, d'avoir attenté à l'autorité souveraine en donnant audience à des ambassadeurs, en réunissant un conseil, en y prenant des arrêtés, et il conclut à la peine de mort comme félon et rebelle. Parmi les pièces à charge, il s'en trouvait une où était écrit, de la propre main du coupable : *Hildebrand de Riedmatten, dernier évêque de Sion*, mots qui seuls prouvaient assez la rage et la noirceur de ses projets. Jossen tombe aux pieds de l'évêque, cherche en vain à se justifier, et ne doit sa grâce qu'aux prières de ces mêmes religieux, dont il signait l'arrêt de proscription et de mort quelques jours auparavant. Ainsi humilié, il feignait de revenir à de meilleurs sentiments; par dissimulation ou par force, il donna aux missionnaires des patentes où il engageait les peuples du Vallais à les honorer, à les assister de leurs aumônes, et à n'apporter aucun empêchement aux fonctions de leur ministère. »

De son côté, l'évêque leur donnait aussi des lettres, datées du 22 avril 1603, par lesquelles il pressait les

---

[1] Palais de l'évêque.

curés de les recevoir, les seigneurs de les protéger et de les secourir, afin qu'ils pussent produire dans tout le diocèse les mêmes fruits qui avaient accompagné leur mission dans le Bas-Vallais. Trois mois devaient s'écouler encore avant la réunion de l'assemblée générale.

Mais comme le plus grand nombre des paroisses du Haut-Vallais parlaient allemand et que les Pères ne connaissaient pas assez cette langue, l'abbé de Saint-Maurice proposa au P. Augustin de se rendre à Lucerne pour exposer la situation du Vallais au nonce, Mgr Jean Turrianus, évêque de Véglia, et obtenir par son entremise l'envoi de quelques capucins de la province suisse.

Le voyage se fit par les montagnes, et la vie du Père courut plus d'un danger, car on était au printemps, au moment de la fonte des neiges. Par le canton de Berne la route eût été plus sûre du côté des éléments, mais très dangereuse du côté des hommes. C'était après la tentative manquée de Charles-Emmanuel sur Genève, appelée la journée de l'*Escalade;* les Bernois étaient en armes et, leur haine contre la religion s'étant accrue de toute leur colère contre le duc de Savoie, dont ils prétendaient que les capucins étaient les agents, ils avaient envoyé partout les signalements du P. Chérubin et du P. Augustin[1]. Celui-ci arriva cependant sain et sauf à Lucerne, où il réjouit le nonce des bonnes nouvelles qu'il lui apportait du Bas-Vallais. Quelques jours après le P. Augustin reprit le chemin des montagnes de la Fourche, accompagné de deux Pères du couvent de Lucerne, qui se mirent aussitôt à l'œuvre dans les paroisses allemandes du Haut-Vallais, tandis que leurs confrères parcouraient les paroisses inférieures, fortifiant les faibles, instruisant les ignorants, réconciliant les pécheurs et les apostats, combattant les préjugés et

---

[1] Manuscrit de Rivaz.

rétablissant partout l'usage des sacrements et les pratiques de la piété chrétienne.

Le nonce de Lucerne leur avait accordé les mêmes pouvoirs que le nonce de Turin avait donnés aux Pères chargés des missions dans les états du duc de Savoie[1]. Ces patentes montrent dans quels désordres effrayants était tombée une partie du clergé vallaisan et expliquent ainsi la facilité avec laquelle les populations, ignorantes et scandalisées, s'étaient laissé gagner par les déclamations des prédicants protestants, chez lesquels plusieurs de ces désordres n'existaient pas, par la raison très simple, mais peu méritoire pour eux, qu'ils avaient eu soin de ne pas s'imposer des obligations gênantes pour les passions humaines. Il est si naturel, hélas ! bien que ce soit très illogique et très injuste, de faire retomber sur la religion, qui les condamne, les fautes et les vices de ceux qui l'enseignent ! La vie chaste, mortifiée, austère, ne respirant que le dévouement et l'amour des âmes, des missionnaires capucins contribua au retour de ces populations autant que leurs sermons et leurs catéchismes. Aussi, verrons-nous l'évêque de Sion insister sur ce point dans les lettres testimoniales qu'il leur délivrera, quand la haine des sectaires les expulsera de sa ville épiscopale.

Les sectaires, comme les révolutionnaires, savent d'instinct et d'expérience ce mot de J.-C. aux apôtres de tous les temps : « Vous êtes le sel de la terre[2]. » Ils savent aussi que les ordres religieux sont des réservoirs où ce sel conserve plus facilement sa pureté et sa vertu. Toute la raison de la haine particulière que les uns et les autres leur ont vouée dans tous les siècles est là.

---

[1] *Pièces justific.*, nos 18, 19 et 22.
[2] Matt., 5, 13.

CHAPITRE XVII.

Le P. Chérubin à Sion.

Le protestantisme était donc attaqué, dans le Vallais, sur tous les points à la fois : dans les dizains allemands, par les Pères suisses ; à Sierre, par le P. Maurice ; à à Saint-Maurice, à Martigny et dans les autres localités de langue française, par les PP. Sébastien, Augustin et Jovite. La citadelle seule semblait inexpugnable.

La citadelle du protestantisme vallaisan c'était Sion, la capitale. Là il y avait le bailli Jossen, qui pensait bien hériter du pouvoir temporel de l'évêque ; il y avait les autres familles nobles, qui espéraient aussi recueillir une part de cet héritage ; il y avait les riches, qui voulaient s'arrondir, et les pauvres qui voulaient s'enrichir avec les biens de l'évêque, du chapitre et des églises ; il y avait le centre de toutes les ambitions, de toutes les cupidités, de tous les vices, et un ministre protestant pour souffler continuellement dans ce foyer le mépris de l'Église et de sa doctrine, la haine du clergé et des religieux ; il y avait encore, plus qu'ailleurs, un clergé peu édifiant, en partie tout à fait scandaleux, des chanoines mondains et pusillanimes, un évêque affaibli par l'âge et la maladie. Un seul homme, à Sion, était capable de soutenir la lutte et la soutenait en effet, c'était Adrien de Riedmatten, abbé de Saint-Maurice, neveu et vicaire général de l'évêque Hildebrand. Mais il était seul et, de plus, souvent absent pour les affaires de son abbaye. Les missionnaires ne faisaient à Sion que des apparitions que chacun s'efforçait d'abréger ; ils n'avaient jamais pu obtenir d'y prêcher [1].

---

[1] Boccard, p. 205. — P. Fidèle de Thalissieu et P. Augustin d'Asti dans le manuscrit de Rivaz.

On crut que le lutteur énergique, le prédicateur éloquent d'Annemasse et de Thonon, pourrait seul entreprendre ce siège avec chances de succès, et le P. Augustin partit pour le Chablais. Le P. Chérubin avait été jusque-là retenu à Thonon par les devoirs de sa double charge de commissaire apostolique de la Sainte-Maison et de supérieur de la mission de Notre-Dame-de-Compassion. Mais le P. Laurent de Brindes venait de faire sa visite et, considérant combien la présence du P. Chérubin était nécessaire dans le Vallais, il avait envoyé le P. Abonde de Côme pour le remplacer à la tête de la mission [1]. Chérubin prit aussitôt la route du Vallais.

Chemin faisant, dit le P. Augustin d'Asti, plus ordinairement appelé le P. Pattetta [2], le P. Chérubin prêcha de paroisse en paroisse. A Sion, la protection de l'abbé de Saint-Maurice, doyen du chapitre, nous obtint le vivre et le couvert chez un chanoine de la cathédrale. Plusieurs jours se passèrent sans que Chérubin eut l'occasion de prêcher ; toutefois, il faisait plus de fruit dans ses conversations avec les notables bourgeois, qu'il n'eût pu en produire par de longs sermons ; car il avait un extérieur qui imposait le respect, un parler plein de douceur, et l'art de s'insinuer dans les esprits et de gagner les cœurs. Enfin, il put monter dans la chaire de la cathédrale ; voici comment.

Pendant les Rogations les paroisses des environs de Sion devaient se rendre à la cathédrale, le jour qui leur était assigné, pour assister à la procession solennelle, après laquelle il y avait chaque jour un sermon en langue française, prêché par le prédicateur du dimanche

[1] P. Fidèle de Thalissieu, *ibid.*
[2] Tout le fond de ce récit est tiré du P. Augustin Pelletta, reproduit par le chanoine de Rivaz.

de l'église de Saint-Théodule, qui était l'église des Romans, c'est-à-dire, de ceux qui parlaient français. Nous pensâmes à faire confier ces sermons solennels au P. Chérubin. Le seigneur abbé, et même les chanoines, avec lesquels nous étions en très bonne intelligence depuis la séance du château de la Majorie, y consentirent volontiers, quoiqu'ils craignissent qu'il n'en résultât du bruit dans la ville et peut-être des voies de fait contre les capucins. Le prédicateur, de son côté, ne fut pas fâché de se décharger de cette fatigue. La difficulté était de faire arriver le P. Chérubin dans la chaire. Voici comment nous nous y prîmes. Le prédicateur ordinaire, revêtu du surplis et de l'étole, s'avança vers la chaire ; il était suivi du P. Chérubin, placé entre deux chanoinoines ; je le suivais. On avait dû prendre ces précautions, parce que l'on avait entendu dire que les bourgeois, presque tous hérétiques, avaient menacé de nous tuer, si l'un de nous avait l'audace de monter dans cette chaire.

Nous y montâmes, le P. Chérubin et moi, à la suite du prédicateur. Celui-ci, après être resté un moment debout, s'effaça pour laisser entrer le Père et se mit en devoir de descendre. Aussitôt il s'éleva de l'auditoire un murmure qui ressemblait au bourdonnement d'un essaim d'abeilles. Toutefois, comme l'église était remplie de catholiques avides d'entendre un orateur si renommé, les bourgeois n'osèrent pas manifester d'une manière plus sérieuse leur mauvaise humeur, ni, quelque dépit qu'ils en eussent, empêcher l'orateur de parler. Le Père prêcha sur les traditions et sur les cérémonies de l'Église catholique, ce qui l'amena à traiter du chef visible de l'Eglise et de son autorité suprême. Il le fit avec tant d'éloquence, que les auditeurs se montraient émerveillés et que les chanoines s'écrièrent après le sermon : « Vraiment! aujourd'hui nous avons vu et nous avons entendu des merveilles ! » Ce discours releva le courage des catholiques et surtout des chanoines, qui se promirent de défendre avec plus d'énergie les droits de l'Église et leurs propres droits, et de sortir enfin du système de conciliation à outrance qui avait amené la situation déplorable où ils étaient plongés à cette heure.

Le lendemain, les bourgeois, que le résultat de ce premier sermon inquiétait fort, se rendirent à la cathédrale de grand matin pendant que l'on chantait les matines, et, lorsque les chanoines sortirent, ayant le doyen à leur tête, ils se mirent à les injurier, les traitant d'usurpateurs de la chaire de la cathédrale, qui, disaient-ils, n'appartenait pas au chapitre, mais à la ville. Les chanoines répondirent que cette prétention était insoutenable, que la chaire appartenait à l'évêque et au chapitre, et que dorénavant ils y feraient prêcher qui bon leur semblerait. La lutte commençait ; c'était un grand point de gagné.

De fait, le P. Chérubin se fit encore entendre dans la chaire de la cathédrale le lendemain et le surlendemain, et la foule fut si grande, que, l'église ne pouvant la contenir, il fut contraint, pour satisfaire tout le monde, de prêcher trois fois en chacun de ces deux jours. Son genre était très simple : il se contentait de prendre un texte de l'Évangile sur quelque point de doctrine attaqué par les protestants et d'expliquer les passages obscurs par d'autres textes très clairs. Le peuple, qui entendait les hérétiques parler constamment de la Bible, l'écoutait avidement, et, en sortant de l'église, il disait : « Voyez comme on nous trompait ! Les capucins prêchent véritablement l'Évangile ; ils ne craignent pas,

17

comme d'autres, d'exposer la doctrine de l'Église, et c'est d'eux que nous la voulons apprendre. » Le P. Chérubin était tellement accablé de travail, qu'il ne faisait qu'un repas par jour, et c'était l'évêque qui tenait à honneur de le lui offrir à sa table. On craignait à chaque instant que les forces ne lui fissent défaut. Mais le Seigneur le soutenait.

Croyant l'occasion favorable pour obtenir la permission de nous fixer à Sion, nous priâmes M. l'abbé de Saint-Maurice et MM. les chanoines de nous louer en ville un petit logement, afin que, si quelque bourgeois voulait venir converser avec nous, il le pût en toute liberté. On nous trouva un appartement tout près de l'église de Saint-Théodule, dans une maison qui appartient à l'abbaye de Saint-Bernard, où les religieux de cette maison ont coutume de loger lors de leurs quêtes qui durent ordinairement deux mois de l'année. Le prévôt de Montjou, leur supérieur, nous la céda volontiers, voulant aussi contribuer à nos travaux apostoliques. Il nous rendit un grand service ; car les bourgeois de la ville disaient que, si nous eussions habité toute autre maison, ils y auraient mis le feu.... Le prédicateur ordinaire de l'église française en cédait aussi volontiers la chaire au P. Chérubin tous les dimanches.

Nous imaginant alors que nous n'avions plus rien à craindre, j'allai à Thonon prier le Père recteur des Jésuites d'envoyer quelques-uns de ses religieux pour l'éducation de la jeunesse de Sion. Le P. Chérubin pensait que, l'habit des jésuites différant peu de celui des prêtres séculiers, il leur serait facile de s'introduire dans le Vallais. Comme c'était ce Père qui les avait amenés dans la Sainte-Maison, le recteur consentit volontiers à ce que j'emmenasse un de ses religieux avec moi. Nous lui procurâmes un logement séparé du nôtre et il y ouvrit une école : on lui envoyait de Thonon les vivres qui lui étaient nécessaires.

Nos affaires semblaient prendre la meilleure tournure, lorsque tout à coup il s'éleva une furieuse tempête qui nous fit perdre et notre logement et la chaire de Saint-Théodule.

La cause principale en fut une *diablesse* de femme *(sic)* qui vivait dans notre voisinage, acharnée calviniste, d'un babil inépuisable, lisant la Bible, la portant toujours sur elle et allant de maison en maison la commenter à ses commères, déclamant à tort et à travers contre le culte catholique, contre le Pape, le clergé, les moines, surtout les capucins qu'elle avait le malin talent de rendre ridicules. Elle ne cessait de représenter aux principaux de la ville qu'ils ne devaient pas nous permettre de séjourner plus longtemps à Sion, et elle fit si bien qu'elle vint à bout de nous faire sortir de la maison de Saint-Bernard. Dans la crainte qu'on n'attentât à notre vie, nous crûmes devoir retourner chez le bon chanoine qui nous avait hébergé au commencement.

Les messieurs de Sion traînaient en longueur la réunion de l'assemblée générale où l'on devait soumettre le choix de la religion au vote du peuple vallaisan. On l'avait d'abord indiquée pour le mois de mai; on la renvoya au mois d'août, puis au mois de septembre. Leur dessein était de donner le temps au ministre qu'ils avaient fait venir de Genève de pervertir toute la ville. Mais ces délais successifs permirent aussi à nos prédicateurs allemands de disposer les habitants du Haut-Vallais à préférer la religion de leurs ancêtres aux nouveautés protestantes.

Sur ces entrefaites arriva la Fête-Dieu. Le ministre genevois se démena *comme un diable dans un bénitier* pour empêcher que le P. Chérubin ne prêchât ce jour-là, parce qu'il craignait que son sermon, dont le sujet serait probablement le dogme de la présence réelle et le sacrifice de la messe, ne ramenât à la croyance catholique un grand nombre de ses prosélytes. Il faut noter que ce ministre était l'un des quatre que le P. Chérubin avait fait fuir de Thonon il y avait quelques années.

La veille de cette solennité, les messieurs de la ville signifièrent à l'abbé de Saint-Maurice et aux chanoines qu'ils se gardassent bien de faire prêcher le Père capucin, soit à la cathédrale, soit à l'église de Saint-Théodule ; sans quoi, ils ne répondaient pas de sa vie. Les chanoines coururent informer les Pères de ces menaces. Mais ceux-ci répondirent qu'ils ne craignaient rien ; que l'on n'oserait pas attenter à leur vie ; que, du reste, ils en avaient depuis longtemps fait le sacrifice à Dieu, entre les mains de qui ils se tiendraient paisiblement, pourvu qu'on les autorisât seulement à prêcher.

Le jour de la fête, après le chant de l'évangile, le P. Chérubin se dispose à sortir de la sacristie et à monter en chaire. Quelques chanoines se précipitent vers lui et lui font une barrière de leurs bras. Il y a à la porte de l'église, disent-ils, huit jeunes gens armés de poignards cachés sous leurs manteaux, et résolus à le tuer s'il va en chaire. Le P. Chérubin insiste : il ne craint rien ; céder en cette circonstance, c'est céder pour toujours ; c'est un acte de lâcheté qu'il ne peut se résoudre à commettre.

Il fallut bien se résigner cependant, et l'on sut ensuite que le fait rapporté par les chanoines pour arrêter le P. Chérubin était vrai ; ces jeunes gens avaient réellement résolu de le tuer.

Les protestants, fiers de l'avantage qu'ils venaient de remporter, sortirent de l'église deux à deux, ayant à leur tête le bailli Jossen : ils étaient au nombre de cent soixante-dix.

A partir de ce jour, le P. Chérubin ne prêcha plus à Sion. Le peuple en murmura hautement et fit de vifs reproches aux chanoines, qui s'excusèrent sur le danger que la vie du P. Chérubin avait couru.

Ce fait eut cependant ce bon résultat que l'on put compter les partisans de l'hérésie et constater que leur nombre était allé diminuant tous les jours.

Tel est le récit du P. Augustin, témoin oculaire.

La ville se trouvait donc divisée en deux partis : le parti protestant, une infime minorité, mais composée de bourgeois riches, entreprenants, ambitieux, ayant le verbe haut, habitués à imposer leurs opinions et leurs volontés ; l'autre, le parti catholique, formé de la masse du peuple, crédule, timide, ouverte aux préjugés, accoutumée à suivre docilement l'impulsion de la classe élevée. Jusqu'à ce moment, cette masse ne s'était pas, à la vérité, positivement détachée de l'Église ; mais, de fait et de conduite, elle allait au Protestantisme, sans le vouloir peut-être et sans bien s'en rendre compte, à la suite de la bourgeoisie ; elle ne fréquentait plus guère l'église, ne recevait presque plus, en fait de sacrements, que le baptême ; elle assistait au prêche que le ministre faisait dans une maison particulière, et y recevait même la cène. La parole du P. Chérubin avait secoué cette masse inerte, reveillé ce moribond, réuni ces éléments épars et rappelé à ce peuple qu'il avait sa pensée, ses droits, et aussi sa conscience, ses devoirs et sa responsabilité propres. Il lui avait communiqué quelque chose de son énergie. Il lui avait dit : Vous renoncez à la religion de vos pères, à votre religion ; vous adoptez des opinions nouvelles qu'un étranger vous apporte, que la vanité, l'intérêt, la passion font embrasser à quelques-uns. Pourquoi ce changement? A-t-on discuté devant vous les raisons et les preuves de part et d'autre? Vous êtes-vous assuré que ce que vous croyiez autrefois c'était l'erreur, et que ce que l'on vous propose aujourd'hui c'est la vérité? Non, vous condamnez l'Église catholique sans l'entendre, vous adoptez le Protestantisme sans demander ses preuves. Vous êtes injustes et vous êtes coupables. Si vous le voulez, faisons cette discussion ; faites venir le ministre qui vous entraîne ; qu'il s'adjoigne qui il voudra, de Lausanne, de Genève ou de Berne ; j'irai où ils voudront, nous discuterons devant vous, et vous verrez que ces soi-disant apôtres ne sont que des fauteurs de désordres, des menteurs qui vous trompent, des loups qui dévorent, en la divisant, cette population autrefois si unie et si catholique. Le peuple comprenait ce langage ; et, comme le ministre, instruit par l'expérience de Thonon, se montrait peu pressé de subir les chances d'une conférence publique, un grand nombre revenaient à l'Église, s'appuyant et se fortifiant les uns les autres, étonnés d'être si nombreux et de s'être longtemps laissé mener à l'aveugle par quelques intrigants.

Cependant toute la ville était dans le trouble et l'agitation. Les protestants menaçaient de la guerre civile ; les Suisses protestants interviendraient, les Suisses catholiques aussi ; le pays serait ruiné et perdrait sa liberté. Il n'y avait qu'un moyen de conjurer ces malheurs : l'expulsion des capucins, auteurs ou occasion de tous ces troubles. En attendant, le bailli Jossen, qui sentait que la perte de la capitale serait la ruine définitive du parti protestant et de ses ambitieuses espérances, signifia de nouveau au doyen de Riedmatten que la chaire appartenait à la ville et qu'il lui défendait d'y faire prêcher sans son consentement. Il tenta même d'y faire monter le ministre huguenot; mais les catholiques, étroitement unis, firent une si énergique résistance, que le bailli, effrayé de voir son parti réduit à moins de deux cents personnes, renonça à son entreprise.

Dans l'état d'exaspération où ce parti était, on pouvait tout craindre. C'est pourquoi le P. Abonde, supérieur de la mission de Thonon, ne voulant pas laisser plus longtemps le P. Chérubin en butte aux insultes et à la fureur de ses ennemis, lui écrivit pour le prier de quitter le Vallais au moins pour quelque temps.

Le bruit de son prochain départ se répandit immédiatement dans la ville. Les catholiques en furent désolés ; les protestants montrèrent une joie de triomphateurs. Le doyen et les chanoines supplièrent le Père de ne pas les abandonner et adressèrent au P. Abonde un exposé détaillé de l'état des choses. Ce religieux, qui, tout en voulant préserver un homme aussi apprécié de l'ordre entier et aussi utile à la religion, des dangers auxquels il se trouvait exposé, comprenait cependant l'intérêt supérieur qu'il y avait à ne pas priver le Vallais d'un tel secours au milieu de la lutte et à la veille de l'assemblée générale où l'avenir de la religion devait se décider, se rendit lui-même à Sion et concerta avec l'évêque et le chapitre les mesures de prudence qu'exigeait la situation [1].

Comme une résistance absolue à toutes les exigences des hérétiques pouvait compromettre la paix publique, puisqu'il n'y avait pas à espérer que ces fauteurs de désordres revinssent à de meilleurs sentiments, on estima que des concessions étaient indispensables. D'ailleurs, les sollicitations des cantons suisses protestants devenaient menaçantes. L'évêque, les chanoines

---

[1] BOCCARD, p. 207. — FIDÈLE DE THALISSIEU.

et tous les magistrats se réunirent en conseil au château épiscopal, et il fut décidé que, pour le maintien de la paix, les capucins seraient priés de quitter la ville jusqu'à nouvel ordre du prince-évêque [1]. Ils obéirent immédiatement. Le P. Chérubin descendit dans le Bas-Vallais, où nous le retrouvons prêchant, tantôt dans une paroisse, tantôt dans une autre, le plus souvent à Monthey, soit dans les églises, soit sur les places publiques ; les jours de marché et de foire, il faisait dresser une estrade, afin que les protestants de Berne pussent l'entendre, sans se compromettre en enfreignant la défense que les magistrats de ce canton avaient faite d'entrer dans les églises, et dont ils faisaient surveiller l'observation même à l'étranger [2].

Mais avant que les capucins ne s'éloignassent de sa ville épiscopale, Mgr de Riedmatten avait tenu à leur donner, en son nom et au nom de son chapitre, un témoignage solennel de son estime, de sa reconnaissance et des regrets que leur départ lui faisait éprouver. Il leur délivra des lettres testimoniales datées du 10 août 1603 [3]. Nous en traduisons l'extrait suivant :

« Après que, par l'autorité du Souverain Pontife Clé-
« ment VIII et des nonces apostoliques…. et avec le
« consentement de notre chapitre, nous avons eu reçu,
« pour extirper les dissensions, pour détruire les héré-
« sies et les schismes qui pullulent, tant à Sion que dans
« les autres parties de notre diocèse, les Révérends Pè-
« res Capucins, et principalement les très pieux et très
« vénérables PP. Maurice de la Morra, Chérubin de Mau-
« rienne, Augustin d'Asti et Sébastien de Maurienne, qui
« ont annoncé la parole de Dieu avec autant de fruit que

---

[1] P. Augustin, reproduit par le chanoine de Rivaz.
[2] P. Fidèle de Thalissieu.
[3] *Pièces justificatives*, n° 21.

« de piété dans le Haut et le Bas-Vallais, et principale-
« ment dans les paroisses où l'on parle la langue fran-
« çaise ; après que le P. Chérubin a eu prononcé dans les
« deux églises de notre ville de Sion cinq discours aussi
« admirables de style que de piété et de doctrine catho-
« lique, et irréprochables sous tous les rapports ; cette
« œuvre sainte et divine, si heureusement commencée,
« si propre à réformer le Vallais, si applaudie par le plus
« grand nombre de nos diocésains, a été interrompue
« par les députés des villes protestantes de la Suisse, ou
« plutôt elle a été empêchée et arrêtée, en sorte que
« quelques-uns des chefs des sept dizains, non seule-
« ment se sont éloignés, mais, malgré nous et malgré
« notre chapitre, ont voulu faire cesser ou différer à plus
« tard les travaux et les moissons de ces excellents Pè-
« res, travaux aussi fructueux que nécessaires. C'est
« pourquoi, voulant rendre à ces Révérends Pères, tant
« à ceux qui resteront dans notre diocèse qu'à ceux qui
« rentreront dans leurs diocèses respectifs, le respect
« et l'honneur que méritent leurs vertus et les services
« qu'ils nous ont rendus, nous avons voulu leur donner
« les présentes lettres testimoniales ; nous déclarons et
» certifions que, depuis leur entrée dans notre diocèse,
« ils ont mené, dans leurs actes et dans leurs paroles,
« une conduite pure, sainte, entièrement conforme aux
« règles de l'orthodoxie catholique ; qu'il n'y a jamais eu
« rien à reprendre dans leurs prédications et dans leur
« vie ; et qu'il n'ont cessé de donner l'exemple de la
« piété et de toutes les vertus.... »

Ce témoignage n'est pas seulement honorable pour le P. Chérubin et ses compagnons ; il montre à quel point ils ont su relever le courage de l'évêque, du clergé et des fidèles. Ils pouvaient être chassés de Sion et même du Vallais ; la partie essentielle de leur mission était remplie. Quand, dans un pays catholique, les catholiques cessent de trembler devant les meneurs et les intrigants, la lutte n'est pas finie sans doute, et des échecs partiels sont possibles, mais la victoire finale est certaine.

CHAPITRE XVIII.

L'assemblée du peuple vallaisan et la diète.

Guichenon[1] commence ainsi l'histoire de Charles-Emmanuel Ier, duc de Savoie : « Jamais prince n'a porté si haut l'éclat de sa Maison, ni les intérêts de son État, ni la gloire de sa réputation, ni le bruit de ses armes.... Sa vie est une continuelle suite de merveilleux événements, de combats, de victoires, de sièges et de prises de villes. »
Il serait plus exact de dire que la vie de Charles-Emmanuel fut une continuelle suite d'entreprises aventureuses qui ne brillent pas toujours par la probité politique, et de guerres où l'on trouve plus d'ambition que de raisons, plus de défaites que de victoires. De ce règne de cinquante ans il ne résulta que la ruine des sujets et, en fait de conquêtes, que l'acquisition du marquisat de Saluces en échange de la moitié de la Savoie. Mais si Guichenon est historien, il est encore davantage panégyriste.
Le caractère du fils d'Emmanuel-Philibert, autant qu'on peut le déduire des faits et des documents connus jusqu'à ce moment, offre le mélange des qualités les plus grandes et des défauts les plus funestes dans le chef d'un État. Il aima son peuple, et il le ruina. Il forma d'excellents desseins, il commença les œuvres les plus utiles, et il ne fit presque rien de complet et de durable. Il vanta souvent les douceurs et la nécessité de la paix, et il parut constamment occupé à chercher des prétextes de guerre. Son voyage à Paris montre jusqu'à

---

[1] *Hist. générale de la Maison de Savoie*, t. II, p. 279.

quel point un ambitieux peut porter l'esprit d'intrigue [1]. Religieux dans sa conduite, il fut en politique d'une ambition aussi insatiable que tortueuse et peu scrupuleuse sur le choix des moyens. Ses édits et ses actes témoignent d'une grande ardeur pour les intérêts de l'Église et des âmes ; nous avons vu avec quelle générosité et quel zèle il s'employa à la conversion du Chablais ; nous verrons encore qu'il fut l'appui dévoué du catholicisme dans le Vallais : mais, parfois, on sent percer une tendance à subordonner ces intérêts sacrés à d'autres intérêts, peut-être même à en faire un instrument politique.

Toutefois, ce prince a une excuse dans les bouleversements du temps où il vécut. A cette époque de convulsions politiques et religieuses, quand la Société, aussi bien que l'Église, semblait menacée de s'effondrer entre les mains d'une poignée de gentilshommes avides et de moines défroqués, il était difficile aux princes, même aux meilleurs, de garder toujours la juste mesure et de ne pas mêler un peu les calculs et les ruses de l'ambition à la défense de l'antique foi de leurs peuples. Ajoutons que l'histoire véridique et complète de ce temps est encore à faire ; bien des documents gisent dans la poussière des archives, et déjà des travaux récents ont rectifié, preuves en main, au sujet des souverains catholiques du XVIᵉ siècle, des critiques acceptées jusqu'ici comme des vérités incontestables.

Un acte qu'il sera peut-être difficile de justifier entièrement, c'est l'entreprise sur Genève, connu sous le nom d'*Escalade* (22 décembre 1602) ; entreprise au moins imprudente, dont le duc de Savoie ne retira que de la honte.

---

[1] GUICHENON, *ibid.*, p. 341 et suiv.

Une nuit, trois cents hommes escaladent les remparts de la ville; ils sont pris comme dans une souricière. Le Duc, qui s'apprête à entrer en vainqueur, s'enfuit et présente ses excuses à la France et à la Suisse. Pourquoi cette attaque? Les ancêtres de Charles-Emmanuel avaient des droits sur Genève, il veut les revendiquer; Genève est le foyer d'où la fumée protestante se répand continuellement en Savoie; il importe à la Savoie et à l'Église que ce foyer soit éteint. Il y a un autre motif peut-être plus déterminant encore : c'est que Charles-Emmanuel cherche, du côté de la Savoie, une compensation à la perte de la Bresse et du Bugey.

On peut voir dans cette entreprise une faute politique; mais il est injuste de la taxer de violation du droit des gens, comme le font quelques auteurs; car, Genève n'ayant pas été comprise dans le traité de paix conclu à Lyon entre la Savoie et la France, l'état de guerre existait toujours entre Charles-Emmanuel et la république genevoise[1].

Après l'*Escalade*, les Genevois firent des incursions en Savoie, et les cantons protestants coururent aux armes. Tout fut apaisé par le traité de Saint-Julien (21 juillet 1603), peu glorieux pour Charles-Emmanuel[2].

Nous avons parlé de ce fait, bien qu'il soit étranger à notre sujet, parce que la Providence en tira un appui inattendu et puissant pour la cause catholique dans le Vallais. Lorsque les Bernois se levèrent pour la défense de leur alliée, Charles-Emmanuel, craignant pour le Chablais, demanda aux Vallaisans, conformément aux traités, l'autorisation de lever chez eux quatre compagnies de soixante hommes chacune. Ils y consentirent

---

[1] *Hist. de l'Église de Genève,* par le chanoine FLEURY, t. II, p. 179.
[2] GUICHENON, *ibid.*, p. 359. — SOLAR DE LA MARGARITA, *ibid.*

et le Duc envoya 800 écus d'or à chaque capitaine. Les compagnies étaient prêtes à marcher, quand Berne déclara que fournir des troupes contre les Genevois c'était violer les traités d'alliance. Le Vallais se trouvait pris entre deux feux. L'évêque et le bailli envoyèrent un député prier Charles-Emmanuel de vouloir bien, tenant compte de l'impossibilité où ils étaient de se mettre en guerre avec les Bernois, employer leurs soldats ailleurs que dans le Chablais. Le Duc refusa de le recevoir et fit répondre par son secrétaire qu'il n'avait pas besoin des services des Vallaisans ailleurs que dans le Chablais, que les capitaines eussent à rendre l'argent qu'ils avaient reçu et que, puisque le Vallais croyait pouvoir manquer à ses engagements, il agirait lui-même aux mieux de ses intérêts.

L'évêque et le bailli s'effrayèrent des conséquences que pouvait avoir le ressentiment de leur puissant voisin, et ils ordonnèrent aux capitaines de restituer sans retard les sommes qu'il leur avait données. Mais ces sommes avaient été dépensées pour la levée, et les capitaines avaient même été obligés de contracter des emprunts et d'hypothéquer leurs propriétés. Grande était leur désolation, quand une planche de salut s'offrit à eux. Ils se souvinrent du crédit dont le P. Chérubin jouissait auprès du duc de Savoie, et ils allèrent le supplier de s'employer pour les tirer de la position désespérée où ils se trouvaient. Le Père le promit volontiers, mais à une condition, c'est que, puisqu'ils se disaient catholiques, ils favoriseraient de toutes leurs forces le parti catholique dans l'assemblée générale qui se préparait. La proposition fut acceptée avec joie : les capitaines parcoururent les dizains, réchauffèrent le zèle de leurs parents et de leurs amis, et furent d'un grand secours aux missionnaires. Ces capitaines firent partie du conseil où il fut décidé que les capucins seraient renvoyés de Sion. Ils les défendirent énergiquement; puis, voyant que leurs efforts étaient inutiles devant le parti pris de la majorité, ils exigèrent que l'on renvoyât pareillement le ministre que les protestants entretenaient depuis plusieurs années dans la ville.

Le P. Chérubin tint parole et, à sa prière, Charles-Emmanuel fit don aux capitaines des sommes qui leur avaient été remises; leur écrivit même une lettre très bienveillante, dans laquelle, après leur avoir rappelé que cette faveur était accordée aux instances du P. Chérubin, il les exhortait à user de toute leur influence en faveur de la religion catholique, ajoutant qu'il considérerait comme fait à lui-même tout ce qu'ils feraient pour elle et pour les missionnaires [1].

L'assemblée générale du peuple vallaisan, tant de fois annoncée et retardée, se réunit enfin au mois de septembre 1603. « Elle eut lieu, dit l'abbé Boccard [2], dans la plaine de la Planta, sous les murs de Sion ; elle fut extrêmement nombreuse ; tous les dizains voulurent avoir leur part de la victoire. Les hérétiques firent de vains et inutiles efforts ; les catholiques, pour qui s'était déclarée la majorité des suffrages, entonnant l'hymne du triomphe, firent retentir tous les échos de leurs vallées des transports de la plus vive allégresse, et annoncèrent à leurs fils qu'ils pourraient en toute liberté léguer à leurs descendants le plus noble et le plus précieux des héritages. »

Voici les principaux articles arrêtés dans l'assemblée de Sion :

Quiconque professera une autre religion que celle que

---

[1] BOCCARD, p. 207. — FIDÈLE DE THALISSIEU et AUGUSTIN D'ASTI.
[2] ID., p. 207.

le Vallais a suivie jusqu'à présent, sera puni de la confiscation de ses biens; il pourra même être impunément mis à mort.

Les charges publiques ne seront confiées qu'à des catholiques, et l'on ne reconnaîtra pour tels que ceux qui assisteront à la messe et qui rempliront les devoirs d'un catholique.

On fera venir des instituteurs reconnus comme vraiment catholiques.

Aucun prédicant de la prétendue réforme ne pourra séjourner dans le Vallais.

On chassera tous les prêtres, curés ou vicaires, dont la doctrine est suspecte.

Il est défendu, sous peine d'amende, aux parents d'envoyer leurs enfants étudier à l'étranger, dans les universités protestantes de Genève, de Lausanne, de Berne, de Zurich, de Bâle, etc.

Quiconque mangera de la viande le vendredi ou le samedi sera puni d'une amende.

Le peuple reprendra l'exercice du culte catholique, tel qu'il a été pratiqué dans les siècles précédents.

Chacun devra assister à la messe et y faire assister ses enfants et ses domestiques.

On fera le catéchisme dans toutes les paroisses; les pères et les mères devront y envoyer leurs enfants.

Tous les livres contraires à la foi catholique seront brulés.

Ceux qui ne voudront pas se soumettre aux décrets de l'assemblée, ont trois mois pour sortir du pays; passé ce terme, ils pourront être mis à mort, et leurs biens, s'ils ne sont pas vendus dans six mois, seront confisqués au profit de l'État [1].

---

[1] P. Augustin d'Asti.

Ces articles, nous n'en disconvenons pas, sont d'une sévérité draconienne, et plusieurs de nos lecteurs crieront à l'intolérance et à la cruauté. La tolérance est certainement une très belle chose, et chacun la doit garder à l'égard de son prochain. Mais la paix du pays est plus nécessaire encore, et tout peuple a le droit d'éloigner ceux qui la troublent. Or, qui avait mis le désordre et la désunion dans le Vallais, sinon les protestants? N'avaient-ils pas les premiers recouru à l'intolérance, à la proscription, aux menaces de mort contre les capucins? Avant de jeter la pierre aux catholiques vallaisans, il convient de se souvenir de ces choses; il convient aussi de ne pas oublier ce que faisaient les Protestants partout où ils étaient les plus forts.

Les décrets de l'assemblée de Sion amenèrent une *crise* qui faillit plonger le Vallais dans les horreurs de la guerre civile.

Chargé de les rédiger, le secrétaire d'État, Jacques Guntren, les altère. C'était un calviniste déguisé. Les dizains supérieurs de Rarogne, Viège, Brigue et Conches, plus catholiques, protestent et exigent que rien ne soit changé à ce qui a été décidé par l'assemblée. Les dizains de Sion, Sierre et Loëche, plus travaillés par l'hérésie, se montrent favorables au parti protestant. On est près d'en venir aux mains.

Alors, Adrien de Riedmatten, vicaire général du diocèse et abbé de Saint-Maurice, prend avec lui quelques conseillers influents et parcourt les dizains catholiques, prêchant le calme et la paix, et recevant les plaintes qu'on lui présente. Il convoque les députés des communes à une diète qui se réunit à Viège, le 17 mars 1604. Les décrets de la Planta contre les protestants y sont renouvelés. En outre, la diète frappe le bailli Jossen et le secrétaire Guntren d'une amende de deux cents ducats, les prive de leurs charges, et les remplace, le premier par In-Albon, le second par Sébastien Zuber, le gouverneur de Saint-Maurice qui a empêché l'expulsion des missionnaires. Ces résolutions sont prises à une très grande majorité, et tout semble terminé, quand de nouvelles contestations éclatent. Les catholiques se sentant les plus forts, veulent venger leurs précédentes et longues injures. Les protestants, qui autrefois ne cessaient d'en appeler à la volonté du peuple, refusent de se soumettre maintenant que la majorité du peuple est contre eux. De toutes parts ont court aux armes. Les catholiques demandent l'assistance du gouverneur de Milan, le comte de Fuentès, ainsi que de leurs coreligionnaires de la Suisse et de la Savoie ; les protestants s'adressent aux autres cantons et à la France. Des troupes s'avancent de part et d'autre, munies de canons, et le sang va couler. Les catholiques exaspérés marchent sur Sion, centre de toutes les intrigues.

Dans ces tristes circonstances, l'abbé de Saint-Maurice est le sauveur du Vallais. Sur pied le jour et la nuit, il se multiplie, il va d'un camp à l'autre. Aux protestants, il montre qu'ils ne peuvent qu'empirer leur situation. Aux catholiques, il s'efforce d'inspirer l'horreur du massacre qui se prépare : la religion, dit-il, n'a plus rien à craindre maintenant, et ce n'est pas par le sang qu'il faut assurer son triomphe; quant aux offenses qu'ils ont reçues, leur devoir est de les pardonner. Enfin, il l'emporte ; des deux côtés on désarme et l'on rentre chez soi, après avoir juré de s'en tenir aux lois que le peuple a votées.

Les protestants les plus exaltés se retirèrent dans le canton de Berne. Le plus grand nombre, une fois le calme revenu dans les esprits, consentit à réfléchir et à s'instruire, et finit par revenir à l'Église catholique[1].

Adrien de Riedmatten était le successeur désigné de son oncle sur le siège épiscopal de Sion. On voit qu'il en était digne. Néanmoins, son épiscopat fut cruellement éprouvé par les révoltes du peuple, toujours inconstant et toujours ingrat.

C'est lui-même qui raconte les événements que nous venons de rapporter, dans une lettre qu'il adressa de Sion au P. Chérubin, le 21 avril 1604[2]. Cette lettre commence ainsi :

« Très Révérend et très Respectable père Chérubin. —
« Puisque Dieu, dans sa bonté, ramène de nouveau
« notre Vallais dans le sein de l'Église catholique et
« rassemble les membres qui s'étaient dispersés, sauf
« quelques entêtés et endurcis qu'il rejette définitive-
« ment, j'ai convoqué, il y a trois jours, les principaux pa-
« triciens de notre ville de Sion, dans la maison de l'ex-
« cellent seigneur Jean In-Albon, qui a été un grand
« nombre de fois bailli du Vallais et qui l'est en ce
« moment, afin d'aviser aux moyens de réformer cette
« ville et de lui rendre son ancien lustre terni par les
« malheurs de ce siècle. Le bailli Jossen était présent.
« Après mûre délibération, les suffrages du clergé et des
« magistrats vous appellent, vers la fête de l'Ascension,
« comme un autre sauveur de Sion, comme l'apôtre du
« Vallais, pour travailler à l'œuvre de l'Évangile de Jé-
« sus-Christ et le faire de nouveau régner parmi nous ;
« nous vous attendons et vous désirons avec joie, avec
« impatience et avec amour, pour la gloire de Notre
« Seigneur et de sa sainte Mère, patronne du peuple

---

[1] BOVÉRIUS, *Annal. Capucinn.*, *ibid.*, p. 663. — BOCCARD, p. 208.
[2] *Pièces justificatives*, n° 23.

« de Sion. Mais si vous pouviez disposer de quelques
« jours avant cette fête, je voudrais bien que vous allas-
« siez les consacrer à la conversion de quelques protes-
« tants des montagnes de Bagnes, dont j'ai appris le
« retour dans leurs foyers, et qui, quoique un peu ar-
« dents, me paraissent pouvoir être ramenés. »

Tels étaient les sentiments de l'évêque, du clergé et des magistrats de Sion à l'égard du P. Chérubin. Que le lecteur nous permette une remarque. Sion était, nous l'avons vu, la principale forteresse du protestantisme vallaisan; le parti y était plus nombreux et plus puissant que partout ailleurs; ses passions, surexcitées par sa récente défaite et par les mesures rigoureuses prises par l'assemblée de la Planta et par la diète de Viège, ne pouvaient pas s'être calmées en un mois. Dans ces conditions, il est de la dernière évidence que les qualités essentielles requises de celui à qui était confiée la mission particulièrement difficile de ramener ces sectaires au giron de l'Église, étaient moins encore la science, l'éloquence et même la sainteté, qu'une prudence consommée, une bonté inaltérable et une grande douceur de caractère. Il n'est pas possible que le vicaire général et ses conseillers se soient fait illusion sur ce point.

Or, le P. Chérubin était fort connu à Sion. Nous avons vu quelle opposition acharnée les protestants lui avaient faite et avec quelle fermeté il avait soutenu la lutte. Et c'est lui que le conseil désigne unanimement comme le plus capable de mener à bonne fin l'entreprise, non de vaincre les protestants, mais de les convertir! C'est lui qu'Adrien de Riedmatten veut envoyer aux hérétiques de Bagnes, dont il reconnaît lui-même l'exaltation!

Ne faut-il pas conclure de là que cette énergie outrée, cette violence, cette fougue imprudente, que bien des historiens, même favorables au P. Chérubin, donnent comme le trait distinctif de son caractère, ne sont qu'un écho affaibli des imputations calomnieuses et haineuses des écrivains protestants ses contemporains ? Nous avons donc, une fois de plus, lieu de croire que le P. Chérubin est une des nombreuses victimes de l'injustice ou de la négligence des historiens, qui ont accepté de confiance des réputations toutes faites, sans contrôler les appréciations des auteurs intéressés avec les données seules exactes des documents officiels.

La lettre de l'abbé de Saint-Maurice n'obtint pas le résultat qu'il en espérait ; car, au moment même où elle était écrite, il se produisit un incident qui priva définitivement le Vallais de celui que ses représentants autorisés appelaient son apôtre et son sauveur.

Les députés des cantons suisses et l'ambassadeur de France, de Vic, s'étaient interposés entre les deux partis qui divisaient le Vallais et avaient accommodé les choses tant bien que mal. Les peines portées contre ceux qui refusaient d'abjurer l'hérésie furent mitigées. Cependant, on maintint le décret de bannissement prononcé contre le secrétaire d'État et quelques autres coryphées du parti protestant, comme auteurs de la guerre civile, pour avoir altéré les décisions de l'assemblée générale. De Vic remporta une autre victoire, dont les sectaires se réjouirent fort. Il représenta les PP. Chérubin et Augustin comme des hommes suspects, qui favorisaient les intérêts de la Savoie et de l'Espagne, au détriment de ceux de la France. Le P. Augustin, disait-il, était particulièrement dangereux, parce que, à la qualité de sujet du duc de Savoie, il joignait celle d'être un ancien colonel. Les deux religieux, ne voulant pas créer des difficultés diplomatiques au Vallais, jugèrent à propos de s'éloigner. Ils étaient à Turin lorsqu'Adrien de Riedmatten écrivit sa lettre au P. Chérubin. De Turin, le P. Augustin se rendit à Rome. Le P. Chérubin revint dans le Chablais[1].

Cependant l'évêque de Sion profita de la bonne disposion des esprits pour faire la visite de son diocèse, qu'il n'avait pu entreprendre depuis bien des années. Il constata dans toutes les paroisses un changement vraiment prodigieux, et il s'empressa d'en rendre compte au Pape, qui, dans sa réponse datée du 10 mars 1607[2], après l'avoir félicité de son zèle et des bénédictions qu'il avait plu à la divine Providence de répandre sur le troupeau confié à sa sollicitude, l'engage à remplir le plus tôt possible la promesse qu'il avait faite depuis longtemps de construire un couvent de Capucins à Sion. « Car, disait le Saint-Père, si, pendant le peu de temps qu'ils y ont passé, ces religieux vous ont rendu de si grands services, que ne devez vous pas attendre de leur résidence fixe dans votre ville épiscopale ! » Le désir du Souverain Pontife ne put être satisfait que quelques années plus tard.

L'érection de ce couvent et de celui de Saint-Maurice fut accueillie avec joie par les habitants du Vallais, et les années, en multipliant les services rendus par les religieux, accrurent aussi les sentiments de reconnaissance et d'affection des Vallaisans. Nous en avons une preuve officielle dans une attestation que le consul et le sénat de Sion délivrèrent, le 22 décembre 1677, au couvent de cette ville et dans laquelle nous lisons ce qui suit[3] : « Considérant la vie exemplaire des RR. PP. Capucins, leur science, leurs travaux pour le rétablissement de la foi orthodoxe, les fruits immenses que ces travaux ont produits, et la satisfation du peuple de notre République,

---

[1] P. AUGUSTIN, *ibid*. — BOCCARD, p. 209. — FIDÈLE DE THALISSIEU, t. VI.
[2] *Bullar. Capuccin.*, t. 5, p. 136.
[3] *Ibid.*, t. V, p. 129.

nous leur accordons ces lettres et nous attestons que, non seulement notre couvent nous a été agréable et très utile, mais qu'il nous a été absolument nécessaire pour l'extirpation de l'hérésie dont nous et nos voisins étions infectés dans les temps passés, et dont nous attribuons la destruction à la vigilance, aux prédications remarquables, aux catéchismes continuels, et aux autres labeurs des excellents Pères des deux couvents de notre diocèse. C'est pourquoi nous déclarons qu'ils ont bien mérité de nous et nous les recommandons comme dignes de toute estime à ceux qui verront ces lettres. »

CHAPITRE XIX.

Nouvelles stations de missionnaires établies par le P. Chérubin. — Second jubilé de Thonon.

Le P. Chérubin avait multiplié le plus possible les missions autour de Genève. Outre la maison de Thonon, centre de tous les établissements dans ces contrées, les Capucins avaient des couvents ou des stations *(hospices)* à Hermance, à Ville-la-Grand et à Gex. Genève était l'objectif de tous les efforts des missionnaires. Ce n'est pas que l'on espérât de ramener en ce moment, ni même prochainement, au Catholicisme, cette ville qui déjà se glorifiait du titre de *Rome protestante* : il eût fallu pour cela la purger des nombreux réfugiés français qui, à la suite de Calvin, s'y étaient installés comme chez eux, et renverser le gouvernement incroyablement despotique qu'ils avaient établi ; or, c'était une entreprise à laquelle on ne pouvait pas songer. Mais beaucoup d'âmes de bonne foi ne demandaient, pour revenir à la lumière, que d'être débarrassées des préjugés dont on les remplissait. Les relations des Capucins avec les Genevois que leurs affaires amenaient sur les terres de Savoie ou de France, ou qui y possédaient des maisons de campagne, étaient généralement très cordiales. Le P. Augustin Pelletta, qui fut le compagnon et l'ami du P. Chérubin, raconte que ces protestants les saluaient, se recommandaient à leurs prières, et tenaient à honneur de les recevoir chez eux et de leur faire l'aumône.

La tentative d'escalade nuisit beaucoup à ces bonnes dispositions. Le principal lien qui attachait la plupart des Genevois au Protestantisme, c'est qu'ils le considéraient comme la condition et la garantie de leur indépendance politique. Genève catholique retombait nécessairement sous la domination des évêques et des ducs de Savoie, leurs vidames; du moins ils le pensaient. Qu'auraient-ils perdu, qu'auraient-ils gagné à ce changement? Ceux qui connaissent l'histoire de Genève à cette époque, le savent; mais les Genevois ne se plaçaient pas à ce point de vue. L'*Escalade* surexcita les passions protestantes, et les Genevois, nous l'avons déjà dit, se vengèrent en faisant de fréquentes incursions sur les terres de Savoie. Naturellement, les églises et les maisons religieuses étaient le premier objet de leurs haines. Un de leurs grands exploits consistait à couper les croix, innocentes de l'escalade, mais coupables de catholicisme. Les catholiques en avaient placé de loin en loin sur les limites du territoire savoisien : c'était bien leur droit; mais la vue de cet étendard de Jésus-Christ blessait les chrétiens de la nouvelle espèce. A Annemasse, il y avait la croix, très haute et très belle, que saint François de Sales et le P. Chérubin avaient plantée en 1597, pendant les Quarante-Heures : on l'appelait communément *la croix du P. Chérubin*, et l'on avait pour elle un respect particulier.

Charles-Emmanuel avait envoyé à Saint-Julien une compagnie de cavalerie, commandée par un corse, le capitaine Vitto de Basterga, bon catholique, vaillant soldat, sans pitié pour les maraudeurs, les incendiaires, les coupeurs de croix, qui tombaient entre ses mains. Une nuit qu'il se trouvait à Annemasse avec un détachement, les sentinelles crièrent aux armes! Des soldats de Genève coupaient la croix du P. Chérubin. Les cavaliers accoururent, les cernèrent, et Vitto, sans autre forme de procès, les fit pendre aux premiers arbres qu'il rencontra. A quelques temps de là, deux ou trois cents Genevois envahirent Saint-Julien, entourèrent d'abord la maison des capucins et y mirent le feu. Vitto était logé dans cette maison; il put s'échapper, les capucins aussi, non sans peine. Le capitaine réunit ses hommes, tomba sur les Genevois et les poursuivit l'épée dans les reins jusqu'aux portes de Genève [1].

Dans le Vallais, il y avait des capucins à Saint-Maurice, à Monthey, à Martigny, à Sierre et dans les districts allemands ; ils allaient d'une paroisse à une autre, prêchant et confessant, vivant d'aumônes et acceptant l'hospitalité là où elle leur était offerte, chez les pauvres plus volontiers que chez les riches.

Bien qu'éloigné du Vallais par la diplomatie d'Henri IV, le P. Chérubin « était notre chef, dit le P. Augustin, l'âme de nos entreprises, et courageux autant que personne à les défendre. » Du reste, toutes ces missions, soit des environs de Genève, soit du Vallais, étaient placées sous sa direction, comme commissaire apostolique de la Sainte-Maison. C'est pourquoi il se rendit de nouveau à Rome au commencement de l'année 1606, pour rendre compte de la mission que Clément VIII lui avait confiée. Ce pape, qui avait donné tant de preuves de son zèle pour les missions du Chablais et du Vallais, était mort le 15 mars 1605. Son successeur, Léon XI, auparavant le cardinal Alexandre de Médicis, que nous avons vu assister aux secondes Quarante-Heures de Thonon, n'avait tenu le Saint-Siège que vingt-huit jours, et l'Église était alors gouvernée par Camille Borghèse, couronné le 16 mai de la même année sous le nom de Paul V.

---

[1] Augustin d'Asti. — Fidèle de Thalissieu. — *Déposit. du P. Dominique d'Annecy, Collect. des choses mémorab.*, Archives du couvent de Chambéry. — Le P. Boniface Constantin (*Vie de Claude de Granier*, p. 122), place ce fait en 1601, et dit que le capitaine Basterga avait été envoyé, après le traité de Lyon, pour reprendre possession de la seigneurie de Gaillard, retenue par les Genevois.

Le P. Chérubin trouva le Souverain Pontife déjà informé de l'heureux état où se trouvaient les affaires de la religion dans le Vallais. Après la défaite définitive du Protestantisme dans l'assemblée de Sion et dans la diète de Viège, les Vallaisans avaient envoyé à Rome le capitaine Antoine de Quartéry, pour déposer aux pieds du Vicaire de Jésus-Christ l'hommage de leur respect et de leur obéissance. Les lettres dont il était chargé exposaient sommairement les travaux des missionnaires, les fruits qu'ils avaient produits et les mesures que le peuple vallaisan avait prises pour en assurer la conservation. Quartéry présenta ces lettres en audience publique et, après en avoir pris connaissance, le Pape voulut entendre de sa bouche un récit plus détaillé des événements qui s'étaient passés en Vallais. Le premier mouvement de retour de ce pays à la foi et à la vie catholique, Quartéry insista sur ce point, c'était le jubilé donné à Thonon, en 1602, qui l'avait imprimé; les Vallaisans qui y avaient assisté, avaient porté au milieu de leurs compatriotes une semence divine, développée plus tard sous l'action de la parole et des œuvres des Capucins. Or, Rome célébrait en ce moment le jubilé que Paul V avait accordé par sa bulle du 28 juin 1605, à l'occasion de son élévation au souverain pontificat.

Ce fut dans ces circonstances que le P. Chérubin arriva à Rome. Le Pape l'accueillit avec tant de bonté et des témoignages si particuliers de satisfaction pour ses travaux apostoliques, qu'il s'enhardit à lui adresser la même demande qu'il avait faite à Clément VIII quelques années auparavant, celle d'étendre la grâce du jubilé à la ville de Thonon. Paul V la lui accorda d'autant plus volontiers, qu'il voyait dans cette faveur le moyen d'étendre et d'affermir les fruits du jubilé de 1602, et il fixa de même sa durée à deux mois, du 1er mai au 30 juin. Le P. Chérubin apporta lui-même les lettres apostoliques à son retour en Savoie, qui dut avoir lieu dans les premiers jours du mois de mars 1607 ; car on lit dans une lettre que saint François de Sales écrivit à son official, M. de Sauzéa, le 12 mars 1607[1] : « Le P. « Chérubin nous apporte un jubilé pour Thonon de deux « mois entiers ; voilà un autre encombrier. Croyez que « j'en suis bien en peine. » Ce qui mettait le saint en peine, ce n'étaient pas les embarras et les fatigues du jubilé ; c'était qu'il devait aller au Puy-d'Orbe pour la réforme de ce monastère, et qu'il se voyait dans la nécessité de différer son voyage. Il publia aussitôt le jubilé dans son diocèse et, comme des bruits de peste avaient de nouveau été mis en circulation par les Genevois, dont les exercices religieux si près de leurs frontières avaient toujours la vertu d'agacer les nerfs, il donna un second mandement le 8 mai, dans lequel il assure « qu'en ladite ville de Thonon, ni ès lieux circon-« voysins, il n'y a aucune sorte pas même de soupçon « de maladie contagieuse, ni incommodité, qui puisse « empescher le libre et désirable accès à cette sainte « dévotion[2]. »

De son côté, Charles-Emmanuel s'empressa d'inviter ses sujets à profiter des grâces du jubilé, et d'accorder un sauf-conduit aux étrangers qui voudraient se rendre à Thonon. Les lettres-patentes sont datées de Turin le 2 avril. En outre, il ordonna à ses officiers dans le Chablais de contribuer de tout leur pouvoir à l'éclat de ces solennités, en faisant les dépenses qui seraient nécessaires et en exécutant ponctuellement ce qui leur serait demandé par le P. Chérubin.

[1] Édit. de Béthune, t. IX, p. 405.
[2] Collection Datta. t. II, p. 13.

Les exercices du jubilé eurent lieu dans l'église de Notre-Dame-de-Compassion. Le saint évêque de Genève en fit lui-même l'ouverture solennelle par une procession générale dans laquelle il porta le Saint-Sacrement. Il fit aussi la première prédication, vêtu des ornements pontificaux ; le P. Chérubin fit la seconde, et elles continuèrent chaque jour pendant deux mois, pour les pèlerins qui vinrent en procession, non seulement de toutes les parties de la Savoie, mais des contrées environnantes, du Vallais, de la Suisse et de la France. Les pèlerins isolés tâchaient de rejoindre en route quelque procession qui les accueillait comme des frères, et ces personnes, si différentes d'origine, de mœurs, de langage, devenaient aussitôt, dans l'étreinte du même amour et la lumière de la même foi, comme une seule famille où tout était mis en commun, et où, quelque nombreuse qu'elle fût, l'on ne vit jamais aucun désordre, aucune contestation sérieuse [1].

François profita de cette occasion pour rétablir à Thonon une confrérie du Saint-Sacrement et de la Sainte Vierge, qui y avait été érigée autrefois, mais qui était tombée dans un oubli presque total par suite des malheurs des guerres et de l'invasion de l'hérésie. Il inscrivit son nom en tête de ceux des nouveaux confrères, et son exemple eut une telle force, qu'un grand nombre de fidèles se présentèrent pour faire partie de la confrérie. François les conduisit, au nombre de plus de quatre cents, vénérer les reliques de saint Claude, dans le Jura. Ce fut un beau spectacle, dit un auteur contemporain, de voir cette longue procession, marchant à pied dans un bel ordre, la croix en tête, chantant des psaumes et des cantiques, et traversant ainsi, à l'aller

---

[1] P. Fidèle de Thalissieu.

et au retour, le pays de Vaud et les territoires de Genève et de Berne, sans que personne les troublât dans leurs pieux exercices. Ce saint évêque profitait des moments de repos pour leur adresser de temps en temps des exhortations pleines d'onction et de piété [1].

On put constater pendant ce jubilé le changement merveilleux que les Capucins avaient opéré dans le Vallais. En 1602, les Vallaisans n'étaient venus qu'en très petit nombre, et plusieurs, même des ecclésiastiques, avaient fait montre de plus de curiosité que de piété. Il n'en fut pas de même en 1607 : des troupes nombreuses de pèlerins accoururent, non seulement de Saint-Maurice, mais encore de Sion et du Haut-Vallais, et édifièrent constamment par la vivacité de leur foi et leur profond recueillement pendant les cérémonies religieuses auxquelles elles prirent part.

Ce jubilé se fit avec moins de pompe et d'éclat que le précédent, et cela s'explique par le peu d'intervalle qui les séparait. On eut soin, pour fournir à la grâce le moyen d'arriver à tous les cœurs, de donner de temps en temps des prédications en allemand et de placer dans les deux églises des confesseurs parlant cette langue. Aussi vit-on de nombreuses abjurations de protestants soit du Dauphiné, de Genève et du pays de Vaud, soit du Vallais, de divers cantons de la Suisse et même de l'Allemagne.

On pourrait, dit le P. Fidèle, raconter plusieurs miracles et autres grâces particulières qui furent obtenus pendant ces deux mois dans l'église de Notre-Dame-de-Compassion. Mais, continue cet auteur, je me contente, pour abréger, de rapporter un seul fait qui fut soigneusement examiné et pleinement constaté. La femme de M.

---

[1] PÉRENNÈS, t. II, p. 231.

de Varax, seigneur de Chatel en Semine, à une lieue de Seyssel, était si dangereusement malade, que tous les médecins l'avaient abandonnée. Elle fit vœu d'aller gagner les indulgences du jubilé de Thonon, si Dieu lui rendait la santé par l'intercession de Notre-Dame-de-Compassion. Au même instant elle se trouva guérie et partit pour accomplir son vœu ; de quoi les personnes qui l'avaient vue dans sa maladie, furent tellement émerveillées, qu'elles ne l'appelèrent plus que la *dame ressuscitée.*

Le jubilé fut clos le 30 juin au soir par une procession solennelle, à laquelle la ville d'Évian prit part avec beaucoup de pompe et de dévotion, comme elle l'avait fait en 1602.

En même temps que les lettres apostoliques concernant le jubilé, le P. Chérubin avait remis à l'évêque de Genève un bref qui le nommait commissaire apostolique pour la Sainte-Maison de Thonon [1]. Ces fonctions avaient été remplies jusqu'alors par notre zélé religieux ; mais il avait remarqué qu'elles souffraient un peu des absences que les missions lui imposaient. Les missions étaient sa première vocation ; il ne pouvait y renoncer et, d'ailleurs, le Pape lui avait recommandé de s'occuper particulièrement de celles du Vallais où on le réclamait, et du canton de Fribourg, très catholique mais pressé de deux côtés par les protestants de Berne et de Lausanne. D'autre part, il sentait que l'évêque du diocèse, surtout cet évêque étant saint François de Sales, bien qu'il ne résidât pas à Thonon, dirigerait avec plus d'autorité et de succès cet établissement si important, au milieu des tiraillements et des difficultés que nous avons racontées.

---

[1] Pérennès, t. II, p. 231 — *Œuvres compl. de saint François de Sales*, édit. Migne; *Lettres inédites*, t. VI, p. 596.

Il avait donc prié le Souverain Pontife de le remplacer à la tête de la Sainte-Maison. Le seul fait de la remise au P. Chérubin du bref de nomination de son successeur prouve d'une manière évidente que son remplacement dans ces fonctions était le résultat, non d'une révocation, mais d'une démission volontaire, et l'on peut s'étonner qu'un historien [1], qui cependant pouvait avoir entre les mains les lettres du saint, ne l'ait pas remarqué.

Libre de ce côté, le Père reprit ses courses apostoliques. Il y employa le reste de l'année 1607 et toute l'année suivante. Pendant qu'il y était occupé, le vicaire général de Lausanne, Antonio Passeva, remontra aux seigneurs de Fribourg que le pape Paul V avait accordé des pouvoirs très étendus aux missionnaires capucins, pour qu'ils pussent travailler avec plus d'efficacité à la conversion des hérétiques, et il les pressa d'inviter ces religieux à se fixer dans leur canton, pour ramener à la foi catholique les hérétiques des terres limitrophes de Berne et de Lausanne. Les seigneurs accédèrent avec joie à cette demande. Ils firent expédier des lettres-patentes, datées à Fribourg, le 6 novembre 1608, par lesquelles ils recevaient les Capucins sous leur protection et leur donnaient plein pouvoir d'exercer leur ministère dans toute l'étendue du canton, les recommandant aux habitants dans les termes les plus élogieux. Il leur offrirent même une maison et l'église de Saint-Pierre, pour prendre quelque repos et faire leurs offices après les fatigues des missions. Le 14 du même mois, les députés des sept cantons catholiques, assemblés à Lucerne, écrivirent de même à tous leurs confédérés pour les prier de laisser librement passer les Pères

---

[1] MARSOLIER, *Vie de saint François de Sales.*

sur leurs terres et de les assister dans leurs besoins. Quant aux habitants de ces cantons, ils les invitaient à assister aux prédications des Capucins et à leur rendre tous les bons offices qui seraient en leur pouvoir. Enfin, le nonce apostolique, Ladislas de Aquino, évêque de Bredanna, par ses lettres du 18 novembre de la même année, leur accorda les plus amples privilèges et le pouvoir de remplir leur mission dans toute l'étendue de sa nonciature.

Muni de ces lettres, le P. Chérubin établit aussitôt quelques petites missions dans le canton de Fribourg, à Gruyère, à Estavayer et à Romont, afin de prémunir ces peuples contre les prédications et les embûches des sectaires leurs voisins. Les Fribourgeois s'étaient emparés du comté de Romont en 1538, quoiqu'ils n'eussent aucun sujet de guerre avec le duc de Savoie, afin qu'il ne tombât pas entre les mains des Bernois. Ils possédaient aussi, en commun avec ces derniers, quelques terres où l'exercice des deux cultes se faisait dans les mêmes églises : ce fut dans ces paroisses que les capucins travaillèrent d'abord avec tout le zèle dont ils étaient capables, tempéré cependant par la prudence dont ce gouvernement mixte faisait une si impérieuse nécessité.

Il ne restait plus qu'à organiser définitivement le corps des missionnaires de la Sainte-Maison, auxquels toutes ces missions étaient confiées. On a vu que le choix appartenait au général de l'ordre. Il désigna huit Pères, à la tête desquels nous trouvons le P. Chérubin, puis les PP. Maurice de la Marche et Sébastien de Maurienne. Le nonce de Turin, Pierre-François Costa, évêque de Savone, confirma ce choix par ses lettres du 24 avril 1609 [1].

---

[1] P. Fidèle de Thalissieu. — V. *Pièces justificatives*, n° 24.

Ces établissements, d'où les missionnaires se répandaient continuellement sur les frontières de Genève et de Berne, irritaient singulièrement les protestants. Le bruit courut même que les Genevois projetaient de nouvelles incursions sur les terres de Savoie. On trouve, en effet, dans les registres du conseil de Genève[1], une lettre écrite par le P. Chérubin à un habitant de cette ville, dans laquelle on lit le passage suivant :

« Certains voisins du lac ont donné icy un advis de
« certaine sortie qu'on debvoit faire de notre ville. Je ne
« le croy pas, car vous sçavez la conséquence, trou-
« bles et suyte que cela tire. Que s'il y avoit des mou-
« vements à cela, comme le monde y est sujet, je vous
« prie, asseurez ceux à qui touche, que je m'emploiray
« jusqu'à mon sang, afin d'apporter paix et tranquillité
« pour un chacun, car je diray avec saint Paul : *Arma*
« *militiæ nostræ sunt spiritualia*[2]. Je prie Dieu vous eslar-
« gir sa grâce. »

Cette lettre est de Thonon, le 7 février 1609. M. le chanoine Fleury la fait suivre d'une remarque, qui s'est peut-être déjà présentée à l'esprit du lecteur : « Ces sen-
« timents du P. Chérubin sont bien contraires à ceux
« que lui prêtent quelques auteurs, qui ont fait de ce
« missionnaire un homme échauffé, ne rêvant que l'ex-
« termination des protestants[3]. »

---

[1] Fleury, *Saint François de Sales*, *le P. Chérubin*, etc.: Appendice, p. xxxviii.

[2] *Les armes de notre milice sont spirituelles*, II Cor., x, 4.

[3] V. *Notes et Pièces justificatives*, n° 30.

CHAPITRE XX.

Luttes et enquêtes. — Mort du P. Chérubin. — Opinion de ses contemporains.

C'est le propre de toutes les institutions utiles, et par excellence des institutions religieuses, de susciter la contradiction. Il y a l'ennemi de tout bien ; il y a l'infirmité et la faillibilité humaines qui s'allient avec les meilleures intentions, en sorte que l'obstacle vient souvent d'où l'on avait le moins sujet de l'attendre. C'est, dans ce dernier cas, de toutes les luttes, la plus douloureuse, et les saints seuls savent la subir d'une manière toujours victorieuse, au moins pour eux-mêmes.

Il était évident qu'un établissement aussi considérable que celui qu'avaient projeté le P. Chérubin et ses compagnons d'apostolat, pour ne parler que des missions des Capucins dans le Chablais, les terres de Genève et de Lausanne, et le Vallais, devait faire surgir des oppositions de tous les côtés. Ce ne fut qu'après six ans de luttes, pendant lesquels l'œuvre fut plus d'une fois sur le point de périr, qu'elle reçut sa consécration définitive, si l'on peut employer cette épithète quand il s'agit d'une institution humaine.

Le P. Augustin Pelletta raconte en détail ces luttes auxquelles il prit une très grande part. Il ne donne presque pas de dates ; mais le chanoine de Rivaz, son traducteur, y supplée en des remarques fort judicieuses : seulement, comme il place le premier jubilé de Thonon en 1601, il commet plusieurs erreurs que nous avons dû corriger.

On a vu que, dans les derniers mois de l'année 1603, l'irritation particulièrement haineuse des protestants et l'influence de l'ambassadeur de France, obligèrent les PP. Chérubin et Augustin à sortir de Sion et plus tard du Vallais.

Toutes les missions dépendantes de la Sainte-Maison de Thonon, mais situées parmi des populations en partie protestantes, ne tardèrent pas à être menacées. Il ne s'agissait de rien moins, à Rome, que de les retirer aux Capucins, ce qui revenait au même que de les supprimer. Les deux religieux s'étaient rendus à Turin. Le P. Chérubin étant obligé de rentrer en Savoie, le P. Augustin alla exposer au Pape et à la Congrégation du Saint-Office les conséquences, désastreuses pour les intérêts du Catholicisme dans le Vallais et les pays voisins, qu'entraînerait cette mesure, si elle était définitivement adoptée. Les sympathies des cardinaux Borghèse, Baronius et Pinelli lui étaient acquises ; mais un membre de l'Ordre, très influent, obtint son éloignement de Rome et, peu de temps après, un ordre qui retirait du Vallais tous les capucins : ceux qui étaient sujets du duc de Savoie, parce qu'ils donnaient de l'ombrage à la France ; les Suisses, parce que leur séjour dans ce pays soulevait aussi nous ne savons quelles difficultés.

L'objection principale était celle-ci : les missions continuelles, surtout dans les pays protestants, obligeaient les Capucins à se répandre habituellement dans le monde et à fréquenter les séculiers, ce qui les mettait en grand danger de perdre l'esprit religieux ; en outre, ne possédant rien, ils pouvaient devenir à charge aux populations qu'ils évangélisaient.

Le P. Augustin répondait, dans divers mémoires qu'il composa : notre pauvreté est précisément ce qui touche et ce qui nous attire les populations ; quant à notre conduite et à l'esprit qui l'anime, ordonnez une enquête, envoyez un commissaire sur les lieux, scrutez notre vie et nos œuvres, vous déciderez ensuite, et nous sommes prêts à nous soumettre.

En 1606, un an après l'élévation du cardinal Borghèse à la papauté sous le nom de Paul V, le P. Augustin retourna à Rome. On a vu que le P. Chérubin s'y rendit aussi à la même époque. Ils obtinrent de la Définition générale une décision conforme à leurs vœux : les Capucins gardaient les missions, et c'était la province de Lyon qui en était chargée. Cette décision fut rendue en 1608. Mais une nouvelle difficulté ne tarda pas à se présenter. Cette province était surchargée de missions et d'œuvres de toutes sortes, les Pères étaient peu nombreux, en sorte que la mission de Thonon et les autres qui en dépendaient furent sur le point de périr, faute d'ouvriers évangéliques.

Le Père Augustin prit encore une fois le chemin de Rome au commencement de l'année 1609. Cette fois, l'enquête, sollicitée depuis si longtemps, fut accordée, et le P. Paul de Césène, qui était alors provincial de la Marche d'Ancône, et qui devint plus tard général de l'ordre, fut nommé, par un bref du 11 janvier, commissaire apostolique dans le diocèse de Genève, de Lausanne et de Sion[1]. Le P. Augustin lui fut donné pour compagnon.

Son premier acte fut d'assembler à Chambéry le provincial, les définiteurs et les principaux Pères de la province de Lyon, les PP. Chérubin de Maurienne, Maurice de la Marche, Augustin d'Asti, etc., et d'obliger chacun à lui donner librement, mais doucement et en toute humilité, son avis sur cette première question : les Capucins pouvaient-ils continuer à être chargés des missions qui faisaient l'objet de l'enquête ? Il résuma

---

[1] *Pièces justificatives*, n° 25.

ensuite les diverses opinions émises et conclut en disant que le sentiment général, d'accord avec celui du Souverain Pontife, était qu'il entrait même dans l'esprit de leur règle que les Capucins remplissent les fonctions de missionnaires aussi bien chez les hérétiques que chez les catholiques, et que, par conséquent, nul ne pouvait, sans charger sa conscience, improuver qu'ils y fussent employés. Il ajouta que, quant au choix des missionnaires, le Pape prononcerait lui-même, lorsqu'il aurait terminé la visite et fait son rapport. Là-dessus il les congédia.

Comme il devait visiter tous les couvents, il remonta à Saint-Jean de Maurienne, retourna à Chambéry, où il passa huit jours, logé chez le premier président du Sénat, et partit de là pour Annecy. A Saint-Julien il eut un long entretien avec le P. Maurice, qui y était de famille et qui lui fournit les renseignements les plus précis sur l'établissement de la Sainte-Maison et sur les missions du Chablais et du Vallais, auxquelles il avait pris une si grande part. Le P. Paul était à Thonon le 4 septembre et, comme le P. Chérubin venait de partir pour Rome, où il devait faire un long séjour, il le remplaça, en qualité de supérieur des missions, par le P. François de Chambéry, auquel il ordonna de faire sa résidence ordinaire à Thonon; il prescrivit aussi quelques règles utiles pour le bon ordre des missions [1].

A Fribourg, le conseil invita le P. Paul à une audience solennelle, dans laquelle celui-ci prononça un discours en langue latine pour féliciter le canton d'avoir conservé la foi catholique et le remercier du couvent qu'il avait résolu de construire pour les Capucins. L'avoyer répondit dans la même langue, chargeant le commis-

---

[1] P. Fidèle de Thalissieu.

saire d'exprimer au Pape les sentiments de respect et de soumission du peuple fribourgeois, qui se flattait de ne le céder à aucun autre en amour et en dévouement pour le Saint-Siège. Il fallut ensuite accepter un repas somptueux offert par la ville dans le réfectoire des Pères conventuels. Ce repas mit les capucins dans un embarras que le P. Augustin raconte ainsi :

« Le P. Paul, sachant que c'est assez la coutume des Suisses de porter santés sur santés aux personnages qui leur sont envoyés par les princes, et de les faire boire jusqu'à les enivrer et à s'enivrer eux-mêmes, supplia ces messieurs de ne pas le presser, ni ses compagnons non plus, de boire plus que de coutume. On le lui promit et l'on tint parole ; car, quoique l'on restât à table plus de quatre heures de suite, ce qui nous parut un siècle et ce qui ne parut à ces messieurs qu'un moment, nous ne bûmes pas plus de quatre ou cinq verres de vin chacun. Ce fut pour eux une espèce de scandale, et nous nous en aperçûmes à certains signes, à certaines paroles d'étonnement ou de mécontentement qui leur échappèrent. Tant il y a que nous sortimes de table la tête saine et sauve. » En fut-il de même des magnifiques seigneurs de Fribourg ? Le P. Pelletta n'en dit rien, ce qui fait que la charité nous oblige à supposer la réponse affirmative.

Le lendemain, qui était le 14 septembre, fête de l'Exaltation de la sainte Croix, on fit choix de l'emplacement sur lequel on devait bâtir le couvent, et le Père Paul en prit possesion en y plantant solennellement une croix, en présence du clergé, du sénat, de la bourgeoisie et d'une foule immense de catholiques et même de protestants, qui se retirèrent fort édifiés de cette cérémonie.

De Fribourg, le commissaire apostolique repassa par

Vevey pour se rendre à Saint-Maurice et à Sion, et rentrer ensuite en Italie.

Le long de sa route, il avait recueilli soigneusement tous les renseignements nécessaires à l'objet de sa mission. Le rapport qu'il envoya au Pape et au Père général peut se résumer en ces trois points : 1° les missions établies dans le Chablais et le Vallais ont contribué à ramener à l'Église plus de cent et dix mille hérétiques ; 2° à raison de leur situation près des contrées infectées par le Protestantisme et de la conduite que les Capucins y ont toujours menée, ces missions exercent une influence des plus salutaires sur les populations catholiques du Chablais, du Vallais et de Fribourg, et sur les protestants de Genève, de Lausanne et de Berne ; 3° la définition de la province de Lyon ayant déclaré qu'elle ne peut pas donner des Pères pour ces missions, le seul moyen de les conserver est de séparer de cette province les couvents de la Savoie et de faire de ceux-ci une province distincte qui, moins chargée d'œuvres, pourra donner à celle-là les missionnaires dont elle a besoin. C'était exactement ce qu'avaient affirmé et ce qu'avaient demandé les pères Chérubin et Augustin.

La décision définitive subit un retard à cause de l'absence du général, le P. Jérôme de Castel-Ferretto, qui se trouvait en Espagne. Enfin, le 4 juillet 1610 la définition générale prononça, à l'unanimité, le maintien des missions et la création de la province de Savoie, sous le nom de province des Missions et sous le vocable de Notre-Dame-de-Compassion. Paul V approuva cette décision, et le P. Jean de Venise fut chargé de la mettre à exécution dans le chapitre général qui se tint à Dôle le 15 avril 1611. La nouvelle province prit pour sceau l'image de Notre-Dame-des-Sept-Douleurs ; c'est encore le sceau de la province actuelle de Savoie. Elle se composa dans l'origine des quatre couvents déjà créés en Savoie : à Chambéry (1576), à Saint-Jean de Maurienne (1580), à Montmélian (1586), à Annecy (1593), et des hospices de Thonon et de Saint-Julien, établis en 1602 : ces hospices furent érigés en couvents, le premier en 1612, le second en 1616. L'ordre s'établit successivement dans plusieurs autres localités de la Savoie. On avait aussi uni à la province les maisons de Fribourg, de Saint-Maurice et de Sion; mais plus tard elles en furent séparées pour être annexées à la province de Suisse [1].

La province des Capucins de Savoie a été rétablie en 1817 par le P. Eugène de Rumilly, que Dieu appela de sa cure de la Guillotière, à Lyon, pour devenir dans nos contrées le restaurateur de l'ordre de Saint-François, auquel il avait déjà appartenu avant la révolution. Il en fut ensuite élu général et mourut à Rome en réputation de sainteté. Le couvent de Chambéry possède son portrait, qui est placé dans le réfectoire à côté de celui du P. Chérubin.

La province se compose en ce moment (juin 1880) de sept couvents, ceux de Chambéry, d'Albertville, d'Yenne, de Thonon, d'Annecy, de Meylan, près de Grenoble, et d'une station ou hospice à Saint-Jean de Maurienne.

Un manuscrit du milieu du XVIIe siècle [2], parlant des résultats obtenus par les missions des Pères capucins, s'exprime ainsi : « Cette mission, plantée comme une nouvelle vigne du Seigneur par le grand apôtre de Thonon, qui l'aima d'un si particulier amour, cultivée ensuite par ses deux coopérateurs, les PP. Chérubin et Sébastien

---

[1] Le P. Augustin d'Asti. — *Vie du V. P. Jean de Maurienne*, p. 103. — *Roolle des couvents de la province de Savoie*. — *Décrets d'érection de la province*, et autres manuscrits du couvent de Chambéry.

[2] *Relation de ce qui s'est passé dans les missions de 1639 à 1642*, Archiv. des Cap. de Chambéry.

de Maurienne, et par leurs compagnons et successeurs depuis quarante ans, a donné des fruits merveilleux dans le duché de Chablais, dans le Vallais et dans les pays de Ternier, de Gaillard et de Gex : le Chablais, Ternier et Gaillard sont entièrement revenus à la foi catholique; le Vallais, profondément ébranlé et presque perdu, a été raffermi dans la religion; ces peuples sont maintenus dans leur ferveur première, les sacrements sont fréquentés et les exercices de la piété chrétienne sont en honneur, surtout à Thonon et dans le Vallais; à Gex et dans les autres pays protestants du voisinage, les retours de l'hérésie à la vérité catholique sont nombreux et fréquents. Pour produire ces fruits, les missionnaires n'ont eu qu'à conserver, par leurs travaux incessants, par leur vie mortifiée et par l'exemple de toutes les vertus, l'éclat et la chaleur de la vérité catholique que le P. Chérubin avait fait resplendir dans ces contrées. »

Une autre *Relation* décrit en termes émus l'empressement des populations à profiter des exercices spirituels donnés par les Pères. « Ces braves gens, dit-elle, accouraient aux instructions et aux catéchismes, et se pressaient en foule autour des confessionnaux. Ils ne se laissaient arrêter ni par les intempéries de la saison, ni par l'urgence des travaux de la campagne. Un grand nombre, venus de bien loin et munis seulement d'un morceau de pain, entraient à l'aube dans l'église et y restaient jusqu'au soir, et cela pendant plusieurs jours, jusqu'à ce qu'ils eussent pu faire une confession générale et recevoir avec une ferveur incroyable la sainte Eucharistie. C'était, aux portes mêmes de Genève, un ébranlement général que la parole est impuissante à dépeindre, et qui eût été bien plus grand encore, si la crainte d'être dépouillés de leurs biens après leur conversion n'en eût arrêté plusieurs. »

Nous avons un témoignage officiel bien touchant de l'attachement dont les habitants du Chablais s'étaient pénétrés pour la foi catholique et pour les missionnaires qui avaient si puissamment aidé saint François de Sales à la leur rendre. Dans la seconde moitié du XVIIe siècle, les difficultés s'élevèrent entre l'évêque de Genève et les Pères Capucins. Les syndics de Thonon, craignant d'être définitivement privés de leurs missionnaires bien-aimés, écrivirent à un prélat romain une lettre dont nous extrayons le passage suivant [1] :

« La foy a esté heureusement rétablie tant par le soin et zèle incomparable de saint François de Sales, que par les travaux infatigables des RR. PP. Capucins que le Saint-Siège honora de cest employ, y estant sollicité par la piété de Charles-Emmanuel... Ces dignes ouvriers l'y ont maintenue du despuis par la sainteté de leur vie, par leurs doctes prédications et par la peyne qu'ils ont prise d'entendre les confessions, jusques à se transporter en tout temps dans les lieux les plus inaccessibles pour instruire et secourir les pauvres peuples de la campagne. Leur saint ordre nous a toujours tellement édifiés par le grand dégagement que nous y remarquons, que toute nostre confiance est en eux. »

Dieu veuille avoir conservé aux habitants du Chablais et du Vallais cette foi vigoureuse de leurs ancêtres du XVIIe siècle, comme il a conservé aux bons Pères Capucins, toujours respectés et aimés des populations de la Savoie, le zèle et les vertus du P. Chérubin et de ses compagnons d'apostolat !

Ainsi se sont réalisées, le long des siècles, les espérances de notre zélé missionnaire. Il ne vit pas l'application des mesures qu'il avait si longtemps sollicitées,

---

[1] Archiv. du couvent de Chambéry.

mais Dieu lui accorda cependant la joie de recevoir à Rome même la décision de ses supérieurs et celle du Saint-Siège.

En partant de Chambéry pour se rendre à l'appel du Vicaire de J.-C., qui voulait entendre de sa bouche le récit de ce qui s'était passé dans le Chablais et le Vallais, pendant que le P. Paul recueillait sur les lieux les documents propres à contrôler ses assertions, le P. Chérubin voulut visiter les contrées arrosées de ses sueurs et fécondées par sa parole évangélique. Il avait comme un pressentiment que ce voyage, le troisième qu'il accomplissait en dix ans à la capitale du monde catholique, confinait au grand voyage de la patrie éternelle. Il prit donc sa route par le Chablais, visita la Sainte-Maison et de là se rendit à Saint-Maurice. Au sortir de cette ville, où il avait reçu de nombreux témoignages d'affection et de reconnaissance, son cœur s'émut et, comme il était sur la route qui conduit au Grand-Saint-Bernard, du côté de Bonier, il se retourna et bénit la ville, lui prédisant que jamais plus elle ne perdrait la foi catholique [1].

Nous ne possédons aucun renseignement sur le reste de son voyage ni sur son séjour à Rome. Nous savons seulement que Paul V lui accorda de fréquentes audiences, dans lesquelles il l'honora des marques les moins équivoques de son estime et de sa confiance. Le rapport du P. Paul de Césène n'ajouta à ses déclarations que de nombreux et authentiques témoignages du zèle et de la prudence qu'il n'avait cessé de déployer partout où les intérêts de l'Église l'avaient appelé, et des riches moissons d'âmes que la grâce divine avaient produites sur ses pas. Le délabrement de sa santé, profondément

---

[1] *Déposit. du P. Sigismond de Saint-Maurice, Collect. des chos. mémorab.*

altérée par des fatigues excessives dont aucun repos n'avait jamais atténué les effets, lui faisait sentir tous les jours le besoin de rentrer dans sa patrie. Il attendit cependant que les décisions de l'Ordre fussent revêtues de l'approbation du Souverain Pontife. Il partit alors pour Turin. Là, l'épuisement de ses forces ne lui permit pas d'aller plus loin, et il fut forcé de garder le lit, dans le beau couvent de *Monte*, si admirablement placé au-dessus de la ville, et dont le gouvernement, qui s'est donné la mission de ruiner l'Italie en la chargeant des dépouilles de l'Église, ne s'est pas encore entièrement emparé à cette heure. Les capucins l'entourèrent de tous les soins de la plus ingénieuse charité, agrandie encore, s'il était possible, par la respectueuse admiration dont ils étaient pénétrés pour cette gloire de l'Ordre et ce modèle du missionnaire.

La nouvelle de la maladie de celui que nous pouvons bien appeler l'apôtre du Chablais et du Vallais, se répandit dans la capitale. Le duc Charles-Emmanuel, qui lui avait donné tant de preuves d'estime et d'affectueuse confiance, le visita sur son lit de douleurs. Pour lui, calme dans la main de Dieu, l'esprit détaché de la terre sur laquelle il n'avait jamais appuyé que ses pieds, prêt à s'en aller vers Dieu qu'il avait uniquement servi, prêt à retourner vers les âmes, pour lesquelles il s'était dépensé, il recevait en ce moment suprême les secours de la Vierge bénie sans l'invocation de laquelle il n'avait jamais pu monter en chaire. Ce fut une grande édification pour la cour ducale et pour le couvent. Le frère Louis de Cève, qui l'avait soigné, ne pouvait parler sans émotion de sa résignation parfaite, de sa patience dans les douleurs les plus aiguës et de son union continuelle avec Dieu.

Enfin, le huitième jour de sa maladie, la moisson pour

le ciel se trouvant suffisante, son âme se dégagea doucement de son enveloppe mortelle ; c'était le 20 juillet de l'année 1610. Chérubin n'était âgé que de quarante-quatre ans et quatre mois. Cependant, comme, selon la parole de l'Esprit-Saint, la vie des serviteurs de Dieu ne se mesure pas au nombre de leurs années, mais au nombre et à la grandeur de leurs œuvres, on peut dire qu'il avait parcouru une longue carrière. Charles-Emmanuel assista à ses funérailles, entouré d'un grand nombre de ses officiers et des membres de la noblesse[1].

Le corps du P. Chérubin, si nous en croyons Bovérius[2], fut trouvé dix ans après entier et sans aucune trace de corruption. Où fut-il trouvé et qu'est-il devenu depuis cette époque? Arnaud, qui écrivait en 1844 l'histoire du *Monte*, dit qu'on l'ignore complètement. Des recherches ont été faites, à plusieurs reprises, dans les archives et dans l'église. On croyait d'abord que ces restes se trouvaient dans un tombeau qui est actuellement scellé, parce qu'il renferme le corps du vénérable P. Ignace, dont la cause de béatification est introduite ; mais dans une visite de ce tombeau, faite à l'époque où il fut scellé, on a constaté qu'il ne contient pas d'autre corps que celui du P. Ignace. D'après des notes des archives du *Monte*, les restes mortels du P. Chérubin, enfermés dans un cercueil en plomb donné par Charles-Emmanuel, auraient été déposés dans un caveau qui fait face à la sacristie actuelle. En 1706, lors du siège de Turin, le couvent ayant été occupé par les Français, des soldats huguenots auraient pénétré dans le caveau, enlevé le cercueil pour faire des balles, et jeté les osse-

---

[1] *Chronique de la prov. de Gênes*, manusc. — *Dell'Institut. della Santa Casa.* — FIDÈLE DE THALISS.. liv. VII*. — *Collect. des choses mémor.* — V. *pièces justif.*, n° 26.

[2] *Annal. Cappucin.*, fol. 830.

ments dans le Pô. Ce qui est certain, c'est que ce couvent a subi bien des modifications depuis l'année 1610 ; l'ancienne église a été transformée en sacristie, et le cimetière qui la précédait est devenu une place publique. Actuellement, toute recherche est impossible, le couvent étant entre les mains de l'État. Les notes qu'on nous signalait il y a vingt ans ont peut-être disparu à cette heure.

Ces notes mentionnaient un autre fait qui n'est pas sans intérêt. Au mois de mai 1612, saint François de Sales, s'étant rendu à Turin pour solliciter le duc de Savoie à contraindre les chevaliers des SS. Maurice et Lazare de relâcher les bénéfices restitués aux églises du Chablais, voulut aller prier devant le tombeau de son ami et célébrer la sainte messe pour lui à l'autel le plus proche.

Le couvent des Capucins de Rome possède le portrait du vaillant missionnaire. On croit qu'il fut fait par ordre du général lors du dernier voyage que le Père fit à Rome. Le très regretté P. Alphonse de Rumilly en a obtenu une copie que l'on voit dans le réfectoire du couvent de Chambéry. Il y en a une seconde copie au couvent de Thonon. C'est sur la première qu'a été prise la gravure qui est au commencement de ce volume. Mais elle n'a pu rendre complètement ce regard de feu, cette figure ardente de l'apôtre, dont la parole va saisir les âmes pour les donner au crucifix qu'il tient à la main, et où se peint si bien le caractère de l'assiégé du clocher de Saint-Hippolyte, du prédicateur de Thonon et de Sion, de celui qu'un manuscrit du temps [1] appelle *la colonne de la foi, le marteau qui brisait l'hérésie, le modèle des controversistes.*

[1] *Memorabilia provinciæ Sabaudiæ*, Archives d'État à Milan.

Au bas du portrait on lit l'inscription suivante : « Le Vénérable P. Chérubin de Maurienne, missionnaire capucin de la province de Savoie. — Par ses missions dans le Chablais, les bailliages de Ternier, de Gaillard et de Gex, et le Vallais, prenant saint Paul pour modèle dans ses prédications et marchant à la suite de François de Sales, il a ramené plusieurs centaines de mille hérétiques à la foi de Jésus-Christ. »

Cette inscription est un portrait moral parfait du P. Chérubin ; elle exprime bien le rôle qu'il a rempli dans la mission du Chablais sous la direction de saint François de Sales, et donne la raison des appréciations si diverses dont il a été l'objet.

Le P. Chérubin avait deux modèles et il y avait en lui comme deux hommes. En chaire, c'était saint Paul avec son indomptable énergie, disant aux Galates, à propos des sectaires de son temps : « O insensés ! qui donc vous a fascinés au point de vous insurger contre la vérité [1] ? » La vérité ! c'est son unique souci, et pour ceux qui sciemment la déchirent ou la cachent il n'a ni ménagement ni pitié. Voilà le prédicateur, le conférencier, le lutteur en face des intrigues et des échappatoires des hérétiques. Ceux-ci n'ont vu que cet homme ; ils ont senti les coups de cette massue redoutable. C'est pourquoi ils accolent au nom du lutteur tant d'épithètes grossières. Des historiens catholiques les ont crues méritées et ont copié de confiance.

Mais, une fois descendu de la chaire et sorti de la lutte publique, une fois rentré dans la vie ordinaire et dans le cercle des relations individuelles, même avec les protestants, le P. Chérubin avait un autre modèle, c'était son ami, François de Sales, avec sa bonté, sa patience,

---

[1] GALAT. III, 1.

sa douceur, son humble condescendance et son inépuisable charité : il devenait un autre homme. Cet homme ne peut être dépeint que par ceux qui l'ont connu, par ses confrères, par ses compagnons de missions, par les amis qu'il a laissés partout où il a vécu. Ne dites pas que ce sont des témoins intéressés. Intéressés en quoi? Et quel singulier moyen ce serait pour juger équitablement un homme que de récuser le témoignage de ceux qui l'ont vu de près !

Quant au chiffre des hérétiques qu'il a convertis pendant son séjour dans le Chablais, le manuscrit précité le porte, d'après un document de l'époque, à vingt-sept mille : Chablaisiens, Genevois, Bernois, Vaudois, etc., venus dans le Chablais pour les Quarante-Heures ou les Jubilés[1]. L'inscription du tableau parle sans doute de toutes les conversions auxquelles il a coopéré de quelque manière que ce soit.

Revenons aux témoignages. Nous en avons rapporté déjà un grand nombre; citons-en encore quelques-uns.

Le P. Sigismond de Saint-Maurice raconte[2] que vers l'année 1603, le P. Chérubin étant dans cette ville, les ministres d'Aigle vinrent plusieurs fois disputer avec lui. Enfin, ils le prièrent d'aller aussi chez eux. Il s'y rendit volontiers. Or, il arriva qu'un jour un de ses adversaires, se trouvant à bout d'arguments, tira son épée et se précipita sur lui. Fort heureusement, Carmentran, lieutenant du gouverneur de Saint-Maurice, se trouvait derrière le siège du Père et put arrêter le coup. Le furieux fut saisi, incarcéré et condamné à mort. Mais le P. Chérubin courut se jeter aux pieds du gouverneur et, à force d'instances, obtint la grâce du coupable.

---

[1] *V. pièces justif.*, n° 12.
[2] *Collect. des chos. mémorab.*

Le F. Clément d'Annecy[1], qui avait été son compagnon pendant trois ans, a affirmé plusieurs fois que jamais il ne l'avait vu se fâcher ni même murmurer contre qui que ce fût ; que, même dans ses plus grandes fatigues, il ne manquait jamais l'assistance à matines ; et qu'il ne prenait pas la portion de charité, c'est-à-dire, le plat que l'on donnait aux prédicateurs en sus de l'ordinaire du couvent. Il racontait encore que, quand le Père passait à Saint-Jean de Maurienne dans ses voyages à Rome, Mgr Milliet voulait que l'on fit fête, afin de lui fournir l'occasion de se faire entendre dans la chaire de la cathédrale.

Telle était l'opinion que l'on avait de sa vertu, que plusieurs personnes affirmèrent avoir recouvré la santé par ses prières. Le P. Amédée de Saint-Sulpice déposa en l'année 1644, que M. de Nuz, gentilhomme du duché d'Aoste, lui avait raconté le fait suivant. Le P. Chérubin s'était arrêté dans son château la dernière fois qu'il traversa le Saint-Bernard pour aller à Rome. Son fils Georges était alors très gravement malade d'une hydropisie de poitrine. Il le recommanda aux prières du saint religieux, et le jeune homme recouvra aussitôt la santé. Le P. Amédée ajoutait que le même fait lui avait été rapporté par le P. Damien d'Esseillon, qui accompagnait le P. Chérubin dans ce voyage[2].

Le P. François de Chambéry, qui lui succéda comme supérieur des missions, s'exprime ainsi dans son livre sur la règle des Capucins[3] : « Dans ce siècle agité par tant de tempêtes, notre illustre prédicateur, le P.

---

[1] *Collect. des choses mémorab.*

[2] *Chroniques des RR. PP. Capucins*, chap. xv, Manusc. des archiv. du couv. de Chambéry.

[3] *Regul. et relig. PP. Cappuccin., exercitationes.* Lyon, 1634, lib. 4, cap. xii, p. 371.

Chérubin de Maurienne, s'est montré vraiment admirable à procurer le salut du prochain ; sa mémoire est en bénédiction, et le Seigneur s'est plu à le glorifier après sa mort en accordant des grâces particulières à ceux qui ont recouru à son intercession. Partout et toujours, soit avec les religieux, soit avec les séculiers, sa conversation avait pour objet des choses utiles, propres à procurer la gloire de Dieu et l'édification du prochain ; si les séculiers se laissaient aller à des plaisanteries ou à des paroles simplement inutiles et indifférentes, il avait un art particulier pour les ramener à des choses sérieuses, prudemment et sans paraître les reprendre. Pendant ses travaux apostoliques il eut à souffrir, soit en public, soit en particulier, de graves calomnies, des injures, des attaques blessantes ; jamais on ne l'entendit se plaindre, supportant tout patiemment et d'une humeur égale pour la gloire et l'amour de Jésus-Christ. Que n'a pas entrepris ce grand ennemi des vices et des hérésies ! Que n'a-t-il pas fait pour la conversion du Vallais, travaillé par le Calvinisme, maintenant heureusement rentré dans le sein de l'Église! Qu'a-t-il omis pour ramener à la foi orthodoxe les provinces du Chablais, de Ternier et de Gaillard ? Les faits répondent éloquemment. »

Le P. Bernard de Bologne [1] en parle en ces termes : « Chérubin de Maurienne était savoisien de nation et élève de la province de Gênes. Cet homme, illustre par sa piété et sa sainte vie, non moins que par son génie, sa science, son courage et sa prudence, brûla de zèle pour l'extension de la foi catholique. Aussi, ayant été appelé à évangéliser les peuples du duché de Chablais,

---

[1] *Bibliot. script. ord. Min. S. Franc. Cappuccin.*, Venetiis 1747. Voir *Pièces justif.*, n° 27.

il en ramena la plus grande partie au sein de l'Église par ses prédications, ses labeurs incessants, ses veilles, ses jeûnes et ses prières. Les faux-apôtres qui s'opposèrent à lui, ils les attaqua pendant plusieurs années, et les vainquit glorieusement dans des disputes, tantôt particulières, tantôt publiques. C'est cet ouvrier apostolique qui établit la Sainte-Maison de Notre-Dame-de-Compassion dans la ville de Thonon pour la conversion des hérétiques, et cette maison existe encore maintenant au grand profit de l'Église. »

Le P. Grégoire de Gênes, un de ses collaborateurs dans les missions, dit dans une déposition recueillie par un autre religieux [1] : « En cette année mourut à Turin
« l'infatigable P. Chérubin de Maurienne, grand ennemi et
« fléau des hérétiques, contre lesquels il a travaillé pen-
« dant presque tout le temps qu'il a vécu dans l'ordre ; on
« ne peut dire combien il en a converti... Ce Père était
« d'un naturel si agréable, qu'il se faisait aimer de tous
« ceux qui le voyaient ; il avait une douceur extrême,
« tellement que jamais on ne le vit irrité. Au milieu des
« difficultés sans nombre qu'il a rencontrées dans ses
« travaux pour Thonon et pour la conversion des héréti-
« ques, il a toujours été intrépide et patient, sans que
« jamais la sérénité de son visage ait été altérée. Son
« éloquence était douce, pieuse, éloignée de toute
« recherche. Dieu le favorisa de ses dons les plus rares.
« Bien qu'il n'eût pas habité l'Italie [2], il prêchait aussi
« facilement en italien qu'en français. Il prêcha même
« en allemand, ce qui est d'autant plus étonnant, qu'il
« n'avait jamais pénétré dans les pays qui parlent cette
« langue avant d'y être appelé pour combattre les héré-

---

[1] *Chroniq. de la prov. de Gênes*, manusc. — V. *Pièces justificatives*, n° 28.
[2] Sauf pendant son année de noviciat.

« tiques. Il était si bon et si serviable, que jamais il ne
« refusa ce qu'on lui demandait, pour peu que ce fût en
« son pouvoir. »

Le P. Charles d'Arembergh, dans ses *Fleurs séraphiques* [1], tient le même langage. « Cet illustre prédicateur,
« dit-il, joignait à une très grande douceur des talents
« supérieurs et les plus remarquables qualités naturelles.
« Parmi toutes les vertus dont il donna le constant
« exemple, on distingua surtout son zèle ardent pour la
« foi catholique. » L'auteur fait ensuite un court résumé
de ses travaux, depuis ses prédications contre Henri IV,
encore hérétique, jusqu'à sa mort, qu'il place par erreur
à l'année 1609, et il conclut ainsi : « Dix ans après son
« décès, le corps de ce saint homme fut trouvé entier et
« sans aucun signe de corruption, témoignage manifeste
« de la couronne de gloire que Dieu lui avait donnée. »

Le *Légendaire franciscain* résume aussi sa vie et l'apprécie de la même manière [2].

Les archives du couvent de Chambéry possèdent une déclaration écrite et signée le 6 septembre 1650 par dom Claude Louis Nicolas Dequoex, bénédictin, vicaire général de l'abbé de Savigny au monastère de Talloires.
« J'ai beaucoup connu, dit-il, et souvent fréquenté le
« R. P. Chérubin de Maurienne, très grand serviteur de
« Dieu, prédicateur zélé, fléau des hérétiques calvinis-
« tes et luthériens, et dévot serviteur de la Vierge Marie.
« C'est lui qui, par l'inspiration divine, a suggéré au duc
« de Savoie tout ce que ce prince a fait pour le rétablis-
« sement de la religion catholique dans les bailliages et
« la fondation à Thonon d'une maison de refuge, d'un
« collège et d'une congrégation de prêtres avec la règle

---

[1] *Flores seraphici*, p. 429; Cologne, 1642.
[2] *Leggendario francescano*; Venise 1722, t. 5, 22 mai.

« de l'Oratoire de Philippe de Néri. Charles-Emmanuel
« suivit tous ses conseils et l'envoya à Rome, où le pape
« Clément VIII approuva toutes ses propositions et lui
« accorda toutes ses demandes. »

Nous terminons par le témoignage suivant de l'annaliste des Capucins, où nous trouvons relatés plusieurs faits extraordinaires attribués à l'intercession du P. Chérubin [1] :

« Dans la province de Savoie fleurit la mémoire du
« P. Chérubin de Maurienne, prédicateur. C'était un
« homme très doux, d'un grand talent, doué de remar-
« quables qualités naturelles ; il y ajouta toutes les ver-
« tus, par lesquelles il acquit une vraie et solide gloire
« devant Dieu et devant les hommes. Il brûla du zèle le
« plus ardent pour la foi catholique, en sorte que, comme
« il jouissait d'une grande réputation comme prédica-
« teur, dans le temps qu'Henri IV, roi de Navarre, alors
« hérétique, aspirait au trône de France, il s'éleva contre
« lui dans la chaire de Lyon et, méprisant tous les
« dangers pour la défense de la foi, il détourna les peu-
« ples de lui prêter obéissance.

« Il souhaitait ardemment la conversion des héréti-
« ques de Genève et travailla efficacement à ramener à
« l'orthodoxie les habitants du Chablais, par ses prédi-
« cations et surtout par les prières des Quarante-Heures.
« Enfin, épuisé par ses travaux pour la défense et la pro-
« pagation de la foi catholique, il s'endormit dans le
« Seigneur en notre couvent de Turin.

« Après la mort de cet homme illustre, Dieu a voulu
« récompenser ses mérites par quelques miracles.

« Un laïque de notre ordre, nommé Donat, qui souf-
« frait de la goutte depuis plusieurs années, ayant fait

---

[1] *Annal. P. P. Cappucin.;* Lyon, 1639, fol. 830.

« une neuvaine auprès de son tombeau et ayant imploré
« son secours devant Dieu, fut si complètement guéri le
« dernier jour, qu'il ne ressentit plus jamais aucune
« atteinte de son mal.

« A Turin, une femme éprouvait depuis six mois des
« douleurs aiguës dans tout le corps, à tel point qu'on
« ne pouvait plus même la remuer dans son lit. Elle se
« recommanda aux suffrages du P. Chérubin et mit à
« son cou un morceau de son habit. Le surlendemain
« elle se leva parfaitement guérie.

« Dans la même ville, un homme, qui était dans un
« état tout-à-fait désespéré, fut guéri le lendemain du
« jour où il avait suspendu à son cou un morceau de
« l'habit du P. Chérubin et imploré son intercession.

« Dans une ville du diocèse d'Asti, une jeune fille
« avait depuis longtemps d'atroces et continuels maux
« de dents. Elle y appliqua aussi un morceau de l'habit
« du Père et obtint immédiatement sa guérison. Un autre
« fait semblable s'est passé dans une autre ville. »

Nous rapportons ces faits dans les mêmes termes où nous les trouvons relatés par les auteurs que nous avons cités et sans prétendre en aucune façon affirmer leur caractère surnaturel.

Le *Ménologe franciscain* fait mention du P. Chérubin au 4 du mois de mai. Gallizia a inséré une courte notice sur sa vie, dans le tome 7 de ses *Actes des Saints qui ont vécu dans les Etats de la Royale Maison de Savoie*.

On nous a dit qu'au XVIIe siècle les RR. PP. Capucins ont eu le projet de solliciter du Saint-Siège la canonisation du P. Chérubin. Ce serait, du moins, ce qui résulterait d'un document que possède le savant archiviste de la Haute-Savoie, M. l'abbé Ducis. Comme il ne nous a pas été possible d'obtenir communication de cette pièce, M. Ducis se réservant sans doute de la publier lui-même, nous ignorons si ce projet a eu quelque commencement d'exécution et à quelles sources on se proposait de puiser les témoignages nécessaires en ces graves et difficiles affaires. Encore une lacune que nous regrettons pour notre livre; mais nous espérons que M. Ducis la comblera pour nos lecteurs.

Quoiqu'il en soit, nous aimons à penser qu'ils ne trouveront pas, dès ce moment, à ce projet, s'il a réellement existé, un caractère de témérité absolument inexcusable.

Mais, on nous a encore dit cela, ce projet avait été imaginé, sinon pour arrêter, du moins pour retarder la marche du procès de béatification et ensuite de canonisation de saint François de Sales. Ici nous n'avons qu'un mot à répondre. Au moment même où cette calomnie se produisit, car elle remonte à l'époque du procès en question, les Capucins de Savoie, par l'organe du Provincial et des Définiteurs, adressaient à Innocent X et plus tard à Alexandre VII les plus instantes prières pour la béatification et la canonisation de l'illustre ami de leur ordre. On peut voir leurs deux suppliques dans l'*Histoire abrégée des Missions des Pères Capucins de Savoie*, par le P. Charles de Genève, traduite par le P. Fidèle de Talissieu, et publiée en 1867 par le P. Ambroise d'Ugine, provincial. (P. 106.)

CHAPITRE XXI.

Critiques et discussions.

Pour ne pas interrompre notre récit, nous avons laissé de côté, jusqu'à ce moment, certaines difficultés qui peut-être se sont plus d'une fois présentées à l'esprit de ceux de nos lecteurs qui ont lu les historiens de saint François de Sales.

Le P. Chérubin n'a-t-il pas abusé de la confiance de Charles-Emmanuel en recourant à des menaces et en poussant à des mesures violentes contre les protestants de Thonon, au point de se rendre insupportable au Duc et impossible dans le Chablais? Plusieurs documents le donnent à entendre.

A-t-il réellement eu dans la mission du Chablais la part considérable que nous lui attribuons ? Charles-Auguste de Sales et plusieurs autres historiens ne sont pas de cet avis.

N'a-t-il pas rempli à l'égard du saint évêque de Genève le rôle odieux d'accusateur et même de calomniateur ? Le fait paraît prouvé, et les historiens de saint François de Sales, ceux qui ne sont pas systématiquement hostiles à son compagnon d'apostolat, se bornent presque tous à plaider les circonstances atténuantes.

Pour répondre à ces questions, qu'il nous est impossible de passer sous silence, il n'est point nécessaire d'entrer dans une discussion détaillée qui pourrait remplir un volume. Nous allons simplement mettre sous les yeux du lecteur les documents et les faits, aussi brièvement qu'il nous sera possible.

I. Le 23 décembre 1597, le gouvernement de Berne

écrivit à M. de Lambert, gouverneur du Chablais : « Nous
« avons receu advis certain de bon lieu, et certaine-
« ment par autres que les intéressés, comme avant quel-
« que temps les subjects de Son Altesse à Thonon ou les
« principaulx d'entre eulx ont été assemblés en leur
« maison de ville par ung président à ce député, et com-
« mandé soubz peine de confiscation de corps et de
« biens d'assister aux prédications d'ung certain
« moynne nommé frère Chérubin de l'ordre des Capu-
« chins, venu pour les divertir de la religion en laquelle
« ils ont esté nourris et eslevés, avec aultres procédu-
« res tenues à leur endroict, tendantes (comme nous
« avons entendu) non seulement au préjudice des dictz
« de Thonon, pour forcer leur conscience, mais aussy
« nous veulent attoucher nostre honneur et réputation,
« comme aussy les traictés d'accord entre illustre prince
« et seigneur Emmanuel-Philibert de très digne mé-
« moyre et nous faicts et passés, par lesquels les dicts
« subjets de Thonon et aultres debvoyent estre laissés à
« leur religion, comme de mesme par la bénigne per-
« mission de Son Altesse ils avoyent esté maintenus[1]. »

Les Bernois, qui alléguaient les traités, oubliaient qu'ils les avaient eux-mêmes déchirés. Ils oubliaient autre chose encore, c'est que, s'ils n'étaient pas venus, soixante ans auparavant, *divertir* par la violence les habitants du Chablais *de la religion en laquelle ils avaient été nourris et élevés*, et non seulement eux, mais leurs ancêtres et aussi les ancêtres des Bernois, le P. Chérubin aurait été exempt de venir pour s'efforcer de les y ramener par la prédication et de loyales conférences.

Du reste, ce n'était pas à lui, mais au président seul, que les Bernois reprochaient des menaces *de confiscation*

---

[1] Cette lettre a été publiée par M. Jules Vuy, dans la *Revue savois.*, 1872.

de corps et de biens. Ce président était l'illustre Antoine Favre, alors président du conseil de Genevois. Le duc de Savoie l'avait, en effet, envoyé pour presser les habitants de Thonon d'assister aux prédications des missionnaires catholiques, et c'était à la demande de saint François de Sales que cette mission lui avait été confiée. Dans une lettre écrite au prince le 29 décembre 1595 [1], on lit ce qui suit :

« Plaise à Votre Altesse.... commander à l'un des messieurs les sénateurs de Savoie de venir ici convoquer généralement les bourgeois, et en pleine assemblée, en habit de magistrat, les inviter de la part de Votre Altesse à prêter l'oreille, entendre, sonder et considérer de près les raisons que les prêcheurs leur proposent pour l'Église catholique.... Et s'il plaît à Votre Altesse y employer monsieur le sénateur Favre, je tiens que son affection et sa suffisance y seraient extrêmement sortables.... »

Sans doute, le saint ne demandait pas l'emploi des menaces : il ne parlait que de *douce violence* et il voulait que l'envoyé se servît *de termes qui ressentent la charité et l'autorité d'un très bon prince*. Le président Favre avait-il outrepassé les intentions de Charles-Emmanuel et recouru à des menaces de confiscation ? L'affirmation des Bernois, intéressés à ce qu'il fût éloigné du Chablais, et peut-être aussi mal informés par leurs coreligionnaires de Thonon, ne suffit pas pour le démontrer, et le caractère du président Favre ne permet pas de le supposer.

Charles-Emmanuel était au plus fort de la guerre pour le marquisat de Saluces; il tenait à éviter à tout prix de se brouiller avec Berne. Le 31 décembre 1596, il

---

[1] Edit. Migne, t. VI, col. 500.

écrivit au gouverneur du Chablais la lettre suivante [1] :

« Nous avons receu vostre lettre du 23 du présent et
« joint à ycelle le double de la requeste que nous a
« esté présentée par ceux de Thonon, et nous disons
« en responce que nostre intention aiant toujours esté
« de donner l'avancement possible au service de Dieu et
« l'exaltation de son Église généralement riesre nos
« estats et particulièrement de remettre rière le Cha-
« blais la mesme foi et vraye religion que nos prédéces-
« seurs y avoient si soigneusement plantée avant que
« ces usurpateurs du pays en heussent desbauché nos
« bien amez subjects. Nous avons sur ceste considéra-
« tion volontiers presté l'oreille à ceulx qui nous ont
« proposé leur soing, leur talent et leur industrie pour
« la perfection d'un si bon œuvre, et tels ayant esté le
« père Chérubin et le président Favre nous appréciâs-
« mes le zèle qui les poulsoit d'y volloir fere quelque
« notable fruict. Il est bien vray que nous estimions
« que ce deubst estre par le moien de bonnes exorta-
« tions et par la voye des presches et non par commina-
» tion ny menaces pour ne donner aulcun subject
« d'ombrage aux circonvoisins ny subject d'altération
« aussy à ceux de Thonon, bien scachants que la con-
« joncture du temps présent ne portoit pas que l'on
« procédast aultrement et que la procédure rigoureuse
« estoit mal convenable à la disposition des autres
« affaires que nous avons sur les bras, encore que bien
« deue à l'obstination de quelques particuliers du dict
« Thonon qui se rendent les plus difficiles ; mais s'ils ont
« en cecy outtrepassé nostre intention et nos bons avis,
« leur zèle et leur affection au service de Dieu les en ren-
« dent excusables, et cependant pour remédier aux in-

[1] *Revue savois.*, 1872, 27 septembre.

« convénients qui en pourront résulter nous escrivons
« au dict président de ne procéder plus avant à la décla-
« ration des peines par luy imposées, et au père Chérubin
« d'y fere valloir par cy après sa doctrine sans y adjous-
« ter les menaces jusques à ce que nous voions quelque
« autre temps plus propre pour ce fere, et cependant en
« laissant dextrement entendre à ces gens que nostre
« intention n'est pas de les forcer ny contrevenir aux
« provisions qu'ils disent avoir de feu nostre seigneur et
« père et de nous, vous ne laisserez de les induire et
« de persuader en tant que nostre pouvoir se pourra
« estendre de nous donner ceste satisfaction que d'ouyr
« et fréquenter les presches qui peuvent servir à les
« désabuser de leur faulce opinion. »

On ne comprendrait pas pourquoi Charles-Emmanuel mêle à cette affaire le nom du P. Chérubin, auquel les Bernois n'avaient reproché que sa présence en Chablais et ses prédications, si l'on ne se souvenait qu'à cette même époque le Père faisait tout au monde pour déterminer les ministres de Genève à reprendre la conférence rompue par Hermann Lignaridus, et que, dans le but de les y contraindre, il les menaçait de publier partout la promesse écrite qui lui avait été faite. C'est la seule menace, émanée de lui, dont fassent mention les documents contemporains; mais il est permis de supposer que les protestants de Thonon s'étaient servi de ce fait, en le dénaturant, pour représenter le missionnaire comme employant la menace pour les amener autour de sa chaire.

Voici qui est plus grave. Le 19 janvier 1599, Charles-Emmanuel ordonne à M. de Lambert, qui se trouvait depuis quelque temps à Chambéry, de retourner sans retard à Thonon, afin d'avoir l'œil sur les intrigues des Genevois. Il ajoute : « Votre présence eût causé que

« l'on auroit plus tost levé le P. Chérubin de ce lieu où
« vous nous escrivez qu'il apporte tant de scandale, à
« quoi il faut travailler avec toute dextérité[1]. »

Le 2 février suivant il écrit au même[2] : « Nous voyons
« par diverses lettres du P. Chérubin comme il continue
« en ses premières imaginations, et d'aultant que cela
« pourroit non seulement apporter de l'ombrage aux
« voysins, mais des pernicieuses conséquences, adve-
« nant qu'il se laissait porter à quelques effects, il nous a
« semblé de dépescher Compois pour le persuader de se
« retirer à Necy sans passer plus avant en ses dites ima-
« ginations. Et en cas de plus grande résistance nous
« désirons que entre le marquis de Lullin, l'évesque de
« Genève et vous il y soit pris un prompt expédient, car
« desja debvroit avoir esté faict pour obvier à tout scan-
« dale. Escrivez-nous bien particulièrement tout ce
« qu'en succédera et toutes les nouvelles que vous aurez
« du voysinage. »

Cette fois, il est évident que Charles-Emmanuel est vivement contrarié par les *imaginations* du P. Chérubin et qu'il tient absolument à ce qu'on l'éloigne du Chablais. Pour conclure de là que le P. Chérubin avait tort, il faudrait savoir quelles étaient ces *imaginations*. Or, c'est ce que le prince ne dit pas. Il affirme seulement *qu'elles apportent de l'ombrage aux voisins et de pernicieuses conséquences*. Pernicieuses pour sa politique, sans doute. Charles-Emmanuel espérait toujours qu'Henri IV lui céderait le marquisat de Saluces. Il voulait donc avant tout ménager la France et par conséquent Genève que la France protégeait.

---

[1] Nous devons la communication de cette lettre à l'obligeance de M. Jules Vuy, de Carouge.
[2] *Revue savois.*, p. 13, 1872.

Or, répétons-le, en ce moment le P. Chérubin, qui n'était pas chargé de conquérir le marquisat, mais de convertir le Chablais, s'occupait très activement de deux choses fort désagréables pour Genève : la reprise de la conférence et l'établissement de la Sainte-Maison. Charles-Emmanuel avait-il momentanément changé d'avis, pour les besoins de sa politique ? Nous l'ignorons. Quant à la conférence, s'il avait eu l'esprit moins absorbé par le désir de garder Saluces et la crainte de blesser la France et sa protégée, il aurait compris que le P. Chérubin était dans l'impossibilité d'y renoncer lui-même, et qu'en l'éloignant de Thonon, on aurait procuré au Protestantisme un triomphe qui ne s'accordait guère avec le zèle que ce prince déployait pour l'extirper du Chablais.

Ce qui montre que l'irritation du duc de Savoie provenait, au moins principalement, des démarches du P. Chérubin pour obliger les Genevois à reprendre la conférence, c'est qu'elle tomba aussitôt que cette affaire eut eu l'issue que l'on sait et qu'il n'y eut plus lieu de s'inquiéter du ressentiment des Genevois. Non seulement il ne fut plus question de faire sortir le Père du Chablais, mais Charles-Emmanuel, on l'a vu, lui témoigna plus de confiance et d'affection que jamais, et, quelques mois après sa lettre à M. de Lambert, il l'envoya à Rome et le chargea de tout ce qui concernait l'établissement de la Sainte-Maison. Le 20 juin 1601 il adressa aux habitants du Chablais une lettre dans laquelle il les pressait de la manière la plus affectueuse et, au besoin, leur commandait d'assister aux prédications des Capucins, d'y faire assister leurs femmes et leurs enfants, et d'envoyer ceux-ci aux écoles gratuites que les Pères allaient établir. On peut voir cette lettre aux pièces justificatives (n° 20).

Le crédit du zélé missionnaire auprès de son souverain ne fit que grandir par le fait de la réalisation des projets qu'ils avaient formés ensemble. La lettre suivante montre quel emploi il faisait de son influence. Elle ne porte pas de date ; mais comme elle est jointe, dans les archives de Turin, à la lettre écrite à d'Albigny, que nous avons insérée précédemment, il est à présumer qu'elle est aussi du 31 octobre 1604.

« Monseigneur. — J'ay baillé au secrétaire Achiardi un
« avys de gaigner au service de Votre Altesse l'une des
« principales maysons de tous les cantons des Suysses,
« qui fera venir envie à grand nombre d'autres. Pour ce
« je luy recommande autant qu'il m'est possible confir-
« mer le sieur comte de Tournon à travailler par de là en
« ce temps et aux calamiteux qui se préparent pour les
« Bernoys. Je sçay combien vertueusement et au grand
« service de Votre Altesse s'est comporté le dit comte de
« Tournon son ambassadeur et le bel esprit duquel il est
« doué, et combien il avance nonobstant tous autres
« rapports au contraire, et partant je requiers Votre
« Altesse ne croyre, comme aussi elle ne fait pas facile-
« ment, et n'oblier ce sien bon serviteur qui s'est plongé
« en toute nécessité pour ne manquer à rien de son ser-
« vice. Je supplie Votre Altesse encore d'écrire un mot
« au dit comte de traitter certaines choses d'impor-
« tance pour le service de Votre Altesse, de quoy en
« ayant esclaircissement elle recevra grand contente-
« ment. Et sur ce je luy fay très humble révérence et
« demeure

« de Votre Altesse
« très humble et très affectionné serviteur,
Fr. CHÉRUBIN, Cap. ind.

« Je la supplie ne tarder plus de mander appeler le
« Père gardien pour le fait de Milan et luy dire les affai-

« res qui me forcent d'aller à la cour, le priant de s'ayder
« et lui faisant si bon visage que ce père soit une
« colonne icy à son service. »

Nous ignorons de quelle nature étaient soit les négociations que le comte de Tournon poursuivait alors en Suisse, soit les affaires qui conduisirent le P. Chérubin à la cour à la fin de l'année 1604. Mais il est permis de supposer que les intérêts du Catholicisme dans le Vallais et de l'alliance qui unissait ce pays et les cantons catholiques au duc de Savoie n'y étaient pas étrangers. Le soin avec lequel il évite de s'expliquer là-dessus fait supposer que cette lettre ne fut pas envoyée directement au prince.

On a vu quel témoignage particulier d'estime, d'attachement et de regret Charles-Emmanuel voulut donner au P. Chérubin à son lit de mort et dans ses funérailles.

Il faut donc se défier des appréciations vagues dans le genre de celle que renferme la phrase suivante : « Quand ce religieux (le P. Chérubin) est livré à lui-même, son zèle outré crée des embarras et des dangers que le duc de Savoie, par sa lettre du 2 février 1599, tient à réprimer[1]. » Il serait peut-être difficile à cet auteur de dire en quoi le zèle du P. Chérubin était outré ; mais d'autres auteurs, qui ne le savaient pas davantage, l'avaient dit avant lui. Pour éviter tout embarras à sa politique du côté de Genève et de la Suisse, en 1599, Charles-Emmanuel n'avait qu'un moyen, c'était d'éloigner tous les missionnaires catholiques qu'il avait appelés dans le Chablais, et d'inviter les calvinistes genevois à les remplacer.

II. M. Mercier appelle les capucins « les ouvriers de la dernière heure dans le Chablais, où ils n'arrivèrent qu'en juillet 1597 : la moisson était mûre ; ils arrivaient pour

---

[1] *Souvenirs historiq. d'Annecy*, par M. le chan. Mercier, p. 264.

la récolte. » Il oublie qu'en 1597, les capucins étaient depuis deux ans, et le P. Chérubin depuis trois ans, à Annemasse et dans les environs de Genève, et que, dans la lettre où il les demandait au duc de Savoie, saint François de Sales écrivait : « Voici la seconde année qui se passe dès qu'on a commencé de prêcher icy à Thonon, sans jamais interrompre, *avec fort peu de fruit*[1] » ; dans les autres paroisses du Chablais, il ne voyait encore que *certaine espérance de bon succès*[2]. Quant à la maturité de la moisson à Thonon, au moment où les Capucins y arrivèrent, on a vu que le saint ne la trouvait pas aussi complète qu'il plaît à M. Mercier de le dire, et que, tout en récoltant le fruit des sueurs du premier apôtre du Chablais, ils n'eurent pas mal de coups de pioche à donner et de semence à jeter.

Est-il donc impossible de rendre justice à saint François de Sales, sans être injuste envers ses collaborateurs ? Mais on se contente de suivre Charles-Auguste, sans s'inquiéter des documents contemporains ni même des lettres du saint. Or, Charles-Auguste a deux défauts très graves dans un historien : il est incomplet et il est parfois inexact. « S'il avait eu, dit le dernier biographe de l'évêque de Genève[3], le discernement nécessaire pour nous donner une histoire vraiment complète, nul doute que l'autorité du nom de ce jeune neveu de François de Sales n'eût rallié toutes les sympathies. Placé au centre même de la famille et des relations de toute nature du saint évêque, il semble qu'aucun renseignement n'aurait dû faire défaut au récit qu'il nous a laissé. Que cette opinion serait loin de la vérité ! D'abord, cet auteur n'était qu'un enfant lorsqu'il perdit son saint

[1] Collect. Datta. t. 1, p. 124.
[2] Ibid., p. 128.
[3] PÉRENNÈS, *préface.*

oncle, et les avantages qu'il eût pu retirer de ses souvenirs personnels sont par le fait à peu près nuls. Fort jeune encore lorsqu'il fit son livre [1], on s'aperçoit trop fréquemment de l'inexpérience de l'écrivain, par l'emphase des termes, par les réflexions prolixes qui prennent regrettablement la place des faits, par l'étendue exagérée qu'il donne à certains faits minutieux, par les omissions de faits d'un intérêt capital, dont il eût pu si facilement s'instruire dans son heureuse position, s'il avait su diriger plus convenablement ses recherches...... Notons qu'il n'a pas pu profiter des innombrables lettres du saint évêque qui n'en gardait jamais copie.

« L'injustice avec laquelle Charles-Auguste, dans la Vie de son oncle, dit encore le même biographe [2], affectait de taire ou rabaissait les travaux des autres missionnaires du Chablais, était si notoire, même de son temps, qu'elle indisposa contre lui non seulement les ordres religieux du diocèse de Genève, mais les ecclésiastiques et les fidèles, et suscita de toutes parts de vives réclamations. »

Donnons quelques exemples de cette injustice, affectée ou involontaire. Charles-Auguste attribue à son oncle la conversion du ministre Pierre Petit et le premier dessein de l'établissement de la Sainte-Maison [3]. Il ne dit pas un mot de la mission d'Annemasse avant les Quarante-Heures, et suppose que les Capucins allèrent directement de Montmélian dans cette localité au mois de juillet 1597 [4]. Le voyage du P. Chérubin à Rome pour l'institution de la Sainte-Maison et les deux jubilés de Thonon sont passés sous silence, bien que le peu

---

[1] *Il avait vingt-huit ans.* GRILLET, t. III, p. 321.
[2] *Ibid. Note.*
[3] Édit. Vivès, t. I, p. 208 et 278.
[4] Ibid., p. 185.

fidèle historien parle assez longuement du séjour de son oncle dans la capitale du Chablais au mois de mai 1607, pendant le second jubilé. Il va sans dire qu'il ne fait aucune mention des pièces officielles si concluantes en faveur du P. Chérubin.

L'oubli dédaigneux que Charles-Auguste affecte à l'égard des travaux, pourtant si considérables et si féconds, des coopérateurs de son oncle dans la mission du Chablais, est poussé à tel point, qu'il termine ainsi l'histoire de cette mission [1] : « Tel fust le commence-
« ment et telle la fin, tel l'ordre et telle la suitte de la
« conversion et restitution de deux des plus belles pro-
« vinces du royaume des Allobroges, Chablais et Ter-
« nier ; telle ceste grande et merveilleuse œuvre, entiè-
« rement et absolument deüe aux travaux, estudes,
« veilles, voyages, prédications, discours particuliers,
« épistres, conseils, industrie, sainteté, soing et persé-
« vérance du bien-heureux François de Sales : si que,
« par toutes sortes de tiltres, il mérite d'en estre appelé
« par tout le monde le restituteur, réparateur et apos-
« tre. » Nous souscrivons des deux mains à tous ses titres auxquels saint François de Sales a un droit incontesté. Mais a-t-il été seul dans les œuvres qui les lui méritent et quelle raison l'historien a-t-il de ne pas même accorder une mention aux auxiliaires dévoués dont le saint fait un si bel éloge dans son rapport au Pape [2] ? Ce n'est pas la seule fois que celui-ci répare d'avance les injustices ou les oublis de son neveu.

Nous l'avons entendu attribuer à l'initiative du P. Chérubin les Quarante-Heures et le second jubilé de Thonon ; quant au premier jubilé, on se souvient que le saint était alors à Paris et que par conséquent il n'y

[1] Ibid., p. 302.
[2] Edit. de Béthune, *Lettres*, t. II, p. 134.

prit aucune part. Au sujet de la Sainte-Maison, il écrivait à d'Albigny, le 3 août 1603[1] : « Je me suis fort peu
« meslé des affaires de la maison de Thonon jusques à
« présent, néanmoins ayant icy un créancier d'icelle,
« homme de mérite, et qui est en extrême nécessité, je
« me suis desja essayé de le faire payer par autre voye
« selon les moyens que le P. Chérubin m'avait pro-
« posés. »

Sur ce dernier point nous avons un témoignage dont l'autorité ne saurait être contestée, c'est celui du duc Charles-Emmanuel. Le 28 avril 1600, il écrit à François[2] :
« Quant à l'établissement de la maison de vertu ou
« refuge de Thonon, *mise en avant par le P. Chérubin à*
« *Rome*, vous en traiterez avec le dict président (Ro-
« chette) et par ensemble avec le dit évêque (Mgr de Gra-
« nier) ; vous aviserez de ce qui est nécessaire que fai-
« sions pour icelle, et nous envoyerez les mémoires,
« pour sur icelle y faire les dues considérations et y
« prendre la résolution que nous verrons être conve-
« nable. »

Ce prince dit encore dans le diplôme de fondation de la Sainte-Maison : « De toutes lesquelles choses nous
« aurions donné bien amplement advis à notre saint-
« père le pape par le révérend père Chérubin, religieux
« très dévost de l'ordre saint François, surnommés
« capucins, qui a infiniment travaillé à la conversion des
« âmes ramenées au giron de notre mère sainte Église
« dans le dit bailliage du Chablais, et par autres, à
« cette fin qu'il lui plaise d'agréer ces prémices de notre
« bonne volonté. »

Il est plus explicite encore dans ses instructions au

---

[1] Collect. Datta, t. I, p. 266.
[2] Ibid., p. 245.

président Vivaldo : « Quant à l'érection, dit-il, dépen-
« dances d'icelle, élection, nomination des personnes
« ecclésiastiques ou séculières, régime, gouvernement...
« seront ensuivis les mémoires et instructions données
« à P. Chérubin, capucin, commis sur ce fait à Rome et
« encore ici par le Révérendissime nonce de Sa Sainteté,
« auquel de même donnons pouvoir de tout ce qui nous
« touche et lui en avons déclaré notre intention.........
« Le mesme disons pour ce qu'appartiendra au saint ju-
« bilé, que ce qu'en avons résolu de bouche avec le dict
« P. Chérubin soit accompli et observé exactement... »

Ajoutons une observation qui n'aurait pas dû échapper à Charles-Auguste et aux écrivains qui ont marché docilement à sa suite. On peut voir dans l'historien-neveu [1] et dans les œuvres du saint évêque [2] les demandes que l'apôtre du Chablais fit au duc de Savoie après les secondes Quarante-Heures de Thonon, et celles que Mgr de Granier le chargea de présenter au Pape. Or, il n'y est fait aucune mention de la Sainte-Maison. L'évêque demande seulement que les bénéfices ecclésiastiques, cédés autrefois à l'ordre des SS. Maurice et Lazare, leur soient repris maintenant que le Chablais, redevenu catholique, en a besoin pour l'entretien du clergé et des églises. François, au nom du chapitre de la cathédrale, supplie le Saint-Père d'autoriser l'évêque et les chanoines à fixer leur résidence à Thonon. On ne peut conclure de ce silence qu'une chose, c'est que les négociations définitives pour la fondation de l'établissement de Thonon étaient réservées à celui qui en avait eu la première pensée et qui en avait tracé les premiers linéaments avec le duc de Savoie, ou que l'heure de les entreprendre ne paraissait pas venue.

[1] T. 1, liv. 4.
[2] Édit. de Béthune, t. XIV, p. 73, 90, 97, 114.

Cependant, nous aimons à le redire, les œuvres du P. Chérubin sont aussi les œuvres de saint François de Sales, parce que dans cette société d'apôtres rien ne se faisait sans le conseil et la direction de celui que tous considéraient comme leur chef, comme leur lumière et leur modèle.

M. Pérennès nous disait tout-à-l'heure que l'injustice du premier historien de saint François de Sales à l'égard des autres missionnaires du Chablais avait suscité, dès l'apparition de son livre, de vives et universelles réclamations. Les Capucins, dont l'honneur était cependant le plus gravement blessé, furent les derniers à réclamer, et peut-être eussent-ils continué à garder le silence, par un sentiment de modestie et d'humilité qui est dans les traditions de l'Ordre, sans une circonstance que le P. Charles de Genève raconte dans une dissertation latine restée manuscrite [1]. Le P. Philibert de Bonneville avait fait ses études en Provence et n'était rentré en Savoie que longtemps après les événements que nous avons racontés. Devenu provincial, il publia un livre, dont le P. Charles n'indique pas le titre, dans lequel, s'en rapportant à Charles-Auguste et à quelques documents très incomplets, sans consulter les actes officiels ni les archives des couvents de son ordre, il attribuait à saint François de Sales seul la conversion du Chablais, le rétablissement de la messe à Thonon et l'expulsion des ministres protestants. Le P. Clément de Noto, général des Capucins, étant venu visiter la province de Savoie, plusieurs religieux se plaignirent à lui de l'injustice

---

[1] *De conversione ducatus Chablasii et circumvicinorum ad fidem catholicam circa annos 1596-97-98, etc, non bene intellecta in promotoribus suis et consequenter inordinate attributa.* L'écriture est évidemment de la seconde moitié du XVIIe siècle. Ce document se trouve dans les archives du couvent de Chambéry.

involontaire que le P. Philibert avait commise à l'égard du P. Chérubin et de ses confrères. Le général s'assura que ces plaintes étaient fondées et ordonna au P. Philibert de corriger son livre. Celui-ci reconnut bien vite qu'en effet il s'était trompé sur plus d'un point; mais, pour atténuer le bruit que ces redressements historiques ne manqueraient pas de produire, il se contenta de charger le P. Charles d'écrire une histoire complète de la mission du Chablais, d'après les documents authentiques des archives des couvents. L'ouvrage fut publié en l'année 1653, sous ce titre, dans le goût de l'époque : *Les trophées sacrés remportés par la très-glorieuse Vierge Mère de Dieu, Souveraine Impératrice de tout l'univers, sur les ennemis de son Fils unique et de sa sainte épouse l'Église catholique, en la conversion du duché du Chablais et pays circonvoisins de Genève, et la conservation de la foi catholique chancellante pour lors au pays de Vallais.* Le P. Philibert le revêtit de son approbation, dans laquelle il insista principalement sur l'exactitude des faits et des citations rapportées par l'auteur. Ce livre souleva des tempêtes. Il semblait qu'en rendant au P. Chérubin l'honneur de ses œuvres, on dépouillait saint François de Sales de ses mérites et de sa gloire. Quelques personnes poussèrent même l'esprit de dénigrement contre la mémoire du missionnaire capucin au point de répandre le bruit qu'il était mort d'un accès de rage, et de le charger d'accusations infâmes contre lesquelles protestent toute sa vie et les témoignages unanimes de ses contemporains.

Nous n'avons pas pu nous procurer le livre des *Trophées*; mais la dissertation manuscrite que nous analysons, indique les documents sur lesquels le P. Charles a appuyé son récit.

1° Il existe une lettre adressée à l'archiprêtre de l'église métropolitaine de Milan et imprimée à Rome en 1610, l'année même de la mort du P. Chérubin. L'auteur fait l'historique de la fondation de la Sainte-Maison et de la mission de Thonon ; il rapporte le voyage du P. Chérubin à Rome, l'audience qu'il obtint du Souverain Pontife, l'approbation donnée aux projets concertés entre le Duc et le capucin, la concession du jubilé et la mission confiée plus tard au P. Paul de Césène. Il donne le texte du rapport de ce religieux, rapport dans lequel, après le récit des faits qui se sont passés en Chablais, le commissaire apostolique conclut en disant que, de tout ce qu'il a vu, il résulte que c'est principalement à la coopération des missionnaires capucins, et surtout du P. Chérubin dont il vient de raconter les œuvres, que l'on doit le prompt retour du Chablais à la foi catholique.

2° Les constitutions de la Sainte-Maison ont une autorité officielle irréfragable. Or, l'article 15, entre autres, affirme que les capucins sont les auteurs de cette œuvre et les premiers qui ont fait faire des progrès définitifs au rétablissement de la religion dans cette contrée.

3° Les instructions données par Charles-Emmanuel au président Vivaldo et au sénateur Brayda ne sont pas moins précises : elles montrent que l'honneur de la fondation de la Sainte Maison revient au P. Chérubin, envoyé par le Duc à Rome et ensuite chargé par lui et par le Nonce de diriger la fondation de cet établissement.

4° Un petit livre publié à cette époque même, sous le titre de : *Agréable nouvelle à tous bons catholiques de la volontaire conversion de la plus grande partie du duché de Chablais et lieux circonvoisins de Genève...*, faisant le récit des secondes Quarante-Heures de Thonon, dit ceci : « Le P. Chérubin, principal auteur de la conversion du ministre Pierre Petit, l'accompagna et l'avertit de tout ce qu'il aurait à faire. » Charles-Auguste raconte aussi l'abjuration du ministre et même, dans l'édition latine de 1634, il cite l'*Agréable nouvelle*. Seulement il remplace le nom du P. Chérubin par celui de son oncle. La citation n'existe pas dans l'édition que nous avons sous les yeux, mais on y lit : « Incontinent, le ministre Pierre Petit, qui avoit esté converty par le bien-heureux François, se présenta pour abjurer publiquement l'hérésie [1]. »

Voilà en résumé ce que dit le P. Charles de Genève, dans sa dissertation. Si aux documents qu'il indique, et dont le lecteur trouvera les principaux à la fin de ce volume, on joint le témoignage si formel des lettres du saint évêque de Genève, dont le P. Charles n'eut pas connaissance, il semble que les œuvres du P. Chérubin ne peuvent plus lui être contestées.

III. Non content de passer sous silence les mérites de l'ami de son oncle, Charles-Auguste, si ce que disent les auteurs qui l'ont copié.... incomplètement, était exact, aurait encore chargé sa mémoire d'une inculpation à laquelle le caractère et le zèle bien connus du saint évêque donnent une gravité particulière.

« Le second de juillet, dit-il [2], François visita l'église de Saint-Martin proche d'Anicy et de Saint-Jean-Baptiste de Chavarnay ; mais il ne fust pas plustost arrivé en la ville, que son âme reçeut une très grande affliction. Le sieur Médard, chanoine de l'église cathédrale de Verdun, revenant de Rome, lui dict qu'il avoit appris d'un très illustre prélat que Sa Saincteté estoit grandement indignée contre luy, d'autant qu'elle avoit sceu par les lettres du P. Chérubin qu'il sortoit tous les jours un grand

[1] Édit. Vivès, t. 1. p. 208.
[2] Ibid., t. II, p. 20.

nombre de livres hérétiques de la ville de Genève, qui s'espanchoyent par le reste du diocèse; et de là venoit que la pluspart se laissant porter à la lecture de ces pernicieuses éditions, estoient esbranlez en la foy, voire choppoyent bien souvent avec plus de scandale; et elle eust voulu qu'il eust pris soing d'empescher ce malheur par tous moyens. Le bon prélat, entendant que le Vicaire de J.-C. estoit fasché contre luy, fust saisi d'une très poignante douleur d'esprit. Il ne s'arresta point à reprendre le zèle téméraire du P. Chérubin, qui avoit esté cause de tout cela : certes tout autre que luy s'en fust fort bien ressenty : mais à la mesme heure escrivit à Rome à ce mesme cardinal duquel le rapport estoit venu, et l'instruisit amplement du tout, afin qu'il appaisast l'esprit du Pape. »

Le récit, nous le verrons tout à l'heure, est complété à la page suivante; mais on n'y a pas pris garde, et le fait, ainsi écourté, a passé de Charles-Auguste à tous les historiens de saint François de Sales, avec force variantes, additions, soustractions et commentaires.

L'éditeur des œuvres du saint publie la lettre au cardinal chargé d'apaiser le Pape[1]. Mais ne voilà-t-il pas que le commencement de la lettre manque. Il le fabrique avec un résumé du récit de Charles-Auguste, en ajoutant cependant cette note : « Je ne donne point ce qui « est entre deux parenthèses pour les propres paroles « de saint François de Sales; mais il est *très vraisemblable* « qu'il entra ainsi en discours ; autrement ce qui suit « n'auroit pas de sens. Au reste, je ne dis rien qu'après « M. Auguste de Sales. » Cet *au reste* est naïf. Comme si le récit de Charles-Auguste suppléait parfaitement à ce qui manque à la lettre de son oncle !

---

[1] Édit. de Béthune, *Lettres*, t. III, p. 10.

Marsolier a des égards pour le calomniateur : il ne donne pas son nom ; il met : *un religieux d'un ordre des plus austères*. Mais par compensation il fait de ce religieux le portrait peu flatteur que voici : « Il serait difficile de dire la raison qui avait porté ce religieux à avancer une pareille calomnie. Tout ce qu'on en sait est qu'il était venu dans le diocèse de Genève en qualité de missionnaire. C'était un homme d'un zèle outré, qui ne ménageait rien, et qui ne pouvait souffrir qu'on usât de ménagement avec les hérétiques. Son savoir était des plus médiocres, et il était accompagné de toute la présomption dont un demi-savant peut être capable ; caractère dangereux, et directement opposé à celui du saint prélat. Il avait souvent exercé sa patience ; et il l'eût fait bien plus longtemps si, dans la persuasion où il était qu'il nuisait beaucoup plus qu'il ne servait, il ne l'eût fait révoquer par ses supérieurs[1]. » Suit une tirade sur l'humilité *qui n'a jamais été attaché à aucun état particulier*. Comme Marsolier cite Charles-Auguste, il est évident que ce religieux *outré, demi-savant et révoqué* c'est le P. Chérubin. Mais pourquoi ne pas le nommer ? Sans doute pour faire passer plus facilement le portrait qu'on vient de lire. Répondons seulement à cette haineuse fantaisie, que ce demi-savant connaissait le latin, le grec et l'hébreu, et prêchait en français, en italien, en allemand et en espagnol[2]. Quant à la *révocation*, c'est une invention de Marsolier, démentie par tous les documents contemporains. « Tout le monde sait maintenant, dit M. Pérennès[3], que l'histoire qu'a publiée cet auteur infidèle fourmille d'anachronismes, de grosses erreurs

---

[1] *Vie de saint François de Sales,* liv. V°, p. 365.
[2] V. *pièces justif.* n°ˢ 28 et 29.
[3] *Ibid.*

et de faits controuvés. C'est un livre jugé désormais et qu'il n'est plus permis de citer. » Il a rendu un service cependant ; c'est au pasteur Gaberel, tout heureux de mettre sous le couvert d'un abbé les petites méchancetés qu'il décoche au P. Chérubin. « Mais, ajoute M. l'abbé Fleury[1], Marsolier n'est pas pour nous un oracle. M. Hamon l'a appelé le plus infidèle peut-être des biographes. »

Néanmoins, M. Hamon raconte aussi sans hésitation la calomnie attribuée au P. Chérubin contre saint François de Sales, et même il l'aggrave. D'après lui, ce religieux aurait accusé le saint évêque de Genève, non seulement de laisser circuler dans son diocèse des livres contraires à la foi, mais encore « d'employer à confesser et à diriger les femmes pieuses un temps qu'il aurait dû employer à convertir les hérétiques[2]. » M. le curé de Saint-Sulpice a pris cette nouvelle accusation dans la Mère de Chaugy[3]. Seulement celle-ci ne parle pas de la circulation des livres hérétiques ; elle ne nomme ni le P. Chérubin ni le chanoine Médard ; et, d'après elle, ce serait le 5, et non pas le 2 juillet que saint François de Sales aurait appris les calomnies dont il était victime. Voilà des différences qui ne sont pas tout à fait sans importance.

Cette partie du récit de Charles-Auguste a trouvé place dans les *Souvenirs historiques d'Annecy*[4], et dans la *Vie abrégée de saint François de Sales*[5].

Telles sont les pièces du procès. Il y a trois accusateurs du P. Chérubin : Charles-Auguste de Sales, la Mère

---

[1] *Saint François de Sales*, etc., p. 54.
[2] Liv. IV, chap. VII.
[3] *Année Sainte*, etc., t. VII, p. 101.
[4] Annecy, 1878, p. 264.
[5] Annecy, 1878, p. 95.

de Chaugy et l'éditeur des lettres de saint François de Sales. Au fond, il n'y en a qu'un, car l'éditeur se réfugie derrière l'autorité de Charles-Auguste, et la Mère de Chaugy ne nomme personne. Quelques observations paraissent suffisantes pour réduire l'accusation à sa juste valeur.

1° Il y a des contradictions flagrantes. Charles-Auguste et la Mère de Chaugy ne s'accordent ni sur la nature de l'accusation portée à Rome contre saint François de Sales, ni sur le jour où cette accusation a été connue du saint. De quoi, en réalité, était-il accusé ? Est-ce de laisser circuler des livres hérétiques ? Est-ce de perdre son temps dans la direction des personnes pieuses ? M. Hamon, pour ne pas se tromper, réunit les deux chefs : c'est commode, mais peu sûr. Si cet auteur est dans le vrai, comment se fait-il que Charles-Auguste ne mentionne que le premier, et la Mère de Chaugy, que le second ? Qu'a réellement rapporté le chanoine Médard ? Si le premier a eu à sa disposition les papiers de la famille et ceux de l'évêché d'Annecy, la seconde a eu les archives du couvent de la Visitation et mérite tout autant de confiance.

La lettre au cardinal semble donner raison à la version de Charles-Auguste. Mais cette lettre est un étrange document. Nous l'avons dit, il y manque précisément le commencement, qui nous éclairerait sur la nature de l'accusation et sur le nom de l'accusateur, c'est-à-dire, la partie la plus essentielle. Quand et par qui cette lettre si importante a-t-elle, seule de toutes les lettres du saint que nous possédons, été ainsi lacérée ? A coup sûr ce n'est pas par un ami du P. Chérubin. Toujours est-il que cette lettre incomplète ne prouve rien et que le récit de l'éditeur ne supplée nullement à ce qui a été enlevé à la lettre de saint François de Sales. Quant à Charles-Auguste, nous verrons s'il ne dit rien de plus que ce que l'éditeur des œuvres de son oncle et les historiens subséquents ont jugé à propos d'extraire de son livre.

Sans y attacher une importance excessive, relevons encore la contradiction dans les dates. D'après Charles-Auguste, le 2 juillet 1608 François a visité deux églises, est rentré à Annecy, a reçu les confidences du chanoine Médard et, sur l'heure, a écrit au cardinal. Que de choses dans une journée et que les visites pastorales du saint évêque étaient donc rapides ! Mais voici qui est plus fort. La lettre au cardinal est du 2 juillet. Or, la mère de Chaugy place au 5 du même mois la nouvelle si douloureuse apportée à l'évêque de Genève. Est-ce le 2 ou est-ce le 5, et, si c'est le 5, comment François a-t-il pu écrire le 2 pour se justifier ?

Décidément tout cela est bien vague, bien contradictoire, et, pour ternir la mémoire d'un homme aussi considérable et aussi considéré que le P. Chérubin, il faudrait quelque chose de plus précis et de mieux prouvé.

2º Prenons dans ses détails le récit de Charles-Auguste. Quelqu'un, admettons que ce soit le P. Chérubin, a écrit au Pape des accusations graves contre un évêque et, qui plus est, contre un évêque hautement estimé à Rome, en Italie, en France, aussi bien qu'en Savoie, comme l'apôtre de son diocèse, comme le modèle des évêques, comme un saint. Le Pape fait part de ces accusations à un cardinal. Et ce cardinal n'a rien de plus pressé que de rapporter ces choses à un chanoine venu de loin, qui n'a rien à voir là-dedans ! Et ce chanoine, revenant de Rome, se détourne de sa route pour aller à Annecy briser le cœur d'un saint ! Et aussitôt, à peine rentré de ses visites pastoralas, sans prendre un moment de repos, François estime indispensable et urgent de se justifier à l'heure même ! Sans doute il faut voir dans cette hâte extraordinaire autre chose qu'un besoin de défense personnelle dont rien ne démontrait l'urgence, puisque cette défense ne lui était pas demandée et que, François le savait bien, il n'avait pas à craindre que le Pape le condamnât, même dans son esprit, sans l'avoir entendu. Mais il apprend que le Vicaire de Jésus-Christ éprouve de la peine, sinon de l'irritation, à son occasion. Son cœur, si plein d'amour pour celui qui est son chef et son père, est brisé de douleur, il souffre surtout de l'affliction du Pape. Il est donc pressé de le rassurer et de le consoler. De la part de François cela est fort naturel. Ce qui l'est moins et ce qui constituerait un fait exceptionnel, c'est qu'il se soit trouvé à Rome un cardinal si pressé de communiquer les confidences du Saint-Père.

Allons plus loin. La question n'est pas de savoir s'il s'est rencontré un chanoine trop pressé du besoin de parler, mais de savoir si ce qu'il a dit est vrai, ou s'il ne s'est pas fait l'écho d'un bruit dénué de tout fondement. Eh bien ! Charles-Auguste lui-même va la résoudre. Après avoir raconté les propos du chanoine Médard, la douleur de son oncle, la patience avec laquelle il supporta cet écart du P. Chérubin, sans lui faire aucun reproche, et son empressement à écrire à Rome, il ajoute, à la page suivante : « Mais la sérénité ne tarda « pas de luy arriver, après qu'il eust reçu la response « que Sa Saincteté croyait tout autrement, et qu'au con- « traire elle luy portoit une tendre affection, pour avoir « entendu des merveilles de la grandeur de ses vertus, « outre la cognoissance particulière qu'elle en avoit. » Il était donc faux, non seulement que le Pape eût eu, à l'égard de l'évêque de Genève, les sentiments que lui avait prêtés le chanoine Médard, mais même qu'on lui eût fait aucun rapport défavorable sur sa conduite. Car dire que Paul V était revenu de ses préventions à la lecture de la lettre de saint François de Sales, ce serait donner aux paroles de Charles-Auguste une interprétation qu'elles ne comportent en aucune manière; ce serait, en outre, supposer dans ce pape une incroyable légèreté. Comment! Sur la dénonciation d'un simple religieux, il a cru à la culpabilité d'un aussi grand et aussi saint évêque que François de Sales, et ensuite sur une seule lettre de l'accusé, sans prendre ailleurs aucune information désintéressée, il lui a rendu à l'instant même toute son estime et son affection ! Il est bien étonnant que des historiens sérieux aient pu admettre de pareilles inconséquences. Il ne l'est pas moins qu'ils n'aient pas remarqué que Charles-Auguste, après avoir, à la page 20, rapporté le récit du chanoine Médard, et fait une tirade contre le P. Chérubin, constate lui-même, à la page 21, la fausseté de ce récit.

Disons donc, avec Charles-Auguste, que Paul V n'a pas cessé un seul instant d'avoir pour le saint évêque de Genève l'estime et l'affection qu'il méritait, et que, si le P. Chérubin lui a fait quelque rapport sur la conduite de son ami, il ne lui a parlé que des *merveilles de la grandeur de ses vertus.* Le P. Chérubin n'a pas calomnié saint François de Sales, puisque saint François de Sales n'a pas été calomnié du tout.

Ajoutons une dernière observation. Le P. Louis de La Rivière, de l'ordre des Minimes, publia le premier une histoire de saint François de Sales, en 1624. Il avait été son ami, il avait vécu avec lui, il avait reçu ses confidences, et il se plaît à raconter surtout ce qu'il a vu de ses yeux, ce qu'il a entendu de ses oreilles dans ses entretiens intimes avec le bien-aimé Docteur; en outre, Louis de Sales, frère du saint, avait mis à sa disposition les archives de la famille. Son livre, très sommaire pour ce qui concerne la mission du Chablais et l'épiscopat de François, s'étend complaisamment à parler de ses vertus, particulièrement de sa charité, de sa patience dans les afflictions, de son humilité, de la paix qu'il gardait au milieu des injures et des calomnies, etc., et il cite dans chaque chapitre un certain nombre de faits. Eh bien ! non seulement il ne dit pas un mot des prétendues accusations portées par le P. Chérubin, non seulement il ne partage pas les appréciations malveillantes de Marsolier et de ses imitateurs à l'égard du vaillant missionnaire, mais voici comment il annonce sa venue dans la mission et résume ses travaux [1] :

« Monseigneur de Granier... cherchant diligemment
« des hommes zélés et exemplaires, pour les mander en
« ces quartiers, les Révérends Pères Capucins luy en
« offrirent deux, entre beaucoup d'autres, à sçavoir le
« P. Chérubin et le P. Esprit, doués également, à la
« vérité, d'érudition, d'éloquence, de piété et de ferveur;
« ils s'en allèrent donc gayement où l'obéissance les
« avoit assignez, et furent accueillis à leur arrivée, de ce
« bien-heureux personnage, à bras ouverts... Eux n'es-
« pargnans point leur peine, ny jour ny nuit, ramenèrent
« maintes âmes abandonnées et proches de faire nau-
« frage dans le navire de saint Pierre. »

De jalousies, d'épreuves imposées à la patience du saint évêque, d'accusations envoyées à Rome et de révocation, il n'en est pas plus question dans le P. de La Rivière que dans Charles-Auguste, sauf, quant à ce dernier, dans le récit du chanoine Médard démenti par

---

[1] *La vie de l'Illustrissime et Révérendissime François de Sales*, 4ᵉ édition, Rouen 1631, p. 162.

l'auteur lui-même. Ces belles inventions étaient réservées à l'aversion de Marsolier pour les ordres religieux et à l'imagination de ses successeurs.

Ainsi, de toute cette histoire, qui a valu au P. Chérubin tant de blâmes indignés, que reste-t-il ? Un cancan, sans fondement aucun, ramassé on ne sait où et apporté à Annecy, du moins on le suppose, par un chanoine de Verdun.

Il n'est donc nullement certain que des accusations aient été réellement portées devant le Pape en 1608, contre l'évêque de Genève. En tout cas, ce n'aurait pas été la première fois. Le 23 octobre 1603, Charles-Emmanuel lui écrivait pour demander des renseignements précis, signés par lui, par ses chanoines et par quelques autres ecclésiastiques, sur le rétablissement de la religion et sur l'institution des curés dans les paroisses autrefois envahies par l'hérésie, à cause, dit-il, « de quelques mauvaises relations qui ont été faites à Sa Sainteté [1]. » Ce fut sans doute à cette occasion que le saint rédigea le rapport latin que l'on trouve dans la collection de ses lettres sous la date du 15 novembre [2]. On y lit cette phrase : « L'ordre des Pères Capucins envoya dans le champ du Seigneur, à notre secours, de nouveaux missionnaires, si zélés et si ardents que l'un d'entre eux faisait l'ouvrage de plusieurs. » Ce rapport n'était pas encore parvenu au Duc le 22 du même mois, car il le réclama de nouveau par une lettre très pressante [3].

On voit que le saint n'éprouva pas alors ce besoin de justification immédiate que son neveu lui suppose quelques années plus tard et qui, en cette circonstance, eut été plus légitime encore : c'est au Pape aussi que de

---

[1] Collect. Datta, t. I, p. 268.
[2] Édit de Béthune, *Lettres*, t. II, p. 134.
[3] Datta, ibid, *81ᵉ Lettre*. p. 276.

mauvaises relations avaient été adressées ; il en était informé, non par le récit d'un voyageur, mais par son souverain lui-même, et une défense lui était demandée officiellement. Il attendit cependant près d'un mois pour la donner.

Le saint fut de même plus d'une fois accusé auprès de Charles-Emmanuel et d'Henri IV de machinations politiques contraires au droit ou aux intérêts de ces princes. On ne sut jamais d'où venaient ces odieuses calomnies. Celles portées à Rome en 1603, et peut-être en 1608, avaient probablement la même origine inconnue.

Non, le P. Chérubin n'avait pas l'esprit de basse jalousie que lui attribue un récent historien[1], sans mauvaises intentions, nous en sommes convaincu ; cet auteur n'a pas eu le temps de remonter aux sources et il ne prononce pas même le nom de celui auquel il lance ce pavé. Il lira donc certainement avec plaisir la prière suivante que le P. Chérubin adressait souvent à la sainte Vierge[2].

« Vierge sainte, Mère de Dieu et reine de l'univers ! Puisque vous êtes la protectrice du genre humain, je vous en prie pour l'amour de votre Fils mon Seigneur, secourez les âmes coupables, afin que, les hérétiques se convertissant à la foi catholique et les pécheurs faisant une sincère pénitence, ils aient tous part à ses mérites et qu'ils obtiennent le salut éternel. Je vous prie, ô Vierge immaculée, de protéger tous les prédicateurs catholiques, non seulement ceux de notre ordre, mais tous les autres aussi, afin que, par l'exemple d'une sainte vie et par la prédication de la vraie doctrine catholique, ils ramènent les âmes dans la voie du salut. »

---

[1] *Vie abrégée de saint François de Sales.* Annecy, 1878.
[2] Archives des Capucins de Turin. *Miscellanum*, n° 80.

On cite des guérisons extraordinaires, attestées par la signature de témoins oculaires, et obtenues par la récitation de cette prière. Nous nous permettons de la recommander à la piété de nos lecteurs ; car il n'y a pas, en nos temps troublés, moins d'âmes à ramener à la foi, et les prédicateurs catholiques n'ont pas un moindre besoin d'être aidés et protégés par la Mère de Celui qui seul est la voie, la vérité et la vie des nations comme des individus.

CHAPITRE XXII.

Souvenirs.

Nous avions depuis longtemps le désir de voir les lieux et les monuments témoins du zèle de notre illustre compatriote, quand, sur le point de publier son histoire, la pensée nous est venue que nos lecteurs seraient peut-être bien aises de faire avec nous ce pèlerinage historique et religieux. Nous revenons donc du Chablais et du Vallais, et ce sont nos impressions de voyage que nous allons raconter, le cœur tout ému des souvenirs que nous avons recueillis et de l'accueil plus que bienveillant que le P. Chérubin nous a valu. Cependant, comme nous n'avons pas fait un voyage de touriste et que nous n'écrivons pas un guide du voyageur autour du lac Léman et en Vallais, le lecteur nous dispensera des descriptions qui ne rentrent pas dans notre sujet. S'il entreprend cette excursion charmante, il trouvera facilement dans des écrits spéciaux les renseignements qui lui sont utiles [1].

Nous arrivons à Genève par un temps magnifique. La population affairée et soucieuse remplit les rues. Nos soutanes attirent quelques regards malveillants. Un garçon de café nous honore même d'un petit braiement : nous nous bornons à constater que le ton est très naturel. Çà et là des saluts respectueux et sympathiques nous accueillent aussi : des catholiques, que la vue de la soutane, interdite dans ce coin de la libre Helvétie, fait

---

[1] Voir *Guide du voyageur à Genève, autour du lac et au bassin du Rhône supérieur*, par MANGET, Genève, librairie Le Genty ; et *Sion et ses environs*, Sion, librairie Galérini et à la gare.

rêver d'un avenir meilleur, qui viendra quand il plaira à Dieu.

Là-bas, à droite, se dresse la tour de l'église de Saint-Pierre, honteuse d'être devenue un temple de quoi que ce soit. Elle ne porte plus la croix : ce n'est pas un lieu de prière ; on n'y va pas chercher la consolation et la force, car Dieu n'est pas là plus qu'ailleurs. On y va par curiosité, et l'on parle au concierge, comme à la porte des théâtres et des musées. C'est bien, en effet, un théâtre, moral si l'on veut, ou un musée. Nous n'avons ni le temps ni la volonté de visiter cette cathédrale dégradée. Nous descendons un escalier très large, nous traversons une rue très belle et nous passons entre le monument de Jean-Jacques Rousseau et celui du duc de Brunswick. Le premier est lourd : Rousseau a l'air d'un gros singe assis sur des livres. Le second, par sa hauteur et sa légèreté, fait un contraste choquant ; le cadre est beaucoup trop vaste : on dirait un cavalier de carton perché sur un immense gâteau de marbre, à colonnes finement ciselées, et tremblant d'être emporté dans le lac.

Nous montons sur l'*Helvétie*, dont le pont se couvre de voyageurs : des Français qui babillent, des Anglais reconnaissables à leurs paquets de bâtons et de parapluies, des Américains précédés chacun de deux malles énormes. Tout ce monde va aux eaux d'Évian ou dans les montagnes de la Suisse. Il cherche le plaisir ou la santé ; nous cherchons les traces d'un apôtre.

Le coup de sifflet retentit, le bateau se panache de fumée et s'élance dans les eaux bleues, lamées d'argent sous les rayons du soleil. Que ces rives sont belles, avec leurs pentes douces chargées d'arbres, de vignes proprettes et alignées, et de moissons jaunes, celles-ci moins fréquentes sur la rive suisse que sur la rive savoisienne! La rive suisse est toute parée de villas et d'hôtels découpés et peints à la chinoise ; les clochers des temples sont surmontés de girouettes, un symbole bien choisi. La rive de Savoie, très belle aussi, est moins riche ; mais les clochers portent la croix, ferme et stable, qui semble regarder d'un œil compatissant la girouette de l'autre rive et lui tendre les bras.

Nous ne relâchons qu'à Nyon, où nous traversons le lac. Voici Thonon. Les cygnes, qui nous ont aperçus, accourent nous souhaiter la bienvenue; mais, dans leur prudence, ils se gardent bien de se poser sur le bateau ; les flots sont, pour eux, moins dangereux que les hommes. Plus loin, on dirait de petites bouées grises, balancées au gré de la vague : ce sont des mouettes ; elles se dorlottent paresseuses, mais vigilantes, en attendant qu'un poisson trop pétulant se présente à la portée du bec.

La capitale du Chablais s'étend à l'aise sur un vaste et fertile plateau au-dessus du lac ; mais du port on ne voit que les maisons de pêcheurs, situées au bas de la côte, et quelques constructions qui couronnent l'arête. La première, à gauche, est l'ancien couvent des Capucins, construit, nous l'avons vu, sur les ruines du château ducal : c'est aujourd'hui une maison particulière, et l'église, placée du côté de la ville, est devenue une écurie. Le nouveau couvent est situé à quelques minutes plus loin, au hameau de Concise. Avec sa petite église il domine le lac. On y jouit d'une vue magnifique : Thonon, avec ses maisons blanches groupées autour du clocher de Saint-Hippolyte, le port peuplé d'enfants qui, de la jetée, ont donné une tête et font retentir les eaux paisibles de leurs cris joyeux ; Yvoire, assis au pied d'un promontoire tout vert ; le lac, sillonné de bateaux et de barques ; et là-bas, au loin, la côte suisse du canton de Vaud : Rolle, Morges, Ouchy, Vevey, etc.

Au-dessus du couvent et à quelques minutes de Concise, cette presqu'île verte, c'est Ripaille, un double souvenir, celui d'Amédée VIII et celui des Chartreux. Rien de doux comme le silence de ses grands bois de chêne et de charmille, avec leurs allées droites au fond desquelles on aperçoit l'azur du lac. Quand nous les parcourions, une barque côtoyait la rive et semblait promener gravement ses grandes voiles blanches sur les blés jaunes qui forment la ceinture des bois noirs. L'église des Chartreux, assez bien conservée, malgré des dégradations de détail, est actuellement une grange. Qu'il devait être facile de méditer la grandeur de Dieu, au centre des œuvres magnifiques qu'il a accumulées dans cette contrée privilégiée !

Gravissons la colline sur laquelle Thonon est bâti et entrons dans la ville. Voici la vieille église de Saint-Hippolyte. C'est l'église paroissiale, beaucoup trop petite pour la population. Le chœur a été, en partie, reconstruit quelques années avant la Révolution; on voit encore, du côté de l'évangile, la tribune ducale. Les deux nefs latérales, très basses et posées sur de lourds piliers, datent du commencement de ce siècle. De l'église, qui fut témoin des événements que nous avons racontés, il ne reste donc que la grande nef, dont la voûte est surchargée d'ornements en stuc. Au transept on lit l'inscription : *Mater Dolorosa;* c'est le seul souvenir de son ancien vocable de Notre-Dame-de-Compassion, car elle est aujourd'hui dédiée à la Nativité de la Sainte Vierge. La chaire, très simple, paraît ancienne. Il y en a une autre plus petite à l'entrée du chœur : c'est la chaire de l'ancienne église de la Visitation; elle est ornée de bas-reliefs représentant quelques faits de la vie de saint François de Sales.

Cette pauvre église est riche de souvenirs, et nous éprouvâmes, en y entrant, de profondes émotions. C'est là que le premier apôtre du Chablais a élevé, dans quelque coin à l'écart, le premier autel où Jésus-Christ descendit de nouveau. C'est là que sa douce parole, que la parole puissante du P. Chérubin ont ramené et éclairé les âmes. C'est là qu'ont eu lieu les solennités du grand jubilé de 1602, qui scellèrent la réconciliation du Chablais avec l'Église Catholique. Il nous semblait entendre encore comme un écho lointain de la voix des missionnaires et de la prière des Chablaisiens convertis et joyeux.

A côté de la façade de l'église se dresse le clocher. Mais ce n'est plus celui que le P. Chérubin a conquis. Celui-là menaçait ruine et l'on a dû en construire un autre il y a quelques années.

Ce qui reste de la Sainte-Maison est presque appuyé au clocher. C'est le presbytère : il n'offre rien de remarquable.

Derrière est la rue *des Arts*, un souvenir encore de la Sainte-Maison ; elle longe les bâtiments dans lesquels on avait établi une école et des ateliers pour divers métiers.

L'église de Saint-Augustin est peu éloignée de celle de Saint-Hippolyte. On entre maintenant par une porte latérale, qui s'ouvre dans la cour de l'ancien collège tenu par les Barnabites de 1616 à 1794. Elle est d'un bon style roman et bien conservée. Mais ce grand vase nu semble gémir : ce n'est plus une église ; c'est une remise pour les pompes à incendie ; c'est, dans l'occasion, une salle de bal et un théâtre, et derrière les tréteaux, l'autel gît à terre comme un vaincu ! Appuyé contre le mur, nous croyons voir les splendeurs des secondes Quarante-Heures de 1598, et la cour ducale, et Charles-Emmanuel, et le Légat, et la foule immense abjurant l'hérésie, et le trône de la sainte Eucharistie. Hélas! ainsi tombe tout ce qui est de l'homme, alors même qu'il l'a donné à Dieu! Nous nous disions : Ne se trouverait-il pas quelqu'un qui ait la pensée et le crédit d'enlever au moins cet autel désolé, en attendant que des jours meilleurs permettent de rendre à la vieille église son honneur d'autrefois? Ces transformations tristes satisfont peut-être ceux chez qui la haine de la religion tient lieu de bon sens et de goût ; elles blessent la science, l'art, les convenances autant que la foi. Vous avez beau emporter les autels et les tableaux, planter des crochets, dresser des échafauds et tendre des toiles ; vous ne ferez jamais qu'une église devienne un théâtre acceptable; vous ne ferez jamais taire les protestations douloureuses qui partent de chaque fenêtre, de chaque nervure de la voûte, de chaque pierre des murs ; et ce sous-pied, habitué si longtemps à ne porter que des fidèles agenouillés, brûlerait les pieds des danseurs et des danseuses, s'ils pensaient à ce que fut ce lieu créé pour tout autre chose que le plaisir.

Deux souvenirs se rattachent à l'église de Saint-Augustin et doivent la rendre chère aux habitants de Thonon : le souvenir de saint François de Sales et le souvenir de la conversion du Chablais.

Saint François de Sales est vivant à Thonon; il y est aimé comme aux jours de son apostolat, comme à l'époque paisible de son épiscopat ; il est dans toute l'église, dans toutes les bouches, dans tous les cœurs; il n'y sera jamais assez, et les Chablaisiens ne comprendront jamais pleinement tout ce qu'ils lui doivent.

Le P. Chérubin n'est pas oublié non plus ; mais sa

figure, et ceci est fort naturel, est un peu cachée derrière la figure glorieuse du saint Docteur, qui fut particulièrement le docteur de Thonon ; elle porte aussi, et c'est encore naturel, l'empreinte des injustices de l'histoire. On nous a fait plusieurs fois une recommandation : « Prenez garde, disait-on, ne touchez pas à saint François de Sales et n'essayez pas de le dépouiller ! » Non, nous ne dépouillons point le doux et puissant apôtre du Chablais, car, nous l'avons déjà dit, les œuvres de son coopérateur sont aussi ses œuvres et, en rendant justice à son ami contre les détractions de quelques historiens mal informés, nous marchons à sa suite et nous nous éclairons de son témoignage. Qu'importe qu'il ait eu ou qu'il n'ait pas eu la première pensée de telle et de telle œuvre, que directement il ait fait ceci et cela de plus ou de moins, puisque, ayant tant fait par lui-même, il a fécondé tout le reste de la lumière de ses conseils, de la chaleur de sa sainteté et de son active coopération ! Toutefois, nous aimons cette sorte de culte jaloux, si, toute injustice écartée, il peut en résulter une dévotion plus fervente envers l'illustre apôtre ; et le P. Chérubin serait certainement de notre avis.

On nous a fait une autre observation : « Oui, sans doute, Thonon doit beaucoup au P. Chérubin ; mais il était bien un peu emporté, violent. » — Réminiscence de Marsolier, si ce n'est pas de Gaberel. Admettons, si l'on y tient, que le grand missionnaire ait pris quelques mesures, ait prononcé quelques paroles que l'on puisse, en se plaçant à un certain point de vue, taxer d'exagération de zèle, même d'emportement ; à qui s'adressaient ces paroles et ces actes ? Est-ce aux Chablaisiens ? Non, mais aux Genevois et aux Bernois envahisseurs et persécuteurs. Il serait étrange que les Chablaisiens, dont les ancêtres furent conquis et persécutés par eux, lui en fissent un crime, et il faudra toujours au moins reconnaître que ce n'est pas le P. Chérubin qui a fui la discussion, que ce n'est pas lui qui a employé, à l'égard de ses adversaires, les termes peu doux de *furieux*, de *bête*, d'*âne*, etc.

Il y a deux places à Thonon, auxquelles se rattachent des souvenirs du P. Chérubin. L'une est la place *de la Croix*. Elle est située à l'extrémité de la ville, à côté de la route de Margencel. C'est là que fut plantée, aux secondes Quarante-Heures, la grande croix qui la première fut arborée dans le Chablais reconquis à l'Église, et c'est de là que sont parties les autres croix. Le signe sacré a disparu; le nom seul est resté. Que ce serait une bonne pensée de replacer là une croix et quels salutaires enseignements en descendraient sur les passants instruits de l'origine de sa sœur aînée ! A côté de la place s'élève le nouveau collège où les Marianites remportent de beaux succès et succèdent dignement aux Barnabites.

La seconde est la place de *l'Hôtel-de-Ville*, au centre de Thonon, derrière Saint-Augustin. C'est un rectangle bien régulier, dont l'Hôtel-de-Ville, au caractère tout moderne, occupe un des grands côtés. Nous visitâmes cette place un jour de marché et la foule était assez considérable. Il en était de même en 1597. Dans une de ces maisons logeait le P. Chérubin et eut lieu la conférence avec Lignarius. Où sont ces étalages, le Père faisait dresser une chaire improvisée; il plaça une croix là, au centre de la place, où se promènent ces oisifs ; le ministre Viret était en face, caché derrière une fenêtre.

Aujourd'hui, si cette croix a également disparu, il n'y a plus de ministre et il n'est plus nécessaire de prêcher sur la place publique. Thonon est catholique. Les révolutions et la politique, telle que l'entendent des gens, hélas ! trop nombreux, ont peut-être fait des dégradations dans certaines intelligences, ici comme ailleurs. Mais l'œuvre de saint François de Sales et de son ami est debout, la foi qu'ils ont replantée n'a pu être arrachée, parce que du haut du ciel le grand évêque, le doux apôtre, étend toujours sa main protectrice sur le champ que ses sueurs ont fécondé. La phalange catholique est nombreuse, forte, énergique et pure de cette lèpre des temps modernes qui s'appelle le respect humain : nous en avons vu la preuve.

Le 2 août, fête de la Dédicace de Notre-Dame-des-Anges, la petite église des fils de saint François d'Assise était en fête ; on y gagnait l'indulgence de la Portioncule, et les fils de saint François de Sales se pressaient recueillis, remplissant au loin même le chemin qui conduit au couvent. Quelle foule attentive à la parole forte et gracieuse du prédicateur, nous montrant tour à tour l'humilité et la force puissante du grand pauvre d'Assise ! Quelles files nombreuses de communiants, rayonnants de foi et de piété ! Des femmes du peuple et des dames des classes élevées, des cultivateurs, des jeunes gens, des hommes appartenant à toutes les professions libérales, des noms illustres dans notre Savoie, qui ont vaillamment tenu l'épée et donné leur sang à la patrie : tous les rangs étaient confondus, pressés dans la sainte et vraie égalité de la même foi, dans la ferveur de la même prière et du même amour. Il fallut, à la demande de ces dignes descendants des nouveaux catholiques de 1598 et de 1602, laisser l'église ouverte toute la nuit.

Et, ce rapprochement se présentait naturellement à notre esprit, le prédicateur qui savait si éloquemment unir les deux François et les deux époques, c'était M. le chanoine Blanc, de Carouge, un genevois. Le temps n'est plus où Genève n'envoyait à Thonon que des ergoteurs de mauvaise foi, prêts à fuir quand la vérité leur apparaissait trop éclatante ! Au pied de l'autel, au milieu des frères du P. Chérubin, se tenait un vicaire de la ville protestante, témoin des victoires de l'Église, témoin aussi, par son habit laïque, de la persistance de la persécution. Près de lui les prêtres du clergé de saint François de Sales et les deux compatriotes du vaillant capucin ne rappelaient-ils pas encore la sainte amitié qui avait uni les deux apôtres dans la communauté de la même foi et des mêmes luttes ?

Au milieu des joies de cette fête, une pensée nous oppressait : sur cette église et sur ce couvent nous apercevions suspendues les menaces de la politique actuelle, et cette fête avait comme un air de funérailles ; des funérailles pleines d'espérances, parce que ces morts-là ressuscitent et que Dieu ne manque jamais d'apôtres.

Non, rien n'a péri, sauf une église, qui même est encore debout, et quelques fragiles signes extérieurs de la croix, qui vit dans les âmes, chez un grand nombre toujours adorée, chez d'autres peut-être abattue, comme l'autel de Saint-Hippolyte, sous les tréteaux et les scories du temps où nous vivons. Quelques-unes de ces scories, nous a-t-on dit, viennent de la fréquentation de Genève et de Lausanne. Le P. Chérubin aurait donc encore raison aujourd'hui et la Sainte-Maison aurait encore sa grande utilité. Ah ! si elle avait pu être établie complète et survivre aux bouleversements que notre sol a subis !...

Le bateau qui nous porte en Vallais longe la côte de Savoie : Ripaille, qui baigne dans le lac l'extrémité de ses bois et de ses champs ; Evian, qui étage coquettement le long de la pente douce et verdoyante ses bains et ses hôtels tous blancs où, nous dit-on, les voyageurs ne trouvent plus de place ; Meillerie et ses carrières de pierre que l'on exporte à Genève ; enfin, Saint-Gingolph, dont une partie appartient au Vallais. Nous débarquons au Bouveret et nous prenons le train pour Saint-Maurice.

L'étroite vallée est coupée en deux par le Rhône; la rive droite appartient au canton de Vaud; la rive gauche, à celui du Vallais, dont nous traverserons la moitié. Les montagnes se dressent hautes et raides, surtout à notre droite, se reculant cependant ou se creusant de loin en loin pour faire place à quelques bourgs ou villages. Le plus considérable et le plus gracieusement assis sur le territoire vallaisan, est le bourg de Monthey, situé au pied d'une vallée transversale qui s'élève rapidement, toute dorée par les rayons du soleil. Le P. Chérubin a séjourné là quelque temps ; mais Monthey a été ravagé diverses fois par le torrent de la Viège et par des incendies, et nous n'avons aucun souvenir particulier à y recueillir.

Les deux montagnes se rapprochent et se touchent presque. Le Rhône, serré comme entre deux murs de rochers à pic, rugit de colère. Sur la rive vaudoise et sur la rive vallaisanne des ouvrages de fortifications se dressent menaçants. Mais au bout de quelques pas les montagnes s'écartent brusquement et l'on entre à Saint-Maurice. La petite ville semble avoir voulu se mettre sous la protection d'un haut rocher taillé à pic, qui supporte un plateau fertile et, au-dessus, d'épaisses forêts de sapins. Au milieu du rocher est cramponnée la petite et pittoresque chapelle de Notre-Dame-du-Sex, autrefois gardée par un ermite; on y arrive par un escalier taillé dans le roc.

L'église paroissiale de Saint-Maurice, où prêchèrent les PP. Chérubin et Sébastien, avait été, d'après la tradition, construite par le roi saint Sigismond; elle fut détruite par un incendie il y a deux siècles. L'église actuelle, un assez beau vase roman à trois nefs, est déparée par le mauvais goût qui a présidé à la décoration récente de la chaire et des autels, recouverts d'un enduit de grosses couleurs blanches, bleues, vertes, rouges, un travail de maçon.

Le premier couvent des Capucins, d'abord simple hospice (1607), érigé en couvent régulier en 1612, était situé à quelque distance de la ville, à côté d'une ancienne église dédiée à saint Laurent. Il en reste une grange, quelques pans de murs et un caveau qui, dit-on, contient les ossements des premiers religieux. Le voisinage d'un marais et les débordements du torrent de Vérolliez finirent par rendre ce lieu inhabitable, et les religieux se retiraient à Monthey et de là en Savoie, quand Antoine de Quartéry les retint et leur donna l'emplacement sur lequel s'élève le couvent actuel, à l'extrémité inférieure de la ville.

La famille de Quartéry a joué de tout temps un rôle très noble dans l'histoire politique et religieuse du Vallais. Nous avons vu les services éminents qu'Antoine de Quartéry rendit à la cause catholique, et ses relations avec le P. Chérubin, qui préparèrent l'entrée des Capucins dans son pays divisé et à moitié conquis par l'hérésie. Ce nom illustre s'éteindra avec M. Édouard de Quartéry, major au service de la France et de Naples, dont la fille unique a épousé M. de Stockalper, aussi un des grands noms catholiques du Vallais : un de leurs fils est entré dans l'ordre des Capucins.

Au milieu de la vaste plaine qui s'étend devant Saint-Maurice et à deux kilomètres de la ville, s'élève l'humble chapelle de Vérolliez, humble et petite en elle-même, mais très illustre par les souvenirs qu'elle rappelle. C'est là que la Légion Thébaine a été massacrée en l'an 302. A quelques pas de la chapelle, M. Gard, chanoine de Saint-Maurice et préfet du collège, a fondé un orphelinat, auquel il donne tous ses rares loisirs et tout lui-même.

L'antique abbaye de Saint-Maurice est tout-à-fait adossée au rocher dont nous avons parlé et qui déjà une fois l'a écrasée. Elle aurait pu s'éloigner, elle ne l'a pas voulu, parce qu'il y a là de vieux souvenirs et qu'elle compte sur la protection de son patron. Elle possède un trésor d'une valeur inappréciable, dont la description s'écarterait du but unique de notre voyage et des limites dans lesquelles il nous faut restreindre ce chapitre. Mais nous ne quitterons point ces cloîtres majestueux et cette église magnifique, sans saluer d'un souvenir respectueux et reconnaissant le bon et saint abbé, Mgr Bagnoud, évêque de Bethléem. Il nous semblait voir Adrien de Riedmatten, le protecteur et l'ami du P. Chérubin.

A l'extrémité de la plaine de Vérolliez, les montagnes se rapprochent de nouveau et souvent se dénudent. Il n'y a dans cette partie de la vallée qu'une localité importante, Martigny, ou plutôt les deux Martigny : Martigny-Ville et Martigny-Bourg. Une route conduit de Martigny-Ville à Chamonix, en escaladant la montagne. Le P. Chérubin séjourna plusieurs fois à Martigny.

Voici Sion. Quel coup-d'œil splendide l'on a de la gare ! En face, une large avenue s'allonge vers la ville toute blanche, avec ses quatres rangées d'arbres symétriques. Au fond de la plaine, un vaste coteau de vignes sert de base à un plateau aux blés mûrs, couronné lui-même d'une sombre forêt de sapins. A gauche, le pic de Mond'orge porte fièrement les ruines de son château-fort. A droite, les deux arêtes parallèles de Valère et de Tourbillon, hautes, droites et nues, sont chargées : la première, de l'antique église de Sainte-Catherine, construite par parties du IXe au XIIIe siècles et entourée de l'ancien séminaire et des habitations des chanoines; la seconde, des restes de la forteresse et du château de la Majorie. Entre ces sommets et devant la ville s'étend comme un tapis la plaine verte et jaune, riche de cultures piquées d'arbres fruitiers.

La plaine de la Planta, où le sort de la religion fut décidé en 1603, est devant la ville et se termine par la place d'armes, au fond de laquelle s'élèvent le palais de l'évêque et l'hôtel du gouvernement.

La cathédrale, sous le vocable de l'Assomption, commencée au XIe siècle, ne fut complètement terminée qu'au XVIIe par le cardinal Schinner. Elle a la forme d'une croix et le chœur s'incline légèrement à gauche, en souvenir de l'affaissement de la tête du Sauveur au moment de son agonie. Les autels et les vitraux sont modernes. Mais la chaire, de style roman, ornée d'arabesques, est celle où monta le P. Chérubin aux jours des Rogations de 1603, et le crucifix qui y est placé, il l'a tenu entre ses mains. Comme sa voix sonore devait retentir à l'aise sous ces vastes et hautes voûtes! Voici, à gauche de l'entrée du chœur, la porte de la sacristie que les chanoines timides fermèrent le jour de la Fête-Dieu.

Notons un souvenir. Depuis le P. Chérubin et en mémoire de son apostolat, les Pères Capucins sont chargés de la prédication dans la cathédrale tous les dimanches, et elle se fait toujours en langue française.

L'église de Saint-Théodule est tout à côté de la cathédrale; mais elle a été rebâtie au XVIIe siècle par le cardinal Schinner.

Nous sommes bien tentés de dire à nos lecteurs les principales merveilles archéologiques de l'antique église de Valère, qui n'est plus aujourd'hui qu'un monument historique, confié à un gardien, façon ermite, qui le montre aux voyageurs, avec des explications monotones en français-allemand. Mais nous devons résister à cette tentation et aussi à celle de décrire la vue magnifique dont on jouit depuis l'esplanade qui précède l'église.

Le couvent des Capucins, construit dans la première moitié du XVIIe siècle, est situé à l'extrémité supérieure de la ville, en face du cimetière, un voisinage qui n'attriste point ceux qui ne pensent plus qu'à se préparer à bien mourir. Ce couvent, comme celui de Saint-Maurice, est tout plein du double esprit de saint François : pauvreté du logis et richesse du cœur toujours ouvert.

Nous avons dit qu'à Thonon le souvenir du P. Chérubin n'est pas mort. Dans le Vallais il est tout à fait vivant.

On nous disait à Sion : « Votre livre est une bonne œuvre, hâtez-vous de le terminer ; toutes les familles voudront le lire, car il n'y en a pas une où l'on ne sache que c'est au P. Chérubin et à ses compagnons que le Vallais doit la conservation de la foi catholique. »

Nous étions devant la gare et, en attendant le train, nous écrivions quelques notes. Un homme, un ouvrier, s'approcha de nous : « Monsieur, dit-il, en nous saluant avec un respect affectueux, vous êtes étranger ? Nous voyons souvent des touristes. Notre pays vous plaît-il ?

— Beaucoup : il est beau et on dit qu'il est bon. Mais je ne suis pas un touriste. Je recueille les souvenirs d'un compatriote. Avez-vous entendu parler du P. Chérubin de Maurienne ?

— Certainement ! et je serais bien aise de connaître sa vie ; sans lui je serais peut-être protestant comme nos voisins du canton de Vaud. »

Il en est de même à Saint-Maurice.

On garde facilement la foi de ses pères, quand on se rappelle et que l'on aime ceux qui la leur ont donnée ou rendue. « Souvenez-vous, écrivait saint Paul[1], des apôtres qui vous ont annoncé la parole de Dieu, afin que, ayant devant les yeux les exemples de leur vie et de leur mort, vous imitiez leur foi. »

L'œuvre du P. Chérubin et de ses coopérateurs est intacte dans le Vallais. Malgré les événements qui ont changé la situation politique du pays, malgré le voisinage des cantons de Vaud et de Berne, malgré les tendances et les actes du gouvernement central qui a confisqué presque tout le pouvoir que possédaient autrefois les gouvernements cantonaux, le Vallais conserve la foi et la vie catholiques, et ceux qui n'en remplissent pas les devoirs sont relativement rares. Et quel respect pour le caractère du prêtre ! Quelle politesse et quelle obligeance à l'égard du voyageur, depuis le monsieur à qui il demande sa route jusqu'à l'ouvrier qui le ramène dans le bon chemin et à l'employé du chemin de fer à qui il s'adresse pour quelque renseignement !

L'*Helvétie* nous reprend au Bouveret et, longeant la côte suisse par Villeneuve, Vevey, Cully, Lutry et Ouchy, nous dépose à Thonon, où nous avons encore des amis à saluer et des notes à prendre dans les vastes archives où M. le comte Amédée de Foras construit cet immense édifice qui s'appelle : *Armorial et Nobiliaire de Savoie*, un des plus considérables et des plus remarquables travaux historiques de notre époque.

Enfin, l'heure du départ a sonné. Nous glissons doucement vers Genève sur le *Guillaume Tell*, un nom dont toute la Suisse est fière, mais qui n'appartient qu'à la Suisse catholique. On mouille à Yvoire, au pied d'une grande tour carrée qui s'est hardiment assise presque dans le lac. Au loin, à notre gauche, le soleil fait étinceler les toits de Thonon, pressés autour du clocher de

---

[1] Heb. XIII, 7.

Saint-Hippolyte et de Notre-Dame-de-Compassion ; ces vieux noms, pleins de souvenirs, reviennent toujours sous notre plume. Nous saluons une dernière fois saint François de Sales et le P. Chérubin, deux amis qu'il ne faut point séparer, puisque Dieu les a unis dans la même œuvre.

Ce point blanc entre Thonon et Ripaille, c'est la petite église et le petit couvent de Concise, où nous avons passé de douces heures aux pieds du Maître et avec les frères du P. Chérubin, qui le servent. Notre cœur se serre. Adieu ! Peut-être, à l'heure où ces lignes s'imprimeront, église et couvent seront vides et fermés. Mais ces portes scellées garderont l'espérance de se rouvrir et, en attendant, on y pourra écrire la parole du Sauveur : *Bienheureux ceux qui souffrent persécution pour la justice !*

D'Yvoire, le bateau va mouiller à Nernier, un petit village de pêcheurs ; puis, traversant le lac, s'arrête à Nyon et à Coppet, avant de nous débarquer dans la ville de Calvin et de Rousseau, deux patrons peu enviables.

A Genève et à Chêne, nous retrouvons la croix et la girouette, mais la croix est prostituée au schisme et deviendra forcément girouette. A côté de celle-là il y a une autre croix sur les pauvres églises provisoires dont le despotisme genevois a daigné tolérer l'érection. Nous la saluons avec un respect ému.

A Chêne, l'église catholique se cache un peu derrière l'église souillée. Le cocher nous l'indique ; puis, montrant la seconde, il dit à demi-voix : « Un jour viendra où nous reprendrons notre église !

— Oui ; si vous savez grandir dans la persécution et si vous méritez que Dieu emploie quelqu'un de ses moyens, ce jour viendra. »

Au sortir de Chêne on traverse un pont, c'est la frontière, et nous sommes à Annemasse : nous avons encore là un souvenir à recueillir. A gauche de la route, tout près du pont, une croix de fonte étend ses bras du haut de sa colonne de pierre. Trois inscriptions sont gravées sur le piédestal : elles apprennent au voyageur que saint François de Sales a planté pour la première fois une croix en ce lieu, en présence d'un peuple immense, le 7 septembre 1597, pendant les Quarante-Heures ; et que la croix actuelle, due à la piété des habitants d'Annemasse et de leur curé, M. l'abbé Carrier, a été bénite le 7 novembre 1873 par Mgr Magnin, évêque d'Annecy, entouré de Mgr Mermillod, évêque d'Hébron, des RR. PP. Capucins et d'une grande foule de fidèles.

Il eût peut-être été équitable que l'inscription rappelât le nom de celui qui fut le promoteur des Quarante-Heures de 1597, et qui, pendant plus de deux ans, évangélisa Annemasse et les autres paroisses voisines de Genève. Un oubli sans doute.

La belle église d'Annemasse a un défaut, pour nous : elle est toute neuve et il ne reste rien de celle où le P. Chérubin commença le cours de ses missions. Mais cette reconstruction même et d'autres faits que l'excellent M. Carrier nous a racontés avec la joie d'un père tout heureux de dire les vertus de ses enfants, démontrent que la foi, non pas rapportée, puisque Annemasse n'a jamais cessé d'être catholique, mais raffermie par les missionnaires de la fin du XVIe siècle, s'est conservée vivante et agissante, malgré la proximité de Genève et les pièges du temps présent. Puisse cette foi rayonner bientôt sur tous les voisins de Chêne et de Genève, afin qu'entre les deux peuples, liés par tant d'intérêts et de relations, il y ait, par-dessus les frontières politiques, l'union des esprits et des cœurs dans la même foi, la même charité et les mêmes espérances !

ÉPILOGUE

Nous avons vu les intrigues par lesquelles le protestantisme bernois s'efforça de chasser les Capucins du Chablais et l'opposition violente qu'il fit à leur installation dans le Vallais. Les ennemis du Catholicisme ont toujours senti d'instinct la valeur particulière des ordres religieux, qui puisent une force spéciale dans la pratique de tous les conseils évangéliques et sont libres de se porter là où la lutte devient plus pressante. Aussi ne manquent-ils jamais de diriger contre eux leurs premières attaques. Ceux qui, dans la situation actuelle de la France, demandent pourquoi le clergé séculier ne sépare pas sa cause de celle du clergé régulier, oublient qu'il n'y a pas deux clergés, mais un seul, en deux états divers également approuvés par l'Église, concourant au même but, malgré la différence des devoirs et des emplois dans l'armée de Dieu, et combattant contre les mêmes adversaires.

Pour convertir Thonon et le Vallais, saint François de Sales et Adrien de Riedmatten eurent besoin du P. Chérubin et de ses compagnons. Voilà pourquoi l'apôtre du Chablais et l'abbé de Saint-Maurice aimèrent si tendrement les Pères Capucins et les Pères Jésuites, et les appuyèrent dans toutes leurs luttes comme dans toutes leurs œuvres.

Eh bien ! il en est, il en doit être toujours de même. L'armée de l'Église ne se divise point, et si, dans la bataille pour les âmes, les troupes légères succombent momentanément sous les coups de l'ennemi, les troupes de ligne se serrent autour des glorieux vaincus et se préparent à être attaquées à leur tour ; car elles savent que, quand on déchire la robe du Capucin, on ne respecte pas longtemps la soutane du Curé. Elles savent aussi que ceux qui meurent dans ces batailles, qui sont les batailles de la liberté autant que celles de l'Église, ressuscitent toujours. Pour ne pas voir ces choses, pour s'attarder à des distinctions réfutées de la manière la plus éclatante par toute l'histoire, et prétendre enseigner à l'Église ce qui lui convient et ce qui ne lui convient pas, il faut être d'une singulière ignorance et d'une ineffable naïveté. Ces naïfs honnêtes ne manquent pas à notre époque ; mais il faut reconnaître pourtant, à son honneur, que le nombre tend à diminuer.

Pendant que nous écrivons ces lignes, sur tout le territoire français, les marteaux de la force brutale brisent les portes des couvents, et les agents, chargés de veiller à la sécurité des citoyens, jettent les religieux dans la rue. Quels crimes ont-ils commis ? On leur en reproche deux : ils ne sont pas autorisés, et ils ne peuvent pas l'être parce que, pour la plupart, ils ont un chef à Rome.

Ainsi, dans ce pays qui, par une amère dérision, a pour devise : *liberté, égalité, fraternité*, il faut une autorisation spéciale pour s'habiller et vivre comme on l'entend, et pour se dévouer librement en commun à la prière, à l'évangélisation du peuple, au soin des pauvres et des malades ! Dans ce pays, dont presque tous les habitants sont catholiques, mais qui, par un aveuglement étrange, s'est jeté sous les pieds d'une poignée de valets *autorisés* des loges maçonniques, esclaves d'un maître inconnu, il n'est pas permis d'avoir au spirituel un supérieur à Rome, tout en obéissant pour le temporel aux maîtres qui sont à Paris !

Un chef à Rome ! Oui, voilà le vrai crime. Or, nous le commettons tous ce crime, nous catholiques, qui reconnaissons le Pape pour le Chef, le Docteur, le Père de nos âmes, et qui professons pour le Vicaire de Jésus-Christ un respect plus profond, un amour plus ardent, une obéissance plus étendue que le religieux n'en doit au supérieur de son ordre. Si les droits du Catholicisme, les droits de la conscience et de la liberté n'ont pas d'autre fondement en France que l'autorisation révocable d'un pouvoir changeant du jour au lendemain, qu'on le dise et qu'on arrive au but tout de suite, carrément et sans tant de circuits et de chemins couverts.

En attendant, les vainqueurs de quelques moines produisent un résultat qu'ils ne prévoyaient guère. Ils réveillent l'esprit chrétien et groupent les catholiques non complètement aveuglés, avec un ensemble et une énergie que l'on ne croyait plus possible dans la France actuelle. Jamais les religieux dispersés n'ont fait d'aussi fructueuses missions. Thonon vient d'en donner un exemple qui formera une des belles pages de l'histoire de la Savoie.

Les pressentiments douloureux qui nous assiégeaient il y a trois mois, quand sur le lac Léman nous saluions encore une fois de loin la petite demeure des frères du P. Chérubin, viennent de se réaliser. La hache des décrets du 29 mars 1880 s'est abattue sur ses portes hospitalières, et la cire officielle ferme la chapelle où nous voyions la foule pieuse se presser le 2 août.

Un journal catholique de Thonon [1] a donné un beau récit de cet événement. Nos lecteurs nous saurons gré d'en trouver ici une analyse, et elle est à sa place, car ces faits sont comme un pendant aux Quarante-Heures de 1599 et au jubilé de 1602.

Depuis un mois, les amis des Capucins gardaient le

[1] *Le Chablais*, supplément au n° du 6 novembre 1880.

couvent à tour de rôle. Ils sont nombreux dans la cité si savoisienne et si catholique de saint François de Sales et du P. Chérubin. Citons quelques noms, avec le regret de ne pouvoir les mentionner tous : M. le vicomte Fernex, avocat, mandataire de son oncle, M. le comte Fernex de Mongex, propriétaire du couvent ; M. le comte Amédée de Foras ; MM. Max et Barthélemy de Foras, ses fils ; M. le comte Alphonse de Foras, son frère ; M. le comte Benoît de Boigne ; M. le comte Octave de Boigne ; M. le comte Gustave de Saint-Bon ; M. le marquis Trédicini ; M. le baron Paul Dallemagne ; M. le baron de Livet ; M. le baron Albert de Viry ; M. le baron de Blonay ; MM. de Pigner ; MM. les avocats Ramel, président du conseil des RR. Pères, Bergoënd et Bordeaux ; MM. les notaires Vaudaux, Ramel et Auger ; M. Mudry, avoué, adjoint au maire de Thonon ; M. Pichon de Châteaufort ; MM. Delévaux, docteur Dénarié, Meynet, Tavernier, etc., etc., etc. Les ecclésiastiques de la ville et des environs montrent le même zèle et la même affection pour les religieux menacés, qui ne comptent guère à Thonon que des amis ; car, disons-le dès maintenant, à l'honneur de la population chablaisienne, pendant les tristes événements qui vont suivre, pas un cri de haine ou d'approbation des violences gouvernementales ne s'est fait entendre.

Dans la matinée du 5 novembre, les Pères sont avertis que le sous-préfet a fait venir un serrurier étranger, tous ceux de la ville ayant refusé de se charger de la déshonorante besogne. Les amis accourent au couvent ; les femmes remplissent la chapelle : on veut avoir part à l'honneur de la persécution.

A onze heures et demie les troupes prennent position ; pour expulser de chez eux treize capucins, dont chacun est armé d'un chapelet, ce n'est pas trop de deux brigades de

gendarmerie et d'un détachement du 30ᵉ de ligne : soldats et gendarmes montrent sur leur figure qu'eux aussi n'ont cédé qu'à la force. Le sous-préfet arrive : il faut conserver le nom de ce vaillant, il s'appelle Émile Carion. M. le vicomte Fernex exhibe le titre de propriété et proteste de tous droits, qu'il se réserve de faire valoir. Le R. P. Frédéric, gardien du couvent, répond avec une calme énergie à la signification de l'arrêté préfectoral : « Je proteste en ma qualité de français contre la viola-
« tion d'un domicile dont je suis le locataire légal ; Sa-
« voyards annexés, mes religieux et moi, nous invo-
« quons le Sénatus-Consulte du 12 juin 1860, qui a
« garanti tous les droits acquis sous l'ancien régime. En
« ma qualité de supérieur de la communauté de Thonon
« et au nom de l'Église, je vous avertis qu'un envahis-
« sement quelconque de cette demeure vous rend pas-
« sible de l'excommunication majeure réservée au Pape
« et encourue par le seul fait........ Nous ne céderons
« qu'à la violence, et nous revendiquerons la plénitude
« de nos droits. » Il se retire ensuite avec tous ceux qui l'accompagnent.

Alors commence l'œuvre de la force. La grille de la cour extérieure est forcée. La porte du couvent, attaquée avec pinces, leviers et pressons, résiste longtemps et enfin tombe brisée. Il en est de même de la porte intérieure. La bande est dans le cloître. Au dehors des cris retentissent : Vive la liberté ! A bas les décrets ! Vivent les Capucins ! Le propriétaire du couvent, le conseil des Pères et les notaires se présentent. On les expulse, à l'exception d'un notaire et de deux témoins. Le sous-préfet demande où est le Gardien. On lui répond : « Cherchez-le ! » Les envahisseurs pénètrent dans la chapelle. La foule y récite le chapelet à haute voix. Le lieutenant de gendarmerie lui impose silence ; la prière continue. Il lui ordonne de sortir ; personne ne bouge. Les gendarmes arrachent les femmes des bancs et les jettent dehors.

Les religieux sont dans leurs cellules. Le sous-préfet cherche toujours le P. Gardien : il est condamné à forcer toutes les portes. Chaque religieux est appréhendé au corps et entraîné, suivi de ses témoins. La foule l'accueille par des cris enthousiastes et le couvre de fleurs. Enfin, on arrive à la cellule du P. Frédéric. Avec lui se sont enfermés M. l'abbé Meynet, archiprêtre, curé de Thonon, M. Amédée de Foras, M. Benoit de Boigne et d'autres amis, prêtres et laïques. M. de Foras s'avance et déclare à M. Carion qu'au nom de tous il proteste contre l'attentat dont tous sont victimes ; qu'étant dans une maison privée, chez des amis, chez lui, nul n'a le droit de pénétrer dans ce domicile ; droit de propriété, liberté individuelle, inviolabilité de domicile, liberté de conscience, tous les principes du droit sont foulés aux pieds : il proteste et refuse de sortir. Tous les assistants applaudissent, tous déclarent qu'ils ne céderont qu'à la force. Les gendarmes les emmènent. Dès que le P. Gardien paraît, les cris de la foule redoublent : Vive le P. Gardien ! Vive le père des pauvres ! Il est couvert de fleurs et de couronnes. Mme et Mlles de Foras implorent sa bénédiction : la foule, à genoux dans la boue, la reçoit avec émotion.

L'exécution dans le couvent est terminée. Il ne reste plus qu'à mettre les scellés à la porte de la chapelle. L'indignation de la foule éclate avec une énergie qui effraye le sous-préfet : il supplie le P. Gardien de calmer le peuple et envoie chercher un second détachement de soldats. Sous la protection des baïonnettes les agents du gouvernement rentrent en ville, poursuivis par les huées, les quolibets et les sifflets du peuple. Les religieux expulsés s'y rendent aussi et plus de quinze cents personnes les accompagnent jusqu'au presbytère.

Un jour, quand Dieu aura pitié de la France, le couvent de Thonon se rouvrira, et de la persécution actuelle il restera deux choses : le mérite pour les persécutés et pour les défenseurs de la justice, de la religion et de la liberté ; une tache indélébile au front des persécuteurs et de leurs séides. Il restera, en outre, le souvenir de la conduite si chrétienne et si patriotique de la ville de Thonon. Honneur à elle !

NOTICE SUR LE P. SÉBASTIEN DE MAURIENNE

Nous avons plus d'une fois, dans le cours de cet ouvrage, fait mention du P. Sébastien de Maurienne et de ses travaux apostoliques dans les environs de Genève et dans le Vallais. Nos lecteurs sont peut-être désireux de connaître d'une manière plus complète la vie de cet homme de Dieu, qui fut tout à la fois le collaborateur, l'ami et le compatriote du P. Chérubin. Malheureusement les notes que nous avons pu recueillir se réduisent à peu de chose. Les Capucins, écrivait aux cardinaux de Retz et de la Rochefoucauld le ministre protestant Mestayer, ramené par eux à la foi catholique, « sont plus attentifs à chercher toutes les occasions de faire le bien qu'à publier celui qu'ils font; » et ils ont si peu songé à fournir des renseignements pour l'histoire de leurs hommes remarquables par leurs vertus et leurs travaux, que le catalogue des admissions, pour la province de Savoie, de 1588 à 1644, ne mentionne pas toujours le nom et le prénom des religieux, ni la date de leur naissance, ni même, surtout en ce qui concerne la Maurienne, leur commune d'origine.

Le P. Sébastien naquit à Saint-Jean de Maurienne en l'année 1571 et entra au noviciat le 4 juin 1588.

Il paraît avoir été envoyé dans les paroisses qui avoisinent Genève à l'époque où le P. Chérubin rejoignit saint François de Sales à Thonon. On a vu que, dans son zèle pour la conversion des hérétiques, et surtout des pauvres gens de la campagne, beaucoup plus égarés que pervertis, il les aidait dans leurs travaux, afin d'avoir plus souvent l'occasion de redresser quelque préjugé ou d'inculquer quelque vérité. Son ministère fut tellement fructueux, qu'aux secondes Quarante-Heures de Thonon il se présenta suivi de paroisses entières : Balayson, Messery, Nerny, Hermance, Coudré, etc., qu'il restituait à l'Eglise.

Trois choses avaient tout d'abord captivé son cœur dans la vie religieuse : la pauvreté, la mortification et le travail assidu.

Pendant quelque temps il n'eut pour abri qu'une étable à pourceaux, et des coquilles d'escargots lui servaient de lampe le soir pour lire ses prières. Un jour qu'il allait prêcher dans un endroit assez éloigné du couvent, il dit à son compagnon : « Que n'avons-nous pensé à prendre un morceau de pain et quelques noix ! Le bon festin que nous aurions fait au pied d'un arbre ! » Il évitait autant que possible de manger chez les séculiers, soit pour ne pas les gêner, soit dans la crainte d'y être trop bien servi.

Il ne restait jamais oisif. Il prêchait et catéchisait non seulement tous les dimanches, mais chaque fois qu'il pouvait en trouver l'occasion pendant la semaine, toujours avec grande simplicité et amour pour les âmes. Aussitôt rentré au couvent, il allait se mettre à la disposition du frère jardinier, choisissant, sous prétexte que celui-ci était plus fatigué que lui, les travaux les plus pénibles ou les plus répugnants, comme de porter le fumier et de le diviser sur les semis. Quand on le voyait rentrer plus joyeux que de coutume, car il était toujours gai et riant, on disait : « Le P. Sébastien a été injurié, peut-être battu. » Et l'on ne se trompait pas. Ce n'est pas qu'il se plaignît, mais on l'apprenait par la suite. Or ces sujets de joie étaient fréquents; car, bien que ses procédés fussent toujours empreints d'une extrême douceur et charité, il ne ménageait pas l'erreur et le vice. Le bistouri fait toujours mal, quand même il est tenu par une main légère et conduit par un cœur aimant.

En 1602, le P. Chérubin l'envoya dans le Vallais avec le P. Augustin. Nous avons raconté sommairement leurs travaux apostoliques et les fruits abondants qu'ils produisirent. Ils s'arrêtèrent principalement à Saint-Maurice et à Martigny, les deux localités les plus importantes du Bas-Vallais, et ils prêchèrent dans les églises et sur les places publiques les jours de foire et de marché. C'était le P. Sébastien qui remplissait ordinairement ce dernier ministère, parce qu'il avait, comme le P. Chérubin, une voix forte au service d'une mémoire excellente et d'un cœur tout brûlant de charité. La foule s'amassait autour de lui, d'abord presque hostile, puis attentive et captivée, pendant plus d'une heure. Quelquefois, après avoir commencé son discours sur un sujet préparé d'avance, il s'interrompait tout-à-coup et en prenait un autre qu'une sorte d'inspiration lui disait être mieux approprié aux besoins de ses auditeurs. « Or, dit le P. Augustin dans sa *Relation*, jamais je ne l'ai entendu prêcher aussi bien que dans ces circonstances. »

A Saint-Maurice, le P. Sébastien trouva un protecteur et un aide puissant dans le capitaine Antoine de Quartéry, catholique fervent et influent, chez lequel il logea souvent. « Au bout de six mois, dit Bovérius dans ses *Annales*, toute la ville, qui comptait près de trois mille habitants, fut rendue, non seulement à la foi catholique, mais à la pratique des devoirs qu'elle impose. Il en fut de même ensuite à Martigny. » Ce bourg était plus perverti encore que Saint-Maurice ; à tel point, que le nom du Pape y était en horreur et que l'on ne pouvait souffrir rien de ce qui portait la marque de l'Église catholique.

Les PP. Sébastien et Augustin y passèrent plusieurs mois, parmi beaucoup d'épreuves, suivies, par la grâce de Dieu, des résultats les plus consolants. Ils se dirigèrent ensuite vers Sion où déjà nous les avons vus.

Le P. Sébastien était encore dans le Vallais en 1612. Plus tard il fut envoyé dans la Bresse. En 1630, nous le trouvons remplissant la charge de vicaire au couvent du Bourg-Saint-Maurice en Tarentaise. Il venait de faire une très longue et très grave maladie, qui l'avait réduit à un tel état de maigreur et de faiblesse, que l'on désespérait de le conserver plus longtemps. Il ne suivait pas moins exactement tous les offices de la communauté, soit de jour, soit de nuit.

Un de ses frères du même couvent rapporte un fait qui montre bien à quelle admirable simplicité, à quel absolu détachement de toute vanité, de toute préoccupation mondaine ce saint religieux s'était élevé. La maladie qui avait failli l'emporter lui avait laissé une large plaie à la tête. Or, il devait prêcher le carême au Bourg-Saint-Maurice. Les religieux disaient : « Il n'osera pas monter en chaire la tête enveloppée de linges. » Et comme tous étaient pris par d'autres ministères, l'on était fort en peine. Mais il les tira d'embarras en disant : « Je ne pense pas que l'on soit scandalisé de voir que j'ai mal à la tête, ni que cela empêche mes sermons d'être utiles aux âmes, s'il plaît à Dieu. » Il prêcha donc le carême, avec grande édification et profit de toute la paroisse.

Une de ses œuvres de prédilection était d'établir, partout où il le pouvait, les confréries du Saint-Sacrement et du Rosaire, étant persuadé que l'Eucharistie et la Sainte Vierge sont les deux colonnes inébranlables qui seules soutiennent tout l'édifice de la vie chrétienne.

Du Bourg-Saint-Maurice le P. Sébastien revint au couvent de Saint-Jean de Maurienne, et il y mourut saintement en 1634, dans la soixante-troisième année de son âge.

Il avait composé quelques petits ouvrages qui se sont perdus. Bovérius donne le titre de l'un d'eux : *Catéchisme catholique, dans lequel on explique tout ce qui est nécessaire pour instruire le peuple dans la foi catholique, et l'on réfute la plupart des erreurs des hérétiques*.

Voilà ce que nous apprennent sur le P. Sébastien de Maurienne le P. Bernard de Bologne en sa *Bibliothèque des écrivains de l'ordre des Frères Mineurs Capucins,* le P. Bovérius dans les *Annales de l'ordre,* le P. Marcellin de Pise aussi dans ses *Annales,* le P. François d'Orly dans les *Merveilles de Notre-Dame-du-Charmaix,* le P. Augustin d'Asti et le P. Fidèle de Talissieu dans les ouvrages que nous avons cités, et les dépositions de plusieurs religieux recueillies par le P. Charles de Genève dans sa *Collection des choses mémorables à insérer dans les Annales* (manuscrit) [1].

---

[1] V. notes et pièces justif. n° 31.

NOTES ET PIÈCES JUSTIFICATIVES.

1, page 16.

Il n'est pas étonnant que les couvents de Savoie ne possèdent et n'aient peut-être même jamais possédé aucuns documents sur la famille, la naissance et la jeunesse du P. Chérubin. Comme il entra dans l'ordre presque au sortir de l'enfance et qu'il fut envoyé aussitôt à Gênes, il n'y eut aucune raison d'inscrire ce fait dans les registres du couvent de Saint-Jean, où il ne séjourna pas. De Gênes, il passa à Lyon, puis à Avignon : il revint à Lyon et fut jeté dès lors pour tout le reste de sa vie dans les courses et les luttes des missions, loin des couvents, dans aucun desquels il ne fit un séjour un peu prolongé. Sa mort, arrivée à Turin, enleva à ses confrères de Savoie la seule occasion qu'ils eussent pu avoir de consigner par écrit quelques renseignements pour l'histoire. N'oublions pas que les couvents de Lyon et de Savoie ne possédaient pas de noviciat avant l'année 1587, date de leur séparation de ceux du Piémont, de Milan et de Gênes. C'est pour cela que le registre des entrées dans l'ordre et des décès, conservé dans les archives du couvent de Chambéry, ne commence qu'en l'année 1588.

Les archives du couvent de l'Immaculée-Conception à Gênes renfermaient, il y a vingt ans, des documents précieux et uniques, entre autres le registre des vêtures et des professions antérieurement à l'année 1588. En 1858 ou 59, le R^{me} P. Alphonse de Rumilly, procureur général de l'ordre, revenant de Rome, s'arrêta à Gênes et pria le provincial, le P. Gaétan, de faire recueillir dans ses archives les renseignements qu'elles pouvaient contenir sur le P. Chérubin de Maurienne. Le religieux qui fut chargé de ce travail découvrit, en effet, plusieurs documents et registres renfermant des indications sur le P. Chérubin ; mais au lieu de faire des extraits textuels, il rédigea les deux notes qu'on lira ci-après. Depuis cette époque, les incamérateurs italiens sont venus; les archives du couvent de l'Immaculée-Conception ont été en partie dispersées ; des manuscrits sont allés les uns à Milan, d'autres à Turin, et plusieurs ont disparu, parmi lesquels le registre des vêtures et des professions avant 1587. Les documents dont on s'est servi en 1858 ou 59 sont aujourd'hui introuvables.

Recevant, il y a quelques mois, une copie des notes fournies au P. Alphonse, que l'on croyait être des reproductions textuelles, nous voulûmes, selon notre habitude, nous assurer de leur authenticité. Le P. Théotime de Gênes, envoyé par le T. R. P. Provincial, fit les plus minutieuses recherches, et il ne put nous rapporter, sur cette partie de sa mission, qu'une déclaration du provincial de 1859, attestant les faits qui précèdent. Le religieux qui a rédigé ces notes est décédé. Nous ne pouvons avoir aucune raison de révoquer en doute l'exactitude du résultat de ses recherches, et nous reproduisons ses notes dans leur texte.

La première est rédigée d'après le *Catalogus noviciorum à diebus vestitus ad dies professionis votorum.*

« Frater Cherubinus à Sancto Joanne apud Maurianenses in
« Sabaudiâ, natus 24 martii 1566, in sœculo Alexander, ex
« egregiâ ac nobili familiâ vulgò nuncupatâ *Fournier*, à nativitate
« septemdecim annos provectus, in noviciorum numerum ad-
« scriptus die 7 septembris 1583, et anno probationis elapso et
« tirocinio completo, in militiam clericorum, die 8 mensis septem-
« bris 1584 adnumeratus venit, in discipulos et adlumnos pro-
« vinciæ Genuensis Fratrum Minorum Cappuccinorum. »

La seconde note ne porte aucun titre :

« Anno 1610, morte patris Cherubini adveniente, ad perpe-
« tuam memoriam. — Anno 1584 Frater Cherubinus clericus à
« Sancto Joanne in Maurianâ apud Sabaudos, ex domo et stirpe
« nobili *de Fournier*, cujus supremum vel extremum ramum
« attigisset, ad professionem seraphicæ regulæ Sancti Francisci
« plenis votis advolans, facultates temporales in manibus paupe-
« rum distribuere cupiens, monumento publico à notario ducali
« constructo ac firmato et roborato, seu testamentum legale re-

« quirens ; sed cum usque tunc sub tutelâ constitutus fuisset et
« majoritatem annorum inchoasset, quantitatem et qualitatem pa-
« trimonii inconsciens mansisset, reverendissimum et illustrissi-
« mum antistitem Petrum de Lambert ac successores ejus feliciter
« et libentissime in hœredem appellavit, elegit et constituit, ad
« formas legum civilium, absque ullo carnis et sanguinis inspectu,
« pleniorem potestatem ei concessit in universitate rerum vel
« bonorum in hœreditate comprehensorum vel dependentium.
« Statuit, decrevit ac stabilivit ut omnes et singulæ partes in
« operibus piis versarentur ad mentem sanctæ Romanæ Ecclesiæ
« et juxta prœceptum regulœ ordinis. »

2, p. 16.

Jusqu'à la révolution du siècle dernier, la loi civile reconnaissait et sanctionnait les vœux solennels émis dans la profession religieuse. Le profès était considéré comme mort ; il n'héritait plus, et le testament, qu'il avait fait avant d'être admis à prononcer ses vœux, produisait immédiatement son effet. Pour la rédaction de cet acte, le capucin jouissait de la liberté la plus absolue et le couvent, s'il jugeait à propos de lui léguer quelque chose, ne venait qu'après la famille, les pauvres, l'église de sa paroisse, et toujours pour une part très modique. Nous en avons un exemple dans le testament de Jean Allard, en religion P. Désiré, d'Hermillon. Il était le second fils de Michel Allard, dont la Société d'Histoire et d'Archéologie de Maurienne a publié le testament dans le tome III° de ses Mémoires. Un vieux registre des admissions dans l'ordre nous apprend qu'il entra au noviciat le 4 octobre 1631. Son testament, fait à Annecy le 2 octobre de l'année suivante, contient les dispositions que voici :

« Donne et lègue aux révérends pères capucins dudit lieu de Maurienne la somme de 500 florins payable par son héritier une année après sa profession la moytié et l'aultre moytié deux années après. Item donne et lègue à la chapelle dédiée à nostre dame du rosaire fondée en l'église d'Hermillon la somme de 1.000 florins rédimable par son héritier..... moyennant laquelle les curés ou recteurs de la dite chapelle seront tenus de célébrer toutes les dimanches ou du moings tous les lundis de chesque semaine une messe à basse voix avec les respons.... Item donne et lègue à la Domenge fille d'Hugues Thabuys impotente et nécessiteuse sa nourriture et alliments sur ses biens et dans sa maison paternelle sa vie naturelle durant. Plus donne et lègue à la Jeanne fille de Laurent Buttard pauvre fille la somme de 50 florins payable par son héritier une année après sa profession.... Le dict testateur faict, crie, institue et de sa propre bouche nomme et appelle son héritier universel et général maistre Jacques Allard curial d'Hermillon son frère.... »

3, p. 35.

Lettre-patente délivrée au P. Chérubin par Mgr de Granier.

« Claudius de Granyer Dei et Apostolicæ Sedis gratia Episco-
« pus et princeps Genevensis, Universis et singulis ad quos præ-
« sentes nostræ litteræ pervenerint salutem in Domino sempi-
« ternam.

« Divinis vocibus excitati, et turbulenti temporis hujus pericli-
« tatione commoti, ex debito nostri pastoralis officii in quo magno
« Dei misericordiæ munere constituti sumus, ad hœreses extir-
« pandas, evellendasque, ac populum nobis commissum in officio
« continendum aliquos coadjutores adhibere proposuimus. Inter
« quos reverendus pater Cherubinus ordinis Capuccinorum, legi-
« timè ad hoc à suo reverendo patre provinciali dispensatus,
« occurrit, quem cum rogaremus ut verbum Dei, penès hanc nos-
« tram diœcesim, maximè in parochiâ Annemassiæ, locisque ibi
« proximis ad ejusdem Omnipotentis gloriam disseminare vellet,
« id libentissimè se executurum pollicitus est. Quapropter, atten-
« dentes quibus virtutibus Altissimus eum decoraverit, tenore
« præsentium eidem concessimus, ut in quâcumque ecclesiâ, in
« hâc diœcesi constitutâ, verbum Dei annunciare possit, hortantes
« omnes et singulos tam clericos quam laicos hujus nostræ diœce-
« sis ut beniguè et charitativè eum recipiant, ut per talia opera
« ad œternæ beatitudinis gloriam pervenire possint.

« In quorum fidem has propriâ manu obsignavimus, et per scri-
« bam nostrum subscribi jussimus cum impressione sigilli came-
« rœ nostrœ. Annessii 30 decembris 1596.

« C. de Granyer Episcopus Genevensis.
« Dufour secretarius. »
(Archives des Capucins de Chambéry).

4, p. 52.

Les historiens de saint François de Sales datent communément de cette époque (1597) l'arrivée du P. Chérubin en Chablais. Ils ont raison, car Annemasse n'est pas dans le Chablais, et ce ne fut, en effet, que depuis l'année 1597 que les deux apôtres travaillèrent ensemble, et avec quelques autres missionnaires, à la conversion de cette province. Mais ces historiens oublient trop que le P. Chérubin évangélisait depuis trois ans Annemasse et les autres paroisses des environs de Genève.

Le P. Fidèle de Talissieu place le voyage du P. Chérubin à Turin après les Quarante-Heures d'Annemasse. La lettre de saint François de Sales à un cardinal montre que ce voyage a suivi immédiatement la tenue de l'assemblée dont nous avons parlé et que le P. Fidèle passe sous silence.

5, p. 53.

L'institution des prières des Quarante-Heures est due au P. Joseph, capucin italien, qui les donna pour la première fois à Milan en 1536. Ce nom vient de ce qu'elles se faisaient primitivement pendant quarante heures consécutives. (*Hist. abrég. des missions*, etc., liv. II). Le P. Jérôme Bellintani, dans une note conservée dans les archives du couvent des Capucins de Chambéry, raconte les résultats admirables que le P. Joseph obtint par ces exercices, non seulement à Milan, mais encore dans une grande partie de l'Italie.

6, p. 84.

Engagement du P. Chérubin et d'Hermann Lignarius.

Nous promettons par ensemble de conférer sur un point, jusques a ce qu'on aye a dire des raisons sur cette matière : et les ouyr toutes, prenant demy jour, ou une nuit, comme on voudra; et qu'on y mette tant de temps qu'il sera nécessaire. Ainsi le promettons. Fait à Thonon le 14 mars 1598.

F. Chérubin capucin. Hermann Lignarius.

7, p. 94.

Sauf-conduit accordé par le duc Charles-Emmanuel.

Par ces présentes, signées de notre main, nous avons donné ample sauf-conduit, passeport, et asseurance aux ministres des pays du canton de Berne et ville de Genève, qui voudront entrer en dispute et conférence avec P. Chérubin, mesmes à Hermann Lignarius du dict Genève, de pouvoir en toute seureté venir rière le pays de Chablais, pour parachever la conférence qu'il a commencée avec le dict P. Chérubin, selon les conventions et promesses mutuelles d'une part et d'autre, ayant très-agreable qu'on vacque à ce saint exercice de rechercher la vérité avec toute douceur et bénignité, pour l'instruction de ces peuples. Promettant qu'il ne leur sera faict aucun desplaisir, et moins donné aucun mescontentement en leur personne, leurs serviteurs, ny autrement. Commandant à tous nos ministres, officiers et subjects d'observer ces dictes patentes, en tant qu'ils craignent de nous désobéyr : car ainsi nous plaist. Données à Chambéry ce 24 juillet 1598.

Charles-Emmanuel.
Roncas.

8, p. 108.

Réponse du P. Chérubin aux propositions de Sarrazin.

Père Chérubin respondant à la proposition faicte ce jourd'hui 18 septembre 1598 par sieur Jean Sarrazin desputé des seigneurs Sindiques et Conseil de Genève dit, qu'outre l'ample acceptation des offres faites par le dict sieur Sarrazin en une sienne précédante proposition, laquelle acceptation avait été rédigée en écrit et signée, puys remise à icelui Jean Sarrazin, il n'a à respondre autre sinon que quant à scavoir la volonté des seigneurs de Berne, il ne s'en estoit aucunement chargé moins s'en veut charger des ores, pour n'estre obligé, ne tenu de faire aucune considération sur l'alliance que pourroit estre entre les dicts seigneurs de Berne et les dicts seigneurs de Genève. Et que touchant la lettre envoyée à l'avocat Després n'ayant reconnu aucune marque publique il attendoit de la voir authorisée, selon l'advis des seigneurs Magistrats de ce pays des Chablais; ce qu'estant fait maintenant par cette proposition en laquelle elle est advouée, il accepte de nouveau les offres contenus dans la dite lettre.

Et que quant à la nomination des termes usités en toute légitime dispute que le dict sieur Sarrazin dict estre venu ouir, à scavoir du lieu et temps, du nombre des disputants, des points de doctrine, desquels sera traicté en la dispute, des secrétaires et modérateurs, estant chose réciproque que se doit passer de commun accord entre les parties, il prie très affectivement le dit sieur Sarrazin de se trouver mercredi prochain, 23 de ce mois, avec amples mémoires et pouvoir d'en traiter et lors il s'offre passer une playne et asseurée résolution touchant les points requis et aultres, tendant à mesme fin. S'il y entroit ne voulant les dits syndiques et Conseil de la ville de Genève, prendre aucune résolution sans avoir premièrement communiqué le tout aux dits seigneurs de Berne pour le respect qu'ils leur ont, on pourroit au moins au dit jour de mercredi dresser les articles et mémoyres touchant le lieu, temps et nombre de disputants, modérateurs, secrétaires et les points de doctrine à disputer en réservant une playne résolution après que les dits seigneurs de Berne auront fait savoir aux dits seigneurs sindiques et conseil de Genêve leur volonté.

Dont la communication pourra estre faitte par les dits seigneurs de Genêve aux seigneurs de Berne ne voulant le dit frère Chérubin s'en charger, puisqu'il luy n'appartient comme estant prest à recevoir cette conférence soit qu'elle vienne de Genêve ou de Berne ou de tous deux ensemble.

P. CHÉRUBIN.

9, p. 108.

Défense d'assister aux prédications du P. Chérubin.

12 décembre, style ancien, 22 décembre, style nouveau. Le Consistoire a donné advis de pourveoir, soit par criées publiques ou autrement, à ce que plusieurs de la ville ne continuent de fréquenter les presches de F. Chérubin à Thonon, avec danger que cela n'esbranle leurs consciences; a esté arresté que le dit Consistoire s'informe particulièrement de ceux qui continuent la dite fréquentation *(Reg. du Conseil)*.

10, p. 108.

Ordre d'arrêter le P. Chérubin.

12 janvier 1599, style ancien, 23 janvier, style nouveau. A esté veue une lettre de Chérubin Cappucin addressée au sieur David Pélissari, par laquelle il dit désirer conférer avec deux ou trois seigneurs de céans, nonobstant le pourparler qu'il a heu avec le seigneur de Châteauneuf. — Arreste qu'on s'en saisisse sur les terres de la seigneurie ou de Gaillard, ou de Gex, s'il est possible. *(Reg. du Conseil)*.

11, p. 153.

Nous avons lu dans nous ne savons quelle brochure protestante que la réconciliation des hérétiques convertis, pendant les

Quarante-Heures et le Jubilé de Thonon, n'était qu'une vaine cérémonie, faite à la hâte et sans importance aux yeux de ceux qui y prenaient part. Le lecteur sera peut-être bien aise de savoir ce qu'il en est. Il n'a pour cela qu'à lire les prescriptions du Pontifical romain[1]. Elles étaient exactement observées dans la mission du Chablais, car on en trouve dans les archives des Capucins de Chambéry plusieurs copies faites par les missionnaires de cette époque.

L'évêque, revêtu des ornements pontificaux, s'asseyait devant la porte de l'église. Le converti s'agenouillait devant lui et, répondant à ses questions, faisait un acte de foi sur chacun des articles du Symbole des Apôtres. L'évêque lisait alors l'exorcisme et traçait le signe de la croix sur le front du nouveau catholique, en disant : « Accipe signum crucis Christi atque christia« nitatis, quod prius acceptum non custodisti, sed malè deceptus « abnegasti. » Il l'introduisait dans l'église et le conduisait au pied du maître-autel, où il récitait d'abord l'oraison suivante : « Omnipotens sempiterne Deus, hanc ovem tuam de faucibus « lupi tuâ virtute subtractam paternâ recipe pietate et gregi tuo « reforma piâ benignitate, ne de familiæ tuæ damno inimicus « exultet, sed de conversione et liberatione ejus Ecclesia tua, « ut pia mater, de filio reperto gratuletur per Christum Dominum « nostrum. » Venait ensuite le renouvellement des interrogations et des renoncements du Baptême, et l'évêque terminait la cérémonie par cette oraison : « Domine Deus omnipotens, pater « D. N. J. C., qui dignatus es hunc famulum tuum a mendacio « hœreticæ pravitatis clementer eruere, et ad Ecclesiam tuam « sanctam revocare ; tu, Domine, emitte in eum Spiritum Sanc« tum Paracletum de cœlis, Spiritum sapientiæ et intellectûs, « Spiritum consilii et fortitudinis, Spiritum scientiæ et pietatis ; « adimple eum lumine splendoris tui et in nomine ejusdem Domini « nostri Jesu Christi signetur signo crucis in vitam æternam.
« Amen. »

Les hérésiarques et les propagateurs principaux de l'hérésie faisaient une renonciation particulière à l'erreur dont ils avaient été les auteurs ou les fauteurs.

[1] *Ordo ad reconciliandum apostatam, schismaticum vel hœreticum.*

Même pour un seul converti, la cérémonie se faisait toujours avec une grande solennité, en présence du clergé et du peuple.

Il nous semble qu'il fallait une conversion bien sincère, pour qu'une personne jouissant de son bon sens et de quelque sentiment d'honneur, accomplît de tels actes, nobles et consolants pour celui qui y apportait un cœur repentant de ses erreurs et reconnaissant de la grâce que Dieu lui accordait, mais honteux et déshonorant pour celui qui en aurait fait un jeu ou une spéculation. Du reste, personne n'y était admis qu'après des épreuves plus ou moins longues, selon le rôle qu'il avait rempli dans le Protestantisme et selon la valeur des témoignages qu'il donnait de la sincérité de sa conversion.

Que quelques misérables aient pu, trompant la perspicacité des missionnaires et acceptant d'avance toute humiliation lucrative, se faufiler dans l'Église par spéculation, sauf à retourner au Protestantisme à la première occasion d'une spéculation nouvelle, cela est possible, mais cela ne prouve rien. Si l'on défalquait des conquêtes du Protestantisme au XVIe siècle tout ce qui vint de l'appât du gain, doublé de l'appât de la débauche plus facile, il lui resterait peu de chose ; disons plutôt qu'il n'eût jamais existé.

12, p. 176.

« Ille est pater Cherubinus qui plus re quàm nomine verè Che-
« rubinus primus fuit instigator et promotor Sacræ Congregatio-
« nis Romæ instituendæ et institutæ de Propagandâ Fide, et verè
« quæ facta sunt ab eo et à R. P. Didaco deberent omnibus et
« singulis progloria Dei innotescere.....

L'auteur cite une lettre écrite de Rome à l'archiprêtre de Milan et continue :

« Hœc littera positivè designat et asserit R. P. Cherubinum
« ipsum solum, ex se solo 27 millia hominum ad fidem catholi-
« cam adduxisse in ducatu Chablasii... Et ex depositione R. P.
« Pauli à Cesenâ, commissarii à Summo Pontifice deputati confir-
« mat numerum conversorum ad fidem ex diversis locis désigna-
« tis et dicit esse 110 millia hominum et adhuc amplius et R. P.

« Cherubinum fuisse auctorem tanti operis et hujus sanctæ do-
« niûs. »

13, p. 186.

Il y avait à Saint-Julien en Maurienne un prieuré dépendant de celui de Saint-Jeoire. Il passa aussi à l'ordre des SS. Maurice et Lazare et plus tard à la Sainte-Maison qui, en 1617, le céda au chapitre de Saint-Jean, voici à quelle occasion. Thomas Bergérat, seigneur de Villard-le-Bas, avait fait de grandes dépenses pour défendre les intérêts de l'ordre des SS. Maurice et Lazare et aussi pour soutenir les paroisses rétablies dans le Chablais. L'ordre, ne pouvant rembourser ces sommes, céda à Bergérat l'abbaye de Filly avec un revenu de 600 ducats. Bergérat vendit ses droits au chapitre de Maurienne pour 2,700 ducats de Savoie, et le chapitre les échangea avec la Sainte-Maison contre le prieuré de Saint-Julien. (Damé, *Hist. Eccles. Episcop. et diœces. Maurian.*, manuscrit des archives de l'évêché de Saint-Jean, antérieur à 1680).

14, p. 15 et 189.

Fondation et dotation de la Sainte-Maison,
par Charles-Emmanuel Ier.

Charles-Emmanuel, par la grâce de Dieu duc de Savoie, Chablais, Aoste et Genevois, prince et vicaire perpétuel du Saint Empire Romain, marquis en Italie, prince de Piémont, etc., etc., etc. L'intention directrice de tous nos desseins, tant en guerre comme en paix, ayant toujours heu pour principal but celui mesme que nos sérénissimes ancêtres et prédécesseurs se sont dès le premier établissement de cette couronne proposé en toutes leurs entreprises et actions, assavoir l'exaltation de la gloire de Dieu, l'advancement et conservation de la sainte foi catholique, apostolique et romaine, tant dedans que dehors leurs estats, sans y espargner aucunement leurs moyens ni leur propre sang. En effet de quoi dès aussitôt que par l'incomparable soin et singulière prudence et laborieuse entremise de nostre saint père le pape Clément VIII, à présent seant, il auroit pleu à la divine clémence de ramener les princes chrétiens à une heureuse concorde et réconciliation par le traité de Vervins, incontinent après nous aurions tasché d'employer le bien de la paix au mesme subject du motif de nos armes, recherchant tous les plus doux et convenables moyens pour réduire à la vérité de nostre foi catholique tant ceux de nos subjects du Chablais que des bailliages circonvoisins à la ville de Genève, qui despuis une si longue suite d'années s'en trouvaient desvoyés, y faisant continuer leurs prédications et autres exercices de piété, ja dès la victorieuse journée de Colonge et reconqueste du pays de Gex par nous y introduits pour faciliter et advancer leur conversion, ce qui auroit succédé sy heureusement qu'en l'année mesme de la publication de la paix, Dieu ayant disposé le retour de l'illustrissime et révérendissime cardinal de Médicis, légat *a latere* de Sa Sainteté par la dite province de Chablais, nous aurions heu ce singulier contentement en l'âme d'en voir le fruit, et luy la consolation de recevoir au giron de nostre mère saincte Esglise tant de milliers de personnes qui dès si long temps s'en estoient esgarées, avec démonstration de zèle et de science si évidente que non seulement les hérétiques d'alentour en ressentirent une très grande commotion, mais la sentine de l'hérésie mesme : s'estant vu plusieurs de la ville de Genève rendre à Thonon où nous étions alors pour esclairer ceste lumière qui leur reluisoit de si près en apparence indubitable, que la pluspart des plus obstinés en leur aveuglement se seraient pus disposer dans peu de temps à quitter l'erreur de leurs ténèbres quand on auroit poursuyvi les prédications, conférences, instructions, et autres actes tant publics que particuliers, en commençant au dit Thonon ce nécessaire pour le rétablissement de la vraye foy, piété et religion : mesmement si par nous y estoit pourvu d'une maison de retraite et de refuge pour tous ceux qui des environs voudraient s'y retirer pour estre instruits à la foi et vivre catholiquement, attendu que beaucoup touchés en leurs consciences seraient néantmoins retenus en leur dépravation à faute de savoir où se réfugier, et pour crainte de tomber en irréparable nécessité, mesme de leur vivre, venant à leur manquer, ou l'entretiennement qui leur a été subministré par les hérétiques, ou l'exercice de leurs métiers. A l'occasion de quoi serions dès lors entrés en pensée et désir extrême de remédier à cet inconvénient, nous délibérant d'esriger au dit Thonon un auberge ou maison de retraite en laquelle seraient reçus tant hérétiques de nos estats que aultres plus proches et éloignés qui poussés d'une sainte inspiration chercheraient d'être instruits en la foi catholique, et c'est avec les advantages et commodités qu'un chacun d'icieux selon sa profession, qualité et industrie y pourroit trouver à quoy employer son talent à l'honneur de Dieu, utilité du public, et sienne particulière consolation, laquelle deslibération nostre ayant proposée et communiquée aux prélats, théologiens, et principaux de nostre conseil, alors estant à nostre suitte, et icieux trouvés tous unanimes et inclinés à l'exécution d'un dessein sy favorable pour le bien de la propagation de la foy et la conservation d'icelle en nos estats, et aultres infectés d'hérésie : considérant d'ailleurs que la piété des grands princes ne se peut rendre différente de celle des particuliers, que par les seules marques extérieures qu'ils ont moyen de laisser plus signalées à la postérité, ainsi que les anciens empereurs et rois auraient employé partie de leurs trésors à fonder et bastir les uns temples, églises et monastères somptueux, les autres maisons, hostels et hospitaux de divers noms, de diverses sortes pour subvenir à la variété des indigents et affligés de diverses maladies et indispositions corporelles, sans néantmoins avoir jusqu'ici pourvu de leur propre force la guérison des âmes, auxquelles comme il est beaucoup plus digne, loable et méritoire de donner ayde et secours à ceux qui sont en nécessité de l'aliment spirituel et d'instruction à leur salut. Aussy aurions-nous résolu de donner commencement à une si profitable entreprise : et à cet effet donné, assigné et remis, à l'honneur et gloire de Dieu, une maison bien ample en la dite ville de Thonon pour y ériger un auberge, ou maison de refuge, soubs le titre et nom de Nostre Dame de Compassion, en laquelle seraient entretenus théologiens et prédicateurs, ensemble maistres d'escolles et de mestiers pour enseigner la jeunesse aux arts libéraux et méchaniques, en la retirant des suites et venins de l'hérésie, avec l'apprentissage des arts et mestiers, et proche la ville de Genève, Lauzanne et autres hérétiques, où elle est contrainte à faute d'avoir de recourir, establissant alors et donnant pour le premier entretiennement de la dite maison tout ce que la nécessité du temps nous peut permettre, comme seraient les arrérages des tailles et deniers deubs par ceux de la dite ville de Genève ; amendes pécuniaires de dismes particulières, confiscations de diverses sortes, avec déclaration de donner nostre consentement et placet pour faire annexer au profit de la dite maison les prieurés de Saint-Jeoire et Contamine de nostre droit de patronage à perpétuité ; item les revenus provenant de la confrérie de Tully induement convertis au profit de quelques particuliers, semblablement le legs à cause pie fait par feu François Eschervi pour l'entretiennement ordinaire de douze enfants pour l'apprentissage d'un mestier ; plus huit mille escus d'or avec les intérêts et dépendances qui se trouvaient déposés aux mains de quelques particuliers jà par le feu duc Charles nostre ayeul, que Dieu absolve, sans avoir du despuis esté retirés ; et encore autres huit mille escus semblables que nous donnons pour une fois, lesquels se payeront en huit années ; et cependant nous ferons payer à la dite maison un honneste fruict et cens à cause d'icieux, que toutesfoys diminuera à mesure que se feront les susdits payements, d'année en année pour toujours plus ayder à pousser avant une si saincte besogne, et finalement concédant à la dite maison plusieurs spéciaux et nouveaux priviléges outre tous ceux dont jouit à présent l'albergue de vertu dressé près nostre présente ville de Thurin mesme le droit de décimes de tous les dons et récompenses libéralles que par nous se feraient en et rière les estats delà les monts, ensemble plusieurs autres concessions qui seraient longues à spécifier. Et de toutes lesquelles choses nous aurions bien amplement donné advis à nostre sainct père le Pape par le révérend père Chérubin, religieux très devost de l'ordre sainct François surnommés des capucins, qui a infiniment travaillé à la conversion des âmes ramenées au giron de nostre mère saincte Esglise dans le dict balliage du Chablais et par autres, à ceste fin qu'il lui plaise d'agréer ces prémisses de nostre bonne volonté, d'en favoriser les progrès, et autoriser la perfection, ordonnant et disposant de tout sellon que la félicité de sa prudence et clair jugement estimeroit le mieux ; et d'aultant que Sa Sainteté aurait non seulement agréé ce commencement nostre, ains monstré tant de désir de l'advancer et conduire à haute perfection qu'elle aurait daigné dès lors du despuis d'en vouloir prendre la particulière protection, y annexer très volontiers les susdits deux prieurés, et encore deux bonnes abbayes pour l'entretennement des théologiens et prédicateurs, en résolution de l'augmenter et enrichir de plusieurs autres grands biens tant spirituels que temporels, comme il est bien amplement déclaré dans la bulle sur ce expédiée l'année proche dernière passée mil six cent, et contenu dans les lettres particulières à nous escriptes par même subject, parlesquelles Sa dicte Sainteté nous exhorte de pousser en entiers effects les premiers points de nostre délibération, pour lui donner moyen d'effectuer tant plustost de sa part ce qu'Elle désire pour l'accomplissement d'un service si fructueux. Nous d'ailleurs ne désirant rien plus que de luy hobéir et complaire comme nous devons, encore que par l'inopinée dernière invasion de nos estats, et par les empêchements notoires qui s'en sont ensuivis, nous n'ayons pu satisfaire à ce qui estait de nostre première intention, et qu'encore à présent il nous soit impossible d'en faire paraistre les prémices conformes à nos affections, ni donner tel ordre que désirerions à l'accomplissement d'une œuvre si recommandable ; ne voulant néantmoins différer tant soit peu de rendre toute sorte de prompte et due obéissance aux exhortations de nostre sainct Père, ny retarder aucunement le bien qui peut réussir du zèle qu'il démonstre en cet endroit : ains déclarer à Sa Sainteté et à toute la postérité la singulière et immuable dévotion que nous avons au Saint-Siège et à l'advancement de la religion catholique, apostolique et romaine. Pour ces causes et pour l'exaltation de nostre foy, et extirpation des hérésies, bénédictions de nos peuples, rémission de nos péchés, et perpétuelle prospérité de nostre lignée, de nostre propre mouvement et spontanée volonté, certaine science, pleine puissance et autorité souveraine, nous avons assigné, remis et donné, comme par ces présentes assignons, remettons et donnons à perpétuité, et par donation pure, simple et invariable, la susdite maison du prieuré Saint-Hippolyte, située tout joignant l'église du dit saint dans la ville de Thonon, avec les appartenances et dépendances pour en icelle fonder, ériger et dresser, comme desjà on avait commencé de faire, un auberge de refuge à tous ceux qui, inspirés du Saint-Esprit, s'y voudront rendre pour abandonner l'hérésie et revenir à la vérité de la religion catholique ; lequel auberge sera fondé comme il estoit, et dès à présent nous le fondons de nouveau soubs le titre et l'invocation de la glorieuse Vierge Marie mère de Dieu, protectrice de la couronne de Savoie, et s'appellera la maison de Nostre Dame de Compassion, pour et aux fins que dans icelle et du revenu qui lui sera donné soit dorénavant entretenus théologiens et prédicateurs pour enseigner la jeunesse aux lettres humaines, philosophie et théologie, comme aussi maistres experts en divers mestiers pour enseigner les jeunes gens d'inférieure condition, et leur apprendre l'art et métier auquel ils se trouveraient plus inclinés et capables ; confirmant dès à présent toutes concessions, donations et octroys par nous faits en faveur de la dite maison lorsque nous étions au dit Chablais, et donnant de nouveau en tant que de besoin la dite maison du prieuré Saint-Hippolyte à l'usage susdit. Item les huit mille escus déposés comme sus est dit à nous appartenant, avec les autres huit mille qui se payeront en huit années, ensemble tous arrérages des tailles que peuvent debvoir ceux de la ville de Genève pour les biens qu'ils possèdent rière nos estats, comme aussi la dite décime des dites récompenses et libéralités tant générales que particulières, que nous ferons cy après à nos subjects delà les monts, avec tout le surplus des privilèges, exemptions et immunités au dit auberge de vertu de cette ville, concédons pour en jouir, user, disposer et faire tout ainsi qu'il sera porté et déclaré par les statuts et règlements qu'ils feront à part touchant la forme, l'entretennement et l'administration de la dite maison de Nostre Dame de Compassion, laquelle nous avons remise et remettons par ces nostres dictes présentes à l'entière protection et disposition de Sa dicte Saincteté, luy donnant plein pouvoir et autorité, et à ceux qu'il lui plaira commettre et député de sa part, de prendre et choisir telle place et maison au dict Thonon que bon luy semblera, où la desjà par nous assignée et donnée ne se trouverait propre et capable pour effectuer entièrement les dictes intentions, nous réservant seulement la supériorité et protection temporelle de la dicte maison, et d'accomplir dès aussitost qu'il plaira à la divine bonté nous permettre de passer delà les monts pour ce que l'interruption de la dernière guerre survenue et autres sinistres empeschements nous ont détourné de mettre en pleine et entière exécution. Et donnons cependant en commandement à M. d'Albigny nostre cousin et lieutenant général delà les monts, ensemble à nos très chers, bien amés et féaux conseillers tenant nos sénats et chambre des comptes delà les monts, et à tous nos autres ministres et officiers quelconques tant gouverneurs que juges mages de la province mesme du dit duché de Chablais, et tous autres nos vassaux et subjects qu'il appartiendra, d'obéir promptement et sans difficulté à tout ce que pour ce regard leur sera proposé, enjoint et commandé de nostre part par les commissaires auxquels nous donnerons charge et plein pouvoir d'accomplir et effectuer ce que dessus, et ce à peine de privation d'office et nostre disgrace perpétuelle, car tel est nostre vouloir. Donné à Turin le dernier jour du mois de juillet 1601.

Signé : CHARLES-EMMANUEL.

(Archives du Sénat de Chambéry).

15, p. 197.

Additions aux instructions données à vous président Vivalde et sénateur Brayde pour les affaires de la Sainte Maison de Nostre Dame de Thonon.

1º Vous mettrez peine que toutes les bulles de Sa Sainteté sur ce fait soient promptement exécutées, et quand à l'érection s'il n'est possible qu'autre évesque aille à Thonon au moins pour la fête de la Purification ou Annonciation Nostre Dame, ferez en bonne forme avec le Révérendissime Evesque de Genève le procès verbal de la dite Sainte Maison, changeant le titre de l'église Saint-Hippolyte au titre de Nostre Dame avec application de tous les droits et dépendances du dit prieuré à la dite Saincte-Maison, ce qui sera envoyé à Sa Sainteté pour le confirmer, afin de prendre par ce moyen le sainct jubilé en la dite église qui s'appellera dès lors église Nostre Dame de la Maison de Thonon.

2° Quant à l'érection, dépendances d'icelle, élection, nomination des personnes ecclésiastiques ou séculières, régime, gouvernement et plusieurs choses qui concernent la forme de l'institut de la Sainte-Maison, seront ensuivis les mémoires et instructions données à père Chérubin capucin, commis sur ce faict à Rome et encore ici par le Révérendissime Nonce de Sa Sainteté, auquel de même donnons pouvoir de tout ce qui nous touche, et lui en avons déclaré nostre intention soit pour le regards des dicts ecclésiastiques et séculiers qu'on y admettra, comme aussi pour autres chefs importants au bien de ce négoce, à quoi chacun taschera se conformer. Le mesme disons pour ce qu'appartiendra au saint jubilé, que ce qu'en avons résolu de bouche avec le dict père Chérubin soit accompli et observé exactement, encore qu'il n'apparaisse par aucune escripture, et le recevront pour un singulier service.

3° Et selon la résolution prise en l'assemblée générale tenue devant nous et le consentement du Révérendissime Nonce de Sa Sainteté, ferez qu'on mette en la bourse commune de l'économe de la Sainte-Maison tous les biens et revenus ecclésiastiques pris ou à prendre pour les huit pères destinés à l'église Saint-Hippolyte par bref appliqué et assigné par le seigneur Révérendissime Évêque de Genève sur les biens d'église du Chablais et dépendants d'iceluy pour tous prédicateurs épars deça et delà par les balliages, et surtout le revenu tant du passé réservé en main de l'économe commis, qu'à l'avenir, du prieuré Saint-Hippolyte ; faisant rendre compte au dit économe qui en a eu charge, et pour l'ornement du corps de cette Saincte-Maison procurer que tous les ecclésiastiques, surtout les curés, qui sont seulement à deux lieux distants tous aux environs de Thonon, s'y agrègent et unissent, y servent de leurs talents, et en dépendent comme unis à icelle, que s'ils sont lecteurs ou officiers principaux pourront par vicaire les jours fériaux suppléer à leurs cures et exercer quelques charges à la dicte Saincte-Maison pour l'amplifier et aider mesme pour satisfaire aux dictes lectures, et les dicts huit pères suivront l'institut de l'Oratoire porté par la bulle fondamentale.

4º Les révérends pères Jésuites auront part au gros du revenu pourvu qu'ils se payent par la bourse commune et ce à proportion des bons lecteurs qu'ils fourniront à la Saincte-Maison au nom de laquelle se feront les lectures et exercices et feront néantmoins les dits pères entrer au compte les deniers que Sa Saincteté fait payer au dit Thonon destinés du commencement à ce sainct œuvre et continue à se payer pour eux, qui sont trente six escus d'or le mois, désirant grandement sellon les conventions verbales faites avec les dicts pères Jésuites que leurs charges s'étendent aux lectures publiques, toujours au nom de la dicte Saincte-Maison sellon l'ordre qu'elle en establira.

5º Pour ce, quant à l'université, leur assigner les grandes lectures de la philosophie, théologie, cas de conscience, surtout des controverses, et les langues; les petites lectures d'humanité et autres leçons les faire faire par les pères capables de la Saincte-Maison, comme sont les curés unis, ou par personnes séculières, et ce pour obvier aux frais et despenses nouvelles, laissant liberté aux pères capucins s'ils voudront choisir ou la lecture des langues ou de la théologie scholastique ou positive, ou autre qu'ils pourront faire, de lire publiquement en la Saincte-Maison, ayant agréable encore pour dignes respects que les dicts pères capucins prennent la charge des prédications, d'aller aux missions, et exercer cette fonction tant à Thonon qu'en tous balliages ; le tout aussi afin que la dicte Saincte-Maison ne soit chargée d'entretenir hommes en plus grand nombre qu'il n'y a encore le moyen, et que chacun des entretenus soit utile en la charge qui lui sera à exercer plus commode pour donner bonne réputation à ce saint œuvre.

6º Le surplus des professeurs aux sciences et maîtres aux arts mécaniques se choisira par vous, en telle façon que nul ne soit admis qu'il ne fasse entrer quelque belle utilité et gain à la Saincte-Maison, estant ainsi nécessaire pour avoir part aux privilèges d'icelle.

7º Mais désirant remédier au très grand mal de l'âme et du corps, à cause qu'en tous les balliages et lieux circonvoisins il n'y a ni apothicaires ni médecins catholiques, vous en appellerez un ou plusieurs d'icelle profession des plus propres, lesquels servant au bien de ce pays la feront stipendier par commune distribution de leurs gages sur les dits pays y joignant le Genevois et Faucigny qui se sert quasi en tout des hérétiques, et y mettant pour sa part la noblesse, étant œuvre pie. Les médecins pourront se répartir les temps, afin que toujours il y ait leçon ordinaire de médecine, et soient estimés comme professeurs apostoliques et ducaux, et les chirurgiens enseigneront la chirurgie aux enfants et personnes de la dite Maison, et serviront tous les pauvres des dits pays gratuitement, inhibant de par nous à tous les hérétiques exercer les dits arts pour les grands périls et accidents qui en surviennent, vendre ou trafiquer, ou se servir de leurs denrées, dont à ces fins selon le taux raisonnable qui s'en fera par experts et qui n'excèdera celui auquel on vend ailleurs, on pourvoira à la boutique commune de la Saincte-Maison de toutes drogueries, épices et choses semblables, en donnant gratuitement aux pauvres et prêtant à crédit aux nécessiteux.

8° L'assiette de la dicte Saincte-Maison, membres, officines et dépendances devant estre bien dressées, et mesme en manière de fortification, y devant estre le corps pour tous les ecclésiastiques, l'université et l'albergue avec toutes ses dépendances, nous voulons qu'on se serve à cest effect de toutes maisons, lieux et places commodes à nous appartenant et tenus par qui que ce soit, ecclésiastiques ou autres, les accommodant ailleurs avec estimation qu'on en fera du prix qu'ils valent à présent, dont pour vous en désigner quelque chose : prendre la gallerie ou grande escurie avec toute la closture des jardins et plassages de nostre chasteau pour le couvent des pères capucins, afin que cela soit enclos par des murailles, et du corps de la dicte Saincte-Maison, tirant droict riesre nostre chasteau, et de là en avant pour y enclore en quarré toute la vieille ville de part et d'autre dès le lac comme il est de besoin................, au moins en dessein, ce qui servira encore pour limiter la dicte Saincte-Maison, faisant le mesme en autres parts servir tous les lieux et choses qui seront nécessaires pour dresser comme dessus ce sainct œuvre.

9° A chasque partie et dépendance de ceste maison sera bien de donner tout le commencement possible, establissant charges et offices sellon les mémoires remises comme avons dit au père Chérubin mesme au faict des ecclésiastiques, études et arts.

10° Et survenant quelque doubte où il faille pourvoir, entendons comme si cella estoit icy expliqué que vous y pourvoirez promptement, ce que voulons estre observé pour le saint jubilé en tout l'estat de delà les monts ; mais néantmoins aurons à plaisir qu'exécutiez touchant icellui les desseins qu'en avons discouru avec le père Chérubin, comme de bouche il vous dira.

11° Vous pourvoyrez que tous hostes et vendeurs quels qu'ils soient tant ès balliages que autres lieux voisins, ne survendent les choses, et y mettrez prix raisonnable à chacune, et pour l'ayde des frais que supportera la Saincte-Maison, taxerez ce que chascun des dicts vendeurs devra payer pour la commodité qu'il recevra, de quoi faisons application et don à ce sainct œuvre.

12° Avons donné aussi tous les restants et arrérages des tailles et charges publiques dues pour les biens qui sont rière les dicts balliages pour les années précédentes, mesme par ceux qui se sont exemptés des dictes tailles et autres qui estant nos naturels subjects, pour nous défrauder, se sont faits appeler bourgeois ou alliés des villes étrangères, unis avec elles ou au nom d'icelles ont porté les armes contre nostre service par fraude, violence et menaces, s'exemptant des dictes charges communes au détriment des pauvres, lesquels méritent bonne amende, applicable comme est dict ; en toutes choses les nécessiteux et gens de bien sont gratiffiés.

13° Les amendes qui proviennent à nostre part des fondations de sel, sont aussi appliquées comme dessus.

14° Plusieurs occasions de la licence de la guerre ont fait faire plusieurs dettes forcés, usuraires, frauduleux et contre tous debvoirs pour la nécessité où estaient réduits les pauvres, lesquels voulons estre condamnés à grosses amendes quelsqu'ils soyent, applicable avec la confiscation du debte comme dessus.

15° Vous ferez aussi effectivement jouir la dicte Saincte-Maison du don et application que lui avons faites par le passé, auxquelles fin cest escript aura vigueur de patentes de donation, de toutes les amendes et confiscations généralement provenantes pour tous crimes et délits commis jusqu'au présent jour rière les balliages de Chablais, Ternier et Galliard de quelque nature qu'ils soient, et ne permettrez qu'autre les exige, et procéderez à la recherche de tous les dicts crimes et délits absolument.

16° Voulons qu'en ce nombre entrent ceux qui ont commis crime de lèze majesté divine et humaine, ont fait plusieurs choses en haine de nostre service, qui ne sont nullement reçus ni compris à grace, qui perçoivent charge, solde et deniers de nous, qui en après se révoltent, qui ont dérobé et endommagé les choses de nostre patrimoine, procuré la ruine des chapelles, esglises et œuvres pies, esteint la mémoire d'icelles, qui en peu de temps sans apparence d'autres moyens humains, par le maniement des dictes choses ecclésiastiques, se sont enrichis, ont aboli la mémoire et converti à leur particulier ; lesquelles choses les ferez restaurer et establir au bénéfice de la Saincte-Maison avec amende.

17° Rechercherez les relaps malicieusement en l'hérésie, et tous ceux qui ont induit les personnes, procuré l'exercice de l'hérésie rière nos balliages dès la conversion d'iceux et nostre expresse défense, qui ont fait faire présents et contributions d'argent à ces fins, qui ont en haine de la saincte foi et de nous foullé, injurié les catholiques directement ou indirectement.

18° Et pour accélérer davantage les affaires et gagner temps, nous vous baillons tout pouvoir et authorité de substituer, commettre et députer austres en vostre place tant pour les choses générales que faits particuliers, comme la nécessité requerra en quel lieu que ce soit avec toute l'authorité nécessaire ; voulons touteffois que pour un sénateur, estant besoin d'autres sénateurs, vous serviez du président Favre, Dasvières et Crespin.

19° Et quand il faudra commettre quelqu'un des messieurs de la chambre des comptes, employez Berthier, Carrel et l'advocat patrimonial Bonier et autres subjects que les pères capucins vous proposeront pour substituer.

20° D'autant que plusieurs choses ont été données à la dicte Maison tant par nous que autres, desquelles estant égarés les escripts, vous aviserez d'en avoir la relation des personnes dignes de foi, et sur leurs mémoires ferez force, comme serait les biens des esglises cédés par un Marc de Chablays, de quoi comme nous sommes advertis sont témoins le P. Chérubin et le seigneur d'Avully.

21º Et parceque la donation d'un bien dict *la Sella* rière Ternier faite par d'Avully a esté des premières pour ceste maison, elle ne doibt estre en vain. Pour ce, en cas que l'instrument d'icelle ne se trouve, le ferez signifier au dict d'Avully pour en avoir sa déclaration, et à Beyssonet lequel y avait certain droict, et tenant que telle donation a esté faite et d'Avully en persistant, la ferez exécuter, nonobstant toutes autres choses au contraire. Néantmoins pour le droict qu'aucuns ecclésiastiques y prétendent, puisque Sa Sainteté n'a encore rien bougé au faict général des chevalliers Saint-Maurice, ferez que les dicts ecclésiastiques attendent la volonté de nostre Saint-Père, laquelle, comme sommes advertis, veut prendre connaissance de sa bulle sur ce fait particulier. Pour ce en attendant le jugement la Saincte-Maison demeurera caution des fruits qu'elle percevra des dicts biens, et moyennant cela mettrez en actuelle possession d'iceux, puisque la chose est privilégiée et pour service de la saincte foi catholique.

22º Passant à Saint-Jean de Maurienne mettrez en possession des biens donnés par Bonaventure Fornier avec toutes choses en ce cas nécessaires pour la Saincte-Maison et aliments de la dite Bonaventure.

Donné à Turin ce 4 février 1602.

Signé : CHARLES-EMMANUEL.

16, p. 201.

Risoluzioni fatti nella congregazione tenuta da S. A. S. con li principali signori del suo consiglio e participazione del l'illustrissimo e reverendissimo signore Nunzio di Sua Santità, per dar provizione al principio della Santa Casa della Madona di Compassione di Thonone.

23º « Dopo esservi lette le scritture già spedite, è stato giudicato
« di commetter persona di quà capace e legista, la quale in com-
« pagnia d'uno del senato di Savoia venga li a preparar le cose
« più urgenti, acciochè veniendo dopo il presidente Vivaldo uscia

« qualche principio : e sono stati eletti li signori senatori Braida
« con uno del senato di Savoia e camera dei conti nominati nelle
« instruzioni precedenti.

24° « Questi deputati metteranno in possesso detta Santa Casa
« principalmente delle cose infrascritte : del priorato di Santo
« Hippolyto e dipendenze di esso, di quelli beni ecclesiastici quali
« sono vacanti o ingiustamente ditenuti dell'opera di Ripaglia,
« dell'opera della Confraternità vicina di Thonone, dell'opera ins-
« tituita dalli heretici per dodici figliuoli.

25° « Questo possesso si faccia *servatis servandis* con l'udire le
« raggioni di quelli che vi pretendono qualche cosa, con questo
« pero che non si usi via di litigio ; ma ogni cosa si decida som-
« mariamente *sola veritate facti inspecta* in presenza del suddetto
« senatore.

26° « Nel restante non volendo S. A. derogare ne pregiudiciare
« alle commissioni e scritture già fatte, anzi confermandole aspet-
« tando la commodità di mandar il detto presidente Vivaldo,
« ordina e da authorità a questi deputati di perseguire tutte
« l'altre cose concesse in favore e beneficio di detta Santa Casa
« con destro modo.

27° « Si ordina che nella casa delle letture vi staranno gli uffi-
« ciali, e tutti padri e sacerdoti siano provisti di casa separata a
« meglio che si potrà ; e quanto a tutte le altre cose si conforme-
« ranno detti deputati alle predette instruzioni e patenti già
« spedite.

« In Thorino alli 6 di febrajo 1602.

« Signé : CHARLES EMMANUEL. »

17, p. 204.

Frère Chérubin, prédicant de l'ordre Saint-François, dit Capucins, commissaire et délégué apostolique en ce faict, comme appert par lettres apostoliques et patentes sur ce expédiées, spécialement du 13 février 1602, député aussi par Son Altesse Sérénissime pour l'érection, fondation, adresse et advancement de la Sainte-Maison de Nostre-Dame de Compassion à Thonon et confrairie dépendante d'icelle comme de ce font foi les instructions signées de sa dicte Altesse à ses commissaires, ayant eu communication des susdites déclarations et consentement prestés par les députés de la dicte Sainte-Maison envers S. A. pour la résolution des difficultés contenues en advis envoyés de la part des souverains senat et chambre des comptes de Savoye, après avoir examiné diligemment le contenu en huit feuillets précédents, en considération de la louable fondation qu'est faite par sa dicte Altesse de divers biens et privilèges à ce saint œuvre contenus en divers chefs des dictes patentes, de quoi sa dicte Altesse me fit porter parole au Saint-Siège apostolique, et depuis fit présenter à Sa Sainteté les patentes avec les sceaux dorés de saint Maurice pour condescendre, afin qu'avec bon exemple de toute la chrétienté soit mise fin à ceste affaire. De l'autorité et pouvoir à moi donné j'advoue et ratiffie les susdites déclarations favorablement faictes pour conserver les droits et jurisdiction du domaine de sa dicte Altesse, pourvu touteffois que les articles fondamentaux des biens donnés et privilèges octroyés à la dicte Saincte-Maison demeurent inviolables en l'entérinement des patentes diverses sur ce expédiées, comme est contenu ès dictes déclarations, et ce afin que la fondation soit vraiment dictée du prince et de ce qui est de son estocq. Prestant aussi consentement que les susdicts seigneurs de la chambre par leur prudence accomodent les articles difficiles le plus raisonnablement que faire se pourra sans diminuer le revenu et privilège accordé. De mesme consens du pouvoir spécial que j'ai sur l'établissement de la Saincte-Maison que les seigneurs conseillers qu'à présent S. A. eslira premiers officiers et magistrats de la maison puissent faire toutes les choses dont parlent les dictes déclarations, taxer les droits en particulier accordés sur l'extraction des denrées, de modérer les difficultés survenantes en l'œuvre. Jugeant nécessaire touteffois que les dicts députés feront advouer telles déclarations par les principaux officiers ecclésiastiques et séculiers de la Saincte-Maison et confrairie dépendante ; et que l'acte d'adveu soit authorisé par Révérendissime Seigneur François de Sales, préfet nommé de l'Oratoire de la dicte maison par Sa Saincteté, et de plus maintenant évesque diocésain, le tout pour plus grande corroboration de ce qu'il a plu à Son Altesse estre déterminé par la voie de ses déclarations. En foy de ce me suis soubsigné, et ai apposé le sceau ordinaire de la dicte Saincte-Maison, à Thurin, ce 25 novembre 1602.

F. Chérubin.

18, p. 210.

Lettre du cardinal Aldobrandino au P. Chérubin.

« Reverendo in Christo Padre. — Nostro signore, con molto
« affetto d'anima, da la sua benedizione a Vostra Riverenza per-
« chè possa faticare nella vigna del Signore, con il solito zelo et
« carità; e quanto alle facoltà che desidera, spero che o di quà
« o da monsignore Nuncio in Torino ella resterà consolata. Con-
« servisi sana, che Dio benedetto la assista sempre con la sua
« santa grazia, et perfine mi raccommando alle sue orazioni.
« Di Roma li 26 di gennaro 1602.
« Cardinale Aldobrandino. »
(Al piacer suo).

Extrait d'une lettre du même cardinal à Mgr Charles Broglia. archevêque de Turin, délégué apostolique pour la Sainte-Maison.

« Illustrissimo et Reverendissimo Signore come fratte. — Con
« l'ordinario passato scrissi a V. S. con mandarli la facoltà che si
« vedeva essere necessaria per esecutione delle cose ordinate da
« Monsignore vescovo di Forli *bonæ memoriæ* per servitio della
« casa di Tonone, et credo che la facoltà abbracci tutti i capi che
« desidera il R. F. Cherubino. Se pur si facesse scrupolo o diffi-
« coltà in qualcheduno particolare me lo avisi pechè lo procurerò
« subito da Nostro Signore.... »
« Di Roma li 23 di marso 1602. »

Délégation de l'Archevêque de Turin au P. Chérubin.

« Carlo Broglia per grazia di Dio e della Santa Sede Apostolica,
« arcivescovo di Torino, e in questa parte delegato apostolico.

« Essendo noi sorrogati in luogo di monsignore vescovo di
« Forli, bonæ memoriæ, nunzio di Sua Beatitudine all'esecuzione
« degli ordini per lui dati in quelle cose che toccano la Santa
« Casa di Tonone e la erezione e fondazione sua, e il giubileo che
« si ha da publicare in quelle parti per lettere dell'illustrissimo
« signore cardinale Aldobrandino del tenore infra e a noi scritte,
« cioè : Illustrissimo e Reverendissimo Signore come frate.
« Havendo monsignore Nunzio, bonæ memoriæ, dato alcuni ordini
« per la Casa di Tonone, e per la publicazione del santo giubileo
« in quelle parti, la dilatione di quelle viene esposta a Nostro Si-
« gnore che potrà causar gran danno e pregiudizio in quelli paesi,
« si è contentata Sua Santità di sorrogare Vostra Signoria all'ese-
« cuzione di detti ordini, e in quelle cose che toccano la medesima
« Casa e giubileo in luogo del morto Nunzio, sino che sarà fatta
« nuova provizione e che verrà Costa nuovo ministro da Sua
« Beatitudine, dandole in virtù di questa mia la facoltà necessaria
« in tutti quelli gli bisognerà per le cose sudette, e Dio la con-
« servi, ricordandole di dar conto di quello che audrà facendo.
« Di Roma li 13 di marzo 1602. Sottoscritta : di Vostra Signoria
« come frate affettuosissimo, il cardinale Aldobrandino ; e so-
« prascritta : all'illustrissimo e reverendissimo signore come frate
« Monsignore Arcivescovo di Torino. — In virtù dunque di tal
« facoltà, confirmando noi tutto quello che sopra è stato ordinato
« dal detto fù monsignore Nunzio, e quanto fadi bisogno conce-
« dento di nuovo e in particolare tutte le concessinni fatte al nos-
« tro reverendo padre frà Cherubino di Mauriana dell'ordine
« dei Cappuccini e predicatore, e capo degli suoi predicatori della
« missione santa, per conto delle cose di Tonone, cose circa la
« erezione, fondazione e manutenzione di quella Santa Casa,
« come circa le cose concernenti il santo giubileo, ordinamo e
« commandamo che li sudetti ordini, concessioni e scritture
« siano intieramente e seconde il tenore loro eseguite senza alcuna
« difficoltà ne scrupolo in tutto e per tutto, tanto da ecclesiastici
« e religiosi, quanto da secolari, sotto pena arbitraria a Nostro Si-
« gnore e a noi, e in sussidio della scommunica. Concediamo di
« più per le presenti a tutti li religiosi predicatori cappuccini che
« si trovano in Tonone e che vi andranno per il santo giubileo, le

« facoltà che sono soliti havere li predicatori della missione per
« quanto potramo e si estende l'autorità nostra, in virtù della su-
« detta lettera dell'illustrissimo signore cardinale Aldobrandino.
« In fede di tutto che habbiamo fatto fare le presenti che
« saranno firmate da nostra propria mano e sigillate col solito
« sigillo nostro. Date in Torino nell'arcivescovato nostro alli 7
« di aprile 1602.

« CARLO ARCIVESCOVO di Torino. »
« Collata cum proprio originali per me.

« Fr. CHERUBINUM à Mauriana cap. »
(Sceau de la Sainte-Maison).

Autre lettre du cardinal Aldobrandino au P. Chérubin.

« Reverendo in Christo Padre. — L'esecuzione di quanto ha-
« veva ordinato monsignor di Forli nunzio, *bonæ memoriæ*, per
« servizio delle missioni e della Casa di Tonone fù concessa d'or-
« dine di Nostro Signore a monsignore arcivescovo di Torino con
« la facoltà necessaria, e ciò con mie lettere particolari. Onde
« occorrendo alcuna cosa per servizio o dell'una o dell'altra di
« queste opere pie, potrà vostra riverenza lasciarsi intendere col
« medesimo arcivescovo perchè potrà in virtù d'ell' autorità che
« tiene di far quello che bisognerà in esecuzione come ho detto
« di quello che fù ordinato da monsignore nunzio. Attenda vostra
« riverenza a continuare col medesimo zelo a fruttificare nella
« vigna del Signore, e quando si manderà nuovo nunzio, che
« si procura che sia presto, non si lascierà di darli quei ricordi
« che saranno necessarii per servizio delle missioni e della su-
« detta Casa di Tonone.

« Conservisi sana, che perfine me le raccommando con lutta
« l'anima.

« Di Roma li 17 aprile 1602.

« Il cardinale ALDOBRANDINO. »
(Al piacer suo).

(Les originaux de ces pièces se trouvent dans les archives du couvent des Capucins de Turin.)

19, p. 210 et 253.

Voici ces pouvoirs, qui déjà avaient été accordés précédemment au chef de la mission, sous le pontificat de Clément VIII. Ils furent renouvelés en faveur des missionnaires qui n'iraient à Thonon que pour le jubilé.

1º « Administrandi omnia sacramenta, etiam parrochialia, or-
« dine et confirmatione exceptis, et quoad parrochialia in diœce-
« sibus ubi non erunt episcopi, vel ordinarii, vel eorum vicarii,
« vel in parochiis ubi non erunt parochi, vel, ubi, erunt, de
« eorum licentiâ.

2º « Absolvendi ab hæresi, et apostasiâ à fide, et a schismate
« quoscumque, etiam ecclesiasticos tam sœculares quam regu-
« lares, non tamen eos qui ex locis fuerint ubi sanctum officium
« exerceretur, nisi in locis missionum deliquerint, nisi isti nati
« sint ubi impunè grassantur hæreses, et post judicialem abjura-
« tionem illuc reversi in hæresim fuerint relapsi, et hos in foro
« conscientiæ tantum.

3º « Absolvendi ab omnibus casibus reservatis, etiam in bullâ
« *In cœnâ Domini* contentis, primò conversos ad catholicam fidem
« tantùm, remissis aliis ad Nuntium.

4º « Absolvendi et dispensandi in quacumque simoniâ, et in
« reali dimissis beneficiis, et super fructibus malè perceptis
« injunctâ aliquâ eleemosynâ salitari arbitrio dispensantis, et in
« foro conscientiæ tantùm.

5º « Tenendi et legendi, non tamen aliis concedendi, libros
« hæreticorum vel infidelium de eorum religione tractantium, ad
« effectum eos impugnandi, et alios quomodolibet prohibitos,
« præterquàm opera Caroli Molinei, Nicolai Machiavelli, et libros
« de astrologiâ judiciariâ principaliter, vel alio quovis modo de
« eâ tractantes, ita tamen ut libri ex illis provinciis non efferan-
« tur.

6º « Celebrandi missam quocunque loco decenti, etiam sub
« dio, sub terrâ, unâ horâ ante auroram, et aliam post meridiem,
« bis in die, si necessitas cogat, si tamen in primâ missâ non

« sumpserit ablutionem, et super altari portatili etiam fracto aut
« læso, et sine sanctorum reliquiis, et præsentibus hæreticis
« aliisque excommunicatis, si aliter celebrari non possit et non
« sit periculum sacrilegii, dummodo inserviens missæ non sit
« hæreticus vel excommunicatus. Hujusmodi autem facultate bis
« in die celebrandi nullatenùs uti liceat, nisi rarissimè et ex gra-
« vissimis et urgentissimis causis, in quo graviter ejus conscien-
« tia oneratur; quod si ad præsens aut imposterum quandocum-
« que aderit episcopus, aut vicarius generalis aut capitularis, sive
« vicarius apostolicus, ad cujus diœcesim seu administrationem
« pertineant loca, ubi secundò celebrari contigerit, præfata fa-
« cultas bis celebrandi nullius prorsùs sit roboris ac momenti,
« nisi priùs prædicto episcopo, aut, eo absente, ipsius vicario ge-
« nerali, aut respectivè capitulari, aut vicario apostolico fuerit
« exhibita, ab eoque examinatæ et approbatæ fuerint in scriptis
« causæ eà utendi, nec aliter concessa intelligatur, quàm juxtà
« moderationem ab eo apponendam, et non aliter, cujus episcopi
« seu vicarii conscientia oneratur, ut nonnisi ex urgentissimis
« causis, ut supra dictum est, et ad breve tempus eà uti permit-
« tat. Quam tamen facultatem poterit episcopus, seu vicarius, si
« in Domino fuerit visum expedire, ad aliud breve tempus plu-
« ries, et eadem servatâ formâ, prorogare, intra tempus in hâc
« facultate a Sancta Sede concessum, et non ultra. Idipsum autem
« prorsus servetur ab iis quibus hæc eadem facultas celebrandi
« bis in die juxta potestatem inferius apponendam communicata
« fuerit, adeo ut nemo ex ipsis, nisi juxta moderationem ab epis-
« copo, vel ejus vicario generali, vel capitulari, seu vicario apos-
« tolico, ut dictum est, singulis apponendam, hujusmodi facul-
« tate uti valeat, injuncto eorumdem episcoporum seu vicariorum
« conscientiæ, ut ultra superiùs dicta, non omnibus indifferenter
« quibus fuerit communicata, vel paucis duntaxat, iisque maturio-
« ris prudentiæ ac zeli, et qui absolutè necessarii sunt, nec pro
« quolibet loco, sed ubi gravis necessitas tulerit, et ad breve
« tempus, ut dictum est, facultatem quoad hoc communicatam
« approbent.

7° « Dispensandi et commutandi vota simplicia in alia pia
« opera, exceptis votis castitatis et religionis.

8º « Dispensandi in foro conscientiæ super irregularitate ex
« delicto occulto proveniente, et non deductâ ad forum conten-
« tiosum, non tamen ex homicidio voluntario aut bigamiâ.

9º « Dispensandi cum conversis ad fidem catholicam in 3º et
« 4º gradu consanguinitatis et affinitatis, simplici et mixto tan-
« tùm, quoad præterita matrimomia, et in prædictis casibus pro-
« lem susceptam declarandi legitimam.

10 « Dispensandi cum eisdem super impedimento publicæ
« honestatis ex sponsalibus proveniente.

11º « Dispensandi cum eisdem super impedimento criminis,
« neutro tamen conjugum machinante.

12º « Dispensandi cum eisdem in impedimento cognationis
« spiritualis, præterquàm inter levantem et levatum.

13º « Hæc vero matrimoniales dispensationes, videlicet 9, 10,
« 11 et 12, non concedantur nisi de consensu episcoporum, ubi
« erunt, et cum clausulâ, modò mulier rapta non fuerit, vel si
« rapta fuerit, in potestate raptoris non existat, et in dispensa-
« tione tenor hujusmodi facultatum inseratur, cum expressione
« temporis ad quod fuerint concessæ.

14º « Restituendi jus petendi debitum amissum.

15º « Concedenti indulgentiam plenariam in oratione 40 ho-
« rarum ter in anno, de consensu episcoporum, si ibi erunt, in-
« dicendâ, diebus benè visis, contritis et confessis, et sacrâ com-
« munione refectis, si tamen ex concursu populi et expositione
« Sanctissimi Sacramenti nulla probabilis suspicio sit sacrilegii
« ab hæreticis aut magistratu offensum iri.

16º « Concedendi indulgentiam plenariam primò conversis ab
« hæresi, atque etiam fidelibus quibuscumque in articulo mortis,
« saltem contritis, si confiteri non poterunt.

17º « Lucrandi sibi easdem indulgentias.

18º « Singulis secundis feriis, non impeditis officio 9 lectionum,
« vel, iis impeditis, die immediatè sequenti, celebrando missam
« de *requiem* in quocumque altari, etiam portabili, liberandi ani-
« mam secundùm ejus intentionem a purgatorii pœnis per
« modum suffragii.

19º « Communicandi has facultates in totum, vel in parte, fra-
« tribus suæ missionis, quos Sacra Congregatio de Propagandâ

« Fide destinaverit et approbaverit, et non aliis, tam pro omnibus
« locis in eâ missione contentis, quàm pro aliquibus eorum, et ad
« tempus sibi benè visum, prout magis in Domino expedire judi-
« caverit, necnon easdem, quaternis opus fuerit, revocandi, sive
« etiam moderandi, tam circa illarum usum, quàm circa loca et
« tempus easdem exercendi, ita tamen, ut nec eisdem præfectis
« et commissariis apostolicis, nec ipsorum cuilibet, liceat eisdem
« ullo pacto uti extra fines eorum missionum.

20º « Et prædictæ facultates gratis et sine ullâ mercede exer-
« ceantur, et ad annos missionum concessæ intelligantur. »

20, p. 248.

Le P. Maurice Gambarini, appelé tantôt de la Morra, tantôt de la Marche, était docteur en théologie et professeur, prédicateur et controversiste renommé. En l'année 1596, il fut, à la demande du duc Charles-Emmanuel, envoyé avec d'autres religieux de son ordre pour travailler à la conversion des hérétiques des vallées vaudoises du côté du Dauphiné. On trouve dans le tome 5 du bullaire des Capucins de nombreux documents officiels, émanés les uns du Saint-Siège et de ses nonces, les autres du duc de Savoie, relativement à cette mission, dont l'histoire vraie et complète est encore à faire.

Cinq ans après, le Pape envoya le P. Maurice rejoindre le P. Chérubin et ses compagnons. Le nonce, Jules César Riccardi, archevêque de Bari, lui délivra alors de nouvelles patentes datées du 13 mai 1601 [1]. Charles Emmanuel adressa en même temps l'appel suivant aux protestants du Chablais :

« Charles Emmanuel par la grâce de Dieu duc de Savoye, etc. A nos amez et féaulx subjects des duché de Chablays et bailliages de Ternier et Gaillard salut. Comme ainsy soit qu'à nostre instance et prière nostre sainct Père le Pape Clément VIII manda n'aguères plusieurs prescheurs cappuchins de mœurs et vie exemplaires prescher le sainct évangile en nos vallées confins du Daulphiné, entre lesquels feust nostre cher bien amé et féal père

---

[1] *Bullar. Capucin.*, t. V, p. 133.

Mauris de la Mora, Sa Sainteté en continuation du soing paternel qu'elle a du salut des hommes a voullu envoier le dit relligieux de la Mora et ses compagnons ès nos dicts païs de Chablais, Ternier et Gaillard, diocèse de Genève, et autres lieux avec grandes et spirituelles autorités pour y prescher le sainct évangile, affin que allanz ouyir leurs sermons et des aultres qui seront mandés à cest effect en traictant famillièrement et librement avec eulx vous puissiez parvenir à la cognoissance de la vraye foy catholique apostolicque et romainne au girond de laquelle nous vivons et nos propres enfants et ont vescu tous nos ayeulx et prédécesseurs, et affin que leur arrivée de delà puisse produire le fruict que nous désirons, meus principalement de la singulière affection que nous vous portons comme à nos chers et bien amez subjects et poussés du désir que Dieu nostre Seigneur nous donne très grand de vostre salut, nous vous exortons aultant affectueusement que nous debvons et neantmoings commandons à chascung de vous en général et particullier d'aller ouyr rière vos paroisses ou ailleurs les sermons que se feront par les dicts frères capuchins et aultres mandés comme dessus et y faire aller vos femmes et enfants sans aulcune difficulté, car ayant longuement suivy la faulce doctrine de Calvin et aultres semblables ministres contre le salut de vos ames et contre la vérité de l'évangile il nous semble très raisonnable que vous debvez prendre résolution quicter et ouyr volontiers la parole de Dieu laquelle promect et baille en effect l'éternelle béatitude à tous ceux qui l'oient et la gardent, pour ce aussi nous vous hexortons semblablement et vous commandons de mander vos enfants aux escolles qui seront dressées et tenues par les dits pères, par lesquels ils seront gratieusement enseignés selon la capacité de chascung des dits enfants, mais affin que iceulx pères et relligieulx puissent continuer si bonnes saintes operations au salut de vos ames, nous vous exortons et invitons aussy a ouvrir largement vos aulmonnes et bienffaicts envers eulx puisque ils souffriront et prendront tant de peynnes pour le bien de vos ames. Promettans de nostre gré et libérale volonté qu'à l'endroict de ceulx qui se comporteront charitablement envers iceulx relligieulx nous témoignerons nostre gratitude en tout ce que se presentera de raisonnablement les gratiffier :

Sy mandons et commandons a tous nos magistrats ministres officiers justiciers vassaulx et subjectz a chascung deulx comme il appartiendra de tenir main a l'observation des presentes et a ce qu'il n'y soit attempté contre les personnes des dits relligieulx et aultres servants a iceulx d'effaict et de paroles par qui que ce soit, ains qu'ils soient honorés et respectés comme vrays ministres de Dieu a peynne de la vie contre les contrevenants, les pregnants soubz nostre sauvegarde et recepvant pour propres tous les desplaisirs et injures qui leur seront dictes et faictes, et au contraire de mesme tout le bien honneur et regrets que leur sera voué, car tel est nostre voulloir. Donnés à Thurin le 20 juing 1601.

CHARLES EMANUEL.

Vériffié par arrest du 20 novembre 1601.

(Archives du Sénat de Savoie).

On trouve aussi cette lettre-patente, traduite en latin, dans le Bullaire des Capucins, t. V, p. 127.

21, p. 264.

Lettres testimoniales de Hildebrand de Riedmatten, évêque de Sion, en faveur du P. Chérubin et de ses compagnons.

« Hilteprandus à Riedmatten, permissione divinâ Episcopus
« Sedunensis, præfectus et comes Vallesiæ, imperiique prin-
« ceps, nec non et capitulum nostrum Sedunense, ad sonum
« campanæ pro more capitulariter et calendariter congregatum,
« virtute præsentium pariterque, manifestum facimus universis
« quod, postquam ex urgentissima necessitate ad afflictam in
« Vallesiâ aut nostram in Sedunensi diœcesi ecclesiam, pertur-
« batumque fidei orthodoxæ et catholicæ negotium, ejusque sa-
« lutem stabiliendam et reformandam, tàm auctoritate SS. D. N.
« Clementis VIII Summi Pontificis, quàm ejusdem Illustrissimo-
« rum et Reverendissimorum Nunciorum Apostolicorum, Tauri-
« nensis, et maximè Joannis episcopi Viglensis, ad helveticos
« sinus, sive circumvicinos helveticæ gentis episcopatus Delega-
« torum eorumque mandatorum interventu, Reverendos Patres
« ac Religiossimos Fratres Capuccinos pro pullulantibus ziza-

« niis extirpandis, necnon et instantibus hæresibus, sive schis-
« matibus jam satis infestis et erroneis reprimendis, ad sacro-
« sancti Evangelii opus, in Catholicæ Ecclesiæ frugem, tàm
« Seduni quàm alibi in prementionatâ nostrâ diœcesi Sedunensi,
« missos, et tàm pientissimè designatos, etiam meopte adhibito
« mandato recepissemus, Capitulique nostri præmemorati cum
« consensu admisissemus, puta, pientissimos ac summè reco-
« lendos viros ac Patres, P. Mauritium Camburimum Murrensem,
« P. Cherubinum à Mauriana, P. Augustinum Astensem, P.
« Sebastianum Maurianensem, qui cùm tàm in superiori parte
« quàm equidem in inferiori Vallesiâ, maximè iis in locis ubi
« gallicum exercent et profitentur idioma et linguam, piè et
« salubriter in Verbo Domini laborassent et cum fructu perfecis-
« sent, paterque Reverendus Cherubinus jam quinque conciones
« sanctas, catholicas et exquisitas, et ab omni utrorumque audi-
« torum reprehensione immunes, in civitate Sedunensi, in ejus-
« dem utroque ecclesiarum suggestu promulgasset, hocce opus
« tàm pium, tàm divinum sic feliciter cæptum, et pro refor-
« mandâ Vallesiâ à plerisque ratum et gratum habitum. Inde
« præter omnem expectationem, protestantium civitatum Helve-
« ticarum, Grisonum simul ac Rhætensium internuntiorum dele-
« gatione interceptum, imò veriùs impeditum et supplantatum
« fuit, ita ut hinc quidam septem decenorum decenarii pro nunc
« abierint, vel desciverint retrorsùm, Nobis et prædefinito capi-
« tulo nostro licet invitis et refragantibus, hujus modi pientissi-
« morum et Reverendissimorum Patrum laborem, falcem ac
« messem, tam necessariam, prout saluberrimam et permaximè
« salutiferam, impertinenter admodum abdicantes recusarint, aut
« ad tempus usque differre voluerint. Quocircà iisdem Reveren-
« dis Patribus, quibus præmissis, quàm Reverendissimis, tàm
« permansuris, quàm ad Episcopos, secundùm eorundem obser-
« vantiæ vicissitudinem recessuris reversurisque, quosque pro-
« pitius Deus per gratiam suam, et Nobis, ac patriæ, quàm brevi
« restituat et revocet ; pro reverentia et pietate, ac honore,
« quibus pro eorum optimè meritis, et reverendi, ac dignandi
« sunt, præsens testimoniam impartiri voluimus, eosdemque,
« postquam in districtum episcopatûs Sedunensis diœcesis nostræ

« declinarunt, piè, sanctè, catholicè et orthodoxè dixisse et
« vixisse, verbumque Dei irreprehensibiliter docuisse, inculpa-
« biliterque conversatos fuisse, omnisque virtutis, pietatis, et
« honestatis vitam exemplarem, et omnigenam gratiam et com-
« munionem, tam implicitè, quam explicitè in nos nostrosque
« omnes interposuisse et adhibuisse, per præsentes junctis nos-
« tris sigillis confitemur, et fideliter attestamur. Quosque cum
« sacro Ordine suo misericors Deus Ecclesiæ suæ præelectos et
« selectos in omnes æternitates salvet, servet, atque confirmet,
« denique rogamus.

« Datum Seduni in arce episcopali die decimâ augusti, anno
« ab incarnato Verbo 1603. »

(Extrait du Bullaire des Capucins, province de Savoie, t. V., p. 128 et suiv.)

Le compilateur du Bullaire ajoute les deux notes suivantes:
« Supponunt et hanc ipsam Fratrum nostrorum gloriam verba,
« quibus Clemens papa VIII Fr. Cherubino Maurianensi ad Val-
« lesios se conferre mandavit: Dilecte fili, cùm primùm Sacram
« Tononii Domum, Deo benè juvante, fundaveris, omni studio
« cura ut Sedunensibus populis, quibus fidei interitus imminet,
« quoad fieri poterit, opem feras, idenim et huic Apostolicæ Sedi
« opportunè necessarium, nobisque maximè in optatis est.

« Deus ipse sudores Fratrum nostrorum respexit et compen-
« savit, tùm iis quæ plantarunt et rigarunt incrementum dando,
« tùm operarios, et inter hos præcipuè præfatum F. Cherubi-
« num, signis et prodigiis posterorum memoriæ venerandos effi-
« ciendo. »

22, p. 253.

« Joannes comes Turrianus Dei et Apostolicæ Sedis gratiâ epis-
« copus Veglensis et Sanctissimi D. N. P. Clementis divinâ pro-
« videntiâ Papæ VIII ejusdemque Sanctæ Sedis ad Helvetios et
« Rhætos, eorumque subditos et fæderatos, necnon ad Cons-
« tansem, Sedunensem, Lausanensem, Curiensem, Basiliensem,
« civitates et diœceses, Nuntius, cum potestate legati de latere,
« etc.

« Universis et singulis Christi fidelibus præsentes has nostras
« inspecturis, lecturis pariter et audituris, fidem facimus et
« attestamur, quod nos zelo Dei honoris, fidei catholicæ propa-
« gationis, et salutis animarum commoti, necnon de pietate,
« doctrinâ et exemplo RR. PP. Ordinis minorum S. Francisci
« Congregationis Capuccinorum plurimùm in Domino confisi,
« omnibus præfatæ congregationis patribus in Valesiam totam-
« que diœcesim Sedunensem pro hæreticorum conversione ac
« religionis catholicæ dilatatione missis et mittendis, infrascriptas
« auctoritate apostolicâ concessimus ac concedimus facultates :
« Verbum Dei imprimis prædicandi, et Evangelium explicandi ;
« libros hæreticos etiam prohibitos tenendi et legendi ; confes-
« siones sacramentales quorumcumque pœnitentium, etiam
« hæreticorum et schismaticorum, dummodo non fuerint Itali,
« vel Hispani, aut ex eis apud quos viget sanctissimum inquisi-
« tionis officium, seu relapsi, nec in judicium se delatos nove-
« rint, aut pro hæreticis condemnati non fuerint, eosque in
« foro duntaxat conscientiæ absolvendi ab excommunicationis,
« suspensionis et interdicti, aliisque ecclesiasticis sententiis,
« censuris et pœnis, quas propter hæreses, schisma et errores
« hujusmodi, ac propter lectionem vel retentionem librorum
« hæreticorum aut aliàs quomodolibet prohibitorum, scienter
« incurrerint, abjuratis prius per eos hactenus in ipso sacramento
« pænitentiæ hæresibus erroribus et schismate hujusmodi, et
« accepto ab eisdem juramento de similibus excessibus amplius
« non committendis, ac demum injunctâ eis pro modo culpæ
« pœnitentiâ salutari ; absolvendi item, unicâ tantùm vice,
« omnes concubinarios etiam ecclesiasticos tàm sæculares quàm
« regulares, qui hactenus in concubinatu vixerint, vel ad concu-
« binatum redierint, dimissâ prius tamen concubinâ, vel saltem
« præstito juramento de eâ statim ejiciendâ ; dispensandi item
« unicâ tantùm vice cum dictis personis ecclesiasticis super irre-
« gularitate ex causâ concubinatûs prorsus contractâ, cùm in
« divinis non tamen in contemptu se immiscuerint; absolvendi
« item unicâ tantùm vice singulas personas incarcerantes, vel
« citra sanguinem mulctantes, seu manus violentas injicientes
« in clericos, prævio juramento in futurum a similibus absti-

« nendi, ac satisfacto læso tam quoad damna, quàm quoad ex-
« pensas, si quæ aut quas hanc ob causam perpessus sit aut
« fecerit; dispensandi item cum quibusvis clericis super irre-
« gularitate per eos contractâ, non tantùm ex causâ homicidii
« voluntarii, hæresis, læsæ majestatis, aut bigamiæ, vel malæ
« perceptionis fructuum ecclesiasticorum, ac promotionis ad
« ordines sacros ante canonicum tempus, etiamsi his censuris
« ligati in divinis non tamen in contemptu se immiscuerint; con-
« cedendi quoque licentiam quibusvis personis utriusque sexûs,
« ut quadragesimalibus et aliis prohibitis temporibus et diebus,
« ovis, buttiro, caseo, et aliis lacticiniis et carnibus, de utriusque
« medici consilio, ab secreto et sine scandalo uti et vesci li-
« berè et licitè valeant; commutandi item in alia pietatis opera,
« quæcumque vota......, visitationis liminum apostolorum Petri
« et Pauli de Urbe, S. Jacobi in Compostellà, castitatis et reli-
« gionis votis duntaxat exceptis. Volumus autem supradictas
« omnes facultates habere locum in foro conscientiæ tantùm et
« perdurare ad arbitrium nostrum quousque expedire nobis in
« Domino fuerit visum. In quorumque fidem :
« Datum Lucernæ die 21 aprilis 1603, pontificii SS. D. N.
« anno 12º.
« JOANNES Vegl. episc. Nuntius. »
(Archives du couvent des Capucins de Chambéry).

23, p. 275.

« Epistola Adriani à Riedmatten, vicarii generalis ecclesiæ Se-
« dunensis, ad P. Cherubinum Maurianensem, ordinis Capucci-
« norum concionatorem.

« Admodum Reverende et observantissime Pater Cherubine,

« Siquidem propitius Deus iteranter et ab ovo Vallesiam nostram
« ad Ecclesiæ catholicæ sinum, aut ejusdem quædam dispersa
« sive distracta membra revocet et recolligat, aut merè refracta-
« rios et induratos abigat et præscribat; ad eamdem illustratio-
« nem reddendam nudius quartus primarios civitatis Sedunensis
« patricios, pro vicissitudine hujus sæculi, in domum præstantis
« Domini Joannis In-Albon sæpisper terræ Vallesii et in præsen-
« tiarum Ballivi accersiri curavi, ut reformationis potissimùm

« Sedunensium negotium pertractaremus. Tandem, suffragante
« clero, et interveniente Ballivo Jossen, et quibus supra magis-
« tratûs senioribus voventibus, ut nobis alter Messias Sedusius,
« sive apostolus Vallesius, ad sacrosanctum Domini nostri Jesu
« Christi evangelium cooperandum et complantandum, circà
« Ascensionis festum ratus, gratus, et salvus expectatissimus,
« præsentissimusque, in ejusdem Domini nostri ejusdemque
« sacrosanctæ Theoreticæ perennis populi Sion patronæ gloriam
« expectaberis desideraberisque. Verumtamen, si citiùs expe-
« dieris, velim, ut aliquot dies apud intermontanos, sive Bag-
« nienses, pro quibusdam ibidem fermentatis, Neotericis satis
« reformabilibus (significato mihi priùs in patrios sinus ac fines
« suo accessu) incenderes simul ac persolveres. Interim illam,
« quam superioribus ac novissimis diebus regio nostra sustinuit
« tragædiam, et quadantenus epithasin, denique in catastrophen
« versans, et commemorem, præterire non possum. Comiscani
« supremus decenus, alioquin Vallesiarum partium magis catho-
« lici, cum Margiensibus astipulantibus quibusdam, et maximè
« aliorum sequentium trium decenorum, sive decuriarum, ple-
« beiorum conventibus et communitatibus, potissimùm Sedunen-
« ses ac Leucenses, sive alios quosvis locorum protestantes sive
« hæreticos Anthononios manu forti et cruentâ præscindere ac
« delere susceperant : ne crudele hoc judicium, cùm multi ad
« Ecclesiæ catholicæ gremium obvium atque in gratiam ejusdem
« redire possent, aut intestina alia internecio interveniret ac
« sequeretur, præmonitus ; selectis mihi per singulos aut aliquos
« decenos consularibus viris, decimâ quintâ martii styli novi iter
« ad supremas Comisiæ partes assumimus. Quærimoniarum
« causas, quærulososum finium scriptis et articulis exhibendas
« constanter et pertinenter propulso. Comisiani et Morgienses
« articulos aggravatorios proferunt : Brigienses, et tertium Raro-
« gniani deceni iisdem acquiescunt. Polliceor conventum, aut
« comitia Vespiæ, tanquam in mediterraneo cogenda, quæ in
« quatriduano citissimè numerosa coacervantur, semotis Neote-
« ricis. Interim epithasis sedatur : articuli per majora vota, et
« per quinque potissimum decenos vel decurias approbantur,
« tàm in genere quàm in specie. Rem pacatam iri dum speraba-
« mus, ecce Comisiani Morgienses, quibusdam Brigiensibus ta-

« citè astipulantibus, per quinque pagicos, imo veriùs cantones
« imbuti et instructi, sextâ aprilis, et quidem styli novi, ad effec-
« tuandam susceptam in Neotericos stragem, posthabito tam
« insigni ac catholicissimo arresto Vespiano, quod omnes aggra-
« vatorios articulos admittebat, ut ampliùs quærimoniarum non
« esset locus : (quod arrestum per me in latinum per corolla-
« rium, vel compendiolum versum cum articulis aggravatoriis
« ad te destino) Brigam manu et vi, solis tamen gladiis, et pau-
« cis armis, mille numero vel circiter conveniunt, ibidem subsis-
« tentes aliorum sequentium vel consentaneorum trium deceno-
« rum speratas copias et suppetias præstolantes. Papæ, dum do-
« minicæ passionis curas a Sancto Mauritio tenus, reverendo
« patre Jovitâ mihi astante, visitandas suscepissem, et a Seduno
« pacato (ut autumabam) abiissem, exemplo novi legati, ac
« commissarii per singulos decenos exquisiti et catholici emit-
« tuntur, ut funestum cæptum impedirent, sive potiùs revoca-
« rent : qui cum in opere contederent, iterum dùm Murram Mon-
« teolensis mandamenti curam sero appetivissem, circa nonam
« vespertinam noctis revocatorias accipio litteras : omnibus post-
« habitis, Sedunum repeto : ut me secundâ vice interponerem,
« persuadeor : et ne patriæ helvetianæ indè et excidium aut
« exterminium maneret, quibusdam consularibus in utroque or-
« dine assumptis ; et ne Comisianis et Morgiensibus inferiores
« communitates ac decuriæ fœderarentur, atque conspirarent,
« præoccupandum fore existimavi. Interim infrà Rarogniani
« infectâ re commissarii prædelegati fiunt obvii. Dum itaque
« nostram expeditionem prosequimur, inferiores, aut primates
« decuriæ, sive deceni Sedunensis, Sirrensis, Leucensisque tu-
« multus satis indebiti, et minus legitimi, cum per præmemo-
« ratum solemne arrestum Ecclesiæ catholicæ status omnigenus
« esset castigatus et, licet afflictus, emendatus ; actutùm omni-
« bus et singulis hugonotis explosis, exercitum circa quinque
« millia hominum, virorum armigerorum et selectorum, domino
« Supersaxo, antesignano primario designato, Vespiam usque,
« adjunctis sex tormentis, ac balistis campestribus, destinarunt,
« ad istiusmodi inofficiosorum insultum reprimendum. Nudius
« secundus, aut perindè Palmarum feriâ sextâ in ecclesiâ inteme-
« ratæ Virginis Mariæ Glisiæ Brigensium, nutu divino, ego cum

« meris fecialibus et compositoribus intervenientibus tandem
« ægrè ab interceptis cladibus et internecionibus deflexifnus;
« et ne invicem manus hostiles consererent, dehortati sumus.
« Denique equidem arresto ac comitiis Vespianis novissimis,
« juxta ac anno 1592 ibidem transactis, aliis singulisque articulis
« subscribentes, singuli ad sua absque omnis sanguinis effusione
« ac clade redierunt. Quid interim quispiam nefarius inveterator
« et Neoterius prœstigiator : absque tamen omni effectu, post
« habito magistratu, circa fines amplissimæ sanctæ Celsitudinis
« nixus aliquando, Deo dante, coràm pandam. Ceterum multi
« libertinorum a Seduno ad agros Bernenses defluxerunt. In
« aliis decenis quidam plerique reformabiles Ecclesiæ catholicæ
« reconciliati recatechizantur. Reverendis Patribus Mauritio
« Morrensi, Andreâ Lucernensi, et Jovitâ, et cæteris cooperato-
« ribus, et coadministris. Sedunenses, Deo propitio, metent,
« cùm sua falx messoria illaque desideratissima appetiverit, quo-
« rum quoque multi ac diversi pœnitentiæ sacramentum, et
« orthodoxam communionem, et sacram synaxim hoc anno
« recognoverunt, sed suam manet salutarem confirmationem et
« consolidationem. Quod vero, multi jam ad discessum expediti,
« eumdemque in dies substituunt, nec infesti ac offensi tantam
« vindictam molirentur, se suaque nobis redimerent, suum visita-
« tionis ad nos adventum actenus suspendendum dispensavi. Nec
« in præsentiarum cum mea submississima salute impertienda
« Serenissimæ Celsitudini mihi in omnes æternitates observan-
« dissimæ, quam Trismegistus Deus peroptimus, Maximus, cum
« suâ reverendâ paternitate orbi christiano salvet, ac servet,
« occupatissimus insinuari volui. Reverendissimus noster Se-
« dunensis, heu heu, sensu et intellectu totus repverascit, quem
« idem qui supra Clementem revirescentem redimat. Reverendum
« Patrem Augustinum quàm libentissimè, dummodo ubi mili-
« taret, experirer.

« Vallesiæ Sedunorum, 21 aprilis anno ab Incarnato 1604.
« Tibi Reverendo Patri deditissimus et individuus
« ADRIANUS A RIEDMATTEN.
« R. D. Sedunensis vicarius generalis. »
(Annal. Min. Capuccin, à P. Zacharia Salustiensi, t. II, p. 713 et seq.).

24, p. 289.

« Petrus Franciscus Costa, Dei et Apostolicæ Sedis gratiâ epis-
« copus Saonensis, SS. D. N. D. Pauli divinâ providentiâ Papæ
« V dictæque Sæ Sedis apud Serenissimum Dominum Carolum
« Emmanuelem Sabaudiæ ducem et Pedemontium principem
« Nuncius, etc. Dilectis nobis in Christo multùm reverendis
« patribus Mauritio de Morra, Cherubino de Maurianâ, Scholas-
« tico d'Embrun, Francisco de Chambery, Sebastiano de Mau-
« rianâ, Nicolao de Helvetia, Remigio d'Annessy et Antonio de
« Tornone, Sacræ Théologiæ magistris seu professoribus, ordinis
« Capuccinorum S. Francisci Minorum salutem in Domino, etc.
« Noveritis quod idem SS. Dominus noster nobis inter cætera
« commissa dedit in mandatis, ut concionatores verbi Dei in sacrâ
« Tononii domo, locoque ipso ac aliis circumvicinis destinare et
« transmittere deberemus. Nos propterea apostolicis præceptis
« parere, ut debemus, volentes, de probitate, doctrina, charitatis
« fervore ac zelo vestris et cujuslibet plurimum in Domino con-
« fisi, vobis et vestrûm cuilibet harum serie, apostolicâ auctori-
« tate quâ fungimur in hâc parte, ut in prædicto Tonorii loco
« sacrâque domo et locis circumvicinis verbum Dei evangelisare,
« et sacrum evangelium exponere, ac alia facere, gerere et exer-
« cere, quæ ad hujusmodi evangelisandi munus quovis modo
« pro Dei gloriâ, fidei catholicæ propagatione, et animarum salute
« spectant et pertinent, possitis et valeatis, et quilibet vestrûm
« possit et valeat, facultatem in Domino impertimur. Insuper
« ut hæreticos ad Sanctæ Matris Ecclesiæ gremium recurrentes,
« et alios quoscumque in prædicto Tononii loco, sacrâque domo,
« ac locis circumvicinis residentes catholicos et catholisandos,
« tàm in foro conscientiæ sacramentaliter, quàm a censuris ec-
« clesiasticis contentis in bullâ *Cœnæ* Domini, in foro externo
« absolvendi (dummodo nisi semel fuerint relapsi) et eorum
« abjurationes in scriptis coram notario et testibus recipiendi :
« postremo circa matrimonia, dum grassabuntur hæreses im-
« punè, absque interventu parochi catholici et testium, etiam
« post Sacri Concilii Tridentini publicationem, quod ipsi contra-

« hentes denuo contrahant, secrèto dispensare, filios natos et
« nascituros legitimos declarare, vel ad lites evitandas quæ
« possint in futurum verisimiliter exoriri super legitimatione
« filiorum et bonorum successione, si vobis magis expedire vide-
« bitur, denuo in faciem Ecclesiæ, saltem coram parocho et tes-
« tibus contrahendi, ut perpetuo matrimonii qualitas probari
« possit, similiter eâdem apostolicâ auctoritate possitis et valeatis,
« et quilibet vestrûm possit et valeat, licentiam in Domino con-
« cedimus. Rogantes propterea in Domino perillustrem et reve-
« rendissimum Dominum dicti loci Tononii ordinarium, et præci-
« pientes RR. parocho seu parochis, ac cæteris quibusvis per-
« sonis ecclesiasticis, tam regularibus cujuscumque ordinis,
« quàm sæcularibus, necnon hortantes magistratus, syndicos et
« consiliarios ejusdem loci, et alios quoscumque quâcumque di-
« gnitate præfulgentes, ut ita curent, et quilibet eorum curet,
« quatenus apostolicam delegationem evangelisandi hujusmodi
« vobis demandatam liberè absque ullo impedimento in animarum
« salutem exequi et exercere valeatis, ac, ut decet, vos socios-
« que vestros eâ, quâ digni estis, christianâ pietate ac charitate
« suscipiant, et complectantur, et pertractent, quemadmodum
« in Domino confidimus. In quorum fidem, præsentes in publicâ
« formâ expeditas fieri jussimus.

« Datum Taurini die penultimâ aprilis 1609.

« PETRUS FRANCISCUS episc. Saonensis et nuncius. »
(Bullar. Cappuccin., prov. Sabaud., t. V, p. 138).

25, p. 293.

« Dilecto filio Paulo a Cesena ordinis Minorum S^{ti}
« Francisci Capuccinorum.

PAULUS PAPA V.

« Dilecte fili, salutem et apostolicam benedictionem. Cum ex
« debito pastoralis officii, quo fidei catholicæ propagationi omni
« sollicitudine invigilare tenemur, ad piam domum S^æ Mariæ de
« Compassione nuncupatam oppidi Tononii, Gebennensis diœce-
« sis, pro hæreticorum conversione præcipuè institutam, perso-

« nam aliquam pietate, fide ac prudentiâ idoneam hoc tempore
« mittere decrevimus, quæ de ejusdem domûs statu et aliis, de
« quibus Nos certiores fieri pro tanti operis et catholicæ reli-
« gionis progressu in Domino duximus expedire, sese diligenter
« informet; tu Nobis occuristi, quem ad hoc munus deligeremus.
« De tuâ igitur sincerâ fide, catholicæ religionis zelo, prudentiâ
« et industriâ multam in Domino fiduciam habentes, ac fore
« sperantes ut, quæ tibi commiserimus, prout oportet, et ex
« animi nostri sententiâ cures et efficias, apostolicâ auctoritate,
« tenore præsentium, tibi committimus et mandamus, ut ad
« domum prædictam quamprimùm te conferas ac de illius statu,
« regimine, deque missionibus quæ in Vallesiæ, Lausanæ, Fri-
« burgi, aliisque circumpositis regionibus, pro hæreticorum ad
« fidem catholicam conversione, sicut accepimus, fiunt, verita-
« tem diligenter perquiras, et quanto cum fructu animarum ac
« catholicæ religionis augmento hactenus in illis partibus labo-
« ratum fuerit, quidquid ad spem exploratum habeatur de Ge-
« bennensium aliorumque vicinorum populorum in hæreticæ
« impietatis nocte miserè errantium redditu ad lucem veræ fidei
« te similiter informes, ac simul remedia opportuniora ad eorum
« conversionem, quæ ex re præsenti cognosci possunt, pro tuâ
« prudentiâ consideres, omniaque alia et singula investiges, in-
« dages et perquiras, quæ pro prædictis et circa ea in Domino
« judicaveris expedire, Nobisque etiam in dies per litteras, ante-
« quam Romam redeas, accuratè referas, ita ut quid tantum
« Christi negotium postulet ex tuâ relatione cognosci et deinde
« maturè desuper provideri possit ad gloriam Salvatoris. Præ-
« terea tibi, ut si fortè aliqua inciderint pro utilitate operis et
« missionum prædictarum, quæ dilationem minimè ferant, ita
« ut Nos certiores faciendi tempus et rescripta Nostra expectari
« non possint, sed præsentaneum remedium requirant, omni-
« bus hujusmodi et singulis, prout tua tibi suggeret prudentia,
« providere possis et valeas, plenam et liberam, tenore præsen-
« tium, facultatem et auctoritatem tribuimus et impartimur. In
« contrarium facientibus non obstantibus quibuscumque. Datum
« Romæ apud S^{um} Marcum sub annulo Piscatoris die XI januarii
« 1609, pontificatus nostri anno quinto. »

(*Bullar. Cappuccin. prov. Sabaud.*, t. V, p. 136).

26, p. 302

« Obiit idem pater cappuccinus (Cherubinus) concionator
« atque orator optimus Taurini Româ redeundo, cujus infirmitati
« atque exequiis, non sine summâ adstantum ædificatione, inter-
« fuit princeps ipse Sabaudiæ regionis, magnâ nobilium stipatus
« corona. Anno 1610 et die 20 julii. »

(Manuscrit de dom Berodi, prieur de l'abbaye de Saint-Maurice en Valais, cité par le P. Charles de Genève dans son manuscrit intitulé : *Collection des choses mémorables à insérer dans les Annales).*

27, p. 307.

« Cherubinus Maurianensis, natione Sabaudus, et provinciæ
« Genuensis alumnus. Vir pietate ac sanctis moribus clarus, si-
« mul et ingenio, doctrinâ, animi fortitudine, atque in agendis
« prudentia conspicuus. Zelo catholicæ dilatandæ fidei æstuavit,
« unde ad Cabalasii ducatus populos missionarius destinatus,
« illos verbi Dei prædicatione, sacræ doctrinæ documentis, assi-
« duis laboribus, vigiliis, jejuniis et orationibus ad Ecclesiæ gre-
« mium multa ex parte reduxit : et quos pseudo-prædicantes
« sibi obsistentes invenit, in privatis publicisque disputationibus
« per plures annos viriliter impetiit et gloriosè stravit. Ab isto
« operario apostolico instituta fuit sacra domus B. M. Virginis de
« Compassione in oppido Tononii pro hæreticorum conversione
« quæ usque modo non sine Ecclesiæ emolumento perseverat.
« Cursum consummavit magnâ cum pietatis laude et sanctimo-
« niæ famâ in loco nostro Taurini anno 1609, signis pluribus
« post mortem merita illius contestantibus et illustrantibus. Plura
« feruntur ab eo scripta tum ad controversias tum ad conciones
« catheticas spectantia, sed typis data nonnisi hæc noscuntur :
« Acta disputationis habitæ cum quodam ministro hæretico circa
« divinissimum Eucharistiæ sacramentum, anno 1593, sine im-
« pressionis loco. »

(Extrait de la *Bibliotheca scriptorum ordinis Minorum S. Francisci Cappuc.* a *P. Bernardo a Bononia..... Venetiis 1747).*

28, p. 308, 332.

Déposition du P. Augustin de Gênes, Capucin, 1619.

« Quest'anno, disse il padre Gregorio, è morto a Torino con
« gran dispiacere del S. Duca di Savoja l'indefesso Fr. Cherubino
« da Maurienne, gran nemico e flagello degli eretici, contro li
« quali ha faticato quasi tutto il tempo che ha vissuto nella Reli-
« gione; non si potrà dire quanti ne habbia convertiti a Dio.
« Testimonio n'è Genevra, alla quale egli ha predicato; fuori
« d'essa città testimonio n'è tutto il paese del Vallesano, il quale
« piangerà per sempre la perdita di un tanto uomo. Quanto poi egli
« habbia travagliato in servizio della santa casa di Tonone, è cosa
« incredibile; e sallo il paese tutto al quale ha apportato tanto
« giovamento; lo sanno gli eretici; lo sa tutta la Francia, la quale
« fu tirata da lui al gran guibileo che gli ottenne l'anno 1599 in-
« circa; lo sanno i Sommi Pontefici, i quali lo hanno tanto favorito
« in ascoltarlo in privato ed in pubblico, in concedergli tante
« grazie e favori; lo sa più d'ogni altro la casa di Savoja, la quale
« ha caramente goduto delle sue fatiche, delli suoi ragionamenti
« publici e privati. Questo padre era di piacevole natura, intanto
« che solo il suo divoto sguardo rapiva ognuno a farsi amare.
« Era di tanto dolce natura che giammai è stato veduto adirato.
« Nelli grandi contrasti che ha avuto intorno alle sue fatiche fatte
« in benefizio di Tonone, e in convertire gli eretici, è stato sem-
« pre di animo intrepido e paziente senza giammai mutarsi del
« suo solito sereno volto. Il suo predicare era dolce, divoto, e
« lontanissimo da ogni curiosità. Da Dio è stato tanto favorito
« questo suo servo predicatore, che, sebbene non s'era fermato
« ancora in Italia, cosi facilmente predicava in lingua italiana,
« come nella lingua sua materna; anzi, che m'ha detto d'aver
« predicato in terra tedesca in loro linguaggio, cosa che pare
« più divina che umana, non avendo egli praticato quei paesi,
« se non per occasione di predicazione contro gli eretici. Sapeva
« in tutto sette linguaggi dei quali si serviva in honore di Dio
« ed a condurre le anime. In tanto pio e grazioso, che non si

« trova che egli habbia mai negata cosa possibile che gli fosse
« domandata.

« Io Fr. Agostino da Genova cappuccino predicatore faccio
« fede che il padre Gregorio di Torino in sua vita mi consegnò
« le soprascritte deposizioni di sua manno critte. »
(Extrait d'un manuscrit des archives des Capucins de Gênes, qui commence ainsi : *In questo libro si descrive la seconda raccolta delle croniche dei PP. Cappuccini per parte della provincia di Genova, comminciata l'anno 1619).*

29, p. 332.

« A pochi fu inferiore di grazia, scienza et eloquenza, in tutti
« quelli contorni singular theologo, di sette lingue dottato, non
« solo di latino, greco et ebraico per intelligenza della Sacra
« Scrittura, e confutare gli eretici ; ma anco della francese, ita-
« liana, espagnola, nelle quali tutte predicava, et anco della
« tedesca per poter amministrare il sacramento della penitenza,
« e così giovare a tante nazioni. *(Della institutione della Santa
« Casa di Tonone......,* » manuscrit des Capucins de Gênes).
(Voir ci-dessus n° 28).

30, p. 290.

Au moment où nous terminions notre travail, nous avons eu la bonne fortune de recevoir communication d'un nouvel et important ouvrage de M. le chanoine Fleury, *l'Histoire de l'Église de Genève*, qui a obtenu le prix d'histoire décerné par l'Académie de Savoie en 1880. L'auteur rend de nouveau justice au P. Chérubin qu'il appelle (t. II, p. 148) « un prédicateur infatigable, puissant par la parole et l'exemple, un défenseur intrépide de la foi catholique. » Un peu plus loin (p. 152) il proteste contre la réputation de *brouillon, plus nuisible qu'utile,* que Marsolier et quelques autres ont voulu faire à notre zélé missionnaire.

Néanmoins, dans les quelques pages que M. Fleury lui consacre, nous remarquons plusieurs inexactitudes que nous prenons la liberté de relever. Le savant historien de l'église de Genève ne nous en voudra pas. Il est bien évident qu'il n'a pu voir par lui-même toutes les sources auxquelles il a puisé, surtout quand il s'agit de faits qui ne se relient qu'incidemment à l'objet principal de son étude.

Aux pages 148 et 151 (t. II), M. Fleury dit que le P. Chérubin était *fils de noble Bonaventure Fournier...*, et qu'il obtint *qu'une partie de ses biens fût affectée* à la Sainte-Maison. Il cite en preuve un édit du 24 février 1602, dont nous n'avons trouvé nulle trace. Il s'agit sans doute des *Additions aux instructions données au président Vivaldo et au sénateur Brayda*. Or, 1° ces Additions sont du 4, et non du 24 février ; 2° elles ne disent pas du tout que Bonaventure Fournier fût le père, ou plutôt la mère du P. Chérubin, car le texte donne clairement à entendre qu'il s'agit d'une femme. Il n'est pas question non plus des biens du P. Chérubin, dont il avait disposé à l'époque de sa profession religieuse, dix-huit ans avant la fondation de la Sainte-Maison.

A la page 149 nous lisons que le P. Chérubin fut envoyé *comme auxiliaire à saint François de Sales, d'abord pour la solennité des Quarante-Heures, à Annemasse, le 30 décembre 1596*. La vérité est : 1° que le P. Chérubin fut envoyé à Annemasse et dans les environs de Genève à la même époque où saint François de Sales fut envoyé à Thonon ; 2° que les Quarante-Heures d'Annemasse eurent lieu les 7 et 8 septembre 1597 ; 3° que ces exercices furent dirigés par le P. Chérubin et que saint François de Sales ne fit qu'y assister à la tête des catholiques de Thonon. On peut voir, entre autres témoignages, Baudry, chap. xxe.

Enfin, M. Fleury attribue la fondation de la Sainte-Maison à saint François de Sales, en ajoutant que le P. Chérubin *n'y fut pas étranger* (p. 150). Il nous semble que les documents que nous avons cités attribuent au P. Chérubin une part beaucoup plus considérable dans l'établissement de cette œuvre importante. *Cuique suum*, c'est la devise de l'histoire aussi bien que de la justice.

31, p. 371.

Il sera peut-être agréable à quelques-uns de nos lecteurs de connaître les noms des Pères Capucins, natifs de la Maurienne, que nous trouvons inscrits, avec des indications très incomplètes, dans le registre d'admission commencé par le P. Charles de Genève :

P. Jean de Maurienne (d'Albiez-le-Vieux), mort en 1614 [1].

P. Félicien d'Aussois, novice le 11 mai 1592.

P. Jean de Maurienne ou de Notre-Dame, novice le 2 décembre 1627. Il fit rebâtir la chapelle de Bonne-Nouvelle près Saint-Jean de Maurienne [2].

P. Séraphin de Maurienne, définiteur de 1619 à 1621, mort à Rumilly en 1627.

P. Anselme de Maurienne, mort à Saint-Jean de Maurienne en 1626.

P. Marcel de Saint-Michel, novice le 25 septembre 1621.

P. Nicolas de Pontamafrey, novice le 8 décembre 1622, mort en 1636 à Saint-Maurice en Vallais.

P. Désiré d'Hermillon. (V. ci-devant note n° 2).

P. Michelange de Modane, novice le 24 février 1631.

P. Albert de Maurienne, novice le 12 mars 1632.

P. Calixte de Maurienne, novice le 11 janvier 1633.

P. Thomas de Saint-Michel, novice le 19 mars 1633.

P. Isidore de Maurienne, novice le 28 février 1635.

P. Archange de Chamoux, novice le 7 février 1634.

P. Michel de Saint-Michel, novice le 29 avril 1636.

P. Joseph de Saint-Jean de Maurienne, novice le 29 septembre 1637.

P. Elzéar d'Orelle, novice le 20 juillet 1639.

P. Robert de Villarodin, définiteur de 1680 à 1703.

P. Bérard d'Albiez-le-Vieux, définiteur de 1694 à 1706.

P. Bérard d'Hermillon, définiteur de 1731 à 1745.

P. Ferdinand de Montpascal, définiteur de 1758 à 1763.

P. Fortuné d'Hermillon, définiteur en 1778.

P. Sévérin d'Hermillon, définiteur de 1778 à 1787.

P. Anselme (Rosaz) de Saint-Jean de Maurienne, définiteur en 1854.

---

[1] V. sa *Vie* par l'abbé Truchet, Chambéry, 1867.

[2] V. *Bulletins de la Société d'Hist. et d'Archéol. de la Maurienne*, t. III, p. 198.

TABLE DES MATIÈRES

	Pages.
Dédicace	v
Lettres d'approbation	vi
Préface	ix
Chap. I. — L'hérésie en Chablais. — Traités de Lausanne et de Nyon. — L'apôtre du Chablais et ses coopérateurs	1
Chap. II. — La famille Fournier. — Le P. Chérubin. — Le pèlerinage d'Aix. — Les trois amis	13
Chapitre III. — Premières missions du P. Chérubin. — L'orfèvre Corajod et les ministres de Genève	31
Chap. IV. — Les Quarante-Heures d'Annemasse	51
Chap. V. — Le P. Chérubin à Thonon. — Saint François de Sales et le P. Chérubin. — Le clocher de Saint-Hippolyte	64
Chap. VI. — Conférences avec le ministre Viret et Hermann Lignarius	78
Chap. VII. — Négociations avec Genève pour une nouvelle conférence	93
Chap. VIII. — Les placards du P. Chérubin	110
Chap. IX. — Les thèses du P. Chérubin sur l'Eucharistie	125
Chap. X. — Premières Quarante-Heures de Thonon	140
Chap. XI. — Secondes Quarante-Heures de Thonon. — Le duc Charles-Emmanuel 1er	152
Chap. XII. — Le P. Chérubin à Rome	169
Chap. XIII. — Fondation et privilèges de la Sainte-Maison de Thonon	182
Chap. XIV. — Le jubilé de Thonon	208
Chap. XV. — Notes historiques sur la Sainte-Maison	223
Chap. XVI. — Le Vallais aux prises avec l'hérésie. — Les premiers missionnaires	240
Chap. XVII. — Le P. Chérubin à Sion	254
Chap. XVIII. — L'assemblée du peuple vallaisan et la diète	267
Chap. XIX. — Nouvelles stations de missionnaires établies par le P. Chérubin. — Second jubilé de Thonon	280
Chap. XX. — Luttes et enquêtes. — Mort du P. Chérubin. — Opinion de ses contemporains	291
Chap. XXI. — Critiques et discussions	313
Chap. XXII. — Souvenirs	342
Épilogue	360
Notice sur le P. Sébastien de Maurienne	367
Notes et pièces justificatives	373

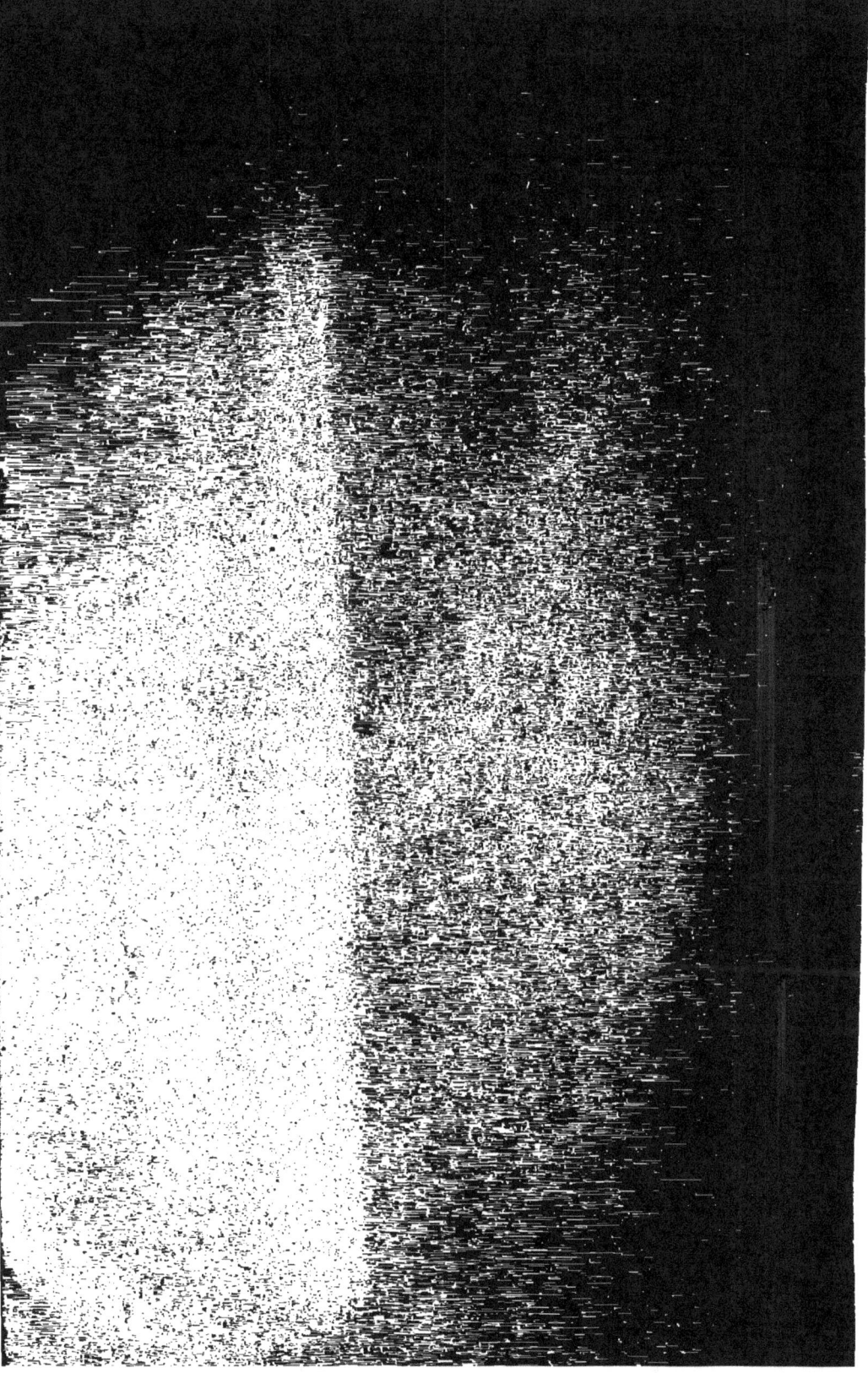

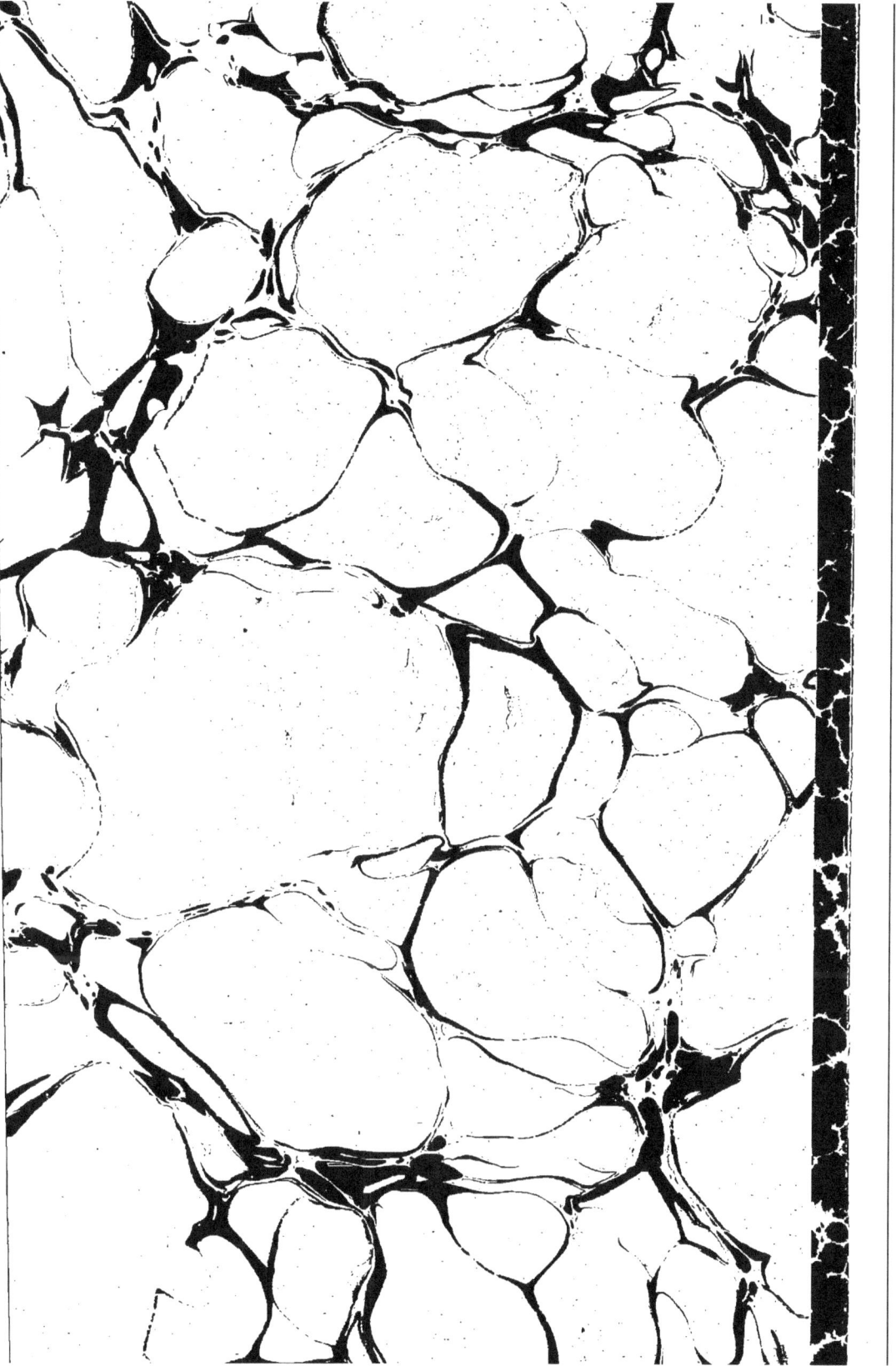

www.ingramcontent.com/pod-product-compliance
Lightning Source LLC
Chambersburg PA
CBHW070545230426
43665CB00014B/1818